CW01426505

LE ROBERT & NATHAN
Langues actuelles

Grammaire de l'anglais

Jacques Marcelin
Agrégé de l'Université
Inspecteur Pédagogique Régional

François Faivre
Professeur agrégé

Charlotte Garner
B.A. (Hons) French/University of London
Dip. Trans. Institute of Linguists

Michel Ratié
Agrégé de l'Université
Professeur de linguistique anglaise

ISBN : 978-2-09-185390-1

Avant-propos

Cette grammaire s'articule autour de deux parties, répondant chacune à des besoins complémentaires.

Dans une première partie, **une grammaire fondamentale** expose les points essentiels liés au groupe nominal, au groupe verbal et à la phrase.
Le dispositif permet ainsi de :
- comprendre les concepts de base du système grammatical anglais ;
- retrouver la précision souhaitée sur telle ou telle notion grammaticale ;
- vérifier les règles de formation ou d'emploi.

En deuxième partie, **un dictionnaire grammatical**, accessible par le français ou l'anglais, vise la pratique de la langue.
Constitué d'articles synthétiques aisément consultables, il permet d'acquérir les réflexes pour mieux maîtriser :
- l'utilisation des différents mécanismes ;
- les grandes fonctions de communication ;
- les difficultés de traduction courantes, ainsi que les nuances.

L'originalité de l'ouvrage réside également dans une approche croisée des phénomènes grammaticaux, où une large part est accordée tout du long à la réflexion sur la langue.

Ces deux parties comprennent chacune de nombreux **exercices**, avec les **corrigés**, pour fixer les acquis.

En fin d'ouvrage, un **index** facilite la circulation interne.

PARCOURS D'UTILISATION

Les deux parties de l'ouvrage répondent à deux modes de consultation complémentaires.

Comprendre une notion grammaticale

- Le SOMMAIRE renvoie à

LA GRAMMAIRE FONDAMENTALE

Un chapitre synthétique traite la notion, tout en permettant de :

- retrouver une définition de la notion

- faire le point sur les règles générales de formation ou d'emploi

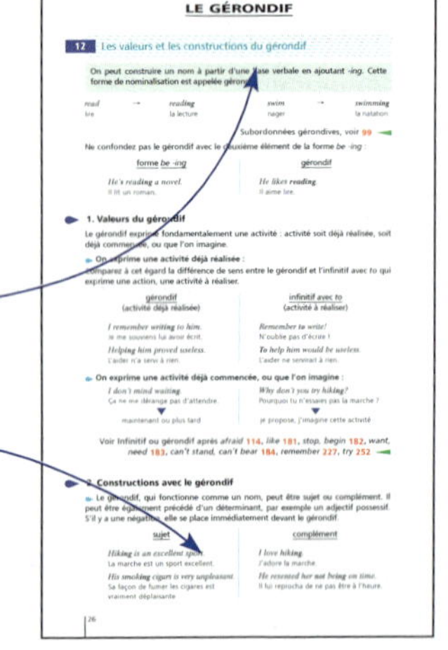

LE GÉRONDIF

12 Les valeurs et les constructions du gérondif

1. Valeurs du gérondif

2. Constructions avec le gérondif

- **L'INDEX** dirige sur tous les articles traitant les difficultés liées à cette notion

- **LE DICTIONNAIRE GRAMMATICAL**

répertorie alphabétiquement les articles traitant en détail chaque difficulté

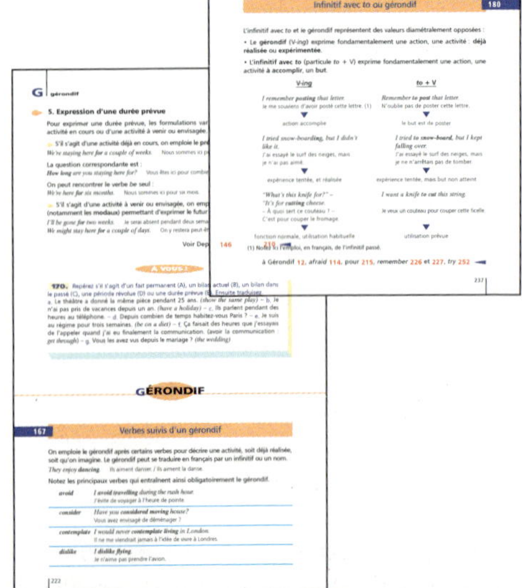

3. Emploi de *should*

INFINITIF ou GÉRONDIF

Infinitif avec to ou gérondif 180

GÉRONDIF

167 Verbes suivis d'un gérondif

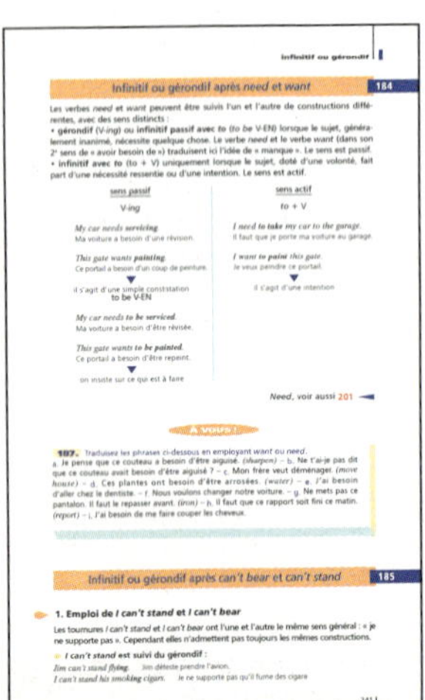

Infinitif ou gérondif après need et want 184

Infinitif ou gérondif après can't bear et can't stand 185

Résoudre un problème de traduction

Dans **LE DICTIONNAIRE GRAMMATICAL**

les difficultés courantes de traduction, du français vers l'anglais ou inversement, sont traitées dans un article spécifique qui :

- **propose des possibilités de traduction**
- **resitue les difficultés linguistiques dans leur contexte grammatical**
- **offre des exercices d'entraînement**

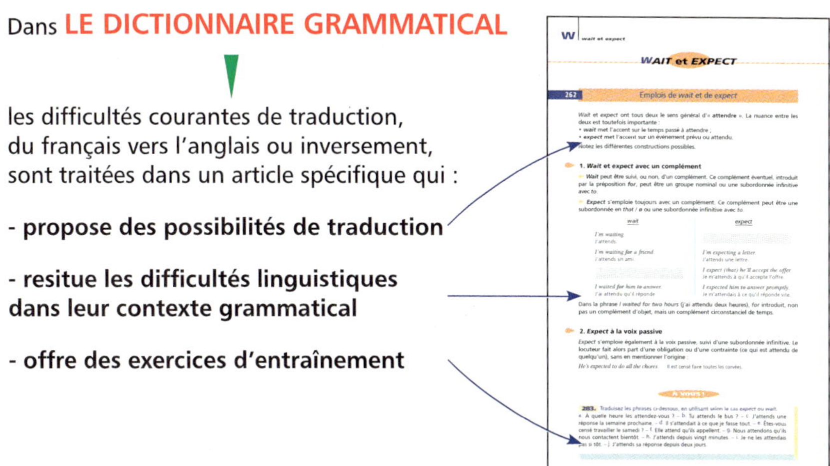

W | *wait et expect*

WAIT et EXPECT

262 Emplois de *wait* et de *expect*

Wait et *expect* ont tous deux le sens général d'« **attendre** ». La nuance entre les deux est toutefois importante :
• ***wait*** met l'accent sur le temps passé à attendre ;
• ***expect*** met l'accent sur un événement prévu ou attendu.
Notez les différentes constructions possibles.

1. *Wait* et *expect* avec un complément

Wait peut être suivi, ou non, d'un complément. Ce complément éventuel, introduit par la préposition ***for***, peut être un groupe nominal ou une subordonnée infinitive avec *to*.

Expect s'emploie toujours avec un complément. Ce complément peut être une subordonnée en *that* / ø ou une subordonnée infinitive avec *to*.

wait	expect
I'm waiting. J'attends.	
I'm waiting for a friend. J'attends un ami.	*I'm expecting a letter.* J'attends une lettre.
	I expect (that) he'll accept the offer. Je m'attends à qu'il accepte l'offre.
I waited for him to answer. J'ai attendu qu'il réponde	*I expected him to answer promptly.* Je m'attendais à ce qu'il réponde vite.

Dans la phrase *I waited for two hours* (j'ai attendu deux heures), *for* introduit, non pas un complément d'objet, mais un complément circonstanciel de temps.

2. *Expect* à la voix passive

Expect s'emploie également à la voix passive, suivi d'une subordonnée infinitive. Le locuteur fait alors part d'une obligation ou d'une contrainte (ce qui est attendu de quelqu'un), sans en mentionner l'origine :

He's expected to do all the chores. Il est censé faire toutes les corvées.

283. Traduisez les phrases ci-dessous, en utilisant selon le cas *expect* ou *wait*.
a. À quelle heure les attendez-vous ? – b. Tu attends le bus ? – c. J'attends une réponse la semaine prochaine. – d. Il s'attendait à ce que je fasse tout. – e. Êtes-vous censé travailler le samedi ? – f. Elle attend qu'ils appellent. – g. Nous attendons qu'ils nous contactent bientôt. – h. J'attends depuis vingt minutes. – i. Je ne les attendais pas si tôt. – j. J'attends sa réponse depuis deux jours.

344

Maîtriser les emplois délicats

• **LE DICTIONNAIRE GRAMMATICAL** permet l'accès direct à une information ponctuelle, qu'elle soit formulée en anglais ou en français.

• **L'INDEX** outil d'accès rapide à une information précise, propose des entrées multiples :

• notions grammaticales
• termes anglais aux emplois mal connus
• termes français dont on recherche la traduction
• formes irrégulières
• fonctions de communication
• formes idiomatiques
• formes proches prêtant à confusion

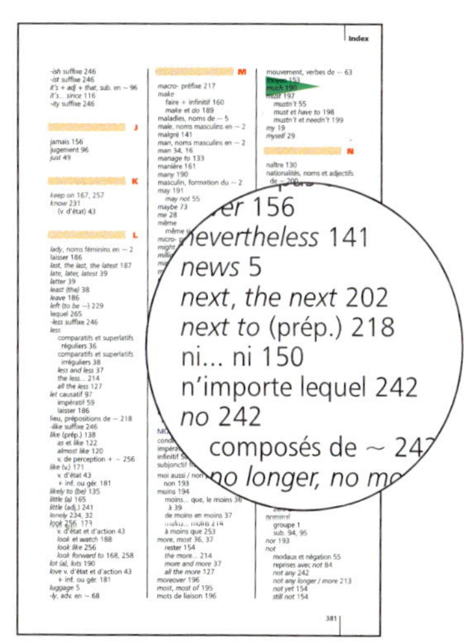

S'entraîner

• **À VOUS !**

Dans les deux parties, chaque information traitée est directement suivie d'exercices de vérification et de fixation des acquis, dans la partie À VOUS !

Phonologie

Les sons

La prononciation des mots anglais ne tient pas systématiquement compte de l'orthographe. Il faut donc connaître les symboles phonétiques pour savoir les lire, en particulier lors de recherches dans le dictionnaire.

Les symboles phonétiques ci-dessous correspondent aux sons voyelles, aux sons diphtongues (association de sons-voyelles) et aux consonnes.

sons	**voyelles**
[i:]	*see, people*
[ɪ]	*sit, climate*
[e]	*let, pleasure*
[æ]	*black, brand*
[ɑ:]	*calm, heart*
[ɒ]	*wash, lot*
[ɔ:]	*born, broad*
[ʊ]	*book, put*
[u:]	*cool, rule*
[ʌ]	*but, rough*
[ɜ:]	*bird, work*
[ə]	*about, announcer*

sons	**diphtongues**
[eɪ]	*late, great*
[əʊ]	*grow, load*
[aɪ]	*try, deprived*
[aʊ]	*crowd, shout*
[ɔɪ]	*voice, buoy*
[ɪə]	*beer, near*
[eə]	*fair, bear*
[ʊə]	*tour, moor*

sons	**consonnes**
[p]	*please, pay*
[b]	*baby, boom*
[t]	*town, watched*
[d]	*deal, decided*
[k]	*camera, chaos*
[g]	*gang, again*
[f]	*flow, laugh*
[v]	*very, lover*
[s]	*sink, psychology*
[z]	*zone, says*
[θ]	*throw, bath*
[ð]	*though, other*
[ʃ]	*show, rush*
[ʒ]	*pleasure, casual*
[tʃ]	*check, creature*
[dʒ]	*judge, magic*
[l]	*plenty, village*
[r]	*write, borrow*
[m]	*matter, bomb*
[n]	*know, ton*
[ŋ]	*ring, song*
[h]	*hire, ahead*
[j]	*year, failure*
[w]	*waggon, nowhere*

L'accentuation

L'accent de mot

Tout mot de deux syllables ou plus a une syllabe accentuée (accent principal : **'**), parfois une deuxième légèrement moins accentuée (accent secondaire : **,**).

Exemples d'accentuation de mot :

- une seule syllabe accentuée :

'manage	['mænɪdʒ]
ca'reer	[kə'rɪə]
,hy'pothesis	[,haɪ'pɒθəsɪs]

- deux syllabes accentuées :

,multipli'cation	[,mʌltɪplɪ'keɪʃən]
,gene'rosity	[,dʒenə'rɒsətɪ]
en,cyclo'pedia	[ɪn,saɪkləʊ'pi:dɪə]

L'accentuation dans la phrase

• Dans une phrase, certains mots sont fortement ou faiblement accentués. Les mots porteurs d'information sont généralement accentués. Les autres peuvent être réduits à ce que l'on appelle des formes « faibles » (*some* [sʌm] → [səm] ; *can* [kæn] → [kən], etc.) ou « contractées » (*I have → I've ; do you → d'you, etc.).*

Comparez :

*I've made **some** tea.* J'ai fait du thé.	[səm]	*Where are you going **to**?* Où allez-vous ?	[tʊ]
*D'you want **some**?* Vous en voulez ?	[sʌm]	*I'm going **to** Leeds.* Je vais à Leeds.	[tə]

Les mots dans la phrase ci-dessous pourraient être accentués ainsi :

*I'd **never** read such a **fascinating** story **before**.*
Jamais je n'avais lu une histoire aussi passionnante avant.

• Le locuteur peut décider, dans son message, d'accentuer un élément particulier pour le mettre en relief (il s'agit d'une focalisation) :

***I** did it.* **C'est moi** qui l'ai fait !
*We paid **fifty** pounds for it.* Nous l'avons payé **cinquante** livres !

L'intonation

Dans une phrase anglaise, l'intonation peut être selon les cas descendante, montante, ou descendante puis montante. Notez tout particulièrement les schémas ci-dessous :

intonation descendante ↘

• dans les questions ouvertes (en *wh-*) :

What did you see?
Qu'avez-vous vu ?

• dans les *tags* de simple confirmation :

She's sixteen, isn't she?
Elle a seize ans, c'est bien ça ?

• dans les exclamations :

How strange!
Comme c'est étrange !

intonation montante ↗

• dans les questions fermées (*yes / no*) :

Did you see anything?
Vous avez vu quelque chose ?

• dans les *tags* à valeur de question :

She's sixteen, isn't she?
Elle a seize ans, je suppose ?

intonation descendante, puis montante ↘ ↗

• dans les réactions de surprise, d'incrédulité, etc. souvent associées à une demande de confirmation :

What did you say? Qu'est-ce que vous venez de dire ?
You aren't leaving now? Mais vous ne partez pas maintenant ?

• dans les sous-entendus :

It's not bad... Ah, ce n'est pas mal...

Sommaire

GRAMMAIRE FONDAMENTALE

GRAMMAIRE FONDAMENTALE

LE GROUPE NOMINAL

1 La nature et la fonction du groupe nominal

Le groupe nominal est formé d'un nom et de ses déterminants. Il peut être composé à partir d'un nom propre, d'un nom commun, d'un gérondif ou d'un infinitif avec *to*.

Jim	*tea*	*swimming*	*to refuse*
Jim	le thé	la natation	refuser

1. Nature du groupe nominal

Le nom peut être précédé :

- d'un ou plusieurs déterminants :

***a** cat*	***the** President*	***his** friend*	***Ben's** bike*	***my two** sisters*
un chat	le Président	son amie	le vélo de Ben	mes deux sœurs

- d'un ou plusieurs adjectifs qualificatifs :

*our **Welsh** friends* nos amis gallois
*the **new British** Prime Minister* le nouveau Premier ministre britannique

Le nom peut être suivi :

- d'un complément prépositionnel :

*the President **of the U.S.A.*** le président des États-Unis
*hiking **across the desert*** la randonnée à travers le désert

- d'une subordonnée relative :

*the minister **who resigned yesterday*** le ministre qui a démissionné hier
*the man **that / ø I work with*** l'homme avec qui je travaille

2. Fonctions du groupe nominal

Le groupe nominal peut être :

- sujet :

***Hang-gliding** is exciting.* Le deltaplane est passionnant.
***To refuse** promotion is unwise.* Refuser une promotion est peu judicieux.
***Mr Smith** has just phoned.* M. Smith vient de téléphoner.

- complément :

*Have you seen **the new secretary**?* Tu as vu la nouvelle secrétaire ?
*I hate **getting up early**.* Je déteste me lever tôt.

- attribut :

*My favourite sport is **skiing**.* Mon sport favori, c'est le ski.

- en apposition :

*Mrs Gibbs, **the maths teacher**.* Mme Gibbs, le professeur de maths.

Le groupe nominal peut être remplacé par un pronom :

- en position sujet :

***Smoking** is dangerous.* → ***It**'s dangerous.*
Fumer, c'est dangereux. → C'est dangereux.

- en position complément :

*I like **dancing**.* → *I like **it**.*
J'aime danser. → J'aime ça.

LES NOMS DÉNOMBRABLES ET INDÉNOMBRABLES

2 Le genre du nom

Le nom est l'élément principal du groupe nominal. Il peut désigner un être animé (*girl* : fille, *cat* : chat), une chose (*car* : voiture), une notion abstraite (*happiness* : le bonheur) ou une action (*arrival* : l'arrivée).
Les noms qui désignent les choses, les notions et les actions sont neutres en anglais. Le masculin et le féminin ne sont pas marqués comme en français.

Pronoms personnels, voir 28

1. Noms masculins et noms féminins

De nombreux noms correspondant à une personne ou à un animal ont une forme différente selon qu'ils sont masculins ou féminins.

father → *mother* — père, mère
husband → *wife* — mari, femme
bull → *cow* — taureau, vache

2. Formation du masculin et du féminin

La différence entre le masculin et le féminin peut être rendue en ajoutant :

le suffixe -*ess* au nom masculin :

actor → *actress* — acteur, actrice
duke → *duchess* — duc, duchesse
emperor → *empress* — empereur, impératrice
god → *goddess* — dieu, déesse
manager → *manageress* — directeur, directrice
master → *mistress* — maître, maîtresse
prince → *princess* — prince, princesse
waiter → *waitress* — serveur, serveuse

d'autres suffixes :

hero → *heroine* — héros, héroïne
usher → *usherette* — huissier, placeur, ouvreuse
widow → *widower* — veuve, veuf

Le suffixe peut être ajouté au nom féminin.

***male* ou *female* :**

En général, on ajoute l'adjectif *male* ou *female* devant le nom de la personne.

a male nurse — un infirmier
a female nurse — une infirmière
a writer — un écrivain
a female writer — une femme écrivain
a male singer — un chanteur
a female singer — une chanteuse
a male student — un étudiant
a female student — une étudiante

***man, woman, lady, boy* ou *girl* :**

• après un nom :

a policeman — un agent de police
a policewoman — une femme agent
a newsboy — un vendeur de journaux
a newsgirl — une vendeuse de journaux

• avant un nom :

a man servant — un domestique
a girlfriend — une amie, une copine
a woman driver — une conductrice
a lady doctor — une femme médecin
a boyfriend — un ami, un copain

3 Les noms dénombrables et indénombrables

Il convient de distinguer :
- les noms dénombrables, qui représentent des éléments distincts, que l'on peut compter, dénombrer ;
- les noms indénombrables, qui représentent au contraire quelque chose de global, qu'il est impossible de dénombrer.

éléments distincts	**global**		
dénombrables	indénombrables singuliers		indénombrables pluriels
	type 1	type 2	
cars les voitures	*jam* la confiture	*weather* le temps	*trousers* un pantalon

1. Noms dénombrables

Les dénombrables peuvent normalement se mettre au singulier ou au pluriel. On peut compter par exemple des voitures en disant : *a car / one car, two cars...*

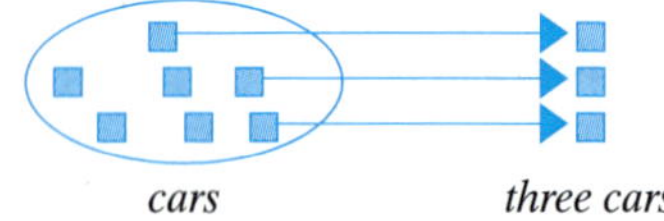

Noms dénombrables, voir 4

2. Noms indénombrables

Les noms indénombrables sont invariables. Il en existe deux types : les singuliers et les pluriels.

Les indénombrables singuliers excluent l'emploi de l'article *a / an*, ainsi que toute indication de nombre. En position sujet, ils fonctionnent avec un verbe au singulier.
*Chess **is** an exciting game.* Les échecs sont un jeu passionnant.
Les indénombrables singuliers sont de deux types :
- Type 1 : les noms correspondant à quelque chose que l'on peut fractionner, mais seulement à l'aide d'un **dénombreur**.

Exemple : le nom *jam* (la confiture) représente une substance qu'il est possible de fractionner avec un dénombreur comme *spoonful* (cuillerée) : *one spoonful of jam*.

- Type 2 : les noms correspondant à des abstractions que l'on ne peut en aucune manière fractionner.

Ainsi des noms comme *weather* (le temps qu'il fait) ou encore *clearness* (la clarté) ne fonctionnent pas avec un dénombreur.

Les indénombrables pluriels, qui ressemblent pourtant avec leur terminaison en *-s* à des pluriels ordinaires, ne peuvent pas non plus se compter. On peut alors recourir à un **dénombreur.** Ils fonctionnent toujours avec un verbe au pluriel.

*These trousers **are** too small.* Ce pantalon est trop petit.
*All these **pairs of** trousers are too small.* Tous ces pantalons sont trop petits.

Noms indénombrables, voir 5 et 6

3. Noms à la fois dénombrables et indénombrables

Certains noms peuvent être dénombrables ou indénombrables selon leur sens dans la phrase :

indénombrables singuliers (type 1)	dénombrables
*He's eaten too much **chocolate**.* Il a mangé trop de chocolat. ▼ l'aliment	*He's eaten too many **chocolates**.* Il a mangé trop de chocolats. ▼ des morceaux
*She likes **red**.* Elle aime le rouge. ▼ la couleur rouge	*He painted with three different **reds**.* Il a peint avec trois rouges différents. ▼ trois nuances de rouge

4 Les noms dénombrables

Les noms dénombrables peuvent se mettre soit au singulier, soit au pluriel (sauf *people,* toujours pluriel). Il existe cependant des dénombrables invariables.

1. Règles générales de formation du pluriel

Le pluriel régulier est constitué de la terminaison *-s* :

dog → *dogs*   *game* → *games*   *day* → *days*   *boy* → *boys*

Il existe toutefois des particularités d'ordre orthographique liées à la terminaison du mot au singulier. En voici quelques exemples :

singulier	pluriel
• *-s* / *-x* / *-sh* / *-ch* / *-z* *kiss, box, brush, watch, quizz*	• *-es* *kisses, boxes, brushes, watches, quizzes*
• consonne + *-y* *baby, lady*	• consonne + *-ies* *babies, ladies*
• *-f* / *-fe* *half, knife, life, thief, wife*	• *-ves* *halves, knives, lives, thieves, wives*
excepté (notamment) : *belief, chief, cliff, roof*	*beliefs, chiefs, cliffs, roofs*
• *-o* *echo, hero, potato, tomato*	• *-oes* *echoes, heroes, potatoes, tomatoes*
excepté (notamment) : *photo, piano, radio, video*	*photos, pianos, radios, videos*

Pour d'autres noms, vérifiez les terminaisons dans le dictionnaire.

Le *-s* du pluriel se prononce toujours. Sa prononciation varie toutefois selon la terminaison du mot.

singulier		pluriel		singulier		pluriel	
[s]	*dress*	[ɪz]	*dresses*	[p]	*cup*	[s]	*cups*
[z]	*size*		*sizes*	[t]	*shot*		*shots*
[ʃ]	*dish*		*dishes*	[k]	*look*		*looks*
[tʃ]	*watch*		*watches*	[f]	*laugh*		*laughs*
[ʒ]	*change*		*changes*	[θ]	*path*		*paths*
[dʒ]	*cabbage*		*cabbages*				

Dans tous les autres cas, le *-s* se prononce [z].

2. Pluriels irréguliers

Il existe un certain nombre de pluriels irréguliers. En voici quelques exemples.

Les mots d'origine germanique :

man	→ *men*	hommes		*foot*	→ *feet*	pieds	
woman	→ *women*	femmes		*tooth*	→ *teeth*	dents	
child	→ *children*	enfants		*goose*	→ *geese*	oies	
ox	→ *oxen*	bœufs		*mouse*	→ *mice*	souris	
penny	→ *pence*	pence		*louse*	→ *lice*	poux	

Les mots d'origine grecque ou latine :

analysis [ɪs]	*analyses* [i:z]	analyses	*criterion*	*criteria*	critères
basis	*bases*	bases	*erratum*	*errata*	errata
crisis	*crises*	crises	*memorandum*	*memoranda*	notes de service
hypothesis	*hypotheses*	hypothèses	*phenomenon*	*phenomena*	phénomènes
diagnosis	*diagnoses*	diagnostics	*thesis*	*theses*	thèses

Les mots invariables :

sheep	mouton, moutons	*data*	donnée, données
deer	cerf, cerfs	*means*	moyen, moyens
salmon	saumon, saumons	*series*	série, séries
trout	truite, truites	*species*	espèce, espèces
craft	bateau, bateaux	*barracks*	caserne, casernes
aircraft	avion, avions	*crossroads*	carrefour, carrefours
spacecraft	vaisseau spatial, vaisseaux spatiaux	*works*	usine, usines

Sont en général invariables les noms des animaux relevant de la chasse, ainsi que les noms de poissons. On dira : *I caught three fish.* (J'ai pris trois poissons). Le pluriel *fishes* s'emploie exceptionnellement, chez les scientifiques, pour désigner des espèces différentes.

Notez les emplois au singulier et au pluriel des invariables ci-dessous :

*The crossroads **is** straight ahead.*
Le carrefour, c'est tout droit.

*Both crossroads **are** dangerous.*
Les deux carrefours sont dangereux.

*The printing works **is** on the corner.*
L'imprimerie est au coin de la rue.

*All the steelworks **have** closed down.*
Toutes les aciéries ont fermé.

3. *People*

People peut être un dénombrable pluriel (les gens) qui n'a pas de singulier, ou un dénombrable (un peuple, une nation) qui peut être au singulier et au pluriel.

Who ***are*** *those people?*
Qui sont ces gens?

The Japanese are ***a*** *hard-working* ***people****.*
Les Japonais sont un peuple travailleur.

French-speaking ***peoples*** *met at a conference in Montreal.*
Les nations francophones se sont rencontrées à une conférence à Montréal.

4. Pluriel des noms propres et des sigles

Les noms de famille suivent la même règle que les noms communs au pluriel :

Mr & Mrs Smith	*The Smiths*	*Mr & Mrs Jones*	*The Joneses*
M. et Mme Smith	Les Smith	M. et Mme Jones	Les Jones

Pour les sigles, initiales et abréviations, on ajoute *-s* à la fin :

A UFO *(Unidentified Flying Object)*	*UFOs* des objets volants non identifiés (ovnis)
A Euro-MP *(Euro-Member of Parliament)*	*Euro-MPs* des députés européens
an SUV (terme américain) *(Sport Utility Vehicle)*	*SUVs* des 4 × 4

Ces sigles se prononcent en épelant chaque lettre, et en prononçant le *-s* du pluriel : [ˌjuːef'əʊz], [ˌem 'piːz], [ˌesjuː'viːz].

5 Les noms indénombrables singuliers

Les noms indénombrables singuliers peuvent être classés en deux types : ceux qui peuvent s'employer avec un dénombreur et ceux qui ne le peuvent pas.

1. Indénombrables singuliers s'employant avec un dénombreur

Ces noms peuvent être regroupés sous plusieurs catégories :

• Les noms d'aliments, de matières et de substances :
bread (le pain), *coffee* (le café), *meat* (la viande), *milk* (le lait), *spaghetti* (les spaghetti), *iron* (le fer), *paint* (la peinture), etc.

• Les couleurs :
red (le rouge), *white* (le blanc), etc.

• Les noms représentant un ensemble :
abuse (les insultes), *advice* (les conseils), *furniture* (le mobilier), *hair* (les cheveux ≠ les poils : *hairs*), *information* (les renseignements), *knowledge* (le savoir), *leisure* (les loisirs), *luggage* (les bagages), *news* (les nouvelles), *progress* (le progrès), *work* (le travail), etc.

• Les noms de sports et de jeux :
football (le foot), *billiards* (le billard), *chess* (les échecs), *darts* (les fléchettes), *draughts* (les dames), etc.

Attention ! Tous ces noms s'accordent avec un verbe au singulier.
What's the news? Quelles sont les nouvelles ?

On emploie un **dénombreur** pour prélever un élément ou une certaine quantité, car on ne peut pas utiliser l'article *a / an* devant ces indénombrables :

• Emploi du dénombreur ***a piece of*** :

advice	des conseils	***a piece of*** *advice*	un conseil
evidence	des preuves	***a piece of*** *evidence*	une preuve
fruit	les fruits	***a piece of*** *fruit*	un fruit
furniture	le mobilier	***a piece of*** *furniture*	un meuble
information	des renseignements	***a piece of*** *information*	un renseignement
land	la terre (en agriculture)	***a piece of*** *land*	une terre
luggage	les bagages	***a piece of*** *luggage*	un bagage
news	les nouvelles	***a piece of*** *news*	une nouvelle
work	le travail	***a piece of*** *work*	un ouvrage

• Emploi d'autres dénombreurs :

bread	le pain	***a loaf of*** *bread*	un pain
clothing	les vêtements	***an article of*** *clothing*	un vêtement
paper	le papier	***a sheet of*** *paper*	une feuille / un papier
tennis	le tennis	***a game of*** *tennis*	un tennis (une partie)
toast	le pain grillé	***a slice of*** *toast*	une tranche de pain
transport	les transports	***a means of*** *transport*	un moyen de transport

On emploie aussi selon les cas un quantificateur indéfini comme ***some*** :

*It's **a** useful **piece of** information.*
C'est un renseignement utile.

*Can you give me **some** information about that?*
Pouvez-vous me donner des renseignements là-dessus ?

On peut remplacer un indénombrable singulier par un nom dénombrable, qui peut être totalement différent :

nom indénombrable		nom dénombrable	
accommodation	le logement	*a room, a flat*	une chambre, un appartement
advertising	la publicité	*an advertisement*	une publicité
fishing	la pêche	*a good catch*	une bonne pêche
homework	les devoirs	*an exercise*	un devoir
produce	les produits (agricoles)	*a product*	un produit (en général manufacturé)
progress	le progrès	*a breakthrough*	une avancée
travel	les voyages	*a trip, a journey*	un voyage
work	le travail	*a job*	un travail

Comparez ainsi :

*He's looking for **work**.*
Il cherche **du** travail.

*He's looking for **a job**.*
Il cherche **un** travail.

2. Indénombrables singuliers ne s'employant pas avec un dénombreur

Ces noms peuvent être regroupés sous plusieurs catégories :

• **Certains noms de maladies :**
AIDS (le sida), *flu* (la grippe), *measles* (la rougeole), *mumps* (les oreillons), etc.

• **Les noms représentant des valeurs abstraites, des notions :**
business (les affaires), *happiness* (le bonheur), *justice* (la justice), *poverty* (la pauvreté), *Spanish* (l'espagnol), *unemployment* (le chômage), *waste* (le gaspillage), *weather* (le temps qu'il fait), etc.

• **Les noms en *-ics* :**
athletics (l'athlétisme), *economics* (l'économie), *electronics* (l'électronique), *mathematics* (les mathématiques), *mechanics* (la mécanique), *physics* (la physique), *politics* (la politique), *statistics* (la statistique), etc.

• **Les noms formés à partir de verbes :**
advertising (la publicité), *skating* (le patinage), etc.

Tous ces noms s'accordent également avec un verbe au singulier.

Remarque : *mathematics, politics, statistics* peuvent être singuliers ou pluriels, avec des sens différents. Comparez :

singulier (déterminant ø)	pluriel (avec déterminant)
*ø Politics **is** a risky business.* La politique est une entreprise hasardeuse.	*My politics **are** none of your business.* Mes opinions politiques ne vous regardent pas.
*ø Statistics **is** a science.* La statistique est une science.	*The latest statistics **show** a decrease.* Les derniers chiffres montrent une baisse.
▼ notion	▼ repérage

Les indénombrables représentant des abstractions ne prennent pas normalement l'article *a / an*. On ne peut pas, d'autre part, recourir à un dénombreur.

*He speaks very good **Dutch**.* Il parle **un** très bon hollandais.
*We had wet **weather** there.* On a eu **un** temps pluvieux là-bas.

On rencontre toutefois l'article **a** devant certains indénombrables, notamment après le verbe *be*, et dans certaines tournures :

*I'm in **a** hurry.* Je suis pressé.
*It's **a** waste of time.* C'est une perte de temps.
*It's such **a** waste!* Quel gâchis !
*What **a** disgrace!* Quelle honte !
*What **a** relief!* Quel soulagement !
*What **a** shame! / What **a** pity!* Quel dommage !

À VOUS !

1. Traduisez les phrases suivantes.
a. Heureusement ils ont eu du beau temps. – b. C'est un travail pénible. – c. Elle a changé la couleur de ses cheveux. – d. L'hôtel n'était pas propre : il y avait des poils dans la baignoire. – e. Je préfère les meubles en bois. – f. La pièce a été gâchée par une mauvaise interprétation *(spoiled – acting)*. – g. Il n'avait pas beaucoup de bagages. – h. Elle me donna pas mal d'informations. – i. Il leur donna trois conseils.

6 Les noms indénombrables pluriels

1. Indénombrables pluriels en *-s*

Ces noms peuvent se classer entre deux grandes catégories :

• Noms comme :
clothes (les vêtements), *contents* (le contenu), *customs* (la douane), *goods* (les marchandises), *lodgings* (chambre meublée), *looks* (la beauté, le physique), *morals* (le sens moral), *oats* (l'avoine), *stairs* (l'escalier).

• Indénombrables pluriels représentant des objets faits de deux parties identiques :
– les vêtements : *jeans* (un jean), *pyjamas* (un pyjama), *shorts* (un short), *trousers* (un pantalon), *tights* (un collant), etc.
– les instruments : *binoculars* (des jumelles), *compasses* (un compas), *glasses* (des lunettes), *pliers* (une pince), *scales* (une balance), *scissors* (des ciseaux), etc.

Attention ! Tous ces noms s'accordent avec un verbe au pluriel.
*Those stairs **don't** look very safe.* Cet escalier n'a pas l'air très sûr.
*Where **are** the pliers?* Où est la pince ?

Lorsque l'on veut parler d'un objet ou de plusieurs objets en particulier, il est nécessaire d'employer devant ces indénombrables pluriels un **dénombreur** :
*three **flights of** stairs* trois escaliers (*stairs* peut aussi signifier «des marches»)
*Pass me that **pair of** pliers, please.* Passe-moi cette pince, s'il te plaît.
*I need two **pairs of** jeans.* Il me faudrait deux jeans.

Exception : *clothes* ne fonctionne pas avec un dénombreur. Pour parler de plusieurs vêtements, on emploiera à l'aide d'un dénombreur l'indénombrable singulier *clothing*.
*She wears beautiful **clothes**.*
Elle porte de beaux vêtements.
*I've bought two **articles of** clothing.*
J'ai acheté deux vêtements.

On emploie aussi selon les cas le quantificateur indéfini ***some*** :
*I need **some** new jeans.* Il me faudrait un nouveau jean.

2. Indénombrables pluriels à sens collectif

Les noms comme *cattle* (bétail), *clergy* (clergé), *police* (police), *poultry* (volailles), etc. ont un sens collectif.

Contrairement à leur apparence (pas de marque -*s* du pluriel), ces noms sont de véritables pluriels, et fonctionnent donc toujours avec un **verbe au pluriel.** Le pronom personnel correspondant à ces noms pluriels est *they*.
*Cattle **were** fed with bone meal.* Le bétail était nourri aux farines animales.
*The media **have** a great influence on politics.* Les médias ont une influence énorme en politique.

Ces indénombrables ne s'utilisent pas avec un numéral. *Police* peut être toutefois précédé d'un numéral, mais le sens est alors différent.
*The police **are** coming.*
La police arrive.
*Five police **were** injured.*
Cinq agents de police ont été blessés.

À VOUS !

2. Traduisez les phrases ci-dessous.
a. Il portait un pantalon marron. – b. Elle porte un nouveau collant. – c. La police a arrêté le suspect. *(arrest – suspect)* – d. N'oublie pas d'emporter deux pyjamas. – e. Quel est le contenu de ce chapitre ? – f. Où est le compas ? – g. Ce pyjama est trop long. – h. J'ai besoin d'une pince. – i. La police veut vous parler. – j. Ce short ne te va pas. *(suit)* – k. La balance était défectueuse. *(faulty)* – l. Je n'ai qu'un seul jean. – m. Notre maison a deux escaliers.

7 Les noms dénombrables à sens collectif

Certains noms dénombrables peuvent représenter, soit un groupe d'individus pris en bloc, soit les différents membres de ce groupe pris séparément. Ces noms ont ainsi un sens collectif.

1. Accord avec le verbe

Lorsque l'on parle d'un groupe d'individus pris en bloc, on accorde le nom singulier avec un verbe au singulier.
Lorsque l'on parle plutôt des membres de ce groupe pris séparément, le nom reste au singulier, mais s'accorde avec un verbe au pluriel.

le groupe pris en bloc (verbe au singulier)	les membres pris séparément (verbe au pluriel)
*The committee **is** undecided over what action to take.*	*The committee **are** undecided over what action to take.*

La commission ne sait pas encore quelles mesures prendre.

*The government **wants** to cut taxes.*	*The government **want** to cut taxes.*

Le gouvernement veut réduire les impôts.

2. Sélection de noms dénombrables à sens collectif

On peut classer les noms dénombrables à sens collectif en deux groupes :

1. *the press* (la presse), *the public* (le public).
2. *army* (armée), *audience* (spectateurs, auditeurs), *committee* (commission), *company* (société), *crew* (équipage), *crowd* (foule), *family* (famille), *generation* (génération), *government* (gouvernement), *jury* (jury), *ministry* (ministère), *party* (groupe), *staff* (personnel), *team* (équipe).

Les noms de la sélection n° 2 peuvent en outre se mettre au pluriel lorsque l'on veut parler de plusieurs groupes. Comparez :

un seul groupe	plusieurs groupes
*The **family** have gathered.* La famille s'est réunie. ▼ les membres de cette famille-là	*The **families** have gathered.* Les familles se sont réunies. ▼ les diverses familles

3. Groupes nominaux avec numéral

Certains groupes nominaux dont le déterminant est un numéral cardinal (5, 10, 500...), et qui expriment quelque chose de global (une distance, une durée, une somme, etc.), fonctionnent avec un **verbe au singulier** :

*Five miles **is** a long way.* Cinq miles, ça fait loin.
*Ten minutes **is** not enough.* Dix minutes, ce n'est pas suffisant.
*Five hundred pounds **is** too much for that picture.* Cinq cent livres, c'est trop pour ce tableau.

À VOUS !

3. Traduisez les phrases ci-dessous.
a. Dix livres, c'est ma dernière offre. *(offer)* – b. Est-ce que toute la famille vient ? – c. La famille est souvent source de conflit. *(source of conflict)* – d. Vingt miles, c'est trop loin pour y aller à pied. *(walk)* – e. Cinq ans en prison, c'est long. – f. Chaque génération a ses problèmes. – g. La presse adore les scandales. – h. Le jury était presque en larmes. *(almost in tears)* – i. Sa société licencie en ce moment. *(make redundancies)* – j. Les deux équipes furent disqualifiées pour la Coupe du Monde. *(disqualified from)* – k. Les spectateurs applaudissaient debout. *(be on one's feet)* – l. La foule avançait vers la police. *(advance towards)*

LES NOMS COMPOSÉS

Il existe deux grands types de noms composés en anglais :
– ceux qui sont composés à partir d'un nom ou d'un gérondif ;
– ceux qui comportent une particule adverbiale comme premier ou deuxième élément.

Les noms composés peuvent s'écrire selon les usages en un seul mot ou en deux mots (avec ou sans trait d'union). Consultez à cet égard le dictionnaire.

8 Les noms composés avec un nom ou un gérondif

Lorsqu'ils sont formés à partir d'un nom ou d'un gérondif, le deuxième élément est l'élément de base, porteur du sens principal. L'accent porte sur le premier élément.

a knife → *a **bread** knife*
un couteau — un couteau à pain

a horse → *a **race**horse*
un cheval — un cheval de course

a farm → *an **oyster** farm*
une ferme — un parc à huîtres

a race → *a **horse**-race*
une course — une course de chevaux

Ne confondez pas :

a teacup → *a cup of tea*
une tasse à thé — une tasse de thé

Si l'élément complémentaire est dénombrable *(oyster)*, il reste en général au singulier.

1. Formation à partir d'un nom

• nom
• adj.
• adv.
• V
• V-*ing*
+ nom

a shopkeeper	un commerçant
a press cutting	une coupure de presse
a statesman	un homme d'État
a shortcut	un raccourci
fast food	de la restauration rapide
an in-tray	une corbeille « arrivée » (courrier)
a passkey	un passe
a living room	un séjour (la pièce)
an answering machine	un répondeur

Dans *statesman*, le *s* de *states* est la marque du génitif, comme dans *tradesman* (commerçant).

L'élément complémentaire peut se terminer par un ***-s*** :

• avec certains noms dénombrables :

a careers adviser un conseiller d'orientation — *a sports car* une voiture de sport

• avec certains noms indénombrables :

a customs officer un douanier — *a clothes shop* un magasin de vêtements

Notez les noms composés dont l'élément complémentaire perd le ***-s*** :

trousers un pantalon → *a **trouser** pocket* une poche de pantalon
wages un salaire → *a **wage** earner* un salarié

Le pluriel se forme en ajoutant un ***-s*** à l'élément de base. L'élément complémentaire est invariable sauf si ce dernier est *man* ou *woman*.

a Sunday paper → *Sunday papers* les journaux du dimanche
a woman driver → *women drivers* des conductrices

Génitif et la construction avec *of*, voir 24

Attention ! Seul l'accent de mot permet dans certains cas de comprendre si un adjectif entre, ou non, dans la composition d'un nom composé. Ne confondez pas :

nom composé	adjectif + nom
an 'English teacher un professeur **d'**anglais	*an English 'teacher* un professeur anglais

2. Formation à partir d'un gérondif

• nom
• adj. + **V-*ing***

word-processing	le traitement de texte
windsurfing	la planche à voile
dry-cleaning	le nettoyage à sec

Ces noms composés ne se mettent pas au pluriel.

Gérondif, voir 12

3. Noms composés de plus de deux mots

Certains noms composés sont formés de plus de deux mots. Notez dans les exemples ci-dessous les pluriels respectifs :

a mother-in-law	→	*mother**s**-in-law*	des belles-mères
a brother-in-law	→	*brother**s**-in-law*	des beaux-frères
a man-of-war	→	***men**-of-war*	des cuirassés (marine de guerre)
a merry-go-round	→	*merry-go-round**s***	des manèges

9 Les noms composés avec une particule

La particule peut se placer en première ou en deuxième position.

1. Noms composés avec une particule en deuxième position

• nom
• adj.
• V
• V-EN + **particule**

a passer-by	un passant
a close-up	un gros plan
a take-off	un décollage
a grown-up	un adulte

(V-EN : verbe au participe passé)

• Le pluriel se forme en ajoutant un *-s* à la particule :

a breakdown	*breakdown**s***	des pannes
a breakthrough	*breakthrough**s***	des avancées (technologiques)
a check-in	*check-in**s***	des enregistrements (aéroports...)
a check-out	*check-out**s***	des caisses (de supermarché)
a cutback	*cutback**s***	des réductions (budget, crédits...)
a handout	*handout**s***	des prospectus
a lay-by	*lay-by**s***	des aires de repos
a runaway	*runaway**s***	des fuyards
a take-away	*take-away**s***	des plats à emporter

• Lorsque le premier élément est en *-er*, c'est lui qui prend un *-s* :

a hanger-on	*hanger**s**-on*	des parasites, des pique-assiettes
a looker-on	*looker**s**-on*	des badauds, des spectateurs

2. Noms composés avec une particule en tête

particule + V		
	*an **income***	un revenu
	*from the **outset***	depuis le début

Le pluriel se forme en ajoutant un *-s* à la fin du deuxième élément, mais seulement pour les dénombrables (*income* est dénombrable, *outset* indénombrable) :

*an **out**break*	*outbreaks*	des déclenchements (guerre, épidémie...)
*an **out**cast*	*outcasts*	des exclus
*an **over**dose*	*overdoses*	des overdoses
***back**lash*		des réactions violentes
***over**time*		des heures supplémentaires
***under**wear*		les sous-vêtements

10 Les noms composés et la construction avec *of*

Ne confondez pas les noms composés et les constructions avec *of*, dont les emplois correspondent à des significations différentes.

Opposition « général » / « particulier »

On utilise le nom composé lorsque l'on considère un type d'objet, et la construction avec *of* lorsque l'on considère un élément faisant partie d'un ensemble :

nom composé (type d'objet)	construction avec *of* (partie d'un ensemble)
*a **suitcase handle*** une poignée de valise ▼ type de poignée particulier	*the **handle of** the suitcase* la poignée de la valise ▼ un des éléments de la valise

Opposition « contenant » / « contenu »

On utilise le nom composé pour préciser un type particulier de contenant, la construction avec *of* pour désigner à la fois contenant et contenu :

nom composé (contenant d'un certain type)	construction avec *of* (contenant + contenu)
*a **whisky glass*** un verre à whisky ▼ type de verre	*a glass **of** whisky* un verre de whisky ▼ un verre contenant du whisky

Termes à rôle « actif »

Le deuxième élément (personne ou chose) de certains noms composés peut renvoyer, non pas à une quantité, mais à une activité :

nom composé (idée d'activité)

*a **lemon squeezer*** un presse-citron ▼ un appareil qui presse le fruit	*a **theatre goer*** un habitué du théâtre ▼ une personne qui va au théâtre

Désignation de quantité

On utilise uniquement la construction avec *of* après les termes servant à désigner de façon plus ou moins précise, une quantité :

a piece of bread	un morceau de pain	*a spoonful of honey*	une cuillerée de miel
a slice of ham	une tranche de jambon	*six feet of water*	six pieds d'eau

Termes de localisation

• On utilise généralement la construction avec *of* après les termes servant à localiser quelque chose, dans l'espace ou dans le temps :

top	haut	*front*	avant	*beginning*	début	*inside*	intérieur
bottom	bas	*back*	arrière	*end*	bout, fin	*outside*	extérieur
						side	côté

*the bottom **of** the page* le bas de la page *the beginning **of** the year* le début de l'année

• Certains de ces termes, comme *top* et *side*, permettent toutefois de former des noms composés couramment employés :

nom composé	construction avec *of*
*The **hilltops** were covered with snow.* Les sommets des collines étaient couverts de neige.	*When will we get to the top **of** the hill?* Quand est-ce qu'on arrive en haut de la colline ?

Notez l'emploi devenu courant de *at the seaside* (au bord de la mer) et *the countryside* (la campagne).

À VOUS !

4. Traduisez les groupes de mots ci-dessous.
a. Une tasse à thé. – b. Des pots de confiture. *(jar)* – c. Un pot à confiture. – d. Un couvercle de piano. *(lid)* – e. Un style de robe. *(design)* – f. Le style de la robe. – g. La fin du film. – h. Une pincée de sel. *(pinch)* – i. Une mine de sel. *(mine)* – j. Le haut de la page.

11 Les noms composés à valeur d'adjectif

Certains noms composés peuvent être utilisés comme adjectifs. Les différents composants de l'adjectif sont toujours au singulier.

1. Expression d'une mesure, d'un classement

Ces noms composés peuvent se former à l'aide d'un adjectif numéral cardinal (*one*, *two*...) suivi de l'unité de mesure :

*a **one-act** play* une pièce en un acte
*a **three-day** course* un stage de trois jours
*a **seven-foot** player* un joueur de deux mètres dix
*a **four-wheel** drive car* une voiture à quatre roues motrices
*a **three-year-old** boy* un garçon de trois ans

Ces noms composés peuvent également se former à l'aide d'un adjectif numéral ordinal (*first*, *second*...) suivi d'un nom :

*a **second-hand** car* une voiture d'occasion
*a **nineteenth-century** writer* un écrivain du XIXe siècle

2. Expression d'une particularité

L'élément complémentaire (nom ou adjectif) précise l'élément de base :

*a **pocket-size** calculator* une calculatrice de poche
***high-tech** equipment* de l'équipement sophistiqué

LE GÉRONDIF

12 Les valeurs et les constructions du gérondif

On peut construire un nom à partir d'une base verbale en ajoutant *-ing*. Cette forme de nominalisation est appelée gérondif.

read	→	*read**ing***	*swim*	→	*swim**ming***
lire		la lecture	nager		la natation

Subordonnées gérondives, voir **99**

Ne confondez pas le gérondif avec le deuxième élément de la forme *be -ing* :

forme *be -ing*	gérondif
*He's **reading** a novel.* Il lit un roman.	*He likes **reading**.* Il aime lire.

1. Valeurs du gérondif

Le gérondif exprime fondamentalement une activité : activité soit déjà réalisée, soit déjà commencée, ou que l'on imagine.

On exprime une activité déjà réalisée :
Comparez à cet égard la différence de sens entre le gérondif et l'infinitif avec *to* qui exprime une action, une activité à réaliser.

gérondif (activité déjà réalisée)	infinitif avec *to* (activité à réaliser)
*I remember writ**ing** to him.* Je me souviens lui avoir écrit.	*Remember **to** write!* N'oublie pas d'écrire !
*Help**ing** him proved useless.* L'aider n'a servi à rien.	***To** help him would be useless.* L'aider ne servirait à rien.

On exprime une activité déjà commencée, ou que l'on imagine :

*I don't mind wait**ing**.* Ça ne me dérange pas d'attendre. ▼ maintenant ou plus tard	*Why don't you try hik**ing**?* Pourquoi tu n'essaies pas la marche ? ▼ je propose, j'imagine cette activité

Voir Infinitif ou gérondif après *afraid* **114**, *like* **181**, *stop, begin* **182**, *want, need* **183**, *can't stand, can't bear* **184**, *remember* **227**, *try* **252**

2. Constructions avec le gérondif

Le gérondif, qui fonctionne comme un nom, peut être sujet ou complément. Il peut être également précédé d'un déterminant, par exemple un adjectif possessif. S'il y a une négation, elle se place immédiatement devant le gérondif.

sujet	complément
*Hik**ing** is an excellent sport.* La marche est un sport excellent.	*I love hik**ing**.* J'adore la marche.
*His smok**ing** cigars is very unpleasant.* Sa façon de fumer les cigares est vraiment déplaisante	*He resented her **not** be**ing** on time.* Il lui reprocha de ne pas être à l'heure.

LE GÉRONDIF

Le gérondif s'emploie après une préposition et un verbe prépositionnel :

préposition	verbe prépositionnel
*He left **without saying** thank you.* Il est parti sans dire merci.	*Do you **feel like going** to the cinema?* Tu as envie d'aller au cinéma ?
***On hearing** the shot, she fainted.* En entendant la détonation, elle s'évanouit.	*Nothing **prevents** us **from trying**.* Rien ne nous empêche d'essayer.

Ne confondez pas *to* préposition, donc suivie du gérondif, avec *to* particule infinitive :

to préposition + gérondif	*to* particule + infinitif
*I prefer reading **to watching** TV.* J'aime mieux lire que regarder la télé.	*I'd prefer **to watch** a film.* J'aimerais mieux regarder un film.
*He isn't used **to drinking** so much.* Il n'est pas habitué à boire autant.	*He used **to drink** a lot.* Autrefois il buvait beaucoup.

Voir Verbes prépositionnels et prépositions suivis du gérondif **167**, **168**, **169**, En **152**

3. Le nom verbal

La forme V-*ing* est également appelée nom verbal lorsqu'elle est précédée du déterminant *the*, et suivie d'un complément avec *of* :

gérondif (emploi courant)	nom verbal (emploi formel)
*Kill**ing** whales is illegal.* La chasse à la baleine est illégale. ▼ l'activité en soi	*The kill**ing** of whales is illegal.* La chasse à la baleine est illégale. ▼ cette chasse par rapport à d'autres : l'accent ici est mis sur *whales*

Le nom verbal peut être précédé d'un adjectif qualificatif :

*We were woken up by **the sudden shaking** of the house.*
Nous avons été réveillés par le tremblement soudain de la maison.

À VOUS !

5. Repérez s'il s'agit ci-dessous d'une activité déjà réalisée (A), déjà commencée (B) ou que l'on imagine (C). Puis traduisez.

a. Please, stop arguing. (discuter) – b. Does he really hate shopping? – c. We are considering buying a house. (envisager) – d. I prefer taking the train to flying. – e. There's no point in asking again. – f. I regret getting up so late. – g. I've decided to start learning Japanese. – h. Why don't you try talking to him? – i. Do you remember locking the door? – j. It's no use mending it. (réparer)

6. Traduisez en utilisant chaque fois un gérondif.

a. Conduire vite provoque des accidents. *(cause)* – b. Je déteste faire la queue. *(queue)* – c. Couper des oignons me fait pleurer. *(chop-onions)* – d. Il adore la marche. *(enjoy)* – e. Sa façon de poser des questions m'a agacé. *(annoy)* – f. Leur prêter de l'argent n'est pas la solution. *(lend)* – g. Cette sensation d'être malade m'a gâché la soirée. *(feel ill - ruin)* – h. Il est interdit de mâcher du chewing-gum. *(chew gum)* – i. Ça vous ennuie de fermer la fenêtre ? – j. Vous avez essayé d'ajouter de la farine ? *(add more flour)*

LA DÉTERMINATION

13 La détermination et les déterminants

La détermination du nom est une opération qui permet, à partir d'un nom ou d'un groupe nominal :
- de **délimiter** une classe, ou une notion ;
- d'**extraire** un ou plusieurs éléments, ou une certaine quantité ;
- de **repérer** un ou plusieurs éléments, ou une certaine quantité.

Cas de détermination

Le tableau ci-dessous illustre les principaux cas de détermination avec les déterminants **ø**, ***a***, ***the*** et ***some***, qu'il s'agisse de noms dénombrables ou d'indénombrables.

	noms dénombrables	noms indénombrables
classe	*ø Sharks live in warm seas.* Les requins vivent dans les mers chaudes.	
sous-classe	*ø Basking sharks are harmless.* Les requins pèlerins sont inoffensifs.	
notion		*I don't like ø wine.* Je n'aime pas le vin.
sous-classe notionnelle		*I drink ø white wine.* Je bois du vin blanc.
extraction	*I've bought **a** dog.* J'ai acheté un chien.	*Can I have **some** wine?* Puis-je avoir du vin ?
repérage	*Where's **the** dog you've bought?* Où est le chien que tu as acheté ?	***The** wine was good.* Le vin était bon.

Voir aussi Noms dénombrables et indénombrables 3,
Articles ø 14, *A* / *an* 15, *The* 16

Catégories des déterminants

Les déterminants du nom peuvent être regroupés selon les catégories suivantes :

- articles : *ø* (14), *a* / *an* (15), *the* (16)
- adjectifs démonstratifs : *this* / *these*, *that* / *those* (18)
- adjectifs possessifs : *my, your, his, her…* (19)
- génitif : *Jane's umbrella* (22)
- quantificateurs : exemples : *some* / *any* / *no, most, many* / *much, few* / *little, all* / *every* / *each, both, other, either* / *neither, whatever* (25)
- adjectifs numéraux : *one, two, three…* (26)
- adjectifs interrogatifs : *what…? which…?* (27) *whose…?* (267)

Les numéros renvoient à une entrée spécifique.

LES ARTICLES

14 L'article zéro (ø)

Les noms, qu'ils soient dénombrables ou indénombrables, sont souvent employés sans déterminant. On parle dans ce cas d'article zéro (ø).

Détermination, voir 13

L'article ø s'utilise avec des noms dénombrables et indénombrables pour désigner une **classe en général** ou une **notion abstraite** :

dénombrables	indénombrables
ø Sharks can be dangerous. **Les** requins peuvent être dangereux. ▼ classe	*ø Music is one of my hobbies.* **La** musique est l'un de mes passe-temps. ▼ notion
Have you ever seen ø basking sharks? As-tu déjà vu **des** requins pélerins ? ▼ sous-classe	*I often listen to ø classical music.* J'écoute souvent **de la** musique classique. ▼ sous-classe notionnelle

L'emploi d'un adjectif (ci-dessus *basking, classical*) permet seulement de restreindre la classe ou la notion : on reste toujours dans le général. On dira ainsi :

• avec des dénombrables :

cars	les voitures	*Italian cars*	les voitures italiennes
people	les gens	*American people*	les Américains

• avec des indénombrables :

food	la nourriture	*frozen food*	les surgelés
society	la société	*American society*	la société américaine

L'article ø s'utilise par ailleurs avec des dénombrables au singulier, comme *man* ou *nature*, pour désigner également une notion abstraite. Ces mots s'écrivent alors généralement avec une majuscule :

ø Man is mortal. L'Homme est mortel.

ø Nature's secrets are unfathomable. Les secrets de la Nature sont impénétrables.

Voir Détermination 13, Emplois de *the* ou ø 17

15 L'article *a / an*

A / an, déterminant, est un article indéfini. Il fonctionne principalement avec les noms dénombrables. Il n'a pas de pluriel.

a sandwich un sandwich — *sandwiches* des sandwichs

1. Choix de *a* ou *an* devant un nom

On choisit *a* ou *an* en fonction de la prononciation :

• *a* [ə] devant un mot commençant par un son-consonne :

a dog un chien	*a hairy chest* une poitrine velue	*a one-act play* [wʌn] une pièce en un acte

• *an* [ən] devant un mot commençant par un son-voyelle ou un « h » muet :

an animal	un animal	*an hour*	une heure
an obvious fact	un fait évident	*an honest girl*	un fille honnête
an MP [ˌem'piː]	un député	*an heir*	un héritier
		an honourable defeat	une défaite honorable

2. Emplois de *a* / *an*

On emploie principalement *a* / *an* pour désigner un élément parmi un ensemble. Il s'agit alors d'une **extraction.**

*Do you want **a** sandwich?* Tu veux un sandwich ?

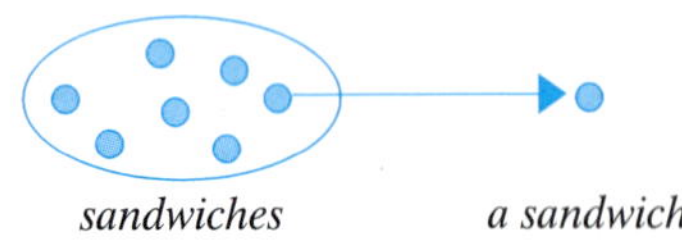

On dira de même :

*He's **an** engineer.* Il est ingénieur.

L'anglais voit « un » ingénieur parmi l'ensemble des ingénieurs ; ce qui explique l'emploi de *a* / *an* avec les noms de métiers.

As a student, Jim didn't need to pay. En tant qu'étudiant, Jim n'avait pas à payer. (Jim a le statut de tout étudiant)

On emploie *a* / *an* pour parler d'un élément représentant une **classe entière** :

A penguin is a sea bird which can't fly. Un manchot est un oiseau marin qui ne vole pas.

On emploie *a* / *an* dans un **groupe nominal placé en apposition** :

*He supported the guerrillas, **a** right move in the long run.*
Il a soutenu les guérilleros, bonne idée finalement.

On emploie *a* / *an* après certains mots :

• ***such*** et ***what*** :

devant des dénombrables	devant quelques indénombrables
*It's such **a** surprise!* C'est une telle surprise !	*What **a** pity!* Quel dommage !
*What **a** strange man!* Quel homme étrange !	*What **a** shame!* Quel dommage !

• ***too* + adjectif** :

*This is too big **a** problem!* C'est un problème trop important !

• ***half*** :

*half **a** dozen eggs* une demi-douzaine d'œufs

On emploie l'article *a* / *an* dans certaines expressions :

• dans des indications chiffrées (fréquence, prix, salaire, vitesse, etc.) :

*They meet twice **a** day.* Ils se voient deux fois par jour.
*It costs 70p **a** kilo.* Ça coûte 70 pence le kilo.
*He earns £1,000 **a** month.* Il gagne 1.000 livres par mois.
*The speed limit is 30 miles **an** hour.* La vitesse est limitée à 30 miles / heure.

• dans un certain nombre de tournures :

*I have **a** headache.* J'ai mal à la tête.
*She has **a** sense of humour.* Elle a le sens de l'humour.

• après une préposition :

*She was in **a** bad mood.* Elle était de mauvaise humeur.
*He went out without **a** coat.* Il sortit sans manteau.

16 L'article *the*

The, déterminant, est un article défini qui fonctionne indifféremment avec des noms dénombrables ou indénombrables. Il est invariable.

The se prononce [ðə] devant un mot commençant par un son-consonne, et [ðɪ] devant un mot commençant par un son-voyelle. La forme accentuée est [ði:] :
*That's **the** answer!* Voilà la réponse !
L'article *the* peut avoir une valeur de repérage ou de généralisation.

Détermination, voir 13

1. Valeur de repérage

On emploie *the* pour désigner ce dont on parle dans une situation particulière : l'interlocuteur ou le lecteur est au courant. Il s'agit d'un **repérage situationnel**.

dénombrables	indénombrables
*Have you seen **the** manager?* As-tu vu le directeur ? ▼ de cette entreprise-là	*Pass me **the** salt, please.* Passe moi le sel, s'il te plaît. ▼ le sel qui est devant toi
***The** monkeys were great fun.* Les singes nous ont bien fait rire. ▼ les singes vus au zoo	*Is **the** coffee still hot?* Le café est encore chaud ? ▼ le café qui est sur la table

On emploie *the* pour désigner un **élément unique**. Le lecteur identifie aussitôt :

- *the sun* (le soleil), *the Earth* (la Terre), *the sky* (le ciel), *the sea* (la mer), *the country* (la campagne), *the East* (l'est), *the environment* (l'environnement), *the past* (le passé), etc.
- *the King* (le Roi), *the President* (le Président), *The Prime Minister* (le Premier ministre), etc.

***The** Earth revolves round **the** sun.* La terre tourne autour du soleil.
***The** Queen delivered a speech.* La reine a fait un discours.

Exception : on emploie l'article ø pour parler de l'espace :
Gagarin was the first man in ø space. Gagarin fut le premier homme dans l'espace.

On emploie donc *the* pour désigner ce qui est précisé par le contexte de la phrase, c'est-à-dire par les mots eux-mêmes. Il s'agit d'un **repérage contextuel**.

dénombrables	indénombrables
***The** potatoes we were served were horrible.* Les pommes de terre qu'on nous a servies étaient infectes.	*How did you like **the** wine in that restaurant?* Comment as-tu trouvé le vin de ce restaurant ?

Noms propres avec *the* ou ø, voir 203

2. Valeur de généralisation

On emploie *the* devant un dénombrable singulier pour parler de toute l'**espèce** :
***The** cheetah is the fastest animal.* Le guépard est l'animal le plus rapide.

Exception : pour parler de l'Homme ou de la Femme, représentants de l'espèce humaine, on ne met pas l'article :
ø Man is mortal. L'Homme est mortel.

- On emploie *the* devant un adjectif substantivé pour désigner un **ensemble** :

the rich les riches *the English* les Anglais

- On emploie *the* devant un adjectif substantivé pour désigner une **notion abstraite** :

the supernatural le surnaturel *the absurd* l'absurde

Adjectifs substantivés, voir 34

17 Les emplois comparés des articles ø et *the*

1. Distinction de base entre ø et *the*

- **L'article ø** marque une absence de détermination et s'utilise lorsque l'on parle de quelque chose en général : d'une **classe** ou d'une **notion.**

- **L'article *the*** est un opérateur de repérage qui s'utilise donc lorsqu'il s'agit d'une situation ou d'un **contexte particulier.**

en général	situation particulière
I like ø mussels. J'aime les moules. ▼ ce coquillage-là (classe)	*I liked **the** mussels.* J'ai aimé les moules. ▼ mangées à midi (repérage)
ø Spanish mussels are delicious. Les moules d'Espagne sont délicieuses. ▼ cette variété-là (sous-classe)	***The** Spanish mussels were too expensive.* Les moules d'Espagne étaient trop chères. ▼ vues au marché (repérage)

en général	contexte particulier
He teaches ø literature. Il enseigne la littérature. ▼ la littérature en soi (notion)	*He teaches **the** literature of the Middle Ages.* Il enseigne la littérature du Moyen Âge. ▼ littérature définie (repérage)
He teaches ø Italian literature. Il enseigne la littérature italienne. ▼ domaine restreint (sous-classe notionnelle)	*He teaches **the** Italian literature of the Middle Ages.* Il enseigne la littérature italienne du Moyen Âge. ▼ littérature définie (repérage)

2. Emplois comparés

L'article ø s'emploie pour parler de quelque chose en général (notion) alors que l'article *the* désigne un élément précis, particulier (repérage).

- **Noms communs de lieux :**

notion	élément particulier
She spent six months in ø hospital. Elle a passé six mois à l'hôpital. ▼ lieu de soin	***The** hospital is being rebuilt.* L'hôpital est en cours de reconstruction. ▼ le bâtiment

Ce type de construction s'applique également à d'autres noms :
home (la maison), *school* (l'école), *college* (la faculté), *university* (l'université), *prison* (la prison), etc.

Certains noms de lieu emploient toutefois, comme en français, l'article *the* :
the bank (la banque), *the cinema* (le cinéma), *the theatre* (le théâtre), *the swimming pool* (la piscine), *the ice rink* (la patinoire).

Noms de repas :

notion	élément particulier
What do you have for ø breakfast? Que prenez-vous au petit-déjeuner ? ▼ type de repas associé à un moment de la journée	*I enjoyed the breakfast in that hotel.* J'ai aimé le petit-déjeuner de cet hôtel. ▼ ce petit-déjeuner là

Ce type de construction s'applique également aux autres termes :
lunch (déjeuner), *dinner* (dîner), *supper* (souper), *tea* (thé), etc.

Sports et instruments de musique :

notion	élément particulier
I like ø hang-gliding. J'aime le deltaplane. ▼ notion de sport	*She plays* ***the*** *cello.* Elle joue du violoncelle. ▼ de cet instrument-là, non d'un autre

Télévision et radio :

Comparez les emplois de ø et de *the* pour la télévision et la radio, selon qu'il s'agit de médias ou d'appareils.

média	appareil
They never watch ø television. Ils ne regardent jamais la télé.	*Turn off* ***the*** *television, will you?* Éteins la télévision, veux-tu ?
She often listens to ***the*** *radio.* Elle écoute souvent la radio.	*Turn down* ***the*** *radio, please.* Baisse la radio, s'il te plaît.

The ou ø avec les noms propres, voir **203**

À VOUS !

7. Dites s'il s'agit d'un repérage situationnel (A) ou contextuel (B), d'une notion (C) ou d'une extraction (D), puis complétez à l'aide de ø, *a* / *an* ou *the*.
a. … weather that morning was very cold. – b. We enjoyed … singers. – c. She's … widow. (veuve) – d. I've spent … money I won. – e. Have you ever tried … Australian wine? – f. We stopped opposite … school. – g. She works as … temp. (intérimaire) – h. … university I went to has a good reputation. – i. These are … photos I took. – j. … coffee was too strong.

8. Dites d'abord s'il s'agit d'un repérage situationnel (A) ou contextuel (B), ou encore d'une notion (C), puis traduisez.
a. Les films d'horreur me font peur. – b. Le plat était trop épicé. *(hot)* – c. Le café est mauvais pour moi. – d. Vous aimez le vin ? – e. Le vin australien qu'on a bu était excellent. – f. Il va au lit tôt. – g. Il se dirigea vers le lit et s'assit. – h. Nous avons aimé le dîner chez les Martin.

LES DÉMONSTRATIFS

18 Les adjectifs et pronoms démonstratifs *this* et *that*

This et *that* sont des démonstratifs, qui peuvent être adjectifs ou pronoms, ou encore avoir une valeur adverbiale. *This* et *that* adjectifs sont des opérateurs de détermination.

1. *This* et *that* adjectifs et pronoms

This et *that* ont chacun une forme au pluriel, respectivement *these* et *those*.

This désigne ce qui est proche du locuteur, et *that* désigne ce qui est plus éloigné.

• On retrouve cette différence dans l'espace ainsi qu'au téléphone :

*I like **this** restaurant.*
J'aime ce restaurant.
▼
j'y suis

***This** is Mark.*
C'est Mark.
▼
on se présente

*I like **that** restaurant.*
J'aime ce restaurant.
▼
je l'évoque

*Is **that** Jane?*
C'est toi, Jane ?
▼
on vérifie l'identité de l'autre

• On retrouve cette différence dans le temps :

***This** time, we'll win.*
Cette fois-ci, on va gagner.

*Do you remember **that** film on TV?*
Tu te souviens de ce film à la télé ?

C'est ainsi que l'on dira également : *these days...* (de nos jours...), *in those days...* (en ce temps-là...).

This et *that* peuvent d'autre part avoir une valeur appréciative :

*"... and **this** enormous black hairy spider fell on my head!"*
« ... et alors j'ai reçu cette énorme araignée, noire et velue, sur la tête ! »
▼
le locuteur nous fait vivre la situation !

*You aren't going to wear **that** tie, are you?*
Tu ne vas pas mettre cette cravate, si ?
▼
le locuteur rejette ce choix !

2. *This* et *that* avec valeur adverbiale

This et *that* peuvent aussi jouer le rôle d'un adverbe :

*The box was about **this** big.*
La boîte était à peu près grosse comme ça.

*You're not **that** hungry, are you?*
Tu n'as pas si faim que ça, si ?

À VOUS !

9. Complétez les phrases ci-dessous à l'aide de *this, these, that* ou *those,* puis traduisez.
a. Where are you going on holiday ... summer? – b. What do you think of ... trousers Jeannette was wearing? – c. I caught a fish which was ... long! – d. Well, OK, it wasn't ... long. – e. If only I hadn't bought ... stupid car! – f. At ... time I was living in London. – g. I was driving to work and I suddenly felt ... terrible pains in my head. (douleurs) – h. Have you read ... new novel everyone's talking about?

LES POSSESSIFS

19 La forme des possessifs

L'adjectif possessif est placé en tête du groupe nominal. C'est un déterminant du nom. Le pronom possessif remplace le groupe nominal.

Détermination, voir aussi 13

adjectif		pronom	
my	mon / ma / mes	*mine*	le mien / la mienne / les miens
your	ton / ta / tes	*yours*	le tien / la tienne / les tiens
his	son / sa / ses (à lui)	*his*	le sien / la sienne / les siens (à lui)
her	son / sa / ses (à elle)	*hers*	le sien / la sienne / les siens (à elle)
its	son / sa / ses (neutre)		
our	notre / nos	*ours*	le nôtre / la nôtre / les nôtres
your	votre / vos	*yours*	le vôtre / la vôtre / les vôtres
their	leur / leurs	*theirs*	le leur / la leur / les leurs

- L'interrogatif correspondant est ***whose***. Il peut être :
• déterminant :

***Whose** calculator is it?*
À qui est cette calculatrice ?

*It's **my** calculator.*
C'est ma calculatrice.

*It's **mine**.*
C'est à moi.

• pronom :

***Whose** is it?*
À qui est-ce ?

*It's **hers**.*
C'est à elle.

- ***One's*** (génitif du pronom *one*) est l'équivalent anglais du français « son / sa » dans les tournures impersonnelles :

give one's opinion donner son avis
make up one's mind se décider
lose one's head perdre son sang-froid
bite one's nails se ronger les ongles

Voir *One* 206

- Les pronoms indéfinis comme *everybody, everyone, somebody, someone, anyone, nobody, no one*, etc. sont considérés comme ayant un sens pluriel, bien que le verbe soit au singulier. L'adjectif possessif correspondant est *their*, et le pronom, *theirs*.

*Has everybody got **their** books?* Est-ce que tout le monde a son livre ?
*Somebody has forgotten **their** book.* Quelqu'un a oublié son livre.
*Nobody has got **theirs**.* Personne n'a le sien.

20 L'emploi des adjectifs possessifs

- Les adjectifs possessifs varient selon le genre et le nombre du possesseur, à la différence du français :

*Jim and **his** sister* Jim et sa sœur (à **lui**)
***Her** shoes* ses chaussures (à **elle**)

On utilise en anglais un adjectif possessif pour désigner une partie du corps ou un vêtement, contrairement au français qui utilise un article défini :

*She washed **her** hands.* Elle s'est lavé **les** mains.
*He shrugged **his** shoulders.* Il haussa **les** épaules.

Lorsque le possesseur est en position de complément d'objet, on n'utilise pas l'adjectif possessif :

*He pulled **her** by **the** arm.* Il l'a tirée par **le** bras.

Lorsque le possesseur est sujet d'une phrase au passif, on n'utilise pas non plus l'adjectif possessif :

***He** was stabbed in **the** back.* Il a été poignardé dans **le** dos.

On peut employer *own* après un adjectif possessif pour renforcer l'idée de possession :

*He's got his **own** office.* Il a son propre bureau / son bureau à lui.

21 L'emploi des pronoms possessifs

Les pronoms possessifs varient aussi selon le genre et le nombre du possesseur. Contrairement au français, ils ne sont pas précédés d'un article défini :

*They're **mine**.* Ce sont **les** miens. / Ils sont à moi.
*It's **theirs**.* C'est **le** leur. / C'est à eux.

Notez la construction [nom + *of* + pronom possessif] :

*He's a friend of **ours**.* C'est un ami à nous.
*Is it another idea of **hers**?* C'est encore une idée à elle ?

Génitif, voir 23 et 24

À VOUS !

10. Complétez les phrases ci-dessous à l'aide du pronom possessif approprié.
a. "What's your phone number, Pam?" – "7488321. What's ...?" – b. Their house is bigger than ..., but our garden is nicer than ... – c. "This book is Lucy's." – "Are you sure it's ...?" – d. She says her boss is terrible. I'm lucky: ... is all right. – e. "This is David's" – "Are you sure it's ...?" – f. We have a tent. You can borrow ...."

11. Traduisez en utilisant chaque fois un possessif.
a. Je suis sûr que c'est à toi. – b. Il s'est cassé la jambe. – c. C'est une de mes amies. – d. C'est un cousin à eux. – e. Ce stylo doit être à lui. – f. Tu t'es brossé les dents ? – g. Personne n'a pensé à faire son travail. *(remember)* – h. Tout le monde doit fermer les yeux. – i. C'est ma vie à moi. – j. Nous nous sommes lavé les mains. – k. Quelqu'un a perdu son chat. – l. Est-ce que quelqu'un a sa carte de crédit ? *(credit card)* – m. Personne n'a son agenda. *(diary)* – n. Décidez-vous !

LE GÉNITIF

22 Le génitif spécifique et le génitif générique

1. Le génitif spécifique

Dans le groupe nominal *Jim's son*, ***'s*** est la marque de ce que l'on appelle le génitif. Ce ***'s*** établit une relation entre les deux groupes nominaux (GN) *Jim* et *son* :

GN 1		GN 2	
Jim	*'s*	*son*	le fils de Jim

Le GN 2 est l'**élément de base,** qui représente ce dont on parle (ici, d'un **fils**). Le GN 1 précise l'élément de base (le fils de **Jim**).
« *Jim's* » est en fait un déterminant : exactement comme l'adjectif possessif *his*, que l'on aurait pu mettre ici à la place.

Il en est de même pour le groupe nominal *my parents' house* (la maison de mes parents), où l'apostrophe représente aussi la marque du génitif.

Ce génitif fait ainsi référence à un élément particulier, qui sert à identifier, à spécifier cet élément de façon précise. C'est un **génitif spécifique**.

Chacun des groupes nominaux peut être composé de plusieurs éléments :

GN 1		GN 2	
the postman	*'s*	*son*	le fils du facteur
our gardener	*'s*	*elder son*	le fils aîné de notre jardinier
a teacher	*'s*	*keys*	les clés d'un professeur

Attention ! Regardez bien sur quel nom porte l'adjectif, quand il y en a un :
*the **new** government's policy* — la politique du **nouveau** gouvernement
*the government's **new** policy* — la **nouvelle** politique du gouvernement

Le premier groupe nominal peut être constitué lui-même d'un génitif. On a alors une suite de deux génitifs :
my sister's boyfriend's flat — l'appartement du copain de ma sœur

2. Le génitif générique

Ce génitif fait référence, non pas à un élément particulier, mais à un certain type, à une catégorie. On l'appelle **génitif générique.**

GN 2				
	GN 1			
a	*girls*	*'*	*school*	une école de filles (et non de garçons)

Dans cet exemple, *girls'* joue ici le rôle d'un adjectif : comme l'adjectif *big*, que l'on aurait pu mettre à la place. Contrairement au cas du génitif spécifique, le déterminant du génitif générique fait partie du GN 2 : ici *a... school* (et non pas ~~*a girls*~~).
Dans l'exemple suivant, l'article se rapporte de même à l'élément de base *umbrella* :

a *lady* *'s* *umbrella* — un parapluie de dame (et non d'homme)

Dans le cas du génitif générique, l'adjectif éventuel porte sur le GN 2 :

a nice *lady* *'s* *umbrella* — un joli parapluie de dame

Certains génitifs génériques sont peu à peu devenus des noms composés dont on reconnaît l'origine grâce au **s** :

bridesmaid	demoiselle d'honneur	*linesman*	juge de ligne
craftsman	artisan	*statesman*	homme d'État
draughtsman	dessinateur	*tradesman*	commerçant

La différence entre le génitif générique et le génitif spécifique se fait parfois grâce au contexte et à l'intonation. Comparez les deux phrases suivantes (dont les éléments en gras indiquent les mots accentués) :

*Ann was sent to the **children**'s home when her parents died.*
Ann fut envoyée à la maison d'enfants quand ses parents sont morts.

▼

l'institution (*the* se rapporte à *home* : génitif générique)

*I decided to take Julie and Marie back, but the **children**'s **home** was further than I thought.*
Je décidai de ramener Julie et Marie, mais la maison des enfants était plus loin que je croyais.

▼

leur domicile (*the* se rapporte à *children* : génitif spécifique)

Avec le génitif spécifique, le GN1 peut être remplacé par un adjectif possessif, mais pas avec un génitif générique.

*The **kids**' menu looks good.*	*The **kids**' menu was quite expensive.*
Le menu pour enfants a l'air bien.	Le menu des enfants était un peu cher.
~~Their~~ menu = impossible	*Their menu = correct*

3. Orthographe et prononciation

L'orthographe du génitif varie selon que l'élément du premier groupe nominal est singulier ou pluriel. La marque du génitif se prononce [z], [s] ou [ɪz] selon la terminaison de ce premier élément.

1er élément singulier	1er élément pluriel
• on ajoute **'s**: *Jenny's umbrella* [z] le parapluie de Jenny *the boss's secretary* [ɪz] la secrétaire du patron	• le nom se termine par -*s*, on ajoute **'** : *My parents' house* [s]la maison de mes parents *the Clarks' car* [s] la voiture des Clark
• le nom propre est terminé par -*s*, on ajoute **'s** : *Thomas's car* [ɪz] la voiture de Thomas	• le nom n'est pas terminé par **-s**, on ajoute **'s** : *children's toy* [z] les jouets d'enfants

Notez toutefois l'apostrophe seule avec des noms propres comme *Socrates' philosophy* (la philosophie de Socrate), *Œdipus' mother* (la mère d'Œdipe).

Lorsque le premier groupe nominal est composé de plusieurs mots, on ajoute **'s** ou **'** après le dernier de ces mots :

the President of America's wife la femme du Président des États-Unis
young people's gripes les plaintes des jeunes
a jazz singer's records les disques d'un chanteur de jazz

À VOUS !

12. Repérez s'il s'agit d'un génitif spécifique (A) ou générique (B), puis traduisez.
a. This is the boys' school. They've been there for two years. – b. It's a boys' school. The girls' school is in the next street. – c. I bought a farmer's magazine. I wanted some information about agriculture. – d. I borrowed a farmer's magazine. I'll give it back to him next week. (emprunter) – e. This is the beginners' book. It's too easy. – f. The beginners' progress this year has been considerable.

13. Traduisez les groupes de mots ci-dessous.
a. La femme de mon frère. – b. La maison de mes cousins. – c. Les chiens de la reine d'Angleterre. – d. La robe de la princesse. – e. Des ambitions de jeune homme. – f. La décision du ministère des Transports. *(Department of Transport)* – g. La carrière d'un footballer. *(career)* – h. Le salaire du maire de New York. *(mayor)*

23 Les emplois du génitif

1. Expression d'un rapport d'appartenance

L'un des principaux rôles du génitif spécifique est d'exprimer un rapport d'appartenance. C'est dans ce sens-là et dans ce sens seulement que l'on peut parler de **« cas possessif »**.

Le premier groupe nominal peut s'appliquer à une personne, un animal, un pays, une ville, une institution, ainsi qu'à des choses ayant un rapport avec des activités humaines :

Peter's bike
le vélo de Peter

the President's speech
le discours du Président

the dog's kennel
la niche du chien

Italy's history
l'histoire de l'Italie

the firm's policy
la politique de l'entreprise

the film's subtitles
les sous-titres du film

On rencontre le génitif dans certaines expressions figées :

for God's sake pour l'amour de Dieu *for Heaven's sake* pour l'amour du ciel

Le premier groupe nominal peut être un pronom indéfini (du type *somebody, someone*, etc.) ou un pronom réciproque *(each other / one another)* :

everybody's concerns les préoccupations de tous
each other's opinions les opinions de chacun

Lorsque le premier groupe nominal concerne plusieurs personnes, le sens peut être différent selon les constructions :

Tim and Jane's car
la voiture de Tim et Jane
▼
une même voiture pour les deux

Tim's and Bob's cars
les voitures de Tim et de Bob
▼
chacun la sienne

L'élément de base peut être absent dans certains cas :

• Lorsqu'on parle de lieux, publics ou privés, dont la référence est claire :

*They visited **St Paul's**.* Ils ont visité Saint Paul.
*I went to **the grocer's**.* Je suis allé **chez** l'épicier.
*She's staying at **her aunt's**.* Elle habite **chez** sa tante.

Les mots sous-entendus ici sont respectivement *cathedral, shop* et *house*.

Chez, voir aussi 136

• Lorsqu'on veut éviter une répétition :

*Whose pen is that? It's **Jim's**, isn't it?* À qui est ce stylo ? À Jim, non ?

• Après un complément de nom avec *of* :

*This song is a favourite of **Kate's**.* Cette chanson est une des préférées de Kate.
*He's a friend of **my sister's**.* C'est un des amis de ma sœur.

Ne confondez pas ce dernier exemple avec *He's my sister's friend* (C'est l'ami de ma sœur).

On retrouve ce même type de construction avec les pronoms possessifs :

*He's a friend of **mine**.* C'est un de mes amis.

2. Expression d'un repérage dans le temps

On emploie le génitif spécifique pour préciser le moment auquel on situe l'élément de base. Comparez les constructions suivantes :

génitif (repérage dans le temps)	nom composé (référence à un type)
Sunday's papers les journaux de dimanche ▼ de ce dimanche	*Sunday papers* les journaux du dimanche ▼ de chaque dimanche
last summer's holidays les vacances de l'été dernier	*summer holidays* les vacances d'été

Voir Noms composés 11

3. Expression d'une mesure

On emploie le génitif spécifique pour indiquer une durée ou une distance ; le même rôle pouvant être joué aussi par un nom composé (nombre + nom au singulier).

- **Avec les noms dénombrables,** on emploie soit le génitif soit le nom composé :

génitif	nom composé
*We could see a **five kilometres'** tailback.*	*We could see a **five-kilometre** tailback.*

On voyait un bouchon de cinq kilomètres.

La construction avec un nom composé est plus courante que celle avec le génitif.

- **Avec les noms indénombrables** (donc article ø), seul le génitif est possible :

génitif	
*This represents ø **ten years'** work.* Ça représente dix années de travail	

- **Avec les noms à la fois dénombrables et indénombrables** (comme *walk* ou *drive*), on peut employer soit le génitif, soit le nom composé :

génitif	nom composé
*It's **a two hours'** walk to the lake.*	*It's **a two-hour** walk to the lake.*

Le lac est à deux heures à pied. (il s'agit d'une promenade)

*It's ø **two hours'** walk to the lake.*

Le lac est à deux heures à pied. (il s'agit de marche)

On emploie le génitif avec *worth* pour exprimer la valeur ou l'équivalent de quelque chose :

*three thousand dollars' **worth** of jewels*	des bijoux d'une valeur de trois mille dollars
*a day's **worth** of water*	de l'eau pour un jour
*twenty pounds' **worth** of unleaded*	vingt livres de sans plomb

4. Désignation d'une catégorie ou d'une sous-classe

On emploie le génitif générique pour désigner une classe, un type auxquels appartient l'élément de base :

classe	sous-classe		
clubs	*He joined*	*a men's club.*	Il a adhéré à un club d'hommes.
lives	*I live*	*a dog's life.*	Je mène une vie de chien.
wool	*It's made of*	*lamb's wool.*	C'est fait en laine d'agneau.

À VOUS !

14. Traduisez en tenant compte des formulations possibles, selon que le nom est dénombrable (dén.) ou indénombrable (indén.).

a. Le salaire des ouvriers a augmenté la semaine dernière. (*pay* : indén. – *go up*) – b. Les enfants de Norman et Margaret sont mes cousins. – c. La maison de Jim est à côté de celle des Smith. (*next door to*) – d. Les enfants de Paul et les enfants de Louise étaient présents. – e. Ils ont volé pour des milliers de livres sterling de marchandises. (*goods*) – f. Il y a eu un retard de trois heures. (*delay* : dén. / indén.) – g. On a fait une pause de quinze minutes. (*take - break* : dén. / indén.) – h. Une nappe de pétrole de deux miles menace la côte. (*oil slick* : indén. - *threaten*)

24 Le génitif et la construction avec *of*

Le génitif et le complément de nom avec *of* se rendent généralement en français de la même manière :

génitif	nom + *of* + nom
Peter's bike le vélo de Peter	*the box of matches* la boîte d'allumettes

Les deux constructions ne sont toutefois pas interchangeables.

1. Valeurs particulières de la construction avec *of*

On ne peut qu'utiliser la construction avec *of* lorsque l'on extrait d'un ensemble un certain nombre d'éléments (noms dénombrables) ou une certaine quantité (noms indénombrables) :

dénombrables	indénombrables
*a box **of** matches* une boîte d'allumettes	*a cup **of** tea* une tasse de thé
*a group **of** visitors* un groupe de visiteurs	*a piece **of** information* un renseignement

On ne peut qu'utiliser la construction avec *of* lorsqu'il s'agit d'une activité :

*the disposal **of** nuclear waste* l'élimination des déchets nucléaires
*the portrait **of** the president* le portrait du président

Dans ces exemples, « on élimine » des déchets, « on fait le portrait » du président. *Nuclear waste* et *president* sont en quelque sorte des compléments d'objet.

2. Remplacement du génitif par la construction avec *of*

Le génitif ne s'emploie pas lorsque l'élément de base est formé d'un nom suivi d'une relative ou d'un complément prépositionnel. On utilise donc à la place la construction avec *of* :

génitif	*of*
Do you know the lady's name? Tu connais le nom de cette dame ?	*Do you know the name **of** the lady **who lives here?*** Tu connais le nom de la dame qui habite ici ?

Le génitif ne s'emploie pas non plus avec les adjectifs substantivés. On recourt dans ce cas à la construction avec *of* :

génitif	of
young people's main concerns les principales préoccupations des jeunes	*the main concerns of* ***the young*** les principales préoccupations des jeunes

Adjectifs substantivés, voir 34

3. Nuances entre le génitif et la construction avec *of*

Il existe des cas où le génitif et la construction avec *of* sont également possibles, avec toutefois les nuances suivantes.

- On utilise ainsi le génitif lorsqu'il s'agit d'une réalité connue de tous.
- On utilise la construction avec *of* pour décrire quelque chose d'envisagé, ou de non réalisé.

génitif	of
*The firm didn't survive the Managing Director**'s** death.* L'entreprise n'a pas survécu à la mort du Directeur Général. ▼ décès effectif	*The death **of** the Managing Director could lead to a disaster.* La mort du Directeur Général pourrait conduire au désastre. ▼ éventualité : en cas de décès
*The train**'s** arrival caused some disturbance.* L'arrivée du train causa un certain remue-ménage. ▼ arrivée effective	*The arrival **of** the train hasn't been announced yet.* L'arrivée du train n'a pas encore été annoncée. ▼ arrivée attendue

Avec le génitif, le premier élément (*the Managing Director, the train...*) joue en quelque sorte le rôle de sujet, et le deuxième élément (*death, arrival...*) le rôle d'un verbe (« il est mort », « il est arrivé »).

Les deux constructions peuvent se succéder dans une même phrase :

*I like Jim**'s** photo **of** Mary.* J'aime la photo de Mary que Jim a prise.

Chacune des constructions a sa valeur propre, l'exemple pouvant se décomposer ainsi :

Jim's photo la photo de Jim ▼ Jim est le photographe	*the photo **of** Mary* la photo de Mary ▼ on a pris Mary en photo

Emplois du génitif, voir 23

À VOUS !

15. Traduisez les phrases ci-dessous.

a. Un paquet de cigarettes, s'il vous plaît. – b. Je n'ai pas vu le visage de l'homme. – c. Avez-vous rencontré la nouvelle amie de David ? – d. Je voudrais un morceau de gâteau. – e. Vous êtes l'ami de l'étudiant qui a eu l'accident ? – f. La décision du jury sera proclamée demain. *(jury - announce)* – g. La decision du jury a été critiquée. *(criticize)* – h. Aimes-tu la couleur du canapé dans cette vitrine ? *(sofa - shop window)* – i. La politique du gouvernement est un échec complet. *(failure)* – j. La politique du gouvernement doit être révélée sous peu. *(unveil - shortly)*

LES QUANTIFICATEURS

25 Les quantificateurs indéfinis

Les quantificateurs indéfinis sont des déterminants qui expriment une quantité approximative, plus ou moins grande (les numéros renvoient au dictionnaire).

pour exprimer	noms dénombrables	noms indénombrables	
la totalité	***all** students / **every** student* tous les étudiants	***all** imported tea* tout le thé importé	158
la plus grande partie	***most** politicians* la plupart des hommes politiques	***most** petrol* la plus grande partie de l'essence	195
une grande quantité	***many** accidents*	***much** cheese*	190
	a lot of ~ lots of ~, plenty of ~ beaucoup d'accidents	***a lot of ~, plenty of ~*** beaucoup de fromage	190
	***enough** people* assez de monde	***enough** wine* assez de vin	125
	***several** companies* plusieurs entreprises		
une « certaine » quantité	***some** photos* quelques photos	***some** water* de l'eau	242
une petite quantité	***a few** mistakes* quelques erreurs	***a little** work* un peu de travail	
quantité faible	***few** votes* peu de votes	***little** progress* peu de progrès	165
rien	***not any** / **no** advertisements* pas d'annonces publicitaires	***not any** / **no** evidence* pas de preuve	242

Certains quantificateurs indéfinis permettent de choisir entre des noms dénombrables. Notez les emplois, selon qu'il s'agit d'un choix entre deux, ou plus de deux unités.

choix entre deux unités		choix entre plus de deux unités	
		***all** (the) singers* tous les chanteurs	158
		***every** visitor* tous les visiteurs	158
***each** twin* chaque jumeau	159	***each** month* chaque mois	159
***both** eyes* les deux yeux	131	***other** opportunities* d'autres occasions	207
		***the other** possibilities* les autres possibilités	
***the other** hand* l'autre main	207	***another** restaurant* un autre restaurant	207
***either** direction* l'une ou l'autre de ces directions	150	***any** colour* n'importe quelle couleur	242
***neither** offer* ni l'une ni l'autre de ces offres	150	***no** choice* aucun choix	242

LES ADJECTIFS NUMÉRAUX

26 Les adjectifs numéraux

Il existe deux sortes d'adjectifs numéraux :
- les cardinaux (un, deux, trois, ...), qui précisent le nombre ;
- les ordinaux (premier, deuxième, ...) qui précisent le rang.

1. Forme des cardinaux et des ordinaux

L'adjectif ordinal se forme, en règle générale, en ajoutant *-th* à l'adjectif cardinal.
Exceptions : *first, second* et *third*.

cardinaux		ordinaux		
one	un	*the first*	le premier	*1st*
two	deux	*the second*	le deuxième	*2nd*
three	trois	*the third*	le troisième / tiers	*3rd*
four	quatre	*the fourth*	le quatrième	*4th*
five	cinq	*the fifth*	le cinquième	*5th*
six	six	*the sixth*	le sixième	*6th*
seven	sept	*the seventh*	le septième	
eight	huit	*the eighth*	le huitième	
nine	neuf	*the ninth*	le neuvième	
ten	dix	*the tenth*	le dixième	
eleven	onze	*the eleventh*	le onzième	
twelve	douze	*the twelfth*	le douzième	
thirteen	treize	*the thirteenth*	le treizième	
fourteen	quatorze	*the fourteenth*	le quatorzième	
twenty	vingt	*the twentieth*	le vingtième	*20th*
thirty	trente	*the thirtieth*	le trentième	*30th*
forty	quarante	*the fortieth*	le quarantième	*40th*
fifty	cinquante	*the fiftieth*	le cinquantième	
sixty	soixante	*the sixtieth*	le soixantième	
seventy	soixante-dix	*the seventieth*	le soixante-dixième	
eighty	quatre-vingt	*the eightieth*	le quatre-vingtième	
ninety	quatre-vingt-dix	*the ninetieth*	le quatre-vingt-dixième	
hundred	cent	*the hundredth*	le centième	*100th*
thousand	mille	*the thousandth*	le millième	*1,000th*
million	million	*the millionth*	le millionième	*1,000,000th*

2. Constructions avec les numéraux

Les adjectifs numéraux sont invariables lorsqu'ils sont associés à un nom pluriel. Toutefois ***hundred, thousand, million***, ainsi que ***dozen*** (douzaine) et ***score*** (vingtaine) prennent un ***-s*** lorsqu'ils sont utilisés comme nom. Ils sont alors suivis de ***of*** et expriment un nombre approximatif.

nombre exact	nombre approximatif
six thousand students six mille étudiants	*thousands **of** demonstrators* des milliers de manifestants
two million pounds deux millions de livres (sterling)	*millions **of** pounds* des millions de livres

Les nombres supérieurs à vingt se forment comme en français à partir du chiffre de la dizaine auquel on ajoute l'unité :

cardinaux	ordinaux	
twenty-three	*the thirty-second*	*32nd*
forty-five	*the fifty-fourth*	*54th*
sixty-eight	*the seventy-first*	*71st*
ninety-six	*the eighty-ninth*	*89th*

Lorsque le nombre inclut *hundred*, on ajoute *and* entre les centaines et les dizaines. Contrairement au français, *hundred* et *thousand* peuvent être précédés de *a* ou de *one* sans changement de sens particulier :

cardinaux	ordinaux
one hundred and sixty-two cent soixante-deux	*the two hundred and seventeenth* le deux cent dix-septième
two thousand six hundred and five deux mille six cent cinq	*the six thousand five hundred and twenty-sixth* le six mille cinq cent vingt-sixième

On exprime les fractions à l'aide des numéraux ordinaux :

three fifths trois cinquièmes *two tenths* deux dixièmes

Exceptions : *three quarters* trois quarts *one half* un demi (la moitié)

Lorsqu'on emploie un ordinal et un cardinal dans un même groupe nominal, contrairement au français, l'adjectif ordinal anglais se place avant l'adjectif cardinal :

*the **first** two days* les deux premiers jours
*the **last** twenty minutes* les vingt dernières minutes

3. Emplois avec des noms propres

Notez la façon dont se lisent les chiffres dans les emplois suivants.

Noms de souverains :

Henry VIII *Henry the Eighth*
Louis XIII *Louis the Thirteenth*

Désignation de guerres :

World War II *World War Two / the Second World War* la Seconde Guerre mondiale

Voir Dates 144, Zéro 271

À VOUS !

16. Traduisez les phrases ci-dessous.
a. Elle reçoit des centaines de lettres chaque semaine. – b. Notre maison a deux cents ans. – c. Les quinze premières minutes du film étaient bonnes. – d. Il a passé les dix dernières années de sa vie en exil. *(exile)* – e. Quatre cinquièmes de la population sont contre. *(disapprove)* – f. Richard Ier était le troisième fils d'Henry II. – g. Les trois quarts de la classe étaient absents. – h. Il y a mille six cent neuf mètres dans un mile. – i. Les ravisseurs voulaient cinq millions de livres sterling. *(kidnappers)* – j. Il a eu une majorité de six mille. *(majority)* – k. Il est mort durant la Seconde Guerre mondiale. – l. Aujourd'hui, c'est le deux cent dix-huitième jour de l'année.

LES MOTS INTERROGATIFS

27 Les déterminants et pronoms interrogatifs

Les interrogatifs *what, which, whose, how many* et *how much* peuvent être employés comme déterminants du nom ou comme pronoms. Les interrogatifs *who* et *whom* sont uniquement pronoms.
Ces mots introduisent des questions portant respectivement sur l'identification, la sélection, le rapport d'appartenance et la quantification.

- L'identification :

déterminant	pronom
***What** films have you seen?* Quels films as-tu vus ?	***What** have you bought?* Qu'as-tu acheté ?
	***Who(m)** did you see?* Qui as-tu vu ?
***What** films are on at the Rex?* Qu'est-ce qu'il y a au Rex ?	***What** happened?* Qu'est-il arrivé ?
	*"**What** is he?" – "He's a doctor."* Que fait-il ? – Il est médecin.
	*"**Who** is he?" – "He's my father".* Qui est-ce ? – C'est mon père.

- La sélection :

déterminant	pronom
***Which** doctor did you see?* Quel médecin as-tu vu ?	***Which** do you like better?* Lequel aimes-tu le mieux ?

- Le rapport d'appartenance :

déterminant	pronom
***Whose** bag is it?* À qui est ce sac ?	***Whose** is it?* À qui est-ce ?

- La quantification :

déterminant	pronom
***How many** children have they got?* Combien d'enfants ont-ils ?	***How many** do you know?* Combien en connaissez-vous ?
***How much** money did you spend?* Combien d'argent as-tu dépensé ?	***How much** did you spend?* Combien as-tu dépensé ?

Many fonctionne avec un dénombrable, *much* avec un indénombrable.

Voir *Whose* pronom relatif **267**, *Which* et *What* **265**

À VOUS !

17. Traduisez les phrases ci-dessous.
a. Qui habite ici ? – b. Qui est David Copperfield ? C'est un magicien. *(magician)* – c. Quelle est cette fleur ? – d. À qui est ce manteau ? – e. Qui prend les décisions ? – f. Lequel avez-vous choisi ? – g. Qu'en penses-tu ? – h. Combien d'animaux ont-ils ? *(pets)* – i. Qui est ton chanteur préféré ? – j. Combien de temps vous faut-il ?

LES PRONOMS

28 Les pronoms personnels

Le pronom personnel remplace le groupe nominal (sujet ou complément).

1. Forme des pronoms personnels

		singulier		pluriel	
		sujet	complément	sujet	complément
1ᵉ p		*I*	*me*	*we*	*us*
2ᵉ p		*you*	*you*	*you*	*you*
3ᵉ p	masc.	*he*	*him*	*they*	*them*
	fém.	*she*	*her*		
	neutre	*it*	*it*		

Il existe également le pronom personnel indéfini singulier *one* :

***One** never knows for sure.* On ne sait jamais vraiment.

Voir *One* 206

2. Place des pronoms personnels

Les pronoms personnels sujets sont placés avant le verbe ou l'auxiliaire aux formes affirmative et négative, après l'auxiliaire à la forme interrogative :

***She** knows the town very well.* Elle connaît bien la ville.

***He** can't refuse.* Il ne peut pas refuser.

*Are **they** coming?* Est-ce qu'ils viennent ?

Les pronoms personnels compléments se placent toujours après le verbe :

*He helps **her** with her homework.* Il **l'**aide à faire ses devoirs.

*She didn't see **me**.* Elle ne **m'**a pas vu.

3. Emploi des pronoms personnels

On n'emploie pas deux fois en anglais le pronom sujet, contrairement au français. Pour marquer l'insistance, on accentue simplement le pronom sujet :

***I** prefer white wine.* **Moi, je** préfère le vin blanc.

***We** go to the cinema every Saturday.* **Nous, on** va au cinéma tous les samedis.

***She** cheated!* **C'est elle qui** a triché !

En cas de double sujet ([nom + pronom] ou [pronom + pronom]), le deuxième élément est toujours un pronom sujet :

*My brother and **I** are twins.* Mon frère et **moi** sommes jumeaux.

*His sister and **he** were born in Japan.* Sa sœur et **lui** sont nés au Japon.

en anglais : pronom sujet — en français : pronom complément

Dans une comparaison à deux éléments, on peut avoir deux formulations :

*He's much older than **I am**. / He's much older than **me**.* Il est beaucoup plus vieux que **moi**.

La formulation *I am* est formelle, et la formulation *me* plus courante.

Comparatifs et superlatifs, voir 37

4. Emplois particuliers à la 3ᵉ personne du singulier

La règle générale de l'emploi des pronoms personnels à la 3ᵉ personne du singulier est généralement *he* pour les personnes du sexe masculin, *she* pour les personnes du sexe féminin, *it* pour les animaux et les objets.

Il existe toutefois des cas particuliers.

Les bébés :

Curieusement, on utilise en anglais le pronom *it* pour parler d'un bébé dont on ne veut pas – ou dont on ne peut pas – préciser le sexe :

*Listen to the baby! **It**'s crying.* Écoute le bébé ! Il pleure.

Les animaux :

On emploie par contre les pronoms *he* et *she* pour parler d'un animal domestique ou d'un animal auquel on s'intéresse particulièrement :

*Beware of that dog: **it** might bite you.*

Attention au chien : il pourrait te mordre.

▼ mâle ou femelle

*Could you take out Rex for a walk? **He** looks miserable.*

Tu pourrais aller promener Rex ? Il a l'air malheureux.

▼ animal familier

Objets particuliers :

On pourra employer le pronom *she* pour parler d'une voiture, d'un bateau, etc., qu'on personnifie volontiers, en raison de liens affectifs :

*"How do you like your new car?" – " **She**'s a dream to drive!"*
– Comment trouves-tu ta nouvelle voiture ? – C'est un vrai plaisir de la conduire !

***She**'s a good boat.* C'est un bon bateau.

Cas de *it* avec les personnes :

• Lorsque l'on identifie une personne pour la première fois, on utilise le pronom *it* :

*"Who's that man over there?" – "**It**'s John Martin."*
– Qui c'est, cet homme là-bas ? – C'est John Martin.

*"We heard someone crying." – "**It** was Marge."*
– On a entendu quelqu'un pleurer. – C'était Marge.

• Si l'on sait de qui on parle, on utilise le pronom *he* / *she* :

it	*he* / *she*
"Who's that?" – Qui c'est ? *"**It**'s John Martin."* – C'est John Martin. ▼ identification	*"What is he?"* – Que fait-il ? *"**He**'s the personnel manager."* – C'est le directeur du personnel. ▼ reprise

Mots interrogatifs, voir 27

À VOUS !

18. Traduisez les phrases ci-dessous.

a. Vous les entendez ? – b. C'est toi qui as tort. – c. Nous irons ensemble vous et moi. – d. Regarde ce bébé : il essaie de marcher. – e. Qui a appelé ? – C'est sa femme. – f. Vous êtes plus grand que lui. – g. Lui et moi sommes de très bons amis. – h. Moi, je n'aime pas le curry. – i. Qui a téléphoné ? – C'était ma mère. – j. Quand notre chat a été malade, nous l'avons emmené chez le vétérinaire. *(vet)* – k. Ils sortent plus que nous.

29 Les pronoms réfléchis

Le pronom réfléchi renvoie à la même personne ou à la même chose que le sujet du verbe.

1. Forme des pronoms réfléchis

Le tableau ci-dessous indique les formes correspondantes entre les pronoms personnels sujets et les pronoms réfléchis.

		singulier		pluriel	
		pronom personnel	pronom réfléchi	pronom personnel	pronom réfléchi
1ᵉ p		*I*	*myself*	*we*	*ourselves*
2ᵉ p		*you*	*yourself*	*you*	*yourselves*
3ᵉ p	masc.	*he*	*himself*		
	fém.	*she*	*herself*	*they*	*themselves*
	neutre	*it*	*itself*		

Notez d'autre part le pronom réfléchi indéfini singulier ***oneself*** :

*enjoy **oneself*** s'amuser

*do something **oneself*** faire quelque chose soi-même

L'accent porte toujours sur la syllabe *-self / -selves*.

2. Place des pronoms réfléchis

Les réfléchis correspondent toujours au pronom sujet de la proposition. Comparez :

***He**'s talking to **himself**.*
Il parle tout seul.
▼
à lui-même

***He**'s talking to **him**.*
Il lui parle.
▼
à un autre

On n'emploie pas de réfléchi après une préposition de lieu :

*He put his bag near **him**.* Il a posé son sac près de lui.

Selon la place et la fonction du pronom réfléchi, la phrase a un sens différent :

- complément d'objet direct : *He cut **himself**.*
  Il s'est coupé.
- complément d'objet indirect : *He cut **himself** a piece of cake.*
  Il s'est coupé un morceau de gâteau.
- reprise du sujet : *He cut the cake **himself**.*
  Il a coupé lui-même le gâteau.

3. Emploi des pronoms réfléchis

La reprise du sujet par un pronom réfléchi exprime une forme d'insistance :

*Nobody helped me: I did it **myself**.* Personne ne m'a aidé : je l'ai fait moi-même.

*She made her dress **herself**.* Elle a fait sa robe elle-même.

La tournure ***by oneself*** (seul) renforce l'idée d'insistance :

*She can't do that **by herself**.* Elle ne peut pas faire ça seule.

*Can you manage **by yourselves**?* Vous pouvez vous débrouiller tout seuls ?

L'emploi des pronoms réfléchis anglais peut correspondre à celui des verbes pronominaux français (comme « se faire mal »).
Attention ! La correspondance ne joue pas toujours. Comparez :

avec réfléchi	sans réfléchi
*She killed **herself**.* Elle s'est suicidée.	*She was killed in a plane crash.* Elle s'est tuée dans un accident d'avion.
*He made **himself** understood.* Il s'est fait comprendre.	*He got ready.* Il s'est préparé.

Se (forme pronominale), voir 233

À VOUS !

19. Complétez à l'aide du pronom réfléchi approprié, puis traduisez.
a. I made the cake ... . – b. She poured ... a drink. (verser) – c. Help ... . – d. We can do it ... . – e. His parents decorated their house ... . – f. Did you do that ...? – g. He's hurt ... . – h. Make ... a coffee. – i. She mended her car ... . (réparer)

20. Traduisez en employant chaque fois un pronom réfléchi.
a. J'espère qu'elle s'est bien tenue ! *(behave)* – b. Ils semblaient très contents d'eux. *(pleased with)* – c. Tu peux te débrouiller seul ? *(manage)* – d. Il joue seul pendant des heures. – e. Je n'arrive pas à me faire comprendre.

30 Les pronoms réciproques

Each other et *one another* sont des pronoms réciproques. Ils signifient « l'un l'autre », « les uns les autres », et indiquent que les sujets concernés réalisent la même action l'un envers l'autre. Les termes de chaque ensemble sont invariables et ne peuvent être séparés.
Each other s'utilise pour deux personnes ; *one another* pour plus de deux.

Dans la réalité, les anglophones font de moins en moins la différence, et tendent à utiliser plus fréquemment *each other*, moins formel.

1. Emploi des pronoms réciproques

Each other et *one another* peuvent correspondre à l'emploi de « se » dans les verbes pronominaux français de sens réciproque (« se supporter », « se connaître », etc.) :

*Jim and Tim ignore **each other**.* Ils s'ignorent (l'un l'autre).
*They all knew **one another**.* Ils se connaissaient tous.

La correspondance ne joue pas toutefois systématiquement : certains verbes anglais ne sont pas en effet suivis de *each other* ou de *one another* :

We've met before. Nous **nous** sommes déjà rencontrés.
They can't help quarrelling. Ils ne peuvent s'empêcher de **se** disputer.

Each other et *one another* peuvent prendre la marque du génitif (*'s*) :

They knew each other's neighbours. Ils connaissaient leurs voisins respectifs.

2. Pronoms réciproques et pronoms réfléchis

Ne confondez pas les pronoms réciproques avec les pronoms réfléchis, correspondant eux aux verbes pronominaux français de sens réfléchi (« se blesser », « se brûler ») :

pronom réciproque	pronom réfléchi
*When they saw **each other**, they laughed.* Quand ils se sont vus, ils ont ri. ▼ chacun a vu l'autre	*When they saw **themselves** in the mirror, they laughed.* Quand ils se sont vus dans la glace, ils ont ri. ▼ chacun s'est vu

Se (forme pronominale), voir 233

À VOUS !

21. Repérez s'il s'agit ci-dessous de verbes pronominaux de sens réciproque (A) ou de sens réfléchi (B), puis traduisez.
a. Paul et moi, nous nous téléphonons tous les jours. – b. Il se sont brûlés avec les feux d'artifice. *(fireworks)* – c. Vous vous êtes bien amusés ? – d. Ils s'aiment beaucoup. – e. On ne s'est pas fait mal. *(hurt)* – f. Il faudra vous supporter. *(put up with)*

31 Les pronoms relatifs

• Les pronoms relatifs se rapportent toujours à un antécédent qui peut être un être animé ou une chose.
• Ils peuvent avoir une fonction sujet ou complément, ou encore jouer le rôle d'un déterminant (expression de la possession).
• Ils introduisent une subordonnée relative qui peut être :
– soit restrictive (elle contient un renseignement nécessaire sur l'antécédent) ;
– soit non restrictive (elle apporte simplement une information complémentaire).
L'emploi du pronom relatif dépend de la nature de l'antécédent, de sa fonction et de la nature de la subordonnée relative.

	pronom relatif sujet		pronom relatif complément		pronom relatif déterminant	
antécédent	restrictive	non restrictive	restrictive	non restrictive	restrictive	non restrictive
être animé	*who* *that*	*who*	*who(m)* *that* *ø*	*whom*	*whose*	*whose*
chose	*which* *that*	*which*	*which* *that* *ø*	*which*	*whose*	*of which*

Il existe d'autres relatifs introduisant des subordonnées relatives de lieu (*where*), de temps (*when*) et de cause (*why*).

Subordonnées relatives, voir 90 à 93

32 La fonction et la place des adjectifs qualificatifs

L'adjectif en anglais est toujours invariable :

*a **witty** remark* une remarque spirituelle *witty remarks* des remarques spirituelles

1. Fonctions de l'adjectif

L'adjectif peut être **épithète** (associé à un nom sans l'aide d'un verbe) :

*What a **nice** girl!* Quelle gentille fille !

L'adjectif peut être **attribut du sujet** (associé à un nom avec l'aide d'un verbe) :

*Her parents are very **lenient**.* Ses parents sont très indulgents.
*This boy is three years **old**.* Ce garçon a trois ans.
L'autre construction, *a three-year-old boy*, relève du nom composé.

L'adjectif peut être **attribut du complément** (lié à un nom complément d'un verbe) :

*I found that man **horrible**.* J'ai trouvé cet homme horrible.

2. Place de l'adjectif épithète

L'adjectif épithète en anglais se place en principe devant le nom :

*a **childish** attitude* une attitude puérile
*an **easy-going** person* une personne facile à vivre

• La règle vaut pour les noms employés comme adjectifs :
*a **silver** ring* une bague en argent
*a **computer** course* un stage d'informatique

• Certains titres officiels et expressions figées ne suivent pas cette règle :
*the Attorney **General*** le procureur général (G.B.) / le ministre de la Justice (U.S.)
*from / since time **immemorial*** de temps immémorial

L'adjectif épithète est toujours placé après un pronom indéfini :

*something **strange*** quelque chose de bizarre
*anything **interesting**?* quelque chose d'intéressant ?
*nothing **special*** rien de spécial

L'adjectif épithète est également placé après le nom lorsqu'il s'agit d'un numéral cardinal servant à numéroter :

adjectif cardinal	adjectif ordinal
line three / chapter four ligne trois / chapitre quatre	*the third line / the fourth chapter* la troisième ligne / le quatrième chapitre

Ordre des adjectifs, voir 33

3. Adjectifs en position attribut uniquement

Un certain nombre d'adjectifs ne peuvent être utilisés qu'en position attribut :

• Adjectifs avec le préfixe *a-* : *[be] afraid* (avoir peur), *alike* (pareil), *alive* (vivant), *alone* (seul), *ashamed* (honteux), *asleep* (endormi), *awake* (éveillé), *aware* (conscient).

• Autres adjectifs : *content* (satisfait), *cross* (en colère), *glad* (heureux), *ill* (malade), *sorry* (désolé).

Certains de ces adjectifs ont un équivalent pouvant fonctionner en position épithète :

*He was **aware** of the problem.* Il était conscient du problème.	*a **conscious** effort* un effort conscient

attribut seulement	épithète ou attribut	attribut seulement	épithète ou attribut
afraid	*frightened*	*aware*	*conscious*
alike	*similar*	*content*	*satisfied*
alive	*living*	*cross*	*angry*
alone	*lonely*	*glad*	*happy*
asleep	*sleeping*	*ill*	*sick*

4. Adjectifs formés à partir de verbes

De nombreux adjectifs sont formés à partir de verbes. Certains participes présents (V-*ing*) et participes passés (V-EN) peuvent être utilisés comme adjectifs (épithètes ou attributs) avec, respectivement, un sens actif et un sens passif.

participe présent (sens actif)	participe passé (sens passif)
*That's a **frightening** story.* C'est une histoire effrayante.	*He looked **frightened**.* Il avait l'air effrayé.
*Isn't it **interesting**?* N'est-ce pas intéressant ?	*She's quite **interested**.* Elle a l'air très intéressée.

5. Adjectifs postposés

Certains adjectifs peuvent être postposés, c'est-à-dire placés immédiatement après le nom sans l'aide d'un verbe :

devant le nom	après le nom
*The **present** rules forbid it.* La réglementation présente l'interdit.	*All the students **present** agreed.* Tous les étudiants présents furent d'accord.

Placé après le nom, l'adjectif représente en fait une subordonnée relative tronquée : *All the students (who were) present.* Le sens peut ne pas être le même.

devant le nom	après le nom
***Concerned** parents wrote to the Head.* Des parents inquiets ont écrit au directeur.	*He wrote to the people **concerned**.* Il écrivit aux personnes concernées.
*That's not a very **responsible** attitude.* Ce n'est pas une attitude très responsable.	*Ask the person **responsible**.* Demande au responsable.

À VOUS !

22. Traduisez les phrases ci-dessous.
a. Il n'y a rien de nouveau. – b. Il m'a donné une chaîne en or. – c. Vous avez un mouchoir en papier ? *(handkerchief)* – d. Je fus très surpris. – e. La nouvelle fut très surprenante.

23. Complétez à l'aide des adjectifs fournis, en prêtant attention à leur place : afraid – angry – asleep – content – cross – frightened – ill – satisfied – sick – sleeping.
a. I feel ... . I should call the doctor. – b. The ... man went to the doctor's. – c. She's ... with her life. – d. We have a lot of ... customers. (clients) – e. The ... child didn't hear the noise. – f. Don't make a noise. She's still ... . – g. I'm sorry. Please don't be ... with me. – h. I got an ... phone call from the neighbours about the noise. – i. Dogs are ... of thunder. (tonnerre) – j. The ... child began to cry.

33 L'ordre des adjectifs

1. Ordre des adjectifs épithètes

Lorsqu'il y a plusieurs adjectifs épithètes dans le même groupe nominal, leur place varie selon leurs valeurs respectives. L'ordre généralement admis est le suivant :

8 jugement	7 taille	6 âge température	5 forme	4 couleur	3 origine	2 matériau	1 usage	0 nom

8		4		1	0	
				riding	***boots***	des bottes d'équitation
		black	+	*riding*	***boots***	des bottes d'équitation noires
nice	+	*black*		*riding*	***boots***	de jolies bottes d'équitation noires

2. Ordre des adjectifs selon leur nature

L'adjectif ordinal *(first, second, third) ainsi que last, next, other* se placent en anglais :

• avant l'adjectif cardinal (*one, two, three*...) :

the ***first*** *two days* les deux premiers jours

the ***last*** *twenty minutes* les vingt dernières minutes

• avant le quantificateur :

the ***next*** *few weeks* les quelques semaines suivantes

Les ordinaux, les cardinaux et les quantificateurs se placent avant les adjectifs qualificatifs :

the ***last*** *black London taxis* les derniers taxis londoniens noirs

Lorsque l'adjectif *pretty* a une valeur d'adverbe (très), il se place devant l'adjectif qu'il modifie, sans virgule entre les deux :

adverbe	adjectif
She's a ***pretty*** *smart student.* C'est une étudiante vraiment brillante.	*She's a pretty, smart student.* C'est une étudiante jolie et brillante.

À VOUS !

24. Construisez un groupe nominal en remettant en ordre les éléments. Ajoutez devant le déterminant *a / an* ou ø.

a. Irish – old – song. – b. man – nice – young. – c. black – cat – small. – d. bag – dirty – plastic – shopping. – e. new – skirt – white. – f. large – metal – round – table. – g. brown – socks – woollen. – h. big – car – Italian – red. – i. box – little – lovely – square – wooden.

25. Complétez en plaçant comme il convient les éléments fournis. Notez le numéro de la catégorie à laquelle les adjectifs se rapportent (voir ordre des adjectifs ci-dessus).

a. A ... country manor. (big - old) – b. A ... jacket. (lovely - new) – c. A ... handbag. (Italian - green - leather) – d. Some ... Thai food. (delicious - traditional) – e. A ... discovery. (new - miraculous) – f. A ... man. (dark-haired - middle-aged - tall) – g. An ... film. (American - old)

34 Les adjectifs substantivés

Les adjectifs substantivés sont des adjectifs utilisés comme noms : ils servent ainsi à désigner un ensemble d'individus, un groupe social ou une abstraction.

1. Construction des adjectifs substantivés

L'adjectif substantivé est toujours précédé de l'article défini *the*. Il est invariable, avec un sens pluriel. En position sujet, il fonctionne avec un verbe au pluriel.

The blind ***have*** *an excellent memory.* Les aveugles ont une excellente mémoire.

Ne confondez pas cet emploi de l'adjectif substantivé avec la construction [adjectif + *people*], qui a une valeur sensiblement différente :

The English are reserved. Les Anglais sont réservés. ▼ par opposition à d'autres peuples	*English people drink tea.* Les Anglais boivent du thé. ▼ on ne les compare pas à d'autres peuples

2. Emploi des adjectifs substantivés

L'adjectif substantivé désignant un groupe, on emploiera la construction [adj. + *man / person / people*...] avec un déterminant pour extraire un ou plusieurs individus :

I helped ***a*** *blind man across the street.* J'ai aidé un aveugle à traverser.

the dead	les morts	*a dead person*	un mort
the deaf	les sourds	*a deaf person*	un sourd
the mentally ill	les malades mentaux	*a mentally ill person*	un malade mental
the young	les jeunes	*a young man*	un jeune
the poor	les pauvres	*a poor man*	un pauvre
the unemployed	les chômeurs	*an unemployed person*	un chômeur
the injured	les blessés	*an injured passenger*	un passager blessé
the wounded	les blessés	*a wounded soldier*	un soldat blessé

Avec un adjectif substantivé, seule est possible la construction avec *of* :

the problems of the unemployed les problèmes des chômeurs

3. Adjectifs de couleur et adjectifs désignant des abstractions

Certains adjectifs de couleur utilisés comme noms prennent un *-s* au pluriel :

a Black, the Blacks un Noir, les Noirs *a White, the Whites* un Blanc, les Blancs

Certains adjectifs ont également valeur de nom lorsqu'ils désignent une abstraction :

the absurd (l'absurde), *the supernatural* (le surnaturel), *the unknown* (l'inconnu), etc.

À VOUS !

26. Traduisez les phrases ci-dessous.

a. Les chômeurs ont une réduction. *(reduced price)* – b. Nous avons embauché un chômeur. *(recruit)* – c. C'est un hôpital pour les malades mentaux. – d. Un riche a acheté le tableau. – e. L'écart augmente entre les riches et les pauvres. *(gap - increase)* – f. J'ai parlé à un jeune. – g. Une handicapée conduisait la manifestation. *(demonstration)* – h. Les blessés furent transportés en ambulance. *(transport)*

35 Les adjectifs composés

L'adjectif composé est formé de deux éléments distincts : le premier est l'élément complémentaire, le second, l'élément de base.
Il existe en anglais quatre principaux types d'adjectifs composés.

Type 1 adj. / nom + adjectif

light-grey	gris clair
computer-literate	qui a des connaissances en informatique
user-friendly	convivial (appareil)

L'élément complémentaire apporte une précision :

*a **blue** jumper* → *a navy-**blue** jumper* — ***grey** eyes* → *steel-**grey** eyes*
un pull bleu — un pull bleu marine — des yeux gris — des yeux gris acier

Type 2 adj. / adv. / nom + **V-*ing***

good-looking	beau
long-lasting	durable
time-consuming	qui prend du temps
sky-rocketing	qui grimpe en flèche

L'élément de base est V-*ing* qui donne à l'ensemble un **sens actif** :

a fun-loving person
quelqu'un qui aime s'amuser
▼
qui aime ce qui est drôle

a heart-breaking story
un récit déchirant
▼
qui vous fend le cœur

Type 3 adj. / adv. / nom + **V-EN**

computer-aided	assisté par ordinateur
hearing-impaired	malentendant
genetically-engineered	obtenu par manipulations génétiques
dumb-struck	stupéfait

L'élément de base est V-EN (verbe au participe passé) qui donne à l'ensemble un **sens passif** :

home-grown vegetables
des légumes du jardin
▼
qui ont été cultivés chez soi

power-assisted steering
direction assistée
▼
qui est assisté par l'électricité

Type 4 adj. / adv. / nom / part. passé + **nom – *ed***

broad-minded	à l'esprit large
short-sighted	myope/à courte vue
well-mannered	bien élevé
bow-legged	aux jambes arquées
broken-hearted	au cœur brisé

L'élément de base est formé d'un nom auquel a été ajouté le suffixe *-ed*. Les adjectifs composés de ce type indiquent une **caractéristique permanente ou momentanée** :

a narrow-minded man
un homme borné (à l'esprit étroit)

a three-bedroomed house
une maison avec trois chambres

À VOUS !

27. Construisez des adjectifs composés à partir des éléments fournis.
Éléments de base : burn – eye – green – heart – make – work.
Éléments complémentaires : blue – good – hard – home – olive – sun.
a. Une cravate vert olive. – b. Une fille aux yeux bleus. – c. Un visage bronzé. – d. De la confiture fait maison. – e. Un garçon travailleur. – f. Une femme généreuse.

LES COMPARATIFS ET LES SUPERLATIFS

La comparaison peut s'exprimer à l'aide du comparatif ou du superlatif. On distingue principalement le comparatif et le superlatif de supériorité, le comparatif d'égalité, le comparatif et le superlatif d'infériorité.

36 La formation des comparatifs et des superlatifs réguliers

1. Adjectifs

Il existe cinq types de comparaison que l'on peut former à partir de l'adjectif.

Comparatif et superlatif de supériorité : « plus... que, le plus... » :

Les formes du comparatif et du superlatif de supériorité varient selon l'adjectif :
- on ajoute à l'adjectif court *-er* pour le comparatif et *-est* pour le superlatif ;
- on place devant l'adjectif long *more* pour le comparatif et *most* pour le superlatif.

		« plus... que » **-er**... *(than)*	« le plus... » ***the -est***
• adjectifs courts :			
– 1 syllabe	*tall*	*taller*	*the tallest*
	big	*bigger*	*the biggest*
	large	*larger*	*the largest*
– 2 syllabes			
en *-y*	*lucky*	*luckier*	*the luckiest*
en *-er*	*clever*	*cleverer*	*the cleverest*
en *-ow*	*narrow*	*narrower*	*the narrowest*
en *-le*	*gentle*	*gentler*	*the gentlest*
• adjectifs longs :		***more**... (than)*	***the most***
	interesting	*more interesting*	*the most interesting*

Notez les particularités orthographiques :
– redoublement de la consonne finale pour les adjectifs d'une syllabe brève (*bigger*) ;
– transformation en **i** de la voyelle finale **y** (*luckier*).
Eager (enthousiaste, pressé...) est considéré comme adjectif long.

Comparatif d'égalité et d'inégalité : « aussi... que, pas aussi... que » :

La forme du comparatif d'égalité ou d'inégalité est la même pour tous les adjectifs. On place *as* (ou *not as* / *not so* pour l'inégalité) devant l'adjectif.

		« aussi... que » ***as... as***	« pas aussi... que » ***not as / so... as***
• tous adjectifs :	*rich*	*as rich as*	*not as / so rich as*
	excellent	*as excellent as*	*not as / so excellent as*

Comparatif et superlatif d'infériorité : « moins... que, le moins... » :

La forme du comparatif et du superlatif d'infériorité est la même pour tous les adjectifs. On place *less* devant l'adjectif pour le comparatif et *least* pour le superlatif.

		« moins... que » ***less**...(than)*	« le moins... » ***the least***
• tous adjectifs :	*rich*	*less rich*	*the least rich*
	expensive	*less expensive*	*the least expensive*

- Certains adjectifs admettent deux formes au comparatif et au superlatif :

common	*commoner / more common*	*the commonest / the most common*
polite	*politer / more polite*	*the politest / the most polite*
pleasant	*pleasanter / more pleasant*	*the pleasantest / the most pleasant*
stupid	*more stupid*	*the stupidest / the most stupid*

2. Adverbes

- Les adverbes se terminant par *-ly* suivent la même règle que les adjectifs longs :

carefully → *more carefully* → *the most carefully*

- Les adverbes ayant la même forme que des adjectifs comme *early, fast, hard, high, late, loud*, etc., suivent la règle des adjectifs courts :

early → *earlier* → *the earliest*　　*fast* → *faster* → *the fastest*

37 L'emploi des comparatifs et des superlatifs réguliers

1. Comparatif et superlatif de supériorité : « plus... que, le plus... »

- Notez les différents emplois du comparatif et du superlatif avec des adjectifs :

adjectifs courts	adjectifs longs
This exercise is ***easier****.* Cet exercice est plus facile.	*This problem is* ***more difficult****.* Ce problème est plus difficile.
Tokyo is ***the largest*** *city in Japan.* Tokyo est la plus grande ville du Japon.	*She's* ***the most popular*** *singer in our country.* C'est la chanteuse la plus populaire de notre pays.
It's ***the hottest*** *food I've ever tasted.* C'est la nourriture la plus épicée que j'aie jamais goûtée.	*He's* ***the most*** *careful driver I know.* C'est le conducteur le plus prudent que je connaisse.

Attention ! On emploie ***in*** devant un nom de lieu, à la différence du français (« du Japon », « de notre pays ») ; notez aussi l'emploi du pronom ***she*** (« C'est la...).

Pronoms personnels, voir 28

- On emploie le terme ***than*** pour introduire l'autre élément de la comparaison :

He's taller ***than*** *his brother.* Il est plus grand que son frère.

- Lorsqu'il y a comparaison entre deux sujets, on peut rencontrer deux constructions :

She's more popular than ***I am****. / She's more popular than* ***me****.* Elle est plus populaire que moi.

L'emploi de *me* relève d'un anglais moins soutenu.

- *More* s'utilise aussi pour les comparatifs des **noms** et des **verbes** :

They have ***more*** *children than we have.* Ils ont plus d'enfants que nous.
She complains ***more*** *than her sister.* Elle se plaint plus que sa sœur.

Notez d'autre part les deux traductions de la phrase ci-dessous, ambiguë en français :

He likes Helen more than ***I*** *do.* Il aime Hélène plus que moi. ▼ plus que je ne l'aime, moi.	*He likes Helen more than* ***me****.* Il aime Hélène plus que moi. ▼ plus qu'il ne m'aime, moi.

- On emploie le comparatif avec des **adverbes** :

He drives ***faster*** *than his wife.*
Il conduit plus vite que sa femme.

She drives ***more carefully*** *than her husband.*
Elle conduit plus prudemment que son mari.

Comparatif ou superlatif ?

• Contrairement au français qui utilise parfois « le plus... / le moins... » pour comparer deux éléments ou groupes d'éléments, l'anglais utilise le comparatif avec ***the*** :

*She's **the youngest** girl in the class.*
C'est la fille la plus jeune de la classe.

*Mary's **the younger** sister of the two.*
Mary est la plus jeune des deux sœurs.

She's the least ambitious of the family.
C'est la moins ambitieuse de la famille.

This camera is ideal for the less experienced photographer.
Cet appareil est idéal pour le photographe le moins expérimenté.

• La comparaison est de même sous-entendue dans *the younger generation* (la jeune génération), *the lower classes* (les classes sociales inférieures), *the upper classes* (les classes sociales supérieures), *the upper limit* (la limite supérieure).

2. Comparatif d'égalité : « aussi... que »

Dans la construction symétrique *as... as*, le deuxième *as* introduit l'autre élément de la comparaison :

*She's **as** tall **as** her mother.* Elle est aussi grande que sa mère.
*He's **twice as** heavy **as** me.* Il est deux fois plus lourd que moi.
*You're **just as** bad **as** your brother.* Tu es tout aussi mauvais que ton frère.
*You're **just as** good a cook **as** me.* Tu es tout aussi bon cuisinier que moi.

La construction *as... as* s'emploie aussi avec des **adverbes** :

*Please answer **as** soon **as** possible.* Répondez s'il vous plaît aussi tôt que possible.
*Nobody can swim **as** fast **as** he can.* Personne ne nage aussi vite que lui.

On retrouve le terme *as* dans la tournure comparative ***the same... as*** :

*It's **the same** film **as** last week.* C'est le même film que la semaine dernière.
*She has **the same** handwriting **as** her cousin.* Elle a la même écriture que sa cousine.
*She goes to **the same** doctor's **as** I do.* Elle va chez le même docteur que moi.

3. Comparatif d'inégalité et d'infériorité : « pas aussi... que, moins... que »

Des deux constructions ci-dessous, ***not as... as*** est la plus courante :

not as / so... as	less... than
*This restaurant is**n't as** crowded **as** the others.* Ce restaurant n'est pas aussi plein que les autres.	*This restaurant is **less** crowded **than** the others.* Ce restaurant est moins plein que les autres.

Less s'utilise aussi pour les comparatifs des noms et des verbes :

*He drinks **less** coffee than his wife.* Il boit moins de café que sa femme.
*He sleeps **less** than his wife.* Il dort moins que sa femme.

4. Superlatif d'infériorité : « le moins... »

La formulation ***the least***, correspondant au français « le moins », ne s'utilise pratiquement qu'avec des adjectifs longs. Avec des adjectifs courts, on utilise de préférence le superlatif de supériorité (« le plus ») de l'adjectif contraire.

adjectif long	adjectif court
*This hotel is **the least expensive** in the town.* Cet hôtel est **le moins** cher de la ville.	*This hotel is **the smallest** in the town.* Cet hôtel est **le plus** petit de la ville. et non pas : *This hotel is ~~the least large.~~* Cet hôtel est le moins grand.

5. Accroissement et diminution : « de plus en plus, de moins en moins »

Les constructions varient selon qu'il s'agit d'adjectifs courts ou longs :

adjectif court	adjectif long
It's hotter and hotter. Il fait de plus en plus chaud.	*Houses are* ***more and more*** *expensive.* Les maisons sont de plus en plus chères. *She's getting* ***less and less*** *tolerant.* Elle devient de moins en moins tolérante.

Less and less est rarement utilisé avec des adjectifs courts. On utilise alors le comparatif de supériorité (« de plus en plus ») de l'adjectif contraire.

*It's getting cold****er and*** *colder.* et non pas : *It's getting ~~less and less warm.~~*
Il fait de plus en plus froid. Il fait de moins en moins chaud.

38 La formation des comparatifs et des superlatifs irréguliers

Certains adjectifs et adverbes ont des formes irrégulières au comparatif et au superlatif :

	comparatif	superlatif
good bon	*better* meilleur, mieux	*the best* le meilleur, le mieux
well bien	*better* mieux	*best* le mieux
bad mauvais	*worse* plus mauvais, pire	*the worst* le plus mauvais, le pire
ill malade	*worse* plus mal, moins bien	*worst* le plus mal
far loin	*farther, further* plus loin	*the farthest, the furthest* le plus loin, éloigné
near près	*nearer* plus près	*the nearest* (régulier) le plus proche *the next* (irrégulier) le prochain
old vieux, âgé	*older* (régulier) plus vieux, plus âgé *elder* (irrégulier) aîné	*the oldest* (régulier) le plus vieux, le plus âgé *the eldest* (irrégulier) l'aîné
late tard	*later* (régulier) plus tard *the latter* (irrégulier) ce dernier	*the latest* (régulier) le dernier en date *the last* (irrégulier) le dernier d'une série

Certains quantificateurs ont un équivalent au comparatif et au superlatif :

quantificateurs	comparatif	superlatif
a lot, much, many beaucoup	*more* davantage	*the most* le plus
(a) little (un) peu	*less* moins	*the least* le moins

A lot, much, a little et *little* sont également adverbes de degré.
More et *less* sont utilisés pour former des comparatifs, *most* et *least* pour des superlatifs.

39 L'emploi des comparatifs et des superlatifs irréguliers

1. *Well* et *ill*

Ces deux adjectifs deviennent respectivement ***better*** et ***worse*** au comparatif, ***the best*** et ***the worst*** au superlatif :

He's well.
Il va bien.
She's ill.
Elle est malade.

He's getting ***better****.*
Il va mieux.
She's getting ***worse****.*
Elle va plus mal.

2. *Far*

Les comparatifs de *far*, ***farther*** et ***further***, et les superlatifs ***farthest*** et ***furthest*** s'emploient indifféremment pour les distances :

I can't walk any ***farther****.* Je ne peux pas aller plus loin.
It's ***further*** *away.* C'est plus loin.
It's ***the farthest*** *point I reached.* C'est le lieu le plus éloigné que j'ai atteint.

Further s'utilise en outre au sens figuré, ou avec l'idée de supplément :

We'll have to go ***further*** *into this question.* Il faudra approfondir cette question.
I'd like ***further*** *details.* Je voudrais des précisions supplémentaires.

3. *Near*

La préposition ***near*** a une seule forme de comparatif, mais deux formes de superlatifs.

Les formes régulières ***nearer*** et ***nearest*** gardent le sens premier de *near* :

She lives ***nearer*** *to the town centre.* Elle habite plus près du centre ville.
Chester is the ***nearest*** *town.* Chester est la ville la plus proche.

La forme irrégulière du superlatif, ***next***, a le sens de « prochain » :

What's the ***next*** *stop?* Quel est le prochain arrêt ?
Next*, please!* Au suivant, s'il vous plaît !

Next, voir 202

4. *Old*

L'adjectif ***old*** possède deux types de formes au comparatif et au superlatif.

Les formes régulières ***older / the oldest*** s'emploient pour des comparaisons ordinaires :

She looks ***older*** *than she is.*
Elle paraît plus âgée qu'elle ne l'est.

That's the ***oldest*** *house in the town.*
C'est la plus vieille maison de la ville.

Les formes irrégulières ***elder / the eldest*** s'emploient pour des comparaisons entre les membres d'une même famille :

Her ***elder*** *son is married.*
Son fils aîné est marié.
l'aîné de **deux** enfants

He's the ***eldest*** *of five children.*
Il est l'aîné de cinq enfants.
l'aîné de **plusieurs** enfants

Elder s'emploie uniquement en position épithète :

elder en position épithète

My ***elder*** *brother is a teacher.*
Mon frère aîné est professeur.

older en position attribut

My brother is ***older*** *than me.*
Mon frère est plus âgé que moi.

5. *The former... the latter*

Latter est une forme irrégulière du comparatif de *late*.

- On emploie les tournures ***the former*** (le premier) et ***the latter*** (le dernier) pour parler de deux éléments différents (personnes ou choses) que l'on vient de mentionner :

*We have fax machines and the Internet. We use **the latter** more than **the former**.*
Nous disposons de télécopieurs et de l'Internet. Nous utilisons davantage ces derniers.

*New ministers for Sport and Education were appointed in the winter. **The former** resigned after two months in office.*
De nouveaux ministres des Sports et de l'Éducation furent nommés cet hiver. Le premier démissionna au bout de deux mois.

*Neither suggestion will work. **The latter** is completely out of the question.*
Aucune de ces deux suggestions ne convient. La deuxième est totalement hors de question.

- *Former* signifie aussi « antérieur », « ancien » :

*The speaker, a **former** diplomat, was most interesting.*
Le conférencier, un ancien diplomate, a été fort intéressant.

Last, voir 187

À VOUS !

28. Traduisez les phrases ci-dessous, en vous aidant des éléments fournis.
a. Ça a été un des romans les plus influents de la décennie. *(influential - decade)* – b. Ils sont plus enthousiasmés par cette idée que nous. *(enthusiastic about)* – c. C'est de plus en plus difficile de vivre avec lui. *(difficult)* – d. Il devient de plus en plus riche. *(rich)* – e. C'est la plus jeune de la famille. *(young)* – f. L'île n'est pas aussi loin qu'elle paraît. *(remote - appear)* – g. Le service devient de moins en moins efficace. *(efficient)* – h. C'est le moins mûr de mes étudiants. *(mature)* – i. C'est le plus gros diamant que j'aie jamais vu. *(large diamond)* – j. Ton appartement est deux fois plus grand que le mien. *(big)* – k. Vous avez plus de temps que moi. – l. Nous sortons moins qu'avant.

29. Traduisez les phrases ci-dessous.
a. Vous vous sentez mieux aujourd'hui ? *(feel)* – b. Je n'ai jamais lu un livre plus mauvais. – c. Nous avons logé à l'hôtel le plus éloigné de la plage. *(stay)* – d. C'est le pire été que nous ayons jamais eu. – e. Est-ce beaucoup plus loin ? – f. La fille aînée a hérité de tout. *(inherit)* – g. L'hôtel et le restaurant sont excellents, bien que ce dernier soit très cher. – h. Où est la poste la plus proche ? – i. Le nouveau président est un ancien communiste. – j. C'est l'homme le plus vieux que je connaisse.

30. Traduisez les phrases ci-dessous, en vous aidant des éléments fournis.
a. Eleonor est la plus belle des deux. *(beautiful)* – b. Ils habitent dans l'un des quartiers les moins enviables de la ville. *(desirable district)* – c. Laquelle de ces deux valises est la plus lourde ? *(heavy case)* – d. C'est la personne la plus intéressante que j'aie jamais rencontrée. *(interesting)* – e. La jeune génération n'apprécie pas sa musique. – f. La Loire est le plus long fleuve de France.

LE GROUPE VERBAL

40 La nature du groupe verbal

Le groupe verbal – appelé aussi prédicat – est composé d'un ensemble de mots dont l'élément de base est un verbe.

1. Le verbe

Le verbe est l'élément principal du groupe verbal.

- Il renseigne sur l'état (verbe d'état) ou l'activité (verbe d'action) du sujet de la phrase.
- Il porte les marques :

– de personne : *-s* de la 3e personne du singulier du présent ;
– de temps : V (simple base verbale) pour le présent, ou V-ED pour le passé ;
– d'aspect : V-*ing* (2e élément de la forme *be -ing*) ou V-EN (2e élément du *present perfect* ou du *past perfect*).

- Il peut être utilisé :

– seul ;
– avec un auxiliaire *(be, have, do)* ;
– avec un modal *(can, must, will...).*

- Il peut être transitif ou intransitif.

2. Le groupe verbal

Le groupe verbal peut être composé d'un ou de plusieurs mots.

Un verbe seul (V) :

I [*agree*]V. Je suis d'accord.

Un verbe et un groupe adjectival (GA) :

He [*looked*]V [*very tired*]GA. Il avait l'air très fatigué.

Un verbe et un groupe prépositionnel (GP), c'est-à-dire un groupe nominal (GN) introduit par une préposition :

We [*are talking*]V [*about the holidays*]GP. On parle des vacances.

Un verbe et un groupe nominal (GN) complément d'objet direct :

He [*bought*]V [*a house*]GN. Il acheta une maison.

Un verbe, un groupe nominal (GN) et un groupe prépositionnel (GP) :

- Le groupe nominal est complément d'objet direct, le groupe prépositionnel est complément d'objet indirect :

He [*gave*]V [*a doll*]GN [*to each girl*]GP. Il donna une poupée à chaque fille.

- Le groupe nominal et le groupe prépositionnel sont compléments d'objet direct (il n'y a plus de préposition devant le groupe prépositionnel) :

He [*gave*]V [*each girl*]GP [*a doll*]GN. Il donna à chaque fille une poupée.

Un verbe et un groupe complément circonstanciel (CC) :

We [*left*]V [*very early*]CC. Nous sommes partis très tôt.

TEMPS ET ASPECTS

41 Les temps et les aspects

Il convient de distinguer, en anglais, les temps et les aspects.

1. Les temps

Il y a seulement deux temps grammaticaux en anglais : **le présent et le prétérit.**

présent	prétérit
*He **plays** football.* Il joue au football.	*They **arrived** at three o' clock.* Ils sont arrivés à trois heures.

Attention ! Il n'y a pas de futur en anglais.

Expression du futur, voir 56

2. Les aspects

On appelle « aspect » (du latin *aspicio* : « je regarde ») la façon dont l'énonciateur* « regarde », considère un événement.

* « L'énonciateur » est la personne qui « énonce » ce qu'il veut dire par écrit ou oralement. Le « locuteur » est, plus spécifiquement, la personne qui s'exprime oralement.

L'énonciateur peut regarder un événement sous deux angles, deux **aspects** :

- il peut s'intéresser à **l'activité du sujet** de la phrase : il emploie **be** + V-*ing*.
- il peut au contraire s'intéresser au **résultat** de cette activité : il emploie ***have*** + V-EN (verbe au participe passé).

be + V-*ing*
Moi, l'énonciateur, je regarde l'activité :

① *Jim **is** paint**ing** the gate.*
Jim peint le portail.

have + V-EN
Moi, l'énonciateur, je regarde le résultat :

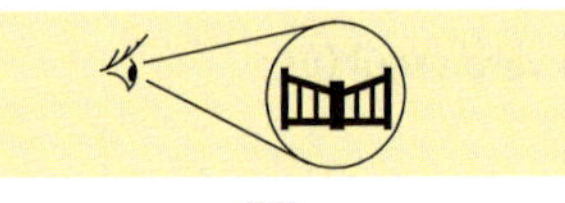

② *Jim **has** paint**ed** the gate.*
Jim a peint le portail.

Attention ! Les structures *have* + V-EN et *be* + V-*ing* représentent ainsi des **aspects**, des « regards » sur l'événement : ce **ne sont pas** des temps.

- Dans l'exemple ①, ***be*** est l'opérateur qui permet de **décrire** et de **commenter** l'activité du sujet, que ***-ing*** « fige » comme un « arrêt sur image ». C'est ce que l'on appelle la **« forme » *be -ing***.
- Dans l'exemple ②, ***have*** – dont la forme *has* de la 3e p. du singulier montre bien ici que l'on est « ancré » dans le présent – est l'opérateur qui **relie** l'événement passé ***[painted the gate]*** à la situation actuelle. On appelle cet ensemble un **« *present perfect* »**.

Avec *be* au présent, et accompagné d'un marqueur de temps, l'aspect *be* + V-*ing* peut également concerner une activité à venir :
*They'**re** leav**ing** after lunch.* Ils partent après le déjeuner.

Les deux aspects *have* + V-EN et *be* + V-*ing* peuvent se combiner :
*Jim **has been** painting.* Jim a fait de la peinture.

Dans ce cas, c'est l'aspect *be* + V-*ing* qui prime. L'énonciateur reconstitue l'activité à laquelle le sujet s'est livré : il voit ici, par exemple, des tâches de peinture.

On peut avoir la combinaison d'un aspect et d'une marque de temps passé.
*Jim **was** painting the gate.* Jim peignait le portail.
*Jim **had** already painted the gate.* Jim avait déjà peint le portail.
*Jim **had** been painting all morning.* Jim avait fait de la peinture toute la matinée.

Voir 42, 49, 51

42 La modalité

Le groupe verbal peut apporter une information brute ou exprimer une vision personnelle.

- **Pour donner une information brute,** on recourt seulement au présent ou au prétérit à la forme simple.
- **Pour donner sa vision personnelle de l'événement,** son point de vue – ce que l'on appelle la modalisation –, l'énonciateur peut utiliser : un modal, la forme *be -ing* ; ou un adverbe de modalité (*surely, probably*...).

information brute	vision personnelle
He's English. Il est anglais. ▼ pas américain	***Surely*** *he's English.* Il est sûrement anglais. ▼ c'est mon avis
	He ***must*** *be English.* Il doit être anglais. ▼ c'est mon avis
Jack usually refuses to help. D'habitude Jack refuse d'aider. ▼ c'est un fait	*Jack* ***will*** *probably refuse.* Jack refusera probablement. ▼ c'est ma prédiction
He always drinks whisky. Il boit toujours du whisky. ▼ simple constat	*He****'s*** *always drink****ing*** *my whisky!* Il boit toujours mon whisky ! ▼ il exagère
	*He****'s*** *been drink****ing*** *again.* Il a encore bu. ▼ il titube

Modaux, voir 53 et 54

43 Les verbes et les auxiliaires

1. Distinction entre verbes lexicaux et auxiliaires

- Un verbe lexical a un sens qui lui est propre : comme *mend* (« réparer ») ou *eat* (« manger »). Il fait partie du « lexique ». *Be* (« être »), *have* (« avoir ») et *do* (« faire ») font, au même titre, partie du lexique. Ils peuvent être ainsi des **verbes lexicaux**.
- *Be*, *have* et *do* peuvent être d'autre part des **auxiliaires**, Ce sont alors des outils grammaticaux, appelés **opérateurs**, qui servent à construire des formes particulières.

– la forme *be -ing* : *He* ***is*** *painting the wall.* Il peint le mur en ce moment.
– la forme *have* V-EN : *He* ***has*** *gone to the bank.* Il est allé à la banque.
– la forme interrogative au présent simple : ***Do*** *you live here ?* Vous habitez ici ?

Be 128, *Do* 148, *Have* 174

2. Distinction entre verbes d'état et verbes d'action

Un verbe lexical peut exprimer un **état** (qui peut être le résultat d'actions ou d'activités), ou une **action**, une **activité**.

verbe d'état	verbe d'action
*He **was** ill all the week.* Il a été malade toute la semaine.	*He **fell** ill while on holiday.* Il est tombé malade pendant les vacances.
*Now I **understand** the problem.* Maintenant je comprends le problème.	*I **studied** it all night.* J'y ai réfléchi toute la nuit.

Lorsque le verbe exprime un état – comme *like* (aimer), *hate* (détester), *fear* (craindre), *know* (connaître), etc. –, il ne peut pas être associé à la forme *be -ing* :

état	activité
*She **fears** for her children.* Elle craint pour ses enfants.	*She's **worrying** about her children.* Elle se fait du souci pour ses enfants.

3. Changement de valeur

Certains verbes peuvent exprimer, selon le contexte, soit un état, soit une action ou une activité (ce que l'on appelle aussi un « procès ») :

état	activité
*He **mends** cars.* Il répare des voitures. ▼ son métier, c'est de réparer	*Jim **mended** two cars yesterday.* Jim a réparé deux voitures hier.

Ces verbes peuvent se construire, selon ce qu'ils expriment, avec ou sans la forme *be -ing* :

état	activité
*He **works** in a bank.* Il travaille dans une banque. ▼ sa profession	*He's **working** in a bank at the moment.* Il travaille actuellement dans une banque. ▼ son activité du moment

On peut ajouter un modal pour exprimer le point de vue de l'énonciateur :

*He may **work** on computers.* Il travaille peut-être dans l'informatique. ▼ c'est peut-être sa profession	*He may **be working** on a new book.* Il travaille peut-être sur un nouveau livre. ▼ c'est peut-être son activité du moment

4. Changement de sens

Certains verbes, selon qu'ils expriment un état ou une action, changent de sens :

Look et ***taste*** changent de sens selon qu'ils sont suivis ou non d'un adjectif :

état (V + adjectif)	action (V sans adjectif)
*He **looked** worried.* Il avait l'air inquiet.	*He **looked** at her.* Il la regarda.
*This orange juice **tastes** strange.* Ce jus d'orange a un goût bizarre.	*I've **tasted** it.* Je l'ai goûté.

- ***Be***, verbe lexical, qui est fondamentalement verbe **d'état**, peut être aussi verbe **d'action** en association avec la forme *be -ing*. Il prend alors le sens de « se conduire », « se comporter » :

état (*be* employé seul)	action (*be* + *be -ing*)
*My sister-in-law **is** very nice.* Ma belle-sœur est très gentille. ▼ son caractère en général	*She's **being** very nice at the moment.* Elle est très gentille en ce moment. ▼ la manière dont elle se conduit

Repérez bien, dans la construction, *be* verbe **d'action** : « she [is] [**be**]-[ing] nice ».

- Le verbe ***see*** prend avec la forme *be -ing* le sens de « rencontrer » :

*Can you **see** the lake from the hotel?* Vous voyez le lac depuis l'hôtel ?	*I'm **seeing** him tomorrow morning.* Je le rencontre demain matin.

- Les verbes comme ***think***, ***consider***, ont un sens différent avec la forme *be -ing* :

état	activité
*I **consider** him a liar.* Je considère que c'est un menteur. ▼ opinion	*I'm **considering** that possibility.* J'envisage cette possibilité. ▼ réflexion en cours
*He **loves** tennis.* Il aime beaucoup le tennis. ▼ goût permanent	*He's **loving** every minute of it.* Je t'assure qu'il se régale. ▼ situation particulière

À VOUS !

31. Traduisez après avoir repéré s'il s'agit d'un état (A) ou d'une activité (B).
a. Il ne peut venir au téléphone, parce qu'il prend une douche. *(have a shower)* – b. Je sais que vous êtes là. – c. Mon frère vend des voitures. – d. À quoi pensez-vous ?

32. Complétez avec *be*. Repérez si *be* exprime un état (A) ou une activité (B).
a. I'm sure you'll like Jim's sister: she ... very nice. – b. I didn't see Gill at school this morning. ... she ill? – c. He's usually talkative, but this morning he ... very quiet. (bavard) – d. Why ... so rude at the moment? He isn't usually like that! (grossier)

44 La formation du présent

Il existe en anglais deux types de présent : le présent simple et le présent combiné avec *be -ing*.

1. Formation du présent simple

La construction du présent simple varie selon les formes affirmative, interrogative ou négative.

- **Forme affirmative :**

La forme affirmative est constituée de la base verbale à toutes les personnes, sauf à la 3e personne du singulier, où l'on ajoute un ***-s***.

I	*live*		*We*		
You	*live*	*here.*	*You*	*live*	*here.*
He / She / It	*lives*		*They*		

He lives here. Il habite ici.

Forme interrogative :

La forme interrogative est construite à l'aide de l'auxiliaire *do* et de la base verbale. *Do* porte la marque **-*s*** à la 3e personne du singulier.

questions fermées	questions ouvertes
Do you / Does he / Do they live here?	*Where do you / Where does he / Where do they live?*

Do you live here? Est-ce que vous habitez ici ?

Do est l'opérateur par lequel l'énonciateur « s'interroge » sur la relation [*you – live here*].

Forme négative :

La forme négative est construite avec l'auxiliaire *do* suivi de la négation *not* et de la base verbale.

Do porte ici encore la marque **-*s*** de la 3e personne du singulier.

I don't
He ***doesn't*** *live here.*
They don't

They don't live here. Ils n'habitent pas ici.

Do est l'opérateur par lequel l'énonciateur « nie » la relation [*they – live here*].

Les formes contractées ***don't*** (*do not*) et ***doesn't*** (*does not*) sont extrêmement courantes.

2. Formation du présent combiné avec *be -ing*

Le présent avec *be -ing* se construit avec l'auxiliaire *be* conjugué au présent, suivi de la base verbale + *ing*.

Forme affirmative :

I am / You are / He / She / It is leaving.	*We are / You are / They are leaving.*

He's leaving. Il s'en va.

Be est l'opérateur par lequel l'énonciateur met en relation [*he – leave*]. Avec l'ensemble *be -ing*, il décrit l'activité en cours.

Forme interrogative :

questions fermées	questions ouvertes
Are you / Is he / Are they leaving?	*Why are you / Why is he / Why are they leaving?*

Is he leaving? Est-ce qu'il s'en va ?

Forme négative :

I 'm not
He isn't leaving now.
They aren't

He isn't leaving now. Il ne part pas maintenant.

Les formes contractées ***'m not*** (*am not*), ***isn't*** (*is not*) et ***aren't*** (*are not*) sont extrêmement courantes.

3. La troisième personne du singulier

L'orthographe et la prononciation de la 3e personne du singulier du présent varient selon la terminaison de la base verbale.

Orthographe :

• En règle générale, on ajoute un ***-s*** :

drink → drinks
come → comes
play → plays

• Pour les verbes terminés par une consonne et ***y***, on transforme le ***y*** en ***i*** et on ajoute ***-es*** :

carry → carries

• Pour les verbes terminés par ***-s***, ***-x***, ***-sh***, ***-ch***, ***-z***(***e***) ou ***-o***, on ajoute ***-es*** :

kiss → kisses
catch → catches
fix → fixes
freeze → freezes
brush → brushes
go → goes

Prononciation :

base verbale		prononciation du *-s*		base verbale		prononciation du *-s*	
[s]	*dress*	[ɪz]	*dresses*	[p]	*drop*	[s]	*drops*
[z]	*rise*		*rises*	[t]	*put*		*puts*
[ʃ]	*wash*		*washes*	[k]	*book*		*books*
[tʃ]	*watch*		*watches*	[f]	*laugh*		*laughs*
[dʒ]	*manage*		*manages*	[θ]	*berth*		*berths*

Dans tous les autres cas, le *-s* se prononce [z].

45 Les emplois du présent

• Le présent simple sert à indiquer une caractéristique, un état, une activité habituelle, un jugement, un goût, une perception, un programme officiel.
• Le présent combiné avec *be -ing* sert à décrire une activité en cours, à commenter une activité ou un état, à faire part d'un programme personnel.

1. Emplois principaux du présent

On emploie le présent simple pour indiquer une **caractéristique** :

*The Earth **revolves** round the sun.* La terre tourne autour du soleil.
*Owls **hunt** at night.* Les hiboux chassent la nuit.
*How long **does** the film **last**?* Combien de temps dure le film ?

On emploie le présent simple avec des verbes exprimant un **jugement**, un **goût**, une **perception** :

*I **don't think** it will rain.* Je ne crois pas qu'il pleuvra.
*I **love** music.* J'adore la musique.
***Do** you **understand**?* Vous comprenez ?
***Do** you **see** what I mean?* Tu vois ce que je veux dire ?

Comparez d'autre part les emplois du présent simple et du présent avec *be -ing* :

présent simple	présent avec *be -ing*
• indication d'une caractéristique : *He **cleans** windows.* Il lave les carreaux. ▼ c'est son métier (*clean* est ici un verbe d'état)	• description d'une activité en cours : *He's **cleaning** the windows.* Il lave les carreaux. ▼ nous le voyons travailler (*clean* est ici un verbe d'action)
*She **comes** from Scotland.* Elle vient d'Écosse. ▼ elle est Écossaise (*come* est ici un verbe d'état)	*She's **coming** from Scotland.* Elle arrive d'Écosse. ▼ fin du voyage (*come* est ici un verbe d'action)
• indication d'une activité habituelle : *He always **smokes** a pipe.* Il fume toujours la pipe. ▼ simple constat : c'est un fumeur de pipe	• réaction sur une activité habituelle : *He's always **smoking** a pipe.* Il n'arrête pas de fumer la pipe. ▼ commentaire appréciatif : ça incommode, ça agace, etc.
• programme officiel : *The match **starts** at three.* Le match commence à trois heures. ▼ information objective	• programme personnel : *I'm **starting** my diet tomorrow.* Je commence mon régime demain. ▼ information personnelle

2. Emplois particuliers du présent simple

Dans certains contextes, on utilise parfois le présent simple pour décrire une activité en cours.

Dans des reportages, à la radio ou à la télévision :

présent simple	présent avec *be -ing*
Curtis heads the ball to Fox, who brings it down and passes it to Parry. Azodi tries to tackle, but it's still with Parry. He goes forward... and scores! What a goal by Parry!	*And so the drivers are coming round for the final lap. Mantle is still leading, but Shoemarrer is catching up and – oh, how exciting! – he's overtaking Mantle! Shoemarrer is taking the lead just seconds from the finish!*
Tête de Curtis en direction de Fox, qui contrôle la balle au sol et la passe à Parry. Azodi essaie de tacler, mais Parry garde la balle. Il avance... et marque ! Joli but de Parry !	Voilà les coureurs qui arrivent au tournant pour le dernier tour. Mantle est toujours en tête, mais Shoemarrer le rattrape et – oh, superbe ! – il double Mantle. Shoemarrer prend la tête à quelques secondes seulement de l'arrivée !

Dans le 1er reportage (match de foot), le journaliste utilise le présent simple pour décomposer objectivement le match en une série d'actions ponctuelles.
Dans le 2e reportage (course de Formule 1), le journaliste choisit le présent avec *be -ing* pour décrire et commenter les événements en cours.

Dans des annonces concernant des événements subits :

• dans des manchettes de journaux :

*Twelve **die** in train crash.* Douze personnes tuées dans un accident ferroviaire.

• dans la conversation :

*Here **comes** our bus.* Ah, voici notre bus.

*There they **go**.* Ça y est, ils partent.

• dans des scripts de films, de pièces de théâtre, etc. :

Comparez les indications scéniques employant les deux types de présent :

présent simple	présent avec *be -ing*
*Two elderly ladies **serve** tea, sandwiches and cakes.* Deux dames âgées servent le thé, des sandwiches et des gâteaux.	*John (**choosing** a cake).* John (en train de choisir un gâteau).
▼ on décompose la scène en une série d'actions ponctuelles	▼ on décrit ici l'activité du personnage

(*Tea Party*, Harold Pinter, Methuen & Co Ltd, 1967)

Voir Temps et aspects 41, Verbes d'état et auxiliaires 43

À VOUS !

33. Repérez si les phrases expriment une caractéristique (A), une activité habituelle (B), une activité en cours (C), un commentaire appréciatif (D), un programme officiel (E) ou un programme personnel (F), puis traduisez.

a. Le train part à 4 h 30. *(leave)* – b. Il va toujours à son travail en voiture. *(drive to work)* – c. Elle se plaint toujours. *(complain)* – d. Que faites-vous en ce moment ? – e. Tais-toi ! Il dort. *(shush)* – f. Il pose toujours les mêmes questions. – g. Ils partent toujours en vacances en juillet. *(go on holiday)* – h. Ils n'arrêtent pas de se chamailler. *(bicker)* – i. À quelle heure commence le film ? – j. Certaines secrétaires travaillent à temps partiel. *(part-time)* – k. Il ne pleut pas. – l. Il vient du Canada.

46 La formation du prétérit

Il existe en anglais deux types de prétérit :
- le prétérit simple ;
- le prétérit combiné avec *be -ing*.

1. Formation du prétérit simple

La construction du prétérit simple varie selon les formes affirmative, interrogative ou négative.

Forme affirmative :

La forme affirmative est constituée, à toutes les personnes, de la base verbale à laquelle, pour les verbes réguliers, on ajoute ***-ed*** :

I *You* *He / She / It*	*work**ed***	*there.*	*We* *You* *They*	*work**ed***	*there.*

She worked there. Elle a travaillé là.

Verbes irréguliers, voir p. 356

Forme interrogative :

La forme interrogative est construite à l'aide de *did* (auxiliaire *do* au prétérit) et de la base verbale.

questions fermées	questions ouvertes
Did you / Did he / Did they work there?	*Where did you / Where did he / Where did they work?*

Did she work there? Est-ce qu'elle a travaillé là ?

Did est l'opérateur par lequel l'énonciateur « s'interroge » sur la relation [*she – work there*].

Forme négative :

La forme négative est également construite à l'aide de l'auxiliaire *did* suivi de la négation *not* et de la base verbale.

I
He ***didn't*** *work there.*
They

She didn't work there. Elle n'a pas travaillé là.

Did est l'opérateur par lequel l'énonciateur « nie » la relation [*she – work there*].

La forme contractée ***didn't*** (*did not*) est extrêmement courante.

2. Formation du prétérit combiné avec *be -ing*

Le prétérit avec *be -ing* se construit à l'aide de l'auxiliaire *be* conjugué au prétérit, suivi de la base verbale + *-ing*.

Forme affirmative :

I was / You were / He / She / It was working then.	*We were / You were / They were working then.*

She was working then. Elle travaillait à ce moment-là.

Be est l'opérateur par lequel l'énonciateur met en relation [*she – work then*]. Avec l'ensemble *be -ing*, il décrit ici l'activité en cours dans le passé.

Forme interrogative :

questions fermées	questions ouvertes
Were you / Was he / Were they working then?	*Where were you / Where was he / Where were they working?*

Was she working then? Est-ce qu'elle travaillait à ce moment-là ?

Forme négative :

I wasn't
You weren't working then.
He / She / It wasn't

She wasn't working then. Elle ne travaillait pas à ce moment-là.

3. Orthographe et prononciation

L'orthographe et la prononciation de la syllabe finale d'un verbe régulier au prétérit varient selon la terminaison de la base verbale.

Orthographe :

• Pour les verbes réguliers terminés par une consonne, on ajoute ***-ed*** :

*work → **worked*** *play → **played***

• Pour les verbes terminés par **-e**, on ajoute ***-d*** :

*dance → **danced***

• Pour les verbes terminés par une consonne et ***y***, on transforme le ***y*** en ***i*** et on ajoute ***-ed*** :

*try → **tried***

• Pour les verbes terminés par une voyelle + une consonne unique :
– si la syllabe est accentuée, on redouble la consonne :
occur [ə'kɜ:] → *occu**rr**ed*
– si la syllabe n'est pas accentuée, on ne redouble pas la consonne :
happen ['hæpən] → *happened*
– s'il s'agit d'une syllabe en ***-el*** ou ***-al*** (accentuée ou non), notez les différences entre anglais britannique et anglais américain :

		anglais GB	américain US
travel	['trævl]	*trave**ll**ed*	*traveled*
cancel	['kænsl]	*cance**ll**ed*	*canceled*
appal	[ə'pɔ:l]	*appa**ll**ed*	*appalled*

Prononciation :

base verbale		prononciation du *-ed*		base verbale		prononciation du *-ed*	
[s]	*dress*	[t]	*dressed*	[t]	*want*	[ɪd]	*wanted*
[p]	*drop*		*dropped*	[d]	*mend*		*mended*
[k]	*book*		*booked*				
[f]	*laugh*		*laughed*				
[ʃ]	*wash*		*washed*				
[θ]	*berth*		*berthed*				

Dans tous les autres cas, le ***-ed*** se prononce [d].

47 Les emplois du prétérit

1. Emplois du prétérit simple

Le prétérit marque fondamentalement une rupture avec le présent ou le réel.

• Il sert à indiquer un fait passé ou une période révolue (prétérit « chronologique »).

*My uncle often **went** to Italy.* Mon oncle allait souvent en Italie.

*They **lived** there for three years.* Ils ont vécu là-bas pendant trois ans.

*How long **did** they live there?* Combien de temps ont-ils vécu là-bas ?

• Il sert également à évoquer une situation **imaginaire** (prétérit « **modal** »).

*If I **lived** near the Alps, I'd go skiing more often.*
Si j'habitais près des Alpes, je ferais du ski plus souvent.

2. Emplois du prétérit combiné avec *be -ing*

Le prétérit combiné avec *be -ing* sert à **décrire** et à **commenter des activités en cours dans le passé.**

prétérit simple	prétérit avec *be -ing*
*It **rained** a lot last summer.* Il a beaucoup plu l'été dernier.	*It **was raining** a lot at five.* Il pleuvait beaucoup à cinq heures. *He **was always complaining**.* Il n'arrêtait pas de se plaindre.

3. Succession des deux prétérits

Le prétérit simple et le prétérit avec *be -ing* sont souvent associés dans une même phrase. Le prétérit avec *be -ing* décrit une activité en cours dans le passé, servant de cadre à l'action indiquée par le prétérit simple.

*The phone **rang***	*while they **were having** dinner.*
Le téléphone sonna	pendant qu'ils dînaient.

Les éléments *[while they were having dinner]* servent à dater l'événement *[The phone rang]*.

Voir Temps et aspects **41**, Prétérit ou *present perfect* **222**,
Prétérit modal **52**

À VOUS !

34. Traduisez les phrases ci-dessous.
a. Le repas a duré cinq heures. *(last)* – b. Ils ont déménagé il y a un an. *(move house)* – c. L'an dernier j'étudiais la littérature américaine. – d. Elle a quitté l'école en 1992. *(leave school)* – e. Pendant que j'allais au travail, ma voiture tomba en panne. *(drive to work - break down)* – f. Mes parents allaient souvent voir la vieille femme. *(visit)* – g. J'attendais à l'arrêt de bus quand j'ai entendu l'explosion. *(bus stop - explosion)* – h. Je n'ai pas entendu ce que tu m'as dit. – i. Quand je suis arrivé, ils se disputaient. *(have a row)* – j. Combien de temps avez-vous passé en Amérique ? *(spend)* – k. Il est temps que tu achètes une nouvelle voiture. *(buy)* – l. Si j'avais assez d'argent, j'achèterais un ordinateur. *(buy)*

48 La formation du *present perfect*

Le *present perfect* peut se présenter sous deux formes :
– le *present perfect* simple ;
– le *present perfect* combiné avec *be -ing*.

1. Formation du *present perfect* simple

Le *present perfect* est formé de deux éléments : l'auxiliaire *have* au présent et le participe passé (V-EN) du verbe.

She	*has*	*walk*	*-ed*	*ten miles.*	Elle a fait une quinzaine de kilomètres à pied.
	have	V	-EN		

Have est l'opérateur par lequel l'énonciateur relie une activité passée [*walked*] à la situation présente.

Le sujet est placé après l'auxiliaire dans les phrases interrogatives.

***I've seen** that film twice.* J'ai vu ce film deux fois.
*He **hasn't met** her yet.* Il ne l'a pas encore rencontrée.
***Have** you **finished**?* Tu as terminé ?

2. Formation du *present perfect* combiné avec *be -ing*

Le *present perfect* peut se combiner avec *be -ing.*

be V *-ing*

She has be -en walk -ing in the rain. Elle a marché sous la pluie.

have V - EN

He's been speaking for hours. Ça fait des heures qu'il parle.

49 Les emplois du *present perfect*

1. Emplois du *present perfect* simple

Le *present perfect* n'est pas un temps, mais un aspect (voir n° 41). Il indique toujours l'idée d'un **bilan actuel** (au moment où l'on parle), d'un **résultat lié à un événement du passé** :

*We**'ve rented** a car.* On a loué une voiture.

Le résultat (= on dispose d'une voiture) est lié à un événement passé (= signature d'un contrat).

*I've never **seen** that film.* Je n'ai jamais vu ce film.

Le résultat (= je ne connais pas) est lié à une absence d'événement passé (= voir le film).

*We **haven't had** anything so far.* Nous n'avons rien pris jusqu'à présent.
***Have** you **seen** him lately?* Vous l'avez vu récemment ?

Notez les différences de structures entre le français et l'anglais :

*It's the first time **I've eaten** oysters.* C'est la première fois que je mange des huîtres.
*I've just **finished**.* Je viens de terminer.

Dans *I've just finished*, l'événement passé est très récent. En anglais américain, le present perfect est le plus souvent remplacé ici par le prétérit : *I just finished*.

2. Emplois du *present perfect* combiné avec *be -ing*

La combinaison du *present perfect* avec *be -ing* permet d'apporter en plus un **commentaire appréciatif**.

present perfect bilan actuel	*present perfect* avec *be -ing* bilan actuel avec commentaire appréciatif
*He **has drunk** two bottles of wine.* Il a bu deux bouteilles de vin. ▼ on s'intéresse au complément d'objet : deux bouteilles bues	*He **has been drinking** again.* Ça y est, il a encore bu ! ▼ on s'intéresse à l'activité du sujet : notre homme s'est soûlé

Attention ! Choisissez le *present perfect* simple ou le *present perfect* avec *be -ing* selon ce que vous voulez faire ressortir : vous ne pouvez pas à la fois employer *have been -ing* et parler de quantité ou de nombre.

3. Emplois du *present perfect* avec *for* ou *since*

À l'idée de bilan actuel peut s'ajouter une indication de durée avec *for* ou une indication de point de départ avec *since*.

present perfect simple	*present perfect* avec *be -ing*
*He's **worked** there for 2 years.* Il travaille là depuis 2 ans. ▼ résultat : 2 ans dans cette boîte	*He's **been working** for hours.* Ça fait des heures qu'il travaille. ▼ commentaire : tâche difficile pour lui
*She's **lived** abroad since 1985.* Elle vit à l'étranger depuis 1985. ▼ résultat : le nombre d'années	*We've **been queueing** since last night.* On fait la queue depuis hier soir. ▼ commentaire : on en a assez !

En français, on emploie souvent le présent (« il travaille », « elle vit ») pour traduire une action commencée dans le passé.

Attention ! Le sens sera différent selon qu'on emploie *for* avec le prétérit ou avec le *present perfect* :

prétérit	present perfect
*They **lived** there for three years.* Ils ont vécu là-bas pendant trois ans. ▼ c'est terminé	*They**'ve lived** there for three years.* Ils vivent là-bas depuis trois ans. ▼ c'est toujours vrai

Voir Temps et aspects 41, Passé 209, Présent ou *present perfect* 220

À VOUS !

35. Traduisez en indiquant si l'on s'intéresse au sujet (A) ou au complément d'objet (B).
a. C'est la première fois que je conduis une camionnette. *(van)* – b. Ils n'ont pas encore payé leur note. *(bill)* – c. Avez-vous jamais gagné à la loterie ? *(win the lottery)* – d. Ça me tracasse depuis des semaines. *(worry about)* – e. Ça sent bon : tu as fait de la cuisine ? *(cook)* – f. Elle a peint le portail. *(gate)* – g. Tu l'as vue ? Elle a fait de la peinture. *(paint)* – h. Ça fait des heures qu'elle parle. – i. J'attends depuis onze heures.

50 La formation du *past perfect*

Le *past perfect* (appelé aussi *pluperfect*) peut se présenter sous deux formes :
– le *past perfect* simple ;
– le *past perfect* combiné avec *be -ing*.

1. Formation du *past perfect* simple

Le *past perfect* est formé de deux éléments : l'auxiliaire *have* au passé (*had*) et le participe passé (V-EN) du verbe.

He had mend -ed the mower when we arrived. Il avait réparé la tondeuse quand on est arrivé.

had V -EN

Had est l'opérateur par lequel l'énonciateur relie une activité antérieure [*mended*] à un moment donné du passé.

Le sujet est placé après l'auxiliaire dans les phrases interrogatives.

*We **had seen** that before.* Nous l'avions déjà vu.
*They **hadn't finished** yet.* Ils n'avaient pas encore terminé.
***Had** you **been** there before?* Vous y étiez déjà allé ?

2. Formation du *past perfect* combiné avec *be -ing*

Le *past perfect* peut se combiner avec *be -ing.*

be V *-ing*

He had be -en mend -ing the mower for hours when we arrived.

had V -EN

Ça faisait des heures qu'il réparait la tondeuse quand on est arrivé.

51 Les emplois du *past perfect*

1. Emplois du *past perfect* simple

- Le *past perfect* simple permet de dresser un **bilan à un moment donné du passé** :

*We **had** already **seen** the film.* Nous avions déjà vu le film.

*It was the first time he **had driven** a sports car.*
C'était la première fois qu'il conduisait une voiture de sport.

***I'd had** that vase for fifteen years.*
J'avais ce vase depuis quinze ans. (contexte possible : je viens de le casser)

- Le *past perfect* simple permet également d'exprimer, dans un contexte passé, une **action,** ou un **état, antérieur à un autre** :

*I **had cut** the grass* J'avais tondu la pelouse	*when it began to rain.* quand il s'est mis à pleuvoir.
*I **had** just **gone** to bed* Je venais de me coucher	*when the doorbell rang.* quand on a sonné.
▼ action antérieure	▼ moment du passé dont il s'agit
We went back to York Nous sommes retournés à York	*where we **had lived** (for) ten years.* où nous avions vécu (pendant) dix ans.

2. Emplois du *past perfect* avec *be -ing*

La combinaison du *past perfect* avec *be -ing* permet de faire un **commentaire appréciatif.**

past perfect simple	*past perfect* avec *be -ing*
*He **had driven** 10 miles when the car broke down.* Il avait fait 10 miles quand la voiture est tombée en panne. ▼ on s'intéresse au résultat : 10 miles parcourus	*He **had been driving** like mad when the car broke down.* Il conduisait comme un fou quand la voiture est tombée en panne. ▼ on s'intéresse à sa manière de conduire

On peut inverser les deux propositions :

*When we rang him up he **had been sleeping** since lunchtime.*
Quand nous lui avons téléphoné il dormait depuis le déjeuner.

Voir Temps et aspects 41, *Past perfect* modal 52

À VOUS !

36. Traduisez les phrases ci-dessous.
a. J'avais déjà payé le tableau, quand je me suis aperçu qu'il était abîmé. *(realize - damaged)* – b. Nous nous étions déjà rencontrés. *(meet)* – c. Une fois qu'il eut promis, il était trop tard pour changer d'avis. *(once - change one's mind)* – d. Ça faisait des heures qu'ils parlaient lorsque soudain ils se rendirent compte de l'heure qu'il était. *(notice)* – e. Lorsqu'il fut secouru, il n'avait pas mangé depuis dix jours. *(be rescued)* – f. John F. Kennedy était président depuis 1961 quand il fut assassiné. *(assassinated)* – g. C'était la première fois que je prenais l'avion. – h. Ça faisait une heure que j'attendais quand il est enfin arrivé. – i. C'était trop tard : ils étaient déjà partis. – j. Nous venions de quitter le magasin quand l'incendie a commencé. *(leave)* – k. J'ai vu l'usine où j'avais travaillé pendant douze ans. – l. On venait de finir de manger, quand il y a eu une panne de courant. *(the electricity - go off)*

52 Le prétérit modal et le *past perfect* modal

Le prétérit et le *past perfect* servent souvent à marquer une rupture avec le réel.
On parle alors de prétérit modal et de *past perfect* modal.
Le prétérit modal de *be* est *were* à toutes les personnes.

Voir Formation du prétérit 46 et du *past perfect* 50

1. Situation hypothétique

On emploie le prétérit modal ou le *past perfect* modal pour décrire une **situation irréelle,** voire utopique, à l'aide de verbes ou d'expressions comme ***if, imagine, suppose,*** etc.

prétérit modal il s'agit du présent ou de l'avenir	*past perfect* modal il s'agit du passé
*Suppose you **won** the big prize...* Suppose que tu gagnes le gros lot...	*Suppose you'**d won** the big prize...* Suppose que tu aies gagné le gros lot...
*Imagine you **were** on a desert island...* Imagine que tu soies sur une île déserte...	*Imagine you **had been** on a desert island...* Imagine que tu aies été sur une île déserte...
*If I **were** there, I'd help them.* Si j'étais là-bas, je les aiderais. ▼ en réalité, il n'en est pas ainsi	*If I **had been** there, I would have helped them.* Si j'avais été là-bas, je les aurais aidés. ▼ en réalité, il n'en a pas été ainsi

On emploie ***was*** à la 1re et à la 3e personne du singulier, lorsqu'il s'agit, non pas tant d'une situation irréelle, mais plutôt d'une **situation envisageable** :

*If I **was** at home, I'd go to bed.* Si j'étais chez moi, j'irais au lit. (situation envisageable)
*If I **was** your assistant, I'd take care of that.* Si j'étais votre adjoint, je m'occuperais de ça. (situation envisageable : sous-entendu : « pourquoi ne me prendriez-vous pas ? »)

En fait, en anglais courant, on ne fait pas toujours une différence aussi nette entre situation utopique et situation envisageable. On rencontre ainsi à la fois *if I **were** there* et *if I **was** there*. *If I was you* relève toutefois d'un anglais relâché.

2. Expression du regret et du souhait

On peut exprimer un **regret** avec :
– ***If only / I wish* + prétérit modal** s'il s'agit du présent ou de l'avenir ;
– ***If only / I wish* ou *I'd rather* + *past perfect* modal** s'il s'agit du passé.

prétérit modal présent ou avenir	*past perfect* modal passé
If only I spoke English! Si seulement je parlais anglais !	*If only I had spoken English!* Si seulement j'avais parlé anglais !
***I wish I lived** here.* Je regrette de ne pas habiter ici.	***I wish I had lived** here.* J'aurais aimé habiter ici.
***I wish I didn't eat** so much.* Je regrette de manger autant.	***I wish I hadn't eaten** so much.* Je regrette d'avoir mangé autant.
***I wish I were** there.* Je regrette de ne pas être là.	***I wish I had been** there.* Je regrette de ne pas avoir été là.
	***I'd rather** you **hadn't been** so rude.* J'aurais aimé que tu sois moins grossier.

On peut exprimer un **souhait** avec *I'd rather* ou *it's* (*high*) *time* + prétérit modal :
***I'd rather** you **listened** to me.* J'aimerais que tu m'écoutes.
***It's time** we **left**.* Il est temps qu'on parte.

Souhait / regret, voir 244

À VOUS !

37. Repérez s'il s'agit d'une situation présente ou à venir (A), ou passée (B), puis traduisez.
a. It's time we invited them. – b. If there had been more choice, I would have bought some white wine. – c. If only I'd had more time! – d. I wish I hadn't bought that car. – e. I'd rather they didn't come together. – f. Suppose you'd already paid! – g. If you were me, would you accept? – h. I wish I could help more. – i. If I had a computer, I could work at home. – j. Imagine we had already left!

38. Traduisez les phrases ci-dessous.
a. Il est temps que tu achètes un nouveau manteau. – b. Imagine qu'il ait découvert la vérité ! – c. Si seulement j'avais su ! – d. Si j'étais toi, je ne ferais pas ça. – e. Si j'étais chez vous, je pourrais vous montrer. – f. Je regrette que tu m'en aies parlé. *(tell)* – g. Je regrette que tu ne sois pas là. – h. J'aurais aimé que tu me demandes d'abord. – i. Suppose qu'on vende la voiture ? – j. Si le lit était sous la fenêtre, on pourrait regarder les étoiles.

LES MODAUX

53 Les constructions des modaux

1. Constructions avec un modal

Un modal est un outil grammatical dont l'énonciateur se sert pour exprimer son point de vue. Le modal joue ainsi un rôle capital dans la phrase (voir Les valeurs des modaux, n°54).

À la forme affirmative, le modal est placé entre le groupe sujet et le groupe verbal (le prédicat).

[sujet] ● [prédicat]
[modal]

I ***must*** *rent a car.* Je dois louer une voiture.

Comme le modal représente toujours l'énonciateur (c'est-à-dire : « moi, je dis que... »), **il ne s'accorde pas** avec le sujet à la 3e p. du singulier : **donc** pas de *-s* !

She ***must*** *go now.* Il faut qu'elle parte maintenant.

À la forme interrogative, tout modal étant lui-même opérateur, il suffit d'inverser le sujet et le modal :

Must *I leave tomorrow?* Est-ce que je dois partir demain ?

À la forme négative, la négation se place après le modal :

You ***must not*** *park here.* Vous ne devez pas vous garer ici.

Modaux et la négation, voir 55

Il ne peut y avoir qu'un seul modal dans une phrase :

You ***should*** *be able to type by the end of the course.*
Vous devriez pouvoir taper à la machine à la fin du stage.
et non pas : ~~*You should can type*~~ *by the end of the course.*

Un modal a seulement deux formes : une forme « **présent** » et une forme « **prétérit** ».

La forme prétérit ne correspond pas forcément à une valeur temporelle. Elle peut s'appliquer à une situation passée ou exprimer l'irréel du présent. Comparez les cas suivants :

situation passée	irréel du présent
He ***could*** *swim across that river when he was young.* Il **pouvait** traverser cette rivière quand il était jeune. ▼ *could* sens passé	*He* ***could*** *swim across that river if he wished to.* Il **pourrait** traverser cette rivière s'il le voulait. ▼ *could* sens conditionnel

2. Combinaisons possibles avec un modal

Il y a quatre types de combinaisons possibles avec un modal :

• modal + V *He must* ***work*** *harder.* Il doit travailler davantage.	• modal avec *be -ing* *He must* ***be sleeping*** *by now.* Il doit dormir à cette heure.
• modal + *have* V-EN *He must* ***have missed*** *the bus.* Il a sûrement raté son bus.	• modal + *have been -ing* *He must* ***have been fighting.*** Il s'est sûrement battu.

54 Les valeurs des modaux

Les modaux représentent toujours le point de vue de l'énonciateur, qui peut se placer sous deux angles différents ; le contexte permet de faire la distinction :

• soit l'énonciateur porte son attention sur le sujet de la phrase : pression sur autrui ou caractéristiques du sujet ;

• soit l'énonciateur s'interroge sur la vérité de la relation entre le sujet et le prédicat : degrés de certitude.

Modaux répondant aux critères stricts* décrits au n° 53 :
must (pas de prétérit), *may* (prétérit *might*) et *can* (prétérit *could*), *shall* (prétérit *should*) et *will* (prétérit *would*).

Dare, voir **143**, *Need*, voir **201**

* *Dare* (n° 143) et *need* (n° 201), qui peuvent également être modaux, ne sont pas présentés ici.

Les exemples montrent les valeurs respectives avec la construction la plus simple : [modal + V]. Pour les associations [modal + *be* –*ing*] et [modal + *have* –V-EN], se reporter aux renvois.

L'énonciateur **considère essentiellement le sujet.**

L'énonciateur **s'interroge sur la relation sujet-prédicat**, et exprime à des degrés divers sa certitude.

1. *Must*

• **Pression sur autrui** (ou sur soi) : obligation et, avec négation, interdiction

*You **must** try this new restaurant.*
Il faut que tu essaies ce nouveau restaurant.

• **Certitude forte** (quasi certitude)

*He **must** be very rich.*
Il doit être très riche.

Must **197**, *Must* et *Have to* **198**, certitude **135**, obligation **204**

2. *May* et *can*

May

• **Pression sur autrui** : permission et, avec négation, interdiction

*You **may** leave early today.*
Vous pouvez partir tôt aujourd'hui.

valeur atténuée avec ***might*** (prétérit) : suggestion

*You **might** ask your brother.*
Tu pourrais demander à ton frère.

• **Certitude relative**

*She **may** be ill.*
Elle est peut-être malade.

valeur atténuée avec ***might*** : certitude relative

*He **might** not have a choice.*
Il n'a peut-être pas le choix.

Can

• **Description des caractéristiques du sujet** : aptitude et capacité

*She **can** ski very well.* Elle sait très bien skier.

valeurs atténuées avec ***could*** (prétérit) : aptitude du sujet dans le passé

*He **could** lip-read.* Il savait lire sur les lèvres.

– incapacité à un moment donné :

*I **couldn't** start my car.* Je n'ai pas pu démarrer.

• **Certitude forte** (quasi-certitude), mais uniquement avec ***can't***

*This **can't** be the right road.*
Ce n'est sûrement pas la bonne route.

• **Pression sur autrui** : permission

*You **can** borrow my dictionary.*
Tu peux emprunter mon dictionnaire.

valeur atténuée avec ***could*** :
suggestion

*You **could** ask her opinion.*
Tu pourrais lui demander son avis.

valeur atténuée avec ***could*** :
éventualité jugée possible

*It **could** be your last chance.*
Ça pourrait être ta dernière chance.

Can 132, *May* 191, capacité 133,
certitude 135, permission 211, pouvoir 216, suggestion 247

3. *Shall* et *will*

Shall

• **Pression sur autrui** : forte contrainte (l'énonciateur s'engage)

*You **shall** obey.*
Tu vas obéir, crois-moi.

Dans les questions, seulement à la 1re p. :

– *Shall I…?* : **offre de service**

***Shall** I close the door?*
Veux-tu que je ferme la porte ?

– *Shall we…?* : **suggestion**

***Shall** we eat first?* Est-ce qu'on mange d'abord ?

valeurs atténuées avec ***should*** (prétérit) :
conseil ou reproche

*You **should** see a doctor.*
Tu devrais voir un médecin.

• **Certitude** en référence à l'avenir :
simple prédiction

*We **shall** probably book a room.*
On réservera probablement une chambre.

valeur atténuée avec ***should*** :
certitude assez forte, déduction

*She **should** be home now.*
Elle devrait être rentrée à présent.

Will

• Expression de la **volonté** du sujet

*I **won't** call him.*
Je refuse de l'appeler.

valeur atténuée avec ***would*** (prétérit) :
volonté dans le passé

*He **wouldn't** face the facts.*
Il refusait de voir les choses en face.

• **Certitude** en référence à l'avenir :

– simple prédiction

*The snow **will** melt tomorrow.*
La neige fondra demain.

***Will** I win the game?*
Est-ce que je gagnerai la partie ?

– décision immédiate

*All right ! I'**ll** do it myself.*
D'accord ! Je le ferai moi-même.

valeur atténuée avec ***would*** :

• prédiction hypothétique

*If I asked him, he'**d** lend me the money.*
Si je le lui demandais, il me prêterait l'argent.

• Expression d'une caractéristique du sujet

*She **will** sulk.* Elle a tendance à bouder.

valeur avec ***would*** :
caractéristique du sujet dans le passé

*She **would** practise two hours a day.*
Elle s'entraînait deux heures par jour.

Shall 235, *Should* et *Ought to* 236, *Will* 268, expression du futur 56,
du conditionnel 57, certitude 135, conseil 139

À VOUS !

39. Repérez la valeur du modal dans les phrases ci-dessous, puis traduisez.
a. You mustn't stay too long. – b. Shall we go? – c. Shall I open the window? – d. It could be an accident. – e. You could try again. – f. I've tried, but it won't work. – g. There won't be enough food. – h. She might be jealous. – i. He would drink tea after dinner. – j. You can't have any more sweets!

55 Les modaux et la négation

La négation *not* est toujours placée après le modal.
Cependant il existe des différences de sens selon le rôle de la négation. Comparez :

*You **may not** come.* Tu n'as pas le droit de venir.

L'énonciateur ne donne pas au sujet la permission de venir.

*You may **not come**.* Tu peux très bien ne pas venir.

L'énonciateur donne au sujet la permission de « ne pas venir ».
Pour bien comprendre les phrases négatives avec un modal, il est donc important de voir le rôle exact joué par la négation.
Les exemples de modaux ci-dessous suivis de la négation montrent sur quels éléments porte *not*.

1. *Needn't*

Needn't exprime l'**absence de nécessité** :

*You **needn't** hurry.* Tu n'as pas besoin de te dépêcher.

La négation *not* porte sur *need*, dont elle annule le sens (« avoir besoin de ») ; le bloc *needn't* exprimant donc la non-nécessité de « se dépêcher ».

Il en est de même lorsque le modal est suivi d'un infinitif passé :

*You **needn't** have worried.* Ce n'était pas la peine de t'inquiéter.

2. *Mustn't*

Mustn't exprime l'**interdiction** :

*You **mustn't stay** here.* Tu ne dois pas rester ici.

Not fait partie du prédicat [*not stay here*]. *Must* garde son sens de contrainte : obligation de « ne pas rester ».

3. *May not*

May not peut donner trois sens au message, que la situation, le contexte ou encore l'intonation aideront à distinguer.

- **Absence de permission** :

*You **may not** come.* Tu n'as pas le droit de venir.

La négation *not* porte sur *may* dont elle annule le sens « avoir le droit de » ; le bloc *may not* exprimant donc la non-permission de « venir ». L'accent est mis sur *may not*.

- **Permission** :

*You may **not come**.* Tu peux très bien ne pas venir.

Not fait partie du prédicat [*not come*]. *May* garde son sens de permission : permission de « ne pas venir ». L'accent est mis sur *not come*.

Probabilité :

*This girl may **not be** English.* Cette fille n'est peut-être pas anglaise.

Not fait partie du prédicat [*not be English*]. *May* exprime ici l'incertitude sur la relation [cette fille – être anglaise]. L'accent est mis sur *may*.

4. *Can't*

Can't (forme contractée de *cannot*) peut avoir notamment, selon les cas, la valeur d'incapacité, d'interdiction ou de certitude forte.

Incapacité :

*Jim **can't** swim.* Jim ne sait pas nager.

La négation *not* porte sur *can* dont elle annule le sens : ici « être capable de » ; le bloc *can't* exprimant donc l'incapacité, pour le sujet, de nager.

Interdiction :

*You **can't** behave like that.* On ne peut pas se conduire ainsi.

La négation *not* porte sur *can* dont elle annule le sens « avoir la permission de » ; le bloc *can't* exprimant donc ici l'interdiction.

Certitude forte :

*She **can't** be English.* Elle ne peut pas être anglaise.

La négation *not* porte sur *can* dont elle annule le sens « être possible » ; le bloc *can't* exprimant ici un fort doute sur la relation [elle – être anglaise].

5. *Won't*

Won't (forme contractée de *will not*) peut avoir notamment, selon le cas, la valeur de refus ou de prédiction.

Refus :

*The motorbike **won't** start.* La moto ne veut pas démarrer.

Not porte sur *will* ; ce modal, qui marque souvent la volonté, exprime ici avec *not* le refus du sujet (la moto) de « démarrer ».

Prédiction :

*Jim **won't pass** his driving test.* Jim n'aura pas son permis.

Not fait partie du prédicat [*not pass his driving test*]. *Will* exprime ici une prédiction sur la relation : [Jim – ne pas obtenir le permis].

Une même phrase avec *won't* peut même se traduire de deux manières, selon l'interprétation du message :

I won't go.	*I won't go.*
Je ne veux pas y aller.	Je n'irai pas.
▼ refus	▼ prédiction

À VOUS !

40. Repérez sur quels éléments porte la négation dans les phrases ci-dessous, puis traduisez.

a. You needn't do all the exercises. – b. They mustn't discover the truth. – c. She's leaving, and I may not see her again. – d. You may not smoke in the corridors. – e. They can't be here already. – f. They mustn't arrive too early. – g. These clothes won't dry.

L'EXPRESSION DU FUTUR ET DU CONDITIONNEL

56 L'expression du futur

Le temps grammatical « futur » n'existe pas en anglais. Il y a par contre diverses façons de parler d'une situation future, selon que l'on veut exprimer un programme, une décision, une prédiction, une anticipation, une action prévue ou imminente.

1. Programme

Pour décrire ce qui est prévu :
- on emploie le **présent** lorsqu'il s'agit d'un **programme officiel** ;
- on emploie le **présent + *be -ing*,** lorsqu'il s'agit d'un **programme personnel.**

présent programme officiel	présent + *be -ing* programme personnel
*The train **leaves** at 3.20 pm.* Le train part à 15 heures 20. ▼ dans le cadre d'un horaire, d'un calendrier	*We'**re leaving** after lunch.* Nous partons après le déjeuner. ▼ dans le cadre de l'emploi du temps de quelqu'un

2. Décision

Pour exprimer une décison :
- on emploie le modal ***will* + V** lorsqu'il s'agit d'une **décision prise sur le champ** ;
- on emploie ***be going to* + V** lorsqu'il s'agit d'une **décision déjà prise.**

will + V décision prise sur le champ	*be going to* + V décision déjà prise
*Don't move; **I'll** open the door.* Ne bouge pas ; je vais ouvrir. ▼ réaction à une situation donnée	*They're saving up; they'**re going to buy** a house.* Ils font des économies ; ils vont acheter une maison. ▼ décision déjà prise

3. Prédiction

Pour exprimer une prédiction :
- on emploie le modal ***will* + V** lorsqu'il s'agit d'une prédiction résultant d'une réflexion, d'une démarche intellectuelle. Il y a alors un marqueur de lieu ou de temps ;
- on emploie ***be going to* + V** lorsqu'il s'agit d'une prédiction à partir d'indices. Il n'y a pas nécessairement de marqueur ;

réflexion	indices
*It **will** rain in the north.* Il pleuvra au nord.	*Look at those clouds! It's **going to** rain.* Regarde ces nuages ! Il va pleuvoir.
*He'**ll** be twenty-five in June.* Il aura vingt-cinq ans en juin.	*Careful! You'**re going to** fall!* Attention ! Tu vas tomber !
*He'**ll** be cross when he sees that mess.* Il sera fâché quand il verra ce bazar. ▼ d'après mes calculs, ce que je sais	*What a mess! He'**s going to** be furious!* Quel bazar ! Il va être furieux ! ▼ d'après ce que je vois actuellement

• On peut aussi utiliser ***shall* à la première personne** (singulier ou pluriel) pour une prédiction, bien que *will* soit plus couramment employé.

We shall probably go to Italy in May. — Nous irons probablement en Italie en mai.

4. Anticipation

Pour exprimer une forme d'anticipation :
• on emploie ***will* + *be -ing*** lorsqu'il s'agit d'une **activité anticipée** ;
• on emploie ***will* + *have* V-EN** (verbe au participe passé) pour un **bilan anticipé.**

will + be -ing / activité anticipée	*will + have* V-EN / bilan anticipé
In a week's time, ***I'll be skiing.***	*They'**ll have reached** the top by midday.*
Dans une semaine, je serai en train de skier.	Ils auront atteint le sommet d'ici midi.
▼ on s'y voit déjà	▼ on voit déjà le résultat

On retrouve la valeur de *will,* résultat d'une réflexion.

5. Action prévue

Pour exprimer une action prévue, on emploie ***be to* + V** :

The Prime Minister ***is to*** *visit China in June.* — Le Premier ministre doit se rendre en Chine en juin.
He ***is*** *to turn professional in September.* — Il doit passer professionnel en septembre.

6. Action imminente

Pour décrire une action imminente, sur le point de se produire, on emploie ***be about to* + V** :

*She's nervous: she'****s about to*** *come on stage.* — Elle a le trac : elle va entrer en scène.

On retrouve chaque fois dans *to* la valeur de visée.

Voir aussi *When* 263

À VOUS !

41. Repérez s'il s'agit d'un programme (A), d'une décision (B), d'une prédiction (C), d'une anticipation (D), d'une action prévue (E) ou d'une action imminente (F). Complétez ensuite à l'aide des verbes fournis, puis traduisez.
a. Look out! You ... it. (*drop :* laisser tomber) – b. He ... soon. *(probably phone)* – c. Serve the soup just as it ... . (*boil :* bouillir) – d. When I get home, I ... a hot bath. *(have)* – e. This time next year, I ... through America. *(travel)*

42. Repérez s'il s'agit d'un programme (A), d'une décision (B), d'une prédiction (C), d'une anticipation (D), d'une action prévue (E) ou d'une action imminente (F), puis traduisez.
a. Ils doivent se marier en juin. *(marry)* – b. À quelle heure arrive ton avion ? *(arrive)* – c. Il va faire médecine l'année prochaine. *(study medicine)* – d. N'appelez pas demain : je serai en train de travailler chez moi. *(work)* – e. Cours ! Le bus va partir. *(leave)* – f. C'est trop tard. Ils seront déjà partis. *(leave)* – g. Je joue au golf dimanche. *(play golf)* – h. Tu te sentiras mieux demain. *(feel)*

57 L'expression du conditionnel

L'anglais ne possède pas de « mode conditionnel ».
Pour exprimer les valeurs correspondant, en français, au « conditionnel présent », l'énonciateur utilise les prétérits des modaux, qui marquent – comme tous les prétérits - une rupture avec le réel.
Ils peuvent notamment, selon le contexte, renvoyer à **l'avenir hypothétique**, avec donc le sens du conditionnel présent français. Dans ce cas, ils sont suivis de la base verbale.

On emploie ainsi :

- *would* (prétérit de *will*) + V pour une **prédiction hypothétique**.

Comparez :
*If I have some holiday, **I'll** come with you.*
Si j'ai des vacances, je viendrai avec toi.
(*will :* valeur ici de prédiction forte)
*If I had some holiday, **I'd** come with you.*
Si j'avais des vacances, je viendrais avec toi.
(*would :* même valeur ici de prédiction, mais beaucoup moins « catégorique »)

- *should* (prétérit de *shall*) + V pour un **conseil** ou une **certitude assez forte** :

*You **should** think before you speak.* Tu devrais réfléchir avant de parler.
*She **should** be home now.* Elle devrait être rentrée à présent.

À noter aussi l'emploi, moins courant, de *should* à la 1re personne (singulier et pluriel) pour une prédiction :
*I **should** be glad.* Je serais ravi.

- *might* (prétérit de *may*) + V pour une **suggestion** ou une **certitude relative** :

*You **might** try.* Tu pourrais essayer.
*It **might** rain.* Il pourrait pleuvoir.

- *could* (prétérit de *can*) + V pour une **suggestion** ou une **chose envisageable** :

*You **could** look for another job.* Tu pourrais chercher un autre boulot.
*That **could** be the answer.* Ça pourrait être la réponse.

Lorsqu'ils renvoient comme ici à l'avenir hypothétique, *might* et *could* ont en fait des valeurs proches ; *could* exprimant fondamentalement l'idée de possible.

Pour l'expression du « conditionnel passé » français, et les emplois des prétérits des modaux avec *have* V-EN, voir les articles indiqués ci-dessous :

Would 268, *Could* 132, *Might* 191, *Should* 235

À VOUS !

43. Traduisez en utilisant selon le cas l'un des deux modaux possibles.
a. Ta sœur aimerait ce film. *(enjoy)* – b. Mes parents n'aimeraient pas. – c. Il pourrait neiger. *(snow)* – d. Quand seriez-vous libre? *(be free)* – e. Tu devrais manger plus de fruits. *(fruit :* indénombrable*)* – f. Ça pourrait être une erreur. – g. Ils ne vous écouteraient pas. *(listen to)* – h. Le magasin pourrait être fermé. – i. Vous aimeriez boire quelque chose? *(something to drink)* – j. Ils devraient accepter notre offre. *(offer)* – k. Je pourrais être intéressé. – l. Ce serait terrible s'ils perdaient. *(lose)*

LES MODES

Il y a en anglais trois modes : l'indicatif, l'impératif et l'infinitif.

• L'indicatif est le mode de la description, de la narration. Il existe à deux temps, le présent et le passé.

• L'infinitif exprime une notion (par exemple « être », « vivre », etc.). Il existe au présent et au passé, et il peut être précédé ou non de la particule *to*.

• L'impératif est le mode de l'ordre, de l'injonction. Il n'existe qu'à la 2e personne. L'anglais a en outre recours à des tournures dites impératives.

• Il **n'y a pas** en anglais de mode subjonctif.

Traduction du subjonctif français, 60 

58 L'infinitif

L'infinitif est représenté par la base verbale nue : ***come***, ***be***, etc. Il est symbolisé par V.

1. Emplois de l'infinitif

On rencontre principalement l'infinitif sans *to* après un modal et dans certaines subordonnées infinitives ; l'infinitif avec *to* dans d'autres subordonnées infinitives.

infinitif sans *to*	infinitif avec *to*
• après un modal : *It might* ***rain****.* Il pourrait pleuvoir.	
• dans une subordonnée : *I saw the man* ***come*** *in.* J'ai vu l'homme entrer. *He lets her* ***do*** *what she wants.* Il lui laisse faire ce qu'elle veut.	• dans une subordonnée : *I want* ***to go****.* Je veux partir. *It would be difficult* ***to resist****.* Il serait difficile de résister.

Avec l'infinitif avec *to*, la négation est placée devant la particule :

I told him ***not to be*** *late.* Je lui ai dit de ne pas être en retard.

L'infinitif avec *to* peut se placer en position sujet :

To refuse *promotion is unwise.* Refuser une promotion est peu judicieux.

L'infinitif sans *to* peut s'employer avec *why* et *why not* dans les questions impersonnelles, où le sujet n'est pas mentionné :

Why ***waste*** *time on it?* Pourquoi perdre du temps là-dessus ?
Why not ***ask*** *for a loan?* Pourquoi ne pas demander un emprunt ?

2. Infinitif associé à d'autres formes

Infinitif et aspects

– *Be* auxiliaire, suivi d'un verbe au participe présent (V-*ing*), constitue le premier élément de la forme *be-ing*.

sans *to*	avec *to*
They may ***be playing****.* Ils sont peut-être en train de jouer.	*Your English seems* ***to be getting*** *better.* Ton anglais semble s'améliorer.

– *Have* auxiliaire, suivi d'un verbe au participe passé (V-EN), constitue le premier élément de la forme *have*-EN **(infinitif passé)**.

sans *to*	avec *to*
*He may **have lost** your address.* Il a peut-être perdu votre adresse.	*He claims **to have solved** the problem.* Il prétend avoir résolu le problème.

Aspects, 41

Infinitif et voix passive

L'infinitif passif **présent** est formé de *be* + V-EN. L'infinitif passif **passé** est formé de *have been* + V-EN.

sans *to* infinitif passif **présent**	avec *to* infinitif passif **présent**
*A decision must **be made**.* Une décision doit être prise.	*I wanted **to be woken** up at six.* Je voulais qu'on me réveille à six heures.
infinitif passif **passé**	infinitif passif **passé**
*The flight must **have been delayed**.* Le vol a sûrement été retardé.	*He's believed **to have been kidnapped**.* On croit qu'il a été enlevé.

Modaux **53**, Subordonnées infinitives sans *to* **97**, avec *to* **98**,
Subordonnées de but **103**

59 L'impératif

L'impératif traduit un ordre, un conseil, une invitation, une interdiction, une mise en garde, etc. Il peut être affirmatif ou négatif.
L'impératif n'a qu'une forme, celle de la base verbale (V), qui sert à la 2e personne. Pour les autres personnes, on a recours à des tournures impératives avec *let*.

1. Impératif à la 2e personne

À la deuxième personne, on utilise la base verbale (V) à la forme affirmative, *don't* + V à la forme négative.

forme affirmative	forme négative
Be careful! Fais attention !	*Don't forget.* N'oublie pas.
Give me the biscuits. Donne-moi les biscuits.	*Don't tell him.* Ne lui dis rien.

2. Tournures impératives à la 1re et à la 3e personne

À la première et à la troisième personne, on utilise *let* + pronom complément + V à la forme affirmative, et *let* + pronom complément + *not* + V ou *don't let* + pronom complément + V à la forme négative.

forme affirmative	forme négative
***Let's** watch that film instead.* Regardons plutôt ce film.	***Let's not** quarrel. / **Don't let's** quarrel.* Ne nous disputons pas.
***Let them** enjoy themselves.* Qu'ils s'amusent.	***Don't let her** do that!* Qu'elle ne fasse pas ça !

Let's est la forme contractée de *Let us*. La forme *Let's not* est plus courante que *Don't let's*.

3. Formes emphatiques

On peut ajouter un sens emphatique à l'impératif à la 2ᵉ personne, en plaçant en tête l'auxiliaire ***do***, le pronom ***you***, ou encore les adverbes ***always*** et ***never*** :

__Do__ be careful! Fais donc attention !
__You__ sit down and be quiet! Toi, tu t'assieds et tu te tais !
__Always__ look before you cross. Regardez toujours avant de traverser.
__Never__ take lifts from strangers. Ne monte jamais dans la voiture d'un inconnu.

4. *Question tags* après un impératif ou une tournure impérative

Un *question tag* peut être ajouté à un impératif ou à une tournure impérative, uniquement à la forme affirmative. On exprime non seulement un ordre de façon polie, mais également une suggestion. On peut ainsi utiliser :
- ***will you*** après l'impératif à la 2ᵉ personne ;
- ***shall we*** après la tournure impérative de la 1ʳᵉ personne.

Open the door, __will you__? Ouvre la porte, veux-tu ?
Let's have a pizza, __shall we__? On mange une pizza, d'accord ?

À VOUS !

44. Traduisez les phrases ci-dessous.
a. Ne regarde pas ! – b. Fermez la porte. – c. Asseyez-vous donc. – d. Tiens-toi tranquille, veux-tu ? *(be quiet)* – e. Déjeunons. *(have lunch)* – f. Qu'ils ne te voient pas ! – g. Qu'il ne tombe pas ! – h. Ne soyons pas difficiles. – i. Ne parle jamais à des inconnus *(stranger)*. – j. Ne détachez pas votre ceinture. *(unfasten one's belt)*

60 La traduction du subjonctif français

– Le français possède un mode subjonctif, qui se distingue du mode indicatif par des formes spécifiques :
- l'indicatif sert à décrire des faits réels. Par exemple : « Il pleut. » ;
- le subjonctif traduit souvent au contraire un **décalage avec la réalité** : « J'ai peur qu'il pleuve. » (en réalité il ne pleut pas).

– L'anglais **ne possède pas** de mode subjonctif. Pour exprimer un décalage avec la réalité, il utilise des formulations diverses, sans que l'on puisse établir de correspondances systématiques entre les deux langues.

1. Absence de correspondance dans l'expression du décalage avec la réalité

Le français emploie souvent le subjonctif là où l'anglais n'exprime pas de décalage avec la réalité, notamment :

- Dans les subordonnées infinitives avec *to*, qui indiquent une visée :

I want him __to__ come. Je veux qu'il vienne.

- Dans les subordonnées où le fait en question est considéré comme vrai ou déjà réalisé :

I'm afraid it__'s__ too late. J'ai peur qu'il ne soit trop tard.
I don't think his parents __are__ wrong. Je ne crois pas que ses parents aient tort.
I don't think Jim __has finished__. Je ne crois pas que Jim ait fini.
Let's get back before it __rains__. Rentrons avant qu'il pleuve.

Dans les subordonnées où l'énonciateur fait une prédiction (certitude forte) :
*I'm afraid our friends **will** be late.* J'ai bien peur que nos amis ne soient en retard.

Prétérit modal et *past perfect* modal, voir 52

2. Correspondances dans l'expression du décalage avec la réalité

L'anglais peut exprimer le décalage avec la réalité par des formulations diverses :

Avec le **prétérit** modal, qui marque une rupture avec le réel.
*It's time we **left**.* Il est temps que nous partions.
*She wishes you **helped** her more.* Elle regrette que vous ne l'aidiez pas davantage.
*I wish he **were** more polite.* J'aimerais qu'il soit plus poli.

Avec les **prétérits des modaux**, qui marquent de même une rupture avec le réel, avec des valeurs distinctes.
*I'm afraid it **might** rain tonight.* J'ai peur qu'il pleuve ce soir. (certitude relative)
*The doctor suggests that she **should** see a specialist.* Le médecin suggère qu'elle voie un spécialiste. (conseil)
*It is essential that members of staff **should** wear a tie.* (injonction)
Il est indispensable que les membres du personnel aient une cravate.

Avec la simple **base verbale** :
L'emploi de la simple base verbale marque un décalage avec la réalité en exprimant soit une volonté relativement forte ou un jugement soit un souhait ou une hypothèse :

- **expression de la volonté :**

– après certains verbes, comme *suggest* (suggérer), *request* (demander), *insist* (insister), *demand* (exiger) :
*The doctor suggests that she **see** a specialist.* Le médecin suggère qu'elle voie un spécialiste.
*She insists that the report **be** finished today.* Elle exige que le rapport soit terminé aujourd'hui.

Attention ! La concordance ne joue pas dans une phrase au passé :
*The doctor suggested that she **see** a specialist.* Le médecin a suggéré qu'elle voie un spécialiste.
La négation se place directement devant la base verbale :
*The kidnappers demanded that the police **not be** informed.*
Les ravisseurs exigèrent que la police soit tenue à l'écart.

- **expression d'un jugement :**

– après des tournures comme *it's essential, it's important, it's necessary, it's imperative, it's advisable, it's incredible*, etc.
*It is essential that members of staff **wear** a tie.*
Il est indispensable que les membres du personnel aient une cravate.

- **souhait et hypothèse :**

La simple base verbale apparaît aussi dans certaines phrases exclamatives (sens de souhait) et autres expressions toutes faites.
*God **bless** the Queen!* Que Dieu bénisse la Reine ! *Whether it **be** true or not.* Que ce soit vrai ou non.

À VOUS !

45. Exercice A – Traduisez ces phrases en utilisant chaque fois le subjonctif français.
a. I don't think he's ill. – b. I'm afraid she'll miss her train. – c. I wish he were more thoughtful *(attentionné)*. – d. I don't think they've moved *(déménager)*. – e. It's time the children went to bed.

Exercice B – Traduisez les phrases, en utilisant la simple base verbale.
a. Je suggère qu'il soit invité. – b. Il était indispensable qu'il prenne une décision. *(make a decision)* – c. J'ai suggéré qu'elle prenne des vacances. *(a holiday)* – d. Il a insisté pour que je reste. – e. Il a demandé que son nom ne soit pas communiqué. *(give)*

LES VERBES

61 Les verbes transitifs et intransitifs

Il existe deux types de verbes : les transitifs et les intransitifs.
- Un verbe transitif peut être suivi d'un complément d'objet.
- Un verbe intransitif n'est pas suivi d'un complément d'objet.

1. Les verbes transitifs

Un verbe transitif peut être direct ou indirect :

- il est **transitif direct** lorsqu'il est immédiatement suivi du complément d'objet ;
- il est **transitif indirect** lorsque le complément d'objet est introduit par une préposition. Il s'agit alors de verbes prépositionnels.

verbe transitif direct	verbe transitif indirect
She's cooking the dinner. Elle prépare le dîner.	*She looks **after** blind people.* Elle s'occupe d'aveugles.
They often watch television. Ils regardent souvent la télévision.	*Did she pay **for** her meal?* Elle a payé son repas ?

Un verbe transitif direct peut être un verbe à particule adverbiale. Il ne faut pas le confondre avec un verbe transitif indirect (donc avec une préposition).

verbe transitif direct à particule adverbiale	verbe transitif indirect avec une préposition
*He **put off** his departure till Monday.* Il a repoussé son départ à lundi.	*He **looked at** the stamp attentively.* Il a regardé le timbre attentivement.

Verbes à particules prépositionnelle et adverbiale, voir 62

2. Les verbes intransitifs

Contrairement aux verbes transitifs, les verbes intransitifs ne sont pas suivis d'un complément d'objet :

verbe transitif	verbe intransitif
*He used to smoke **a pipe**.* Il fumait la pipe autrefois.	*She's always worrying.* Elle s'inquiète toujours.
*He woke **me** up at six a.m.* Il m'a réveillé à six heures du matin.	*He woke up at six a.m.* Il s'est réveillé à six heures du matin.

Ne confondez pas un verbe intransitif suivi d'un complément circonstanciel et un verbe transitif indirect (donc suivi d'un complément d'objet) :

verbe transitif indirect	verbe intransitif
*She ran **after her mugger**.* Elle a poursuivi son agresseur. ▼ complément d'objet : *her mugger*	*He runs **after breakfast**.* Il court après le petit déjeuner. ▼ complément circonstanciel : *after breakfast*

À VOUS !

46. Repérez s'il s'agit ci-dessous de verbes transitifs directs avec ou sans particule adverbiale (TD), de verbes transitifs indirects (TI) ou intransitifs (I). Traduisez ensuite.

a. Are you going to the party? – b. Could you call me tonight? – c. Did you ask him why? – d. It's raining hard. – e. He cut down the tree. – f. He took off his sweater. – g. I asked for an explanation. – h. I got up early. – i. Please sit down. – j. She's waiting for the bus. – k. What are you thinking about? – l. Inflation fell last month.

62 Les verbes à particules prépositionnelles et adverbiales

Un verbe peut être suivi :
- soit d'une particule **prépositionnelle** (préposition), qui introduit obligatoirement un complément (verbe transitif) ;
- soit d'une particule **adverbiale** : il n'y a alors pas nécessairement de complément (verbe intransitif.

verbe + préposition	verbe + particule adverbiale
*Look **after** the baby.* Occupe-toi du bébé.	*Wake **up**!* Réveille-toi !

1. Rôles de la particule prépositionnelle et de la particule adverbiale

La préposition est obligatoire après certains verbes pour introduire un complément :

*They often **listen to** opera music.* Ils écoutent souvent de l'opéra.

Un verbe et sa particule adverbiale constituent une unité, la particule pouvant modifier parfois radicalement le sens du verbe. Comparez ainsi les exemples de particule adverbiale avec les verbes *break, get* et *stand* :

*The car broke **down**.*
La voiture tomba en panne.

*The war broke **out**.*
La guerre éclata.

*The fish got **away**.*
Le poisson s'est échappé.

*When are you going to get **up**?*
Quand vas-tu te lever ?

*The Chairman has stood **down**.*
Le Président a démissionné.

*His haircut certainly stands **out**.*
Sa coupe est assurément originale.

Un verbe associé à une seule particule adverbiale peut avoir deux sens différents :

Fall out!
Rompez les rangs !

*They've **fallen out**.*
Ils sont brouillés.

*The smell **puts** me **off**.*
L'odeur me dégoûte.

*The meeting was **put off**.*
La réunion fut repoussée.

Particules adverbiales, voir 208

2. Verbes à particules adverbiales suivis d'une préposition

L'ensemble [verbe + particule adverbiale] peut être suivi d'une préposition :

*He sat **down**.*
Il s'assit.

*He sat **down by** the window.*
Il s'assit près de la fenêtre.

*He put me **through**.*
Il m'a passé la communication.

*He put me **through to** the boss.*
Il m'a passé le patron.

3. Place des compléments et des particules

Lorsqu'un verbe est suivi d'une particule prépositionnelle, il y a une seule place possible pour le complément. Lorsqu'il s'agit d'un verbe à particule adverbiale, il y a deux places possibles pour le complément.

verbe + préposition construction unique	verbe + particule adverbiale deux constructions
Listen to *this song.* Écoute cette chanson.	***Wake up*** *your sister.* ***Wake*** *your sister* ***up****.* Réveille ta sœur.

Lorsque le complément est un pronom, il se place toujours après la préposition, mais devant la particule :

verbe + préposition	verbe + particule adverbiale
Listen ***to*** *this.* Écoute ça.	***Wake*** *her* ***up****.* Réveille-la.

Lorsque le complément est absent, les verbes prépositionnels perdent leur préposition, alors que les verbes à particule adverbiale forment un bloc indissociable :

verbe prépositionnel	verbe + particule adverbiale
Listen! Écoute !	*Wake up!* Réveille-toi !

Lorsque le complément est constitué d'un groupe nominal long, la particule adverbiale se place immédiatement après le verbe :

He woke ***up*** *his sister who was sleeping on the sofa.*
Il réveilla sa sœur qui dormait sur le canapé.

4. Place de la particule prépositionnelle dans la phrase

La particule prépositionnelle n'est, normalement, pas séparée du verbe qui la précède, quelle que soit la construction : question, voix passive, groupe infinitif, subordonnée relative, etc.

La préposition garde sa place derrière le verbe, que la phrase soit affirmative, négative ou interrogative :

phrase affirmative	phrase interrogative
We're ***talking about*** *the holidays.* Nous parlons des vacances.	*What are you* ***talking about****?* De quoi parlez-vous ?

La préposition garde sa place derrière le verbe, que la phrase soit active ou passive :

phrase active	phrase passive
The whole class ***laughed at*** *him.* Toute la classe se moqua de lui.	*He was* ***laughed at*** *by the whole class.* Il se fit moquer de lui par toute la classe.

La préposition garde sa place derrière le verbe dans un **groupe infinitif** :

I want to ***talk to*** *the manager.* Je veux parler au directeur.	*This man is pleasant to* ***talk to****.* On a plaisir à parler avec cet homme.
How can you ***put up with*** *him?* Comment peux-tu le supporter ?	*He's hard to* ***put up with****.* Il est dur à supporter.

La préposition garde sa place derrière le verbe dans le passage d'une proposition indépendante à une **proposition relative** :

proposition indépendante	proposition relative
She's going out with a new boy.	*The boy* ***she's going out with*** *is from Wales.*
Elle sort avec un nouveau garçon.	Le garçon avec qui elle sort est du Pays de Galles.

Le pronom relatif est ici couramment omis (*who she's going out with*).

Voir Verbes prépositionnels 259, 260, 261,
Verbes à particules adverbiales 257, 258

À VOUS !

47. Traduisez d'abord les phrases ci-dessous, puis remplacez les compléments par le pronom approprié. Exemple : *He took off his hat. He took it off.*
a. She rang up her husband. – b. Put down that gun. – c. She threw away her old shoes. – d. They had to put off the concert. – e. He was showing off his new girlfriend. (exhiber) – f. Can you work out the answer? (trouver) – g. The factory's laying off the workers. (licencier)

48. Traduisez d'abord les phrases ci-dessous, puis posez la question correspondante.
a. She's going out with John. – b. He's listening to music. – c. They're laughing at my joke.

49. Traduisez d'abord les phrases actives ci-dessous, puis reformulez à la voix passive.
a. They reminded me of my promise. – b. They looked after him well. – c. They accounted for all their expenses. (dépenses)

50. Complétez à l'aide du groupe infinitif proposé, puis traduisez.
fill in – give up – listen to – look after – miss out on (manquer, rater) – *put down*.
a. This plant is easy ... . – b. Smoking is difficult ... . – c. This music is quite pleasant ... . – d. This form is too complicated ... . (formulaire) – e. The book was impossible ... . – f. This opportunity is too exciting ... .

63 Les verbes de mouvement

1. Constructions des verbes de mouvement

Les verbes de mouvement sont suivis d'une particule adverbiale ou d'une préposition. Ces constructions sont le plus souvent différentes des constructions françaises.

He ran out.	*He walked back.*
Il sortit en courant.	Il revint à pied.

• La particule adverbiale est rendue en français par un verbe de mouvement :

out sortir — *back* revenir

• Le verbe de mouvement anglais est souvent rendu par « en » suivi d'un participe présent, ou par un complément de manière :

ran en courant — *walked* à pied

• L'emploi d'une préposition est également rendu de la même façon :

He ran ***out of*** *the room.* Il sortit de la pièce en courant.

2. Correspondances d'emploi et de traduction d'une langue à l'autre

particule adverbiale ou préposition	verbe de mouvement	particule adverbiale ou préposition	verbe de mouvement
in (part.) – *into* (prép.)	entrer	*along*	longer
out (part.) – *out of* (prép.)	sortir	*away* (part.)	s'éloigner
over	franchir	*round*	faire le tour
across	traverser (d'un bord à un autre)	*up*	monter, remonter
through	traverser (au travers de)	*down*	descendre

He rowed ***across*** *the Atlantic.* Il a traversé l'Atlantique à la rame.
They walked ***up*** *the street.* Ils ont remonté la rue à pied.
I cycled ***round*** *the park.* J'ai fait le tour du parc à bicyclette.

Notez la différence de sens selon qu'il s'agit d'une particule adverbiale ou d'une préposition, et selon la préposition :
They ran ***in****.* Ils sont entrés en courant. (*in* est une particule adverbiale : on pénètre)
They ran ***into*** *the park.* Ils sont entrés dans le parc en courant. (*into* est une préposition : on pénètre)
They ran ***in*** *the park.* Ils ont couru dans le parc. (*in* est une préposition : on est à l'intérieur)

Voir Verbes à particule adverbiale 257, 258, Prépositions 218

À VOUS !

51. Traduisez en utilisant les prépositions et les verbes fournis.
Prépositions : *across – along – away – out of – round – through.*
a. Ils sortirent de la ville en voiture. *(drive)* – b. Elle traversa le lac à la nage. *(swim)* – c. Il traversa la pièce sur la pointe des pieds. *(tiptoe)* – d. Il partit à toute allure. *(sprint)* – e. Ils longèrent le bord en rampant. *(crawl - edge)* – f. Il sortit du pub en titubant. *(stagger)* – g. Il a fait le tour du monde à la voile. *(sail)* – h. Il est entré dans le magasin en boîtant. *(limp)*

64 Les verbes à deux compléments

On appelle verbes à deux compléments les verbes qui ont un complément d'objet et un complément d'attribution. Ces deux compléments peuvent avoir des places différentes dans le groupe verbal. Les verbes peuvent être classés selon l'idée générale qu'ils expriment.

1. Idée générale de « donner, remettre à autrui »

Les verbes comme ***give*** peuvent s'employer avec ou sans la préposition ***to***. Ils admettent deux constructions à la voix active.

Le complément d'attribution, qui représente le « destinataire », peut être placé :
- soit en 2ᵉ position : il est alors précédé de *to* ;
- soit placé directement en 1ʳᵉ position.

They gave the key ***to*** *Ann.*
Ils ont donné la clé à Ann.

They gave Ann the key.
Ils ont donné la clé à Ann.

On choisit la construction selon le complément que l'on désire privilégier.

Lorsque les compléments sont représentés par des pronoms, on peut obtenir les constructions suivantes :

They gave ***it*** *to Ann.*
Ils l'ont donnée à Ann.

They gave ***it*** *to* ***her****.*
Ils la lui ont donnée.

They gave ***her*** *the key.*
Ils lui ont donné la clé.

Verbes appartenant à cette catégorie :

bring (apporter), *give* (donner), *grant* (accorder), *leave* (laisser), *lend* (prêter), *offer* (offrir), *pay* (payer), *present* (remettre), *promise* (promettre), *read* (lire), *sell* (vendre), *send* (envoyer), *show* (montrer), *take* (emmener), *teach* (enseigner), *tell* (dire).

2. Idée générale de « faire à la place d'autrui »

Les verbes comme ***find*** peuvent s'employer avec ou sans la préposition ***for***. Ils admettent également deux constructions à la voix active.

Le complément représentant le « destinataire » peut être placé :

- soit en 2e position : il est alors précédé de *for* ;
- soit placé directement en 1re position.

We found a solution ***for*** *them.*
On leur a trouvé une solution.

We found them a solution.
On leur a trouvé une solution.

Le destinataire peut aussi être un nom.

Verbes appartenant à cette catégorie :

book (réserver), *choose* (choisir), *fetch* (aller chercher), *find* (trouver), *make* (faire), *order* (commander), *reserve* (réserver), *save* (garder).

3. Idée générale « d'agir sur autrui »

Les verbes comme ***allow*** s'emploient sans préposition. Ils admettent une seule construction à la voix active.

Le complément représentant la personne concernée est toujours placé en premier après le verbe :

They allow prisoners one visit a week.
Ils accordent une visite par semaine aux prisonniers.

Verbes appartenant à cette catégorie :

allow (accorder), *ask* (poser une question), *charge* (faire payer), *deny* (nier), *forgive* (pardonner), *permit* (permettre), *refuse* (refuser).

Passif des verbes à deux compléments 67 et *Ask* 124

À VOUS !

52. Traduisez en utilisant selon le cas les deux formulations possibles.

a. Le docteur a fait payer £20 à son patient. *(patient)* – b. Les Martin ont appris l'allemand à leur fils. – c. Nous vous avons gardé une place. – d. Je nous ai réservé une table pour 20 heures. – e. J'ai vendu ma voiture à mon cousin. – f. Je leur ai envoyé une lettre. – g. Le gouvernement lui a refusé le visa. *(visa)* – h. Vous me pardonnez mon erreur ? *(mistake)* – i. Je peux vous poser une question ? – j. J'ai choisi un cadeau pour mon neveu. *(nephew)*

LE PASSIF

La voix passive sert à mettre en relief la personne ou la chose qui subit une action, cette personne ou cette chose occupant la position sujet dans la phrase. Cette mise en relief est un exemple de thématisation.

Thématisation et focalisation, voir **77**

65 La formation du passif

1. Formes affirmative, interrogative et négative

- Le passif se forme à l'aide de l'auxiliaire *be* avec un verbe au participe passé (V-EN) :

be V-EN

The old town hall was pulled down ten years ago. L'ancienne mairie a été démolie il y a dix ans.

Be est ici au prétérit.

- Le passif peut se combiner avec la forme *be -ing* :

be V-EN

A new town hall is be ing erected. Une nouvelle mairie est en cours de construction.

be *-ing*

- Les formes interrogative et négative suivent les mêmes constructions :

Was it pulled down? A-t-il été démoli ?
It wasn't pulled down. Il n'a pas été démoli.
Is it being erected? Est-ce qu'il est en cours de construction ?

2. Le passif avec ou sans complément d'agent

On utilise le passif quand on ne peut pas – ou quand on ne veut pas – mentionner l'auteur de l'action ou le moyen utilisé. Dans ce cas, le complément d'agent ou de moyen est omis.

- **Sans complément d'agent :**

The firm was founded in 1875. L'entreprise fut fondée en 1875.
The road has been widened. La route a été élargie.

- **Avec complément d'agent :**

This island was discovered ***by*** *Cook.* Cette île fut découverte par Cook.

- **Avec complément de moyen :**

The bottle was filled ***with*** *a strange mixture.* La bouteille était remplie d'un mélange bizarre.

Notez les emplois différents de *by* (+ « agent ») et de *with* (+ « moyen »).

On, voir **205**

3. Le passif avec le verbe *get*

On peut également construire le passif à l'aide de *get*. La tournure passive anglaise correspond alors souvent à un verbe pronominal en français :

They ***got*** *married two months ago.* Ils se sont mariés il y a deux mois.
They ***got*** *stuck in the lift.* Ils ont été bloqués dans l'ascenseur.

Le verbe *get* exprime l'idée générale de passage d'un état à un autre (célibataire – marié / libre – bloqué).

4. Le passif et les verbes à particules prépositionnelles ou adverbiales

Dans le cas de verbes suivis d'une préposition ou d'une particule adverbiale, cette dernière fait toujours bloc avec le verbe à la voix passive :

voix active	voix passive
*They **look after** the patients well here.* Ils s'occupent bien des malades ici.	*The patients are well **looked after** here.* On s'occupe bien des malades ici.
*People always **laugh at** him.* Les gens se moquent toujours de lui.	*He's always **laughed at**.* On se moque toujours de lui.
*The company **laid off** twenty employees.* L'entreprise a licencié vingt employés.	*Twenty employees were **laid off**.* Vingt employés ont été licenciés.

Verbes à particules prépositionnelles et adverbiales, voir aussi 62

5. Le passif avec un modal

Le passif peut être utilisé avec un modal, qui sera alors suivi d'un infinitif passif présent (*be* V-EN) ou passé (*have been* V-EN) :

*This **must be done** immediately.* Il faut le faire tout de suite.
*He **may have been held up** in a traffic jam.* Il a peut-être été retenu dans un embouteillage.

6. Le passif et la forme *be -ing*

La combinaison passif avec *be -ing* ne s'emploie pas dans tous les cas. Notez les emplois possibles ci-dessous :

passif avec *be* + V-EN	passif avec *be -ing*
*John **is punished**.* John est puni.	*John **is being punished**.* John est encore puni.
*The roof **was repaired** yesterday.* Le toit a été réparé hier.	*The roof **was being repaired**.* On réparait le toit.
*The door **has been painted**.* La porte a été peinte.	
*The matter **will be discussed** later.* La question sera examinée plus tard.	

Temps et aspects, voir 41

66 Les valeurs et emplois du passif

1. Voix active et voix passive

On utilise le passif, comme en français, lorsqu'on parle de quelqu'un ou de quelque chose qui subit l'action. Observez ainsi la différence entre l'actif et le passif :

actif : *Christopher Wren designed Saint Paul's Cathedral.*

passif : *Saint Paul's was designed by Christopher Wren.*

actif : Christopher Wren a conçu la cathédrale Saint-Paul.
passif : La cathédrale Saint-Paul a été conçue par Christopher Wren.

2. Équivalences avec le français

Le passif s'utilise davantage en anglais qu'en français.

- On peut employer le passif pour traduire le pronom « on » :

English spoken. On parle anglais ici. (abréviation pour *English is spoken here*)
The car ***is being washed****.* On lave la voiture.
An extension ***is being built****.* On agrandit la maison. (en ce moment même)
It should ***have been done*** *before.* On aurait dû le faire avant.

- Le passif peut correspondre en français à la forme pronominale « se » :

It ***isn't done****.* Cela ne se fait pas.

3. Le passif et l'influence sur autrui

On utilise souvent le passif avec des verbes tels que *allow, ask, expect, forbid, make, order, suppose, tell,* etc. suivis d'une subordonnée infinitive. Il s'agit dans ces cas d'une influence exercée sur autrui.

actif	passif
They asked me to sit at the back. Ils m'ont demandé de m'asseoir au fond.	*I* ***was asked*** *to sit at the back.* On m'a demandé de m'asseoir au fond.
She told him not to tell the story. Elle lui a dit de ne pas raconter l'histoire.	*He* ***was told*** *not to tell the story.* On lui a dit de ne pas raconter l'histoire.
They expected us to bring a present. Ils s'attendaient à ce que nous apportions un cadeau.	*We* ***were expected*** *to bring a present.* On s'attendait à ce que nous apportions un cadeau.
▼ on sait « qui » exerce l'influence	▼ on ignore, ou l'on refuse d'indiquer, « qui » exerce en fait une influence

4. Le passif et l'expression d'une opinion générale

- On utilise parfois le passif avec des verbes tels que *believe, know, report, say, think, understand,* etc., suivis d'une subordonnée infinitive pour exprimer une opinion générale, une rumeur, une idée reçue.

actif	passif
People say he's the smartest of all. Les gens disent qu'il est le plus brillant.	*He* ***is said*** *to be the smartest of all.* On dit qu'il est le plus brillant.
They believe he took part in the train robbery. Ils pensent qu'il a participé à l'attaque du train.	*He* ***is believed*** *to have taken part in the train robbery.* On pense qu'il a participé à l'attaque du train.

- On peut employer une autre tournure passive plus formelle, commençant par *it is said / believed / reported that...*, suivi d'une proposition :

It ***is said*** *that the Prime Minister is considering resigning.*
On dit que le Premier ministre envisage de démissionner.

- Cas de *say* et de *tell*. Ne confondez pas les deux messages suivants, tous deux au passif :

He was ***said*** *to be friendly.* On disait (de lui) qu'il était sympa. ▼ opinion générale	*He was* ***told*** *to be friendly.* On lui a demandé d'être sympa. ▼ influence sur autrui

5. Le passif et les verbes de perception

On utilise couramment le passif associé à des verbes de perception, comme *see* ou *hear*. On peut alors employer la forme V-*ing* ou l'infinitif après ces verbes. À la voix active, on a un infinitif sans *to*, et à la voix passive un infinitif avec *to*.

actif	passif
*We heard him **shouting** for help.* Nous l'avons entendu, qui appelait au secours.	*He was heard **shouting** for help.* On l'a entendu appeler au secours.
*We saw him **jump out** of the window.* Nous l'avons vu sauter par la fenêtre.	*He was seen **to jump out** of the window.* On l'a vu sauter par la fenêtre.

Verbes de perception, voir aussi 256

67 Le passif des verbes à deux compléments

Selon la catégorie des verbes à deux compléments, il peut y avoir, ou non, deux constructions à la voix passive.

1. Idée générale de « donner, remettre à autrui »

Les verbes comme *bring*, *give*, *offer*, *pay*, *present*, *sell*, *show*, *teach*, *tell* peuvent s'employer avec ou sans la préposition *to*. Ils admettent deux constructions à la voix active et deux constructions à la voix passive.

	voix active	voix passive
construction 1	*They gave the key **to** Ann.*	*The key was given **to** Ann.* La clé a été donnée à Ann.
construction 2	*They gave Ann the key.* Ils ont donné la clé à Ann.	*Ann was given the key.* Ann s'est vu remettre la clé.

On choisit la construction passive selon le complément que l'on désire mettre en relief. La construction 2 est la plus courante, car on met volontiers l'accent sur le destinataire.

On emploie la construction 2 de préférence lorsque le complément est un pronom personnel :

	voix active	voix passive
construction 1	*They gave the key **to** her.*	
construction 2	*They gave her the key.* Ils lui ont donné la clé.	*She was given the key.* Elle s'est vu remettre la clé.

2. Idée générale de « faire à la place d'autrui »

Les verbes comme *book*, *choose*, *fetch*, *find*, *make*, *order*, *reserve*, *save* peuvent s'employer avec ou sans la préposition *for*. Ils admettent deux constructions à la voix active et n'ont qu'une construction à la voix passive.

	voix active	voix passive
construction 1	*We found a solution **for** them.*	
construction 2	*We found them a solution.* Nous leur avons trouvé une solution.	*A solution was found **for** them.* Une solution leur a été trouvée.

3. Idée générale « d'agir sur autrui »

Les verbes comme *allow*, *ask*, *charge*, *deny*, *forgive*, *permit*, *refuse* s'emploient sans préposition. Ils admettent une seule construction à la voix active et n'ont qu'une construction à la voix passive.

	voix active	voix passive
construction 2	*They allow prisoners one visit a week.* Ils accordent aux prisonniers une visite par semaine.	*Prisoners are allowed one visit a week.* Les prisonniers ont droit à une visite par semaine.

Voir Verbes à deux compléments 64, Thématisation et focalisation 77

À VOUS !

53. Traduisez les phrases ci-dessous, en mettant les verbes fournis à la forme passive.
a. Le téléphone a été inventé par Bell. *(invent)* – b. On raccorde mon téléphone ce matin. *(connect)* – c. Elle était couverte de boue. *(cover with mud)* – d. On a de nouveau reporté la réunion. *(put off)* – e. Il était interdit de faire du bruit. *(forbid)* – f. On développe les photos aujourd'hui. *(develop)* – g. On doit signaler tous les accidents. *(report)* – h. Elle aime qu'on la regarde. *(look at)* – i. Ils se sont perdus dans le brouillard. *(lose - fog)* – j. Ils ont peut-être été arrêtés par la police. *(arrest)*

54. Traduisez d'abord les phrases actives ci-dessous, puis reformulez à la voix passive.
a. They expected us to know the answer. – b. Doctors think that stress is the cause of many illnesses. (maladie) – c. They made him confess. – d. They supposed I could help them. *(be able to)* – e. We believe he's dangerous. – f. People say the Japanese are very hard-working.

55. Traduisez les phrases ci-dessous, en utilisant la voix passive.
a. On m'a dit de me lever. *(stand up)* – b. On a vu les voleurs s'échapper par une fenêtre. *(robber - escape through)* – c. On ne doit pas oublier les vieux amis. *(forget)* – d. Regarde ! On rénove le vieux cinéma. *(renovate)* – e. On doit libérer toutes les chambres pour midi. *(vacate - by noon)*– f. On traduit son livre en espagnol. *(translate into)*

56. Pour chacune des phrases, reformulez de deux manières différentes à la voix passive.
a. They offered a job to her sister. – b. The bank has lent my brother the money. – c. They gave flowers to the actresses. – d. They sent a valentine card to each of the girls. – e. The Queen presented a medal to each athlete.

57. Traduisez en utilisant la voix passive, avec deux formulations quand c'est possible.
a. Après le déjeuner on montrera un film aux invités. *(guests)* – b. On n'enseigne pas le russe dans cette école. – c. On a offert un nouveau travail à mon frère. – d. On leur a dit un mensonge. *(lie)* – e. On a lu une histoire aux enfants.

LES ADVERBES

68 La formation des adverbes

L'adverbe peut se présenter en anglais sous différentes formes :

• avec le suffixe *-ly*	*kindly*	aimablement
• forme identique à l'adjectif correspondant	*fast*	vite
• forme figée	*never*	jamais

1. Formation à partir d'adjectifs

De nombreux adverbes se forment en ajoutant le suffixe *-ly* à un adjectif :

easy facile	→	*easi**ly*** facilement	*surprising* surprenant	→	*surprising**ly*** incroyablement
beautiful beau	→	*beautiful**ly*** admirablement	*hurried* fait à la hâte	→	*hurried**ly*** précipitamment

Notez la transformation orthographique en *-ily* de la consonne + *-y*.

Lorsqu'il existe deux adjectifs de sens voisin se terminant par *-ic* ou *-ical*, l'adverbe correspondant est toujours formé à partir de l'adjectif en *-ical* :

symbolic, symbolical	→	*symbolically*	symboliquement
cynic, cynical	→	*cynically*	cyniquement

Les adjectifs déjà terminés par *-ly* n'ont pas d'adverbes équivalents : on emploie dans ce cas une tournure adverbiale :

friendly amical	→	*in a friendly way* de manière amicale	*silly* stupide	→	*in a silly way* de manière bête

2. Mots à la fois adjectifs et adverbes

Certains mots sont à la fois adjectifs et adverbes :

adjectif	adverbe
*Easter is **late** this year.* Pâques est tard cette année.	*She arrived **late**.* Elle est arrivée en retard.
*That's a **fast** car.* C'est une voiture rapide.	*He runs **fast**.* Il court vite.
*It's a **monthly** magazine.* C'est une revue mensuelle.	*Most people are paid **monthly**.* La plupart des gens sont payés chaque mois.

69 La fonction des adverbes

L'adverbe modifie le sens de l'élément sur lequel il porte. Cet élément peut être une phrase, un groupe verbal, un groupe nominal, un adjectif ou encore un autre adverbe.

Les adverbes ou tournures adverbiales peuvent se ranger en plusieurs catégories : adverbes de degré, de fréquence, de modalité, de manière, de temps, etc.

Les adverbes ou tournures adverbiales peuvent porter sur une **phrase**. Il s'agit alors généralement d'adverbes de manière ou de temps.

***Paradoxically** he failed his exam.*	Paradoxalement il a échoué à son examen.
*I'll give it back to you **tomorrow**.*	Je te le rendrai demain.

Les adverbes ou tournures adverbiales peuvent porter sur un **groupe verbal.** Il s'agit généralement d'adverbes de fréquence ou de modalité.

• L'adverbe se place généralement devant la partie du groupe verbal qui représente l'unité de sens :

*I **usually** get up at 6.30.* Je me lève généralement à 6 h 30.
*He has **certainly** forgotten the date.* Il a certainement oublié la date.

• Un même adverbe peut occuper une place différente selon qu'il porte sur le groupe verbal dans son entier ou sur un élément :

groupe verbal	un élément
***First** boil the milk, **then** add the sugar.* D'abord faites bouillir le lait, puis ajoutez le sucre.	*Put the eggs **first**, **then** the sugar.* Mettez d'abord les œufs, puis le sucre.
▼	▼
les adverbes *first* et *then* portent sur deux groupes verbaux distincts : 1. *boil the milk*. 2. *add the sugar*.	ici ces mêmes adverbes portent sur deux éléments différents d'un même groupe verbal (*put* 1. *the eggs* – 2. *the sugar*)

Les adverbes ou tournures adverbiales peuvent porter sur un **groupe nominal.** Il s'agit généralement d'adverbes de degré. Ils se placent devant le nom.

***Nearly** 20 people were injured.* Environ 20 personnes ont été blessées.
*I met her **about** two weeks ago.* Je l'ai rencontrée il y a environ deux semaines.

Les adverbes ou tournures adverbiales peuvent porter sur un **adjectif.** Il s'agit alors d'adverbes de degré ou de modalité. Ils se placent devant l'adjectif.

adverbe de degré	adverbe de modalité
*We were **quite** surprised.* Nous avons été tout à fait surpris.	*They are **certainly** late.* Ils sont certainement en retard.

Les adverbes ou tournures adverbiales peuvent porter sur un autre **adverbe.** Il s'agit ici d'adverbes de degré. Ils se placent également devant l'adverbe.

*It rained **very** heavily.* Il a plu très fort. *He drives **pretty** fast.* Il conduit très vite.

70 La place des adverbes dans la phrase

Rappelons la structure de base d'une phrase simple :

[sujet] [verbe] [compléments]
They *play* *golf.* Ils font du golf.

Dans cette structure, le bloc [V + compléments] constitue le groupe verbal, appelé aussi **prédicat**. Cet ensemble forme une unité de sens : c'est le noyau central de tout message. Les auxiliaires (opérateurs) *be*[1], *have*[2], *do*[3], et les modaux[4] ne font pas partie du prédicat.

			prédicat
I am[1]	*making*	*a birthday cake.*	**(1)** *[make a birthday cake]*
We have[2]	*rented*	*a car.*	**(2)** *[rent a car]*
Do[3] *you*	*drink*	*tea for breakfast?*	**(3)** *[drink tea for breakfast]*
You must[4]	*fasten*	*your seat belt.*	**(4)** *[fasten your seat belt]*

(1) Je fais un gâteau d'anniversaire. **(2)** Nous avons loué une voiture. **(3)** Est-ce que tu bois du thé au petit-déjeuner ? **(4)** Vous devez attacher votre ceinture.

En anglais le prédicat est **insécable**. Tous les adverbes modifiant ce prédicat ne peuvent donc être placés qu'**avant** ou **après**.
Observez la place des adverbes de fréquence, de modalité et de temps dans les exemples suivants.

1. Forme affirmative

I	***never***	*drink*	*coffee for breakfast.*		(1)
They are	***always***	*laughing*	*at someone.*		(2)
You have	***probably***	*heard*	*the news.*		(3)
He		*plays*	*tennis*	***every Saturday.***	(4)

(1) Je ne bois jamais de café au petit-déjeuner. (2) Il faut toujours qu'ils se moquent de quelqu'un. (3) Vous avez probablement appris la nouvelle. (4) Il joue au tennis tous les samedis.

2. Forme interrogative

Do you	***often***	*go*	*to the cinema?*		(1)
Have you	***ever***	*seen*	*that film?*		(2)
Did he	***eventually***	*ring*	*you back?*		(3)
Did he		*ring*	*you back*	***eventually?***	(3)
Will they	***finally***	*agree*	*on that project?*		(4)
Did she		*practise*	*the cello*	***this week?***	(5)

(1) Allez-vous souvent au cinéma ? (2) Avez-vous déjà vu ce film ? (3) Est-ce qu'il t'a finalement rappelé ? (4) Est-ce qu'ils se mettront finalement d'accord sur ce projet ? (5) Est-ce qu'elle a fait du violoncelle cette semaine ?

3. Forme négative

He doesn't	***regularly***	*take*	*the children to school.*		(1)
He doesn't		*take*	*the children to school*	***regularly.***	(1)
She ***probably***	*doesn't*	*know*	*the answer.*		(2)
I ***simply***	*can't*	*believe*	*it.*		(3)

(1) Il n'emmène pas régulièrement les enfants à l'école. (2) Elle ne connaît probablement pas la réponse. (3) Je ne peux absolument pas le croire.

Notez la place de l'adverbe de modalité *(probably, simply, definitely...)* avant le bloc auxiliaire-négation.
La négation, suivant le contexte, peut ou non faire partie du prédicat (voir n° 55).
D'autres détails sur la place des adverbes, notamment avec *be* (« verbe lexical » ou « auxiliaire »), sont donnés dans les articles indiqués ci-dessous.

Voir 71, 72, 73, 74

4. Ordre des adverbes selon leur nature

Lorsqu'il y a dans une même phrase des adverbes – ou des compléments à fonction adverbiale – de plusieurs catégories, on les place généralement dans l'ordre suivant :

I have to go to the dentist's tomorrow. Je dois aller demain chez le dentiste.
lieu temps

I go skiing a lot in winter. Je fais beaucoup de ski en hiver.
degré temps

He spoke very well at the town hall last night. Il a très bien parlé à la mairie hier soir.
manière lieu temps

À VOUS !

58. Bâtissez des phrases, sans effet particulier, avec les éléments fournis dans le désordre.
a. The children ... (happily – in the playground – were playing). – b. ... (very heavily – it rained – yesterday – in Paris). – c. My sister ... (three languages – fluently – speaks). – d. ... (my girlfriend – at Christmas – at some friends' – I met). – e. ... (at the party – last night – Jane – very well – sang). – f. They ... (have a cat – don't – definitely).

71 Les adverbes de degré

1. Sélection d'adverbes de degré

Observez les adverbes de degré sélectionnés ci-dessous, ainsi que leur force relative par rapport à l'échelle (les numéros entre parenthèses renvoient à une entrée dans le dictionnaire grammatical).

adverbes de degré	sens général
• *entirely – fully – totally – utterly – quite* **(225)** *– thoroughly*	entièrement, totalement, tout à fait
• *extremely – highly – tremendously – absolutely – badly – greatly*	extrêmement
• *deeply*	profondément
• *too* **(251)**	trop
• *most* **(195)**	très
• *very much – very* (+ adj.) *– a lot – a great deal*	très
• *much – far* + comparatif **(37)**	beaucoup
• *so* **(249)**	si, tellement
• *that* **(18)**	si
• *almost – nearly* **(120)**	presque
• *a bit – rather* **(225)** *– fairly – pretty – quite* **(225)** *– somewhat* **(243)**	assez, plutôt
• *enough* **(125)**	assez, suffisamment
• *a little – slightly – mildly*	un peu, légèrement
• *little* **(165)**	peu
• *very little*	très peu
• *hardly – scarcely* **(173)** *– barely*	à peine

2. Place des adverbes de degré

Les adverbes de degré se placent généralement devant les adjectifs, les adverbes et les comparatifs :

*You're driving **too** fast.* Tu vas trop vite.
*He's **much** younger.* Il est beaucoup plus jeune.
*It's **so** quiet in here.* C'est si tranquille ici.
*I didn't drink **that** much!* Je n'ai pas bu tant que ça !
*I'm **nearly** ready.* Je suis presque prêt.
*It's **almost** impossible.* C'est pratiquement impossible.
*I'm **a little** worried.* Je suis un peu inquiet.
*This author is **little** known.* Cet auteur est peu connu.

Exception : ***enough*** se place après le mot qu'il modifie :

*He's strong **enough**.* Il est assez fort.

Assez, voir 125

Avec les verbes, la place des adverbes de degré varie. Cependant la plupart se placent couramment devant le verbe :

*They **completely** failed.* Ils ont totalement échoué.

Notez quelques exemples d'adverbes placés avant et après le verbe :

avant le verbe	après le verbe
*I **rather** like westerns.* J'aime assez les westerns.	*I like westerns **a lot**.* J'aime beaucoup les westerns.
*We **quite** liked them.* Ils nous ont assez plu.	*It worries me **a bit**.* Cela m'inquiète un peu.

3. Association d'adverbes de degré avec des comparatifs

Certains adverbes de degré peuvent modifier des comparatifs :

*This car is **much** faster.* Cette voiture est beaucoup plus rapide.
*A **far** better solution.* Une bien meilleure solution.
*It's **a lot** more expensive.* C'est beaucoup plus cher.

4. Association d'adverbes de degré avec certains mots

On rencontre souvent la même association entre certains adverbes de degré et certains mots. Les exemples suivants sont très utiles pour nuancer son expression.

*He was **totally** convinced.* Il a été totalement convaincu.
*It's **utterly** false.* C'est totalement faux.
*It's **quite** astonishing.* C'est tout à fait étonnant.
*I **thoroughly** disapprove.* Je désapprouve entièrement.
*She's **highly** motivated.* Elle est extrêmement motivée.
*It's **absolutely** wonderful.* C'est absolument merveilleux.
*He was **badly** shaken.* Il a été sérieusement secoué.
*I enjoy this **a great deal**.* J'aime énormément ça.
*It's **fairly** complicated.* C'est assez compliqué.
*This haircut is **pretty** awful.* Cette coupe est assez horrible.
*I was **somewhat** surprised.* J'ai été quelque peu surpris.
*I was **slightly** disappointed.* J'ai été légèrement déçu.

À VOUS !

59. Reconstituez les phrases ci-dessous à l'aide de l'adverbe de degré fourni, puis traduisez.
a. He's not – to drive – old – enough. – b. agree – I – with you – entirely. – c. dropped – I – the vase – almost. – d. cheaper – it's – a lot.

60. Traduisez les phrases ci-dessous, à l'aide de l'adverbe de degré fourni.
a. Nous avons assez aimé ce film. *(quite)* – b. Nous avons beaucoup aimé la pièce. *(a lot)* – c. C'est beaucoup plus intéressant. *(a lot)* – d. Il y a beaucoup plus de soleil dans le sud. *(far)*

61. Traduisez les phrases ci-dessous, en pensant aux diverses solutions possibles.
a. Le film était trop violent pour moi. *(violent)* – b. Il est maintenant beaucoup plus riche. *(rich)* – c. Je le connais à peine. *(know)* – d. Ça me plaît, mais c'est assez cher. – e. J'ai presque fini mon livre.

72 Les adverbes de fréquence

1. Sélection d'adverbes de fréquence

Observez les adverbes de fréquence sélectionnés ci-dessous, ainsi que leur force relative par rapport à l'échelle.

adverbes de fréquence	sens général
• *always* (154)	toujours
• *almost always*	presque toujours
• *usually – generally – normally*	d'habitude
• *often – frequently*	souvent
• *sometimes – occasionally – now and then*	quelquefois
• *rarely – seldom*	rarement
• *almost never – hardly ever – scarcely ever* (173)	presque jamais, pratiquement jamais
• *never* (156)	jamais

Les expressions ci-dessous servent à préciser la fréquence :

every day	tous les jours	*once a week*	une fois par semaine
on Tuesdays	le mardi	*twice a week*	deux fois par semaine
every two weeks	une semaine sur deux	*three times a week*	trois fois par semaine

2. Place des adverbes de fréquence

Les adverbes de fréquence se placent normalement devant le verbe :

*I **usually** have tea for breakfast.* Je prends d'habitude du thé au petit déjeuner.
*She **hardly ever** watches TV.* Elle ne regarde pratiquement jamais la télé.

Les adverbes de fréquence se placent entre l'auxiliaire et le verbe :

*I've **always** liked this actor.* J'ai toujours aimé cet acteur.
*Do you **often** go skiing?* Tu vas souvent faire du ski ? (adverbe après le sujet)
*He doesn't **often** go to the cinema.* Il ne va pas souvent au cinema.

Exception : l'adverbe est placé après *be*, verbe lexical ou auxiliaire.

*Jim is **often** late.* (*be* verbe lexical) Jim est souvent en retard.
*He's **always** complaining.* (*be* auxiliaire) Il n'arrête pas de se plaindre.

Les expressions qui précisent la fréquence peuvent se placer soit en tête de phrase, soit en fin, selon l'équilibre de la phrase et l'effet que l'on veut obtenir :

*He goes to Japan **twice a year**.* Il va au Japon deux fois par an.
***Every day**, he goes to the bank.* Tous les jours, il va à la banque.

Les tournures *how often* et *how many times* ont des emplois bien spécifiques :

***How often** do you go to England?* Vous allez souvent en Angleterre ?
***How many times** have you been there?* Combien de fois y êtes-vous allé ?

À VOUS !

62. Traduisez en pensant aux diverses solutions possibles.
a. Elle mange rarement de la viande. – b. Vous allez souvent au cinéma ? – c. Je n'ai jamais porté la barbe. *(have a beard)* – d. Combien de fois avez-vous vu ce film ? – e. Il n'est pratiquement jamais à l'heure. *(be on time)* – f. Est-ce qu'il est aussi grossier en temps normal ? *(rude)* – g. Nous déjeunons quelquefois sur la terrasse. *(terrace)*

73 Les adverbes de modalité

1. Sélection d'adverbes de modalité

Observez la sélection d'adverbes de modalité et leur place relative dans l'échelle.

Adverbes de modalité exprimant un degré de certitude :

obviously manifestement	*definitely* sans aucun doute	*certainly* assurément	*clearly* à l'évidence
surely sûrement	*probably* probablement	*apparently* apparemment	
maybe peut-être	*perhaps* peut-être	*presumably* vraisemblablement	*possibly* peut-être

Certitude, voir aussi 135

Certainly exprime toujours, à la différence du français « certainement », une certitude **absolue**.
*This is **certainly** a delicate situation.* C'est assurément une situation délicate.

Adverbes de modalité exprimant un jugement de valeur :

naturally naturellement	*of course* bien sûr	*honestly* honnêtement	*frankly* franchement	*simply* absolument	*just* juste
seriously sérieusement	*personally* à mon avis	*fortunately* heureusement	*surprisingly* chose étonnante		

2. Place des adverbes de modalité

Les adverbes de modalité se placent normalement devant le verbe :
*We **definitely** need a holiday.* Nous avons sans aucun doute besoin de vacances.
*I **simply** refuse to do that.* Je refuse absolument de faire ça.

Les adverbes de modalité se placent entre l'auxiliaire et le verbe :
*You've **probably** heard the news.* Vous avez probablement appris la nouvelle.
*I'll **probably** be back tonight.* Je serai probablement de retour ce soir.

Exception : l'adverbe est placé après *be*, verbe lexical ou auxiliaire.
*You're **probably** right.* (*be* verbe lexical) Tu as probablement raison.
*She's **obviously** pulling your leg.* (*be* auxiliaire) Elle te fait manifestement marcher.

Dans les phrases négatives, ces adverbes se placent avant le bloc auxiliaire-négation :
*I **probably** won't see her.* Je ne la verrai probablement pas.
*I **simply** can't believe it.* Je ne peux absolument pas le croire.

Certains adverbes de modalité peuvent se placer en tête de phrase :
- *Perhaps* et *maybe* : ***Perhaps** they've gone away.* Peut-être sont-ils partis.
- Autres adverbes de modalité :

***Frankly**, I don't care what he thinks of me.* Franchement, ça m'est égal ce qu'il pense de moi.
***Surprisingly**, he won.* Ce qui est étonnant, c'est qu'il a gagné.

À VOUS !

63. Bâtissez des phrases avec les éléments fournis dans le désordre.
a. I'm afraid I ... (probably – be there – won't). – b. She ... (gone home – has – apparently). – c. ... (magnificent – was – the concert – simply). – d. Your car ... (been stolen – presumably – has). – e. My friend … (be able to come – won't – possibly). – f. We … (were – surprised – naturally). – g. (Maybe – the meeting – cancel – will – they).

74 Les adverbes de temps

1. Sélection d'adverbes et expressions de temps

Observez les adverbes et expressions de temps sélectionnés ci-dessous, qu'on utilise en fonction de la situation.

Situations passées et à venir :

situations passées		situations à venir	
yesterday	hier	*tomorrow*	demain
last night	hier soir	*tonight*	ce soir, tout à l'heure
then	alors, à ce moment-là	*in the future*	à l'avenir
afterwards	après, par la suite	*afterwards*	après, par la suite
soon, presently	bientôt (dans un récit)	*soon, presently*	bientôt
last week	la semaine dernière	*next week*	la semaine prochaine
the following week	la semaine suivante	*the next three weeks*	les trois semaines suivantes
the day before	le jour d'avant	*before long*	avant longtemps
recently, lately	récemment	*shortly*	prochainement
once	à un certain moment	*sometime*	un de ces jours

Situations présentes :

today	aujourd'hui	*at present*	actuellement
tonight	ce soir, maintenant	*currently*	en ce moment
now	maintenant	*these days*	à l'heure actuelle
at the moment	en ce moment	*nowadays*	de nos jours

2. Place des adverbes de temps

Il n'y a pas en fait de règle stricte pour les adverbes de temps.

Ils se placent souvent en fin de phrase :

*We meet **every Monday**.* On se voit tous les lundis.
*I saw her **afterwards**.* Je l'ai vue après.
*I'll give you a ring **sometime** / **one of these days**.* Je vous appelle un de ces jours.

La place des adverbes comme *soon* varie selon le sens de la phrase :

*He **soon** decided to leave.* Il décida bientôt de partir.
*He decided to leave **soon**.* Il décida de partir bientôt.

À VOUS !

64. Traduisez les phrases ci-dessous en pensant aux diverses solutions possibles.
a. Nous ne l'avons pas revu jusqu'à la semaine suivante. – b. J'essaierai de faire mieux à l'avenir. – c. Je te contacterai prochainement. *(be in touch)* – d. Il faut qu'on dîne ensemble un de ces jours. *(have dinner)* – e. Que ferez-vous ensuite ? *(afterwards)* – f. À un certain moment, il a été un chanteur célèbre. *(well-known)*

65. Traduisez les phrases ci-dessous.
a. He's currently working in a bank. – b. She'll be back shortly. – c. Have you seen him lately? – d. He'll be here presently.

75 Les adverbes interrogatifs

Les adverbes interrogatifs peuvent être constitués d'un ou de plusieurs mots. Ils servent à poser des questions portant respectivement sur :

le lieu

***Where**'s the station?* Où est la gare ?

la localisation dans le temps

***When** did they leave?* Quand sont-ils partis ?
***How long ago** did they leave?* Il y a combien de temps qu'ils sont partis ?

la fréquence

***How often** does he visit you?* Il vient te voir tous les combien ?

la durée

***How long** have you been here?* Ça fait combien de temps que tu es là ?

la manière

***How** can you work with all this noise?* Comment peux-tu travailler avec tout ce bruit ?

des considérations diverses (santé, âge, taille, dimension, performances, etc.)

***How**'s your mother?* Comment va votre mère ?
***How old** is he?* Quel âge a-t-il ?
***How tall** is she?* Combien mesure-t-elle ?
***How big** is it?* C'est grand comment ?
***How high** did you jump?* Jusqu'à quelle hauteur as-tu sauté ?
***How far** is it to the station?* À quelle distance se trouve la gare ?

la cause

***Why** did she cry?* Pourquoi a-t-elle pleuré ?

À VOUS !

66. Traduisez les phrases ci-dessous.
a. Il va à Paris tous les combien ? – b. Quel âge a ta voiture ? – c. À quelle distance sommes-nous de la mer ? – d. À quelle profondeur pouvez-vous aller ? (profond : *deep*) – e. Pourquoi était-il en retard ? – f. Combien de temps êtes-vous resté ? – g. Quand le sauront-ils ? – h. Comment ça marche ?

LA PHRASE

76 Les types de phrases, la phrase simple et la phrase complexe

Il existe quatre types de structures de phrases : les déclaratives, les interrogatives, les exclamatives, les impératives. Il convient d'autre part de distinguer la phrase simple (une seule proposition) et la phrase complexe (deux ou plus de deux propositions).

1. Types de structures de phrases

Les phrases déclaratives décrivent une situation ou apportent une information. Elles peuvent être affirmatives ou négatives.

They live in London. Ils habitent à Londres.

We don't often see them. Nous ne les voyons pas souvent.

Les phrases interrogatives permettent de s'informer. Elles peuvent représenter des questions fermées, appelant simplement « oui / non » ou des questions ouvertes.

Are you ready? Es-tu prêt ? *Where are you?* Où es-tu ?

Les interrogatives peuvent comporter une négation (structure interro-négative) :

Isn't she English? Elle n'est pas anglaise ?

Questions directes, voir 78

Les phrases exclamatives servent à exprimer une réaction :

It's such a difficult job! C'est une tâche tellement difficile !

Phrases exclamatives, voir 87

Les phrases impératives expriment notamment un ordre ou une interdiction :

Open the door. Ouvre la porte. *Don't forget!* N'oublie pas !

Impératif, voir 59

2. Phrase simple et phrase complexe

La phrase simple est une proposition indépendante composée d'un groupe nominal (GN) sujet et d'un groupe verbal (GV) :

(GN) sujet — GV

His father | *smokes a pipe after dinner*. Son père fume la pipe après le dîner.

Voir Groupe nominal 1 et Groupe verbal 40

Une phrase complexe peut être constituée :

• soit d'une succession de deux phrases simples reliées par une conjonction de coordination, comme *and, but, so*, etc. :

He gets up early ***but*** *he hates it*. Il se lève tôt, mais il a horreur de ça.

Mots de liaison, voir 196

• soit d'un minimum de deux propositions : une principale et une subordonnée ; cette dernière dépendant directement de la principale.

La principale peut être, par exemple, suivie d'une subordonnée relative (90), complétive en *that* (95), infinitive (97, 98), gérondive (99), circonstancielle (101).

Une phrase complexe peut être formée de plus de deux propositions :

He called me | *as soon as he knew* | *that he had passed his exams.*

Il m'a appelé dès qu'il a su qu'il avait réussi à ses examens.

77 La thématisation et la focalisation

Dans un message, ce dont parle le locuteur s'appelle le thème. Dans la phrase « *Jim habite au Pays de Galles* », le thème est « *Jim* ». Le locuteur met toujours plus ou moins en relief ce dont il parle. Cette mise en relief s'appelle la focalisation.

La focalisation peut être rendue par l'ordre des mots ou par l'accentuation.

1. Ordre des mots

- Le thème est normalement placé en tête d'énoncé :

My brother lives in Bath. — **Mon frère** habite à Bath. (je parle de « mon frère » = information brute)

I have a brother who lives in Bath. — **Moi,** j'ai un frère qui habite à Bath. (je parle de « moi »)

It's my brother who lives in Bath. — **C'est mon frère** qui habite à Bath. (je parle de « mon frère » par opposition à d'autres personnes)

Ces deux derniers exemples représentent des formes de re-thématisation.

- À la voix passive, le locuteur décide de mettre en relief, non pas l'acteur, l'agent, mais la personne ou l'objet qui subit cette action, qui est ainsi thématisé :

thème — information

The trees have been cut down. — On a coupé les arbres.

Passif, voir 65

- La thématisation joue un rôle important dans le cas des verbes à deux compléments, comme *give*, utilisés à la voix passive :

Jim was given a prize. — **Jim** a reçu un prix en cadeau. (pas John)

A prize was given to Jim. — On a offert **un prix** à Jim. (pas un emploi)

Passif des verbes à deux compléments, voir 67

2. Accentuation

La focalisation peut être également rendue par l'accentuation de l'élément que le locuteur veut mettre en relief :

Jim broke the vase. — **C'est Jim qui** a cassé le vase. (... et non John.)

I didn't eat your sweets! — **Non,** je n'ai pas mangé tes bonbons ! (Ce n'est pas vrai !)

Is it Mrs Smith? — C'est bien **Madame** Smith ? (... et pas monsieur ?)

À VOUS !

67. Repérez quels sont les éléments mis en relief, puis traduisez.
a. Don't look at me, I didn't do it! – b. Is Peter a dentist? No, he's a doctor. – c. I didn't recognize you. I thought you had a white car. – d. Is your sister getting married? No, my cousin is. – e. The house was sold, but not the land. – f. My father was sent an apology, but I wasn't. – g. You're not going! I will not allow it. – h. You're not going. Say good-bye to the others. – i. You're not going surely! You've only just arrived!

78 Les questions directes

Il existe deux types de questions directes, qu'elles soient interrogatives ou interro-négatives : les questions fermées et les questions ouvertes.

1. Questions fermées

Les questions fermées appellent normalement une réponse du type « oui / non ». Il y a inversion du sujet et de l'auxiliaire.

auxiliaire (+ nég.)	sujet	groupe verbal	
Have	*you*	*got a brother?*	Avez-vous un frère ?
Didn't	*they*	*find the answer?*	Est-ce qu'ils n'ont pas trouvé la réponse ?

L'intonation est alors montante (↗).

Réponses elliptiques, voir 80

2. Questions ouvertes

Les questions ouvertes servent à demander une information sur le sujet. L'ordre des mots est dans ce cas le même que dans une phrase affirmative ou négative.

sujet	groupe verbal	
Mike	*has drunk the Coke.*	Mike a bu le coca.
Who	*has drunk the Coke?*	Qui a bu le coca ?
Kelly	*hasn't finished.*	Kelly n' a pas fini.
Which of you	*hasn't finished?*	Lequel d'entre vous n'a pas fini ?
An accident	*happened in the street.*	Il y a eu un accident dans la rue.
What	*happened?*	Que s'est-il passé ?

Les questions ouvertes peuvent également demander une information sur un autre élément. Il y a toujours dans ce cas inversion sujet-auxiliaire.

interrogatif	auxiliaire (+ nég.)	sujet	groupe verbal	
What	*are*	*you*	*doing?*	Que faites-vous?
Why	*didn't*	*she*	*call back?*	Pourquoi n'a-t-elle pas rappelé ?

L'intonation est descendante (↘) dans les questions ouvertes.

Mots interrogatifs, voir aussi 27

À VOUS !

68. Traduisez les phrases ci-dessous.

a. Vous aimez les westerns ? – b. Où allez-vous ? – c. À quelle heure ouvrez-vous ? – d. Qui a écrit *Hamlet* ? – e. Quelle direction je prends ? – f. Ils sont allés au concert ? – g. Qu'est-ce qui vous a donné cette idée ? – h. Pourquoi n'avez-vous pas répondu ? – i. N'avez-vous pas posté ma lettre ? – j. Lequel d'entre vous ne sait pas nager ? – k. Vous avez un chien ? – l. Vous ne mangez pas de viande ? – m. Qui a découvert l'Amérique ? – n. Lequel de vous a besoin d'aide ? – o. Qui a fait ce bruit ? *(make a noise)* – p. Qui vous l'a dit ? – q. Comment te sens-tu ? *(feel)* – r. Pourquoi n'a-t-il pas téléphoné ? – s. Vous vous levez toujours de bonne heure ? *(early)*

79 Les questions indirectes

Une question indirecte est une phrase complexe composée d'une question directe et d'une subordonnée contenant la véritable demande d'information. Il y a changement de structure lors du passage d'une question directe à une question indirecte.

Une question peut être directe ou indirecte. Notez les changements :

question directe	question indirecte
How much is it? Combien ça coûte?	*Can you tell me how much **it is**?* Tu peux me dire combien ça coûte ?
Where does he live? Où habite-t-il ?	*Will you show me where **he lives**?* Voulez-vous me montrer où il habite ?
Is he coming tonight? Est-ce qu'il vient ce soir ?	*Do you know if **he's coming** tonight?* Tu sais s'il vient ce soir ?

Les formulations du type *"tell me, explain, ..."* sont elles aussi considérées comme des questions indirectes :

question directe	question indirecte
How much did you pay? Combien tu as payé ?	*Tell me how much **you paid**.* Dis-moi combien tu as payé.
What do you mean? Que veux-tu dire ?	*Explain what **you mean**.* Explique ce que tu veux dire.
What's the time? Quelle heure est-il ?	*I wonder what **the time is**.* Je me demande quelle heure il est.

Voir aussi Questions directes 78 et Discours indirect 106

À VOUS !

69. Reformulez les questions indirectes ci-dessous en questions directes.
a. I wonder if David will be there – b. Could you explain how this works? – c. Tell me who you are – d. Did you know who organized the party? – e. Can you tell me who you met? – f. Will you tell me what I should do? – g. I want to ask you if you'd like to join me. – h. I wonder what he's doing now – i. Can you explain why you did that? – j. Do you know if he has any children?

70. Traduisez les phrases ci-dessous.
a. Où vas-tu ? – b. Tu pourrais me dire où tu vas ? – c. Dis-moi pourquoi tu es en colère. – d. Comment tu fais ? – e. Montre moi comment tu fais. – f. Quel âge a-t-elle ? – g. Je me demande quel âge elle a. – h. Qui est cette fille ? – i. Je ne sais pas du tout qui est cette fille. *(I've no idea)* – j. Savez-vous s'il y a une poste près d'ici ?

LES RÉPONSES ET LES REPRISES

80 Les réponses elliptiques aux questions fermées

En anglais, les réponses par « oui » / « si » et « non », qui font suite aux questions dites « fermées », sont rarement rendues par *yes* et *no* seuls. On reprend alors le sujet et l'auxiliaire.

1. Réponses affirmatives

question fermée	réponse elliptique affirmative *yes* + sujet + auxiliaire
Do you always have to get up so early? Tu dois toujours te lever aussi tôt ?	*Yes, I do.* Oui.
Is there any coffee left? Reste-t-il du café ?	*Yes, there is.* Oui.
Didn't he help you? Il ne t'a pas aidé ?	*Yes, he did.* Si.

L'auxiliaire conserve sa forme pleine.
Les réponses avec *yes* sont rendues en français, selon le cas, par « oui » ou « si ».

2. Réponses négatives

question fermée	réponse elliptique négative *no* + sujet + auxiliaire + *not*
Are you tired? Es-tu fatigué ?	*No, I'm not.* Non.
Did they agree? Ils ont accepté ?	*No, they didn't.* Non.

Repérez bien le cas échéant sur quelle partie de la phrase porte la question :

***Do you think** she'll pass?* Penses-tu qu'elle réussira ?	*Yes, **I do**.* Oui. (je le pense) et non pas : ~~*Yes, she will*~~. !

Questions directes, voir 78

À VOUS !

71. Complétez les réponses elliptiques correspondant aux phrases ci-dessous.
a. Do you like jazz? No, ... – b. I guess he'll come soon. Yes, ... – c. Are you French? Yes, ... – d. There aren't any more cakes, are there? No, ... – e. I suppose she hasn't told you. No, ... – f. Will you help me? Yes, ... – g. Are you sure they're coming? No, ... – h. It isn't raining, is it? Yes, ... – i. Will she agree? No, ... – j. Haven't you got any change? No, ... – k. Did you close the door? Yes, ... – l. Are there any more cherries? No, ... – m. Does he speak Italian? No, ... – n. Are you coming with us? No, ... – o. Did the sun shine? No, ... – p. Do we have to do our homework? Yes, ... – q. Won't she need help? No, ...

81 Les réponses elliptiques pour identifier un sujet

Les réponses aux questions ouvertes permettant d'identifier un sujet parmi plusieurs, du type « Moi » / « C'est Jim » / « Personne », sont rarement rendues – à la différence du français – par un pronom ou un nom seuls. Les réponses peuvent comporter un auxiliaire en plus du sujet concerné. Cet auxiliaire est obligatoire après un pronom personnel.

1. Réponses affirmatives

question	réponse elliptique affirmative sujet + auxiliaire
Who can lend me a dictionary? Qui peut me prêter un dictionnaire ?	*I can.* Moi.
Who came back home late? Qui est rentré tard ?	*Jim (did).* C'est Jim.
Which animals have got eight legs? Quels animaux ont huit pattes ?	*Spiders (have).* Les araignées.

Lorsque les verbes de la question sont au présent simple ou au prétérit simple, on emploie les auxiliaires correspondants (*do* et *did*).

2. Réponses négatives

question	réponse elliptique négative sujet + auxiliaire + *not*
Who doesn't like tea? Qui n'aime pas le thé ?	*I don't.* Moi.
Which birds can't fly? Quels oiseaux ne volent pas ?	*Penguins (can't).* Les manchots.

Ces constructions ne s'emploient pas lorsqu'il s'agit de donner le nom d'une personne que l'on désigne :

Who's there? Qui c'est ?	*It's me, Jenny.* C'est moi, Jenny.
Who was it that called at that time? Qui c'était qui appelait à pareille heure ?	*It was Bob.* C'était Bob.

Ici, contrairement aux questions précédentes, le sujet n'est pas *who*, mais *it*, que l'on retrouve dans la réponse.

Questions directes, voir 78

À VOUS !

72. Traduisez puis rédigez les réponses correspondant aux traductions françaises.
a. Who's coming with me? (Nous) – b. Which language has the longest alphabet? (Le cambodgien : *Cambodian*) – c. Who was it that wanted help? (C'était moi) – d. Who hasn't got a copy? (Moi) – e. Who saw the accident? (Personne) – f. Which is the oldest written language? (L'Égyptien) – g. Who knows about it? (Tout le monde)

82 Les réponses elliptiques avec *to*

On utilise souvent une infinitive avec *to* « tronquée », en réaction à un message, comme dans l'exemple ci-dessous :
"Shall we go skating?" – "I'd love ***to****."* – On va faire du patin ? – Ça me plairait beaucoup.
To représente à lui seul l'ensemble *to go skating*.

Cette construction se rencontre après des verbes et des formulations comme *would like*, *want*, *have*, *tell*, *ask*, *know how*, *be supposed, be allowed, prefer*. La négation se place devant *to*.

"You ought to wear gloves."
– Tu devrais porter des gants.
– *"Do I have* ***to****?"*
– Il le faut ?

"Why didn't you type the letter?"
– Pourquoi n'as-tu pas tapé la lettre ?
– *"I don't know how* ***to****."*
– Je ne sais pas le faire.

"Why did you come so early?"
– Pourquoi es-tu venu si tôt ?
– *"Because Dad told me* ***to****."*
– Parce que papa me l'a demandé.

"Why didn't you wear your uniform?"
– Pourquoi tu n'as pas mis ton uniforme ?
– *"I wasn't supposed* ***to****."*
– Je n'étais pas censé le mettre.

"I'd love to go out tonight."
– J'aimerais bien sortir ce soir.
– *"We won't be allowed* ***to****."*
– On n'aura pas la permission.

"Will you come with us?"
– Tu veux venir avec nous ?
– *"I'd prefer* ***not to****."*
– Je préfère pas.

Réponses elliptiques aux questions fermées, voir aussi 80

À VOUS !

73. Retrouvez les répliques correspondant aux traductions françaises ci-dessous.
a. I'm going now. (Est-ce qu'il le faut ?) – b. Is she coming with me? (Elle aimerait beaucoup) – c. Why don't you help him? (Je ne veux pas) – d. Why didn't they join us? (Ils n'ont pas voulu) – e. Isn't John playing today? (Non, il n'a pas la permission) – f. Why didn't you sign it? (Je ne savais pas que j'étais censé le faire)

83 Les *question tags*

Les *question tags* (ou *tags*) sont des structures de reprise de l'énoncé (interro-négatives ou interrogatives) : elles correspondent à la traduction de tournures figées en français telles que « n'est-ce pas ? », « hein ? », « vraiment ? », etc.

Il peut s'agir dans ces *tags* :
- soit de « vraies » questions, où le locuteur attend une réponse. L'intonation est **montante** sur le *tag* (↗) ;
- soit de questions « orientées », où le locuteur attend une confirmation. Contrairement au français, l'intonation est **descendante** sur le *tag* (↘).

1. Constructions de base

Les constructions varient selon que l'énoncé de départ est affirmatif ou négatif.

- **Si l'énoncé est affirmatif**, on obtient la construction suivante :

énoncé affirmatif	*tag* interro-négatif (auxiliaire + *n't* + pronom)
He's got a Rover, Il a une Rover,	*has**n't** he?* n'est-ce-pas ?
They got married in 1994, Ils se sont mariés en 1994,	*did**n't** they?* pas vrai ?

Au présent et au prétérit, on utilise les auxiliaires correspondants.

- **Si l'énoncé est négatif**, on obtient la construction suivante :

énoncé négatif	*tag* interrogatif (auxiliaire + pronom)
*They were**n't** there,* Ils n'étaient pas là,	*were they?* hein ?
*They can**'t** refuse,* Ils ne peuvent pas refuser,	*can they?* pas vrai ?

- Lorsque la phrase commence par un verbe exprimant une opinion personnelle, le *tag* porte sur la deuxième partie de la phrase :

*I think **he deserves** a holiday, **doesn't he**?* Je pense qu'il mérite des vacances, non ?

2. Constructions particulières

- Les démonstratifs sont repris dans les *tags* par *it* ou *they* :

***That**'s incredible, isn't **it**?* C'est incroyable, non ?
***Those** books are mine, aren't **they**?* Ces livres sont à moi, n'est-ce pas ?

- Les pronoms composés de *-one* et *-body* sont repris dans les *tags* par *they* :

***Everyone** was here, weren't **they**?* Tout le monde était là, hein ?
***Someone** will help you, won't **they**?* Quelqu'un t'aidera, non ?

- Lorsque la phrase de départ contient un élément à sens négatif (comme *nobody*), le *tag* est interrogatif :

***Nobody** agreed, did they?* Personne n'a accepté, n'est-ce pas ?
*She can **hardly** see, can she?* Elle ne voit presque pas, hein ?

- Seul le *tag* de *be* à la 1re personne du singulier prend une forme verbale particulière :

*I'm late, **aren't I**?* Je suis en retard, non ?

- Si la phrase de départ est à l'impératif, on a les deux constructions suivantes :

*Answer the phone, **will** you?* Réponds, veux-tu ?
***Let's** go to the cinema, **shall** we?* Allons au cinéma, d'accord ?

Dans ces deux cas, l'intonation est montante sur le *tag* (↗).

À VOUS !

74. Complétez les phrases ci-dessous, en inscrivant les *tags* appropriés, puis traduisez.
a. These colours don't go together, ...? – b. I suppose he has left, ...? – c. I'm talking too quickly, ...? – d. Let's go, ...? – e. She must have forgotten, ...? – f. Close the window, ...? – g. That's your suitcase, ...? – h. Someone's at the door, ...? – i. No one was hurt, ...? (blessé) – j. Nobody understood, ...?

84 Les reprises et l'expression de la probabilité

- Les reprises avec « oui » ou « non » dans les tournures du type « je suppose que oui », « je suppose que non », se rendent en anglais à l'aide de *so* et de *not*.

Notez ainsi la reprise correspondant au message ci-dessous :

"They're ready, aren't they?" – "I suppose ***so.****"*

Ils sont prêts, n'est-ce pas ? – Je suppose que oui. (je suppose « que c'est vrai »)

So reprend ici [*they are ready*].

- On rencontre ces reprises après des verbes exprimant une opinion, un souhait ou une crainte, comme *be afraid, believe, expect, hope, suppose, think.* Notez les diverses constructions possibles :

reprise à sens affirmatif	reprise à sens négatif
"They should be back by now." *– "I suppose* ***so****."* Ils devraient être rentrés à présent. – Je suppose que oui.	*"They won't raise taxes."* *– "I suppose* ***not****."* Ils n'augmenteront pas les impôts. – Je suppose que non.
"Will she be there in time?" *– "I hope* ***so****."* Sera-t-elle là à temps ? – J'espère que oui.	*"He won't be punished, will he?"* *– "I hope* ***not****."* Il ne sera pas puni, hein ? – J'espère que non.
"He hasn't failed, has he?" *– "I'm afraid* ***so****."* Il n'a pas échoué, hein ? – Je crains que si.	*"I guess she's good at cooking."* *– "I'm afraid* ***not****."* Je suppose qu'elle cuisine bien. – Je crains que non.
"Is Mr Miller in?" *– "I think* ***so****."* Mr Miller est là ? – Je pense que oui.	*"Is she badly injured?"* *– "I* ***don't*** *think* ***so****."* Elle est grièvement blessée ? – Je pense que non.

Ne confondez pas *"I don't think so"* avec *"I think not"*, qui signifie « sûrement pas » (emploi formel). *So* signifie : « c'est vrai », « c'est le cas ».
"I think so." signifie en fait : « Oui, je pense qu'il en est ainsi ».

- On peut également reprendre une phrase avec les tournures ***had better*** et ***would rather*** :

"Shall I tell her?" Est-ce que je lui en parle ?
– "You'd better." Tu as intérêt.
– "You'd better ***not****."* Il vaudrait mieux pas.

"Would you like to come?" Tu aimerais venir ?
– "I'd rather ***not****."* J'aimerais mieux pas.

Voir *Had better* 172, *Would rather* 270

À VOUS !

75. Traduisez les phrases ci-dessous.
a. C'est cassé ? – Je crains que oui. – b. Vous ne pouvez pas tout faire. – Je suppose que non. – c. Les pâtes sont cuites ? – Je pense que oui. (*pasta* : indén.) – d. Il vous arrive d'être grossier avec les gens ? – J'espère que non. *(Are you sometimes rude to)* – e. Vous pouvez venir à la soirée ? – Je crains que non. – f. Vous pensez qu'il sait ? – Il vaudrait mieux pas. – g. Ils apporteront du vin ? – J'espère que oui.

85 Les reprises avec réaction de surprise

On peut exprimer la surprise, en reprenant une déclaration : la reprise se construit à l'aide de l'auxiliaire correspondant et la surprise est marquée par une intonation montante. Deux situations sont possibles : la reprise peut être faite par un interlocuteur ou par le locuteur lui-même.

1. Reprise effectuée par l'interlocuteur

locuteur A	locuteur B (↗)
• déclaration de type affirmatif	• auxiliaire + sujet
He's late. Il est en retard.	***Is** he?* Ah bon ?
She speaks Chinese fluently. Elle parle chinois couramment.	***Does** she?* Ah oui ?
• déclaration de type négatif	• auxiliaire + *not* + sujet
They haven't found any clues yet. Ils n'ont pas encore trouvé d'indices.	***Haven't** they?* Ah bon ?
I can't lend you my car. Je ne peux pas te prêter ma voiture.	***Can't** you?* Ah bon ?

Repérez bien le cas échéant quelle partie de la déclaration déclenche la surprise :

***I don't think** he'll succeed.* Je ne crois pas qu'il réussira.	***Don't** you?* Ah non ? (et non pas : ~~*Will he*~~?!)

2. Reprise effectuée par le locuteur lui-même

locuteur unique	
• déclaration de type affirmatif	• auxiliaire + sujet (↗)
She's seventy-three, Elle a 73 ans,	***is** she?* vraiment ?
He won the regatta, Il a gagné la régate,	***did** he?* sans blague ?
• déclaration de type négatif	• auxiliaire + sujet (↗)
You wouldn't dare, Vous n'oseriez pas,	***would** you?* si ?
You haven't passed, Vous n'avez pas réussi,	***have** you?* ce n'est pas possible !

À VOUS !

76. Exprimez la surprise en reprenant les déclarations énoncées par un interlocuteur.
a. He didn't call us. – b. I'd like to stay here for ever. – c. I don't believe it! – d. They're Australian. – e. I'm sure he'll refuse. – f. I wouldn't go with him. – g. He's got a cold. – h. She has to be here by twelve.

77. Complétez les déclarations ci-dessous où un même personnage exprime sa surprise.
a. You aren't tired already, ...? – b. He wasn't still sleeping, ...? – c. They didn't walk there, ...? – d. You shouldn't do that, ...? – e. You're not going to tell him, ...?

86 Les reprises avec confirmation

Les confirmations du type « oui, c'est vrai », « oui / non, effectivement », etc. peuvent se rendre en anglais à l'aide de *so*. On confirme dans ce cas des faits constatés, en exprimant une certaine surprise.

On emploie *so* suivi du pronom sujet et de l'auxiliaire de la forme correspondant au message de départ. Il n'y a pas ici d'inversion sujet-auxiliaire. Lorsque le message de départ est à la forme négative, la reprise est également à la forme négative.

locuteur A	locuteur B
They have left. Ils sont partis.	*So they have.* Oui, c'est vrai.
It's snowing. Il neige.	*So it is.* Oui, effectivement.
He hasn't drunk it all. Il n'a pas tout bu.	*So he hasn't.* Non, effectivement.

Lorsque le message de départ est au discours indirect, on reprend l'auxiliaire correspondant au verbe de la proposition principale :
*"He **said** he'd heard about it." – "So he did."*
Il a dit qu'il en avait entendu parler. – Oui, effectivement.

Ne confondez pas ces reprises « oui, c'est vrai » avec les reprises « moi aussi » qui ont un sens totalement différent.

Voir aussi Reprises 85, Moi aussi / moi non 193

À VOUS !

78. Confirmez les déclarations ci-dessous, en commençant chaque fois par *so*.
a. They're late again. – b. She's been very courageous. – c. They didn't give us the key. – d. He promised he would come. – e. They said he was ill. – f. She hasn't phoned yet. – g. He came last year. – h. You're bleeding. – i. Look, it's raining. – j. The shop is closed. – k. We have enough time. – l. The visitors have arrived. – m. We're late. – n. They promised they were coming. – o. She's gone away.

LES PHRASES EXCLAMATIVES ET EMPHATIQUES

87 La phrase exclamative

Il existe plusieurs types de phrases exclamatives, l'exclamation pouvant porter sur un groupe nominal, sur un adjectif ou un adverbe, ou encore sur la phrase.

1. Exclamation sur un groupe nominal

Lorsque l'exclamation porte sur un groupe nominal, on emploie les déterminants *what* ou *such* selon les constructions suivantes :

• ***What*** :

dénombrable singulier :	***What an*** *actor!* ***What a*** *strange story!*	Quel acteur ! Quelle étrange histoire !
indénombrable singulier :	***What*** *ø weather we're having!* ***What*** *ø awful weather!*	Quel temps on a ! Quel temps horrible !
dénombrable pluriel :	***What*** *ø ties he wears!* ***What*** *ø lovely houses!*	Quelles cravates il porte ! Quelles jolies maisons !
indénombrable pluriel :	***What*** *ø steep stairs!* ***What*** *ø clothes she chose!*	Quel escalier raide ! Quels vêtements elle a choisis !

• ***Such*** :

dénombrable singulier :	*It's* ***such a*** *nice village!*	C'est un si joli village !
indénombrable singulier :	*I've never had* ***such*** *ø delicious sea food!*	Je n'ai jamais mangé de fruits de mer aussi délicieux !
dénombrable pluriel :	*I've never met* ***such*** *ø friendly people!*	Je n'avais jamais rencontré des gens aussi sympas !
indénombrable pluriel :	***Such*** *ø good looks are rare!*	Un tel physique est rare !

Noms dénombrables et indénombrables, voir 3

Certaines tournures exclamatives admettent l'article *a* avec des indénombrables comme *disgrace, pity, shame, waste*, etc. :

What a disgrace! Quelle honte ! *It's such a shame!* Que c'est dommage !
What a pity! Quel dommage ! *It's such a waste!* Quel gâchis !

Article *a* / *an*, voir 15

2. Exclamation sur un adjectif ou un adverbe

Lorsque l'exclamation porte sur un adjectif ou un adverbe, on emploie ***how*** ou ***so*** :

How *clever he is!* Qu'il est intelligent !
How *interesting!* Comme c'est intéressant !
She's ***so*** *cute!* Elle est si mignonne ! (terme américain)
She plays the violin ***so*** *beautifully!* Elle joue si merveilleusement du violon !

So s'emploie en outre devant un quantificateur :

It takes ***so*** *much time!* Ça prend tant de temps !
There were ***so*** *many people!* Il y avait tellement de monde !

Attention : il n'y a pas d'inversion sujet – auxiliaire comme dans une interrogative.
How old ***they are****!* Qu'ils sont vieux ! *How old* ***are they****?* Quel âge ont-ils ?

3. Exclamation sur la phrase

- On peut employer une tournure interro-négative :

***Isn't he** clever!* Mais il est malin !

- On peut également employer *how* en tête de phrase :

***How** time flies!* Comme le temps passe !

À VOUS !

79. Traduisez les phrases ci-dessous.
a. C'était si romantique ! *(romantic)* – b. Quelle belle journée ! *(beautiful)* – c. Je n'ai jamais vu un paysage aussi beau ! (*scenery :* indén.) – d. C'est un homme si paresseux ! – e. Comme vous vous trompez ! *(be wrong)* – f. Quel goût affreux ! (*taste :* indén.)

88 La phrase emphatique

Il existe deux manières d'exprimer l'insistance : par l'intonation seule ou à l'aide d'un auxiliaire.

1. Rôle de l'intonation

Dans un message, le locuteur peut mettre en relief un élément particulier, qui sera alors plus fortement accentué. Il y a alors focalisation.
Comparez les exemples suivants, dans lesquels l'élément accentué est en gras :

***Jane** broke the green vase.* C'est Jane qui a cassé le vase vert (= pas son frère).
*Jane broke the **green** vase.* Jane a cassé le vase vert (= pas le jaune).
*Jane broke the green **vase**.* Jane a cassé le vase vert (= pas la lampe).

2. Rôle de l'auxiliaire

Lorsque l'insistance porte sur le verbe, deux cas sont possibles.

- **Il s'agit d'un auxiliaire ou du verbe *be* seul,** l'accent porte sur cet auxiliaire ou sur *be* :

*You **can** do it!* Mais si, tu peux y arriver !
*She **is** English!* Mais si, elle est anglaise !

- **Il s'agit d'un verbe au présent, au prétérit ou à l'impératif,** on utilise l'auxiliaire *do* (au présent et à l'impératif) ou *did* (au prétérit), suivi de la base verbale. L'auxiliaire est alors fortement accentué :

• Au présent :
*I **do** believe he'll succeed.* Je crois vraiment qu'il réussira.
*I **do** think it's a mistake.* Je crois vraiment que c'est une erreur.

• Au prétérit :
*I **did** try to ring you.* Mais si, j'ai essayé de t'appeler.
*I **did** invite them!* Si, je les ai invités !

• À l'impératif :
***Do** come in!* Mais entrez donc !
***Do** have a piece of cake!* Je vous en prie, prenez un morceau de gâteau !

Voir Thématisation et focalisation 77, *Do* 148

À VOUS !

80. Traduisez les phrases ci-dessous en exprimant l'insistance.
a. Ils devraient pourtant être ici maintenant ! *(be here)* – b. Si, je vous l'ai dit ! *(tell)* – c. Je crois vraiment que vous vous trompez. *(be wrong)* – d. Après tout, ce sont bien des experts ! *(be experts)* – e. Asseyez-vous donc. *(sit down)* – f. Il conduisait vraiment trop vite. *(drive)*

89 L'inversion sujet-auxiliaire

L'ordre habituel des éléments dans la phrase affirmative ou négative est le suivant :

sujet	ø / auxiliaire (+ négation)	adverbe	verbe	compléments

On peut cependant inverser l'ordre sujet-auxiliaire après les adverbes de sens restrictif ou négatif et dans certaines subordonnées hypothétiques.

Voir aussi *Question tags* 83, Moi aussi / moi non plus 193

1. Adverbes de sens restrictif ou négatif

Avec les adverbes comme *hardly, scarcely, never, no sooner, seldom, only, not only*, etc., il y a inversion lorsque l'adverbe est placé en tête de phrase :

We had hardly met when she had to leave.
Hardly ***had we*** *met...* À peine nous étions-nous rencontrés qu'il a fallu qu'elle parte.
I've never heard such terrible music.
Never ***have I*** *heard...* Jamais je n'ai entendu de musique aussi horrible.

Lorsque le verbe est habituellement à une forme simple (présent ou prétérit), on retrouve dans l'inversion l'auxiliaire correspondant à ce temps, après l'adverbe :

He not only learnt Russian, but he tried Chinese too.
Not only ***did he*** *learn Russian, ...* Non seulement il a appris le russe, mais il a aussi essayé le chinois.

2. Subordonnées hypothétiques

Dans les subordonnées hypothétiques construites à l'aide de *should,* d'un prétérit modal ou d'un *past perfect* modal, il y a inversion lorsque la conjonction est omise :

If you should agree, I'd be very much obliged.
Should you *agree, ...* Si d'aventure vous acceptiez, je vous serais très obligé.
If he had worked harder, he would have passed.
Had he *worked harder, ...* S'il avait travaillé davantage, il aurait réussi.

À VOUS !

81. Traduisez les phrases ci-dessous en plaçant l'auxiliaire avant le sujet.
a. Nous étions à peine couchés quand ils sont arrivés. *(go to bed)* – b. Je n'ai jamais vu autant de voitures. *(so many)* – c. Non seulement je le connais, mais c'est aussi mon voisin. – d. Si nous l'avions su plus tôt, nous aurions pu réagir. – e. Si d'aventure vous refusiez, votre contrat sera annulé. *(cancelled)* – f. Nous recevons rarement des visiteurs. – g. Pas plus tôt étions-nous arrivés qu'il a commencé à pleuvoir.

LES SUBORDONNÉES RELATIVES

90 Les subordonnées relatives restrictives et non restrictives

Il y a deux types de subordonnées relatives : les restrictives et les non restrictives.

1. Subordonnées relatives restrictives

Les subordonnées relatives restrictives contiennent un renseignement nécessaire sur l'antécédent :

antécédent — relative

The athletes *who were exhausted* *took a break.* Les athlètes qui étaient épuisés firent une pause.

La relative [*who were exhausted*] nous apprend de quels athlètes exactement l'on parle (= seulement ceux qui étaient épuisés).
Ce type de relative est représenté sans virgules.

2. Subordonnées relatives non restrictives

Les subordonnées relatives non restrictives (appelées aussi appositives) apportent simplement une information complémentaire par rapport à l'antécédent :

antécédent — relative

The athletes , *who were exhausted* , *took a break.* Les athlètes, qui étaient épuisés, firent une pause.

La relative [*who were exhausted*] apporte ici un élément de description dont on pourrait à la rigueur se passer (= tous étaient épuisés).
Ce type de relative est représenté entre deux virgules.

L'emploi des pronoms relatifs varie selon qu'il s'agit d'une relative restrictive ou non restrictive.

91 Les subordonnées relatives avec *who, who(m), which, that, whose*

1. Pronoms relatifs sujets

Dans une relative restrictive, le relatif sujet peut être soit ***who*** (pour les personnes) ou ***which*** (pour les choses et les animaux), soit ***that***.

Dans une relative non restrictive, le relatif sujet est uniquement ***who*** (pour les personnes) ou ***which*** (pour les choses et les animaux).

relative restrictive	relative non restrictive
The man ***who / that*** *robbed the bank has been arrested.* L'homme qui a dévalisé la banque a été arrêté.	*Jim,* ***who*** *is out at the moment , will ring you back.* Jim, qui est sorti, te rappellera.
This is the car ***which / that*** *won the race .* Voici la voiture qui a gagné la course.	*His new book,* ***which*** *was published in May , was a flop.* Son nouveau livre, qui a été publié en mai, a été un bide.

2. Pronoms relatifs compléments de verbe

Dans une relative restrictive, le relatif complément de verbe peut être soit ***who(m)*** (pour les personnes) ou ***which*** (pour les choses et les animaux), soit ***that***. Le pronom relatif est le plus souvent omis (ø) dans une restrictive.

Dans une relative non restrictive, le relatif complément de verbe est ***who(m)*** (pour les personnes) ou ***which*** (pour les choses et les animaux). *Whom* est très formel. Le pronom relatif est obligatoire dans une relative non restrictive.

relative restrictive	relative non restrictive
The man *ø I saw* *lives here.* L'homme que j'ai vu habite ici.	*Ann,* ***who(m)*** *I met yesterday, is expecting a baby.* Ann, que j'ai rencontrée hier, attend un bébé.
The car *ø I hired* *is a Fiat.* La voiture que j'ai louée est une Fiat.	*"Alien",* ***which*** *I've seen twice, is on again.* « Alien », que j'ai vu deux fois, repasse.

S'il s'agit d'un complément indirect :

- la préposition reste derrière le verbe dans une relative restrictive ;
- la préposition se place devant le pronom relatif dans une relative non restrictive.

relative restrictive	relative non restrictive
The girl ø I spoke ***to*** *is Jim's sister.* La fille à qui j'ai parlé est la sœur de Jim.	*My sister,* ***with whom*** *I used to work, is now in New York.* Ma sœur, avec qui je travaillais avant, est maintenant à New York.
This is the book ø I was talking ***about***. Voici le livre dont je parlais.	*My old school,* ***in which*** *I spent two years, has been rebuilt.* Ma vieille école, dans laquelle j'ai passé deux ans, a été reconstruite.

Après *only, all, first, last* et les superlatifs, on emploie seulement le relatif complément ***that*** ou **ø** :

He's the only actor ø I've met. C'est le seul acteur que j'aie rencontré.
It's the first opera ø I've seen. C'est le premier opéra que je vois.

3. Pronoms relatifs compléments de nom

Le pronom relatif complément de nom est le même pour tous les cas, qu'il s'agisse d'une relative restrictive ou non restrictive. On utilise ***whose***, immédiatement suivi du nom, que ce soit pour des personnes, des choses ou des animaux.

relative restrictive	relative non restrictive
The film is about a child ***whose*** *father was killed during the war.* Le film parle d'un enfant dont le père a été tué pendant la guerre.	*Françoise,* ***whose*** *mother is English, is bilingual.* Françoise, dont la mère est anglaise, est bilingue.
The car ***whose*** *headlight was damaged has been repaired.* La voiture dont le phare était abîmé a été réparée.	

La formulation *"The car the headlight of which was damaged..."*, formelle et gauche, est à éviter.

On n'emploie pas systématiquement le relatif *whose* comme complément de nom. On a souvent recours, à l'oral, à d'autres formulations, par exemple avec ***with*** :

The phone box with the broken door has been vandalized.
La cabine dont la porte est cassée a été saccagée.

Subordonnées relatives restrictives et non restrictives, voir 90

À VOUS !

82. Complétez les phrases ci-dessous à l'aide des relatifs appropriés, puis traduisez.
a. Isn't he the politician ... was involved in that scandal last year? – b. It's the only baker's ... sells brown bread. – c. I bought a present for my father, without ... help I would never have found a job. – d. His best pictures, ... were painted in the twenties, are in the Louvre. – e. The man with ... I was talking is my lawyer. (avocat)

83. Traduisez les phrases ci-dessous, en pensant aux différentes solutions possibles.
a. Pourrais-je avoir la recette de ce gâteau que vous avez fait hier ? *(the recipe for)* – b. Le cousin à qui j'écris habite au Canada. – c. Le yacht dont le propriétaire habite en Italie a été endommagé par la tempête. *(owner - damaged - storm)*

92 Les subordonnées relatives avec *which, what, when, where, why*

L'emploi des relatifs *which, what, when, where et why* varie en fonction de leur rôle dans la phrase.

1. Reprise d'une proposition avec *which* et introduction avec *what*

Le relatif ***which***, dans le sens de « ce qui », « ce que », sert dans une phrase à reprendre la proposition précédente :

*He lacked courage, **which** surprised me.*
Il a manqué de courage, **ce qui** m'a surpris.

*He lied to me, **which** I didn't appreciate.*
Il m'a menti, **ce que** je n'ai pas apprécié.

Le relatif ***what***, au sens de « la chose qui », « la chose que » sert au contraire à introduire une proposition :

***What** surprises me is his lack of courage.*
Ce qui me surprend, c'est son manque de courage.

*I see **what** you mean.*
Je vois **ce que** tu veux dire.

2. Situation dans le temps avec *when*

Le relatif ***when*** est utilisé pour situer dans le temps tel ou tel événement. Il est en fait le plus souvent omis (ø).

*I remember the day **when** / ø we first met.* Je me souviens du jour où on s'est rencontré.

Notez ici la traduction de *when* par « où », qui ne peut pas en français être omis.

3. Situation dans un lieu avec *where*

Le relatif ***where*** est utilisé pour situer dans un lieu tel ou tel événement :

*This is the town **where** I was born.* C'est la ville où je suis né.

4. Appui d'une explication avec *why*

Le relatif ***why*** est utilisé à l'appui d'une raison donnée. Il peut aussi être omis (ø).

That's the reason ***why*** *I'm phoning.* C'est la raison pour laquelle j'appelle.

The reason ***ø*** *I'm phoning is to tell you about our project.*
La raison pour laquelle j'appelle, c'est pour te parler de notre projet.

Notez ici la traduction de *why* : « pour laquelle » (et non pas « ~~pourquoi~~ »).

Subordonnées relatives avec *who, who(m), which, that, whose*, voir 91

93 Les subordonnées relatives avec les relatifs composés en *-ever*

Certains relatifs peuvent avoir un suffixe en *-ever*, avec le sens général suivant :

whoever	qui que ce soit qui / celui qui	*whenever*	quel que soit le moment où
whatever	quoi que / tout ce que	*wherever*	quel que soit l'endroit où
whichever	quel que soit celui qui / celui qui		

Ces relatifs en *-ever* expriment ainsi, dans les subordonnées qu'ils introduisent, une absence de précision, en englobant tous les cas possibles. Tous ces relatifs en *-ever* sont accentués sur le suffixe. Ils s'écrivent en un seul mot. Ne les confondez pas avec *ever* exprimant la surprise.

1. *Whoever*

Whoever *rings, tell him I'm out.* Qui que ce soit qui appelle, dis-lui que je ne suis pas là.

2. *Whatever* et *whichever*

Whichever implique un choix plus restreint que *whatever*. *Whatever* et *whichever* peuvent être pronoms ou déterminants :

He'd read ***whatever*** *(thrillers) he could find.*
Il lisait tout (tous les thrillers) ce qui lui tombait sous la main.

It takes five hours, ***whichever*** *(train) you take.*
Cela prend cinq heures, quel que soit celui (le train) que vous preniez.

3. *Whenever* et *wherever*

Whenever *I phone him, he's out.* Chaque fois que je l'appelle, il est absent.
Wherever *I go, he follows me.* Où que j'aille, il me suit.

À VOUS !

84. Complétez à l'aide des relatifs appropriés, puis traduisez.
a. … I appreciate is the wide choice available, and that's the main reason … I go there. – b. I remember the day … the store opened, … everything was half price, … attracted a lot of people. – c. Supermarkets offer low prices, … has resulted in the closure of many small shops.

85. Traduisez les phrases ci-dessous.
a. Prenez tout ce dont vous avez besoin. *(need)* – b. Vous pouvez aller où vous voulez – c. Vous pouvez venir quand vous voulez – d. Qui que ce soit qui t'a dit ça est un menteur. – e. Quel restaurant ? – Celui que tu préfères. – f. Il obtient toujours tout ce qu'il veut. *(get)* – g. Il lit toutes les revues de sport qu'il trouve.

94 Les subordonnées nominales

Une subordonnée peut être complément d'objet du verbe de la principale, et donc jouer le rôle d'un nom ou d'un groupe nominal : on l'appelle dans ce cas subordonnée nominale.

	groupe nominal
I didn't know	*his address* .
Je ne savais pas	son adresse.
	subordonnée nominale
I didn't know	*that he lived in London* .
Je ne savais pas	qu'il habitait à Londres.

Il existe différents types de subordonnées nominales :

- les complétives (95),
- les subordonnées annoncées par *it's*... ou *I find it* (96),
- les infinitives (97, 98),
- les gérondives (99),
- les subordonnées au participe passé (100).

95 Les subordonnées complétives avec *that* ou ø

Les subordonnées complétives introduites par *that* fonctionnent comme des groupes nominaux compléments. On les appelle donc des subordonnées nominales.

1. Emploi de *that* ou ø

Contrairement à la conjonction française « que », la conjonction anglaise *that* n'est pas employée systématiquement :

I suppose ***that*** */ ø she's gone out.* Je suppose qu'elle est sortie.
I don't think ***that*** */ ø it's a good idea.* Je ne crois pas que ce soit une bonne idée.
I believe ***that*** */ ø he'll come back.* Je crois qu'il reviendra.
I don't suppose ***that*** */ ø they'll reply.* Je ne crois pas qu'ils répondent.

2. Emploi recommandé de *that*

Notez les verbes ainsi que les formulations passives où l'emploi de *that* est recommandé :

He argued ***that*** *it was necessary.* Il démontra que c'était nécessaire.
He answered ***that*** *it wasn't true.* Il a répondu que ce n'était pas vrai.
He claimed ***that*** *he wasn't even there.* Il a prétendu qu'il n'était même pas là.
They ascertained ***that*** *nothing had happened.* Ils se sont assurés que rien n'était arrivé.
I'd been told ***that*** *I could attend.* On m'avait dit que je pouvais y assister.

Subordonnées de but, voir 103

96 Les subordonnées annoncées par *it's*… ou *I find it*

On emploie les structures *it's* + adj. + *that* ou *I find it* + adj. + *that* pour exprimer un jugement ou une nécessité.

1. Expression d'un jugement

Comparez les différences de construction, après les tournures du type ***it's... that*** et ***I find it... that***, selon que le jugement porte sur une situation présente ou passée.

Situation présente :

• *It's incredible that they **should** divorce.* C'est incroyable qu'ils divorcent.

It, sujet apparent, annonce le groupe nominal sujet réel [*that they should divorce*] reporté en fin de phrase ; l'autre formulation, plus formelle, étant en effet :

groupe nominal sujet	groupe verbal
That they should divorce	*is incredible* .

• *I find **it** incredible that they **should** divorce.* Je trouve incroyable qu'ils divorcent.

It, complément apparent, annonce le groupe nominal complément réel [*that they should divorce*] situé en fin de phrase. Ce pronom complément *it* est obligatoire après des verbes comme *find*, *think*, *believe*, *consider*, etc., qui correspondent au français « trouver... (que) ».

Fait passé :

• *It's unbelievable that she **survived**.* C'est incroyable qu'elle ait survécu.

Dans cet exemple, elle a en fait survécu, mais le locuteur n'arrive pas à y croire.

• *It's unbelievable that she **should have survived**.* C'est incroyable / impossible qu'elle ait survécu.

Dans cet exemple, le locuteur ne croit pas qu'elle ait pu survivre.

2. Expression de la nécessité

Notez les différences de construction, après les tournures du type ***it's necessary that***, ***it's essential that*** :

On emploie ***should*** (emploi courant en anglais britannique) :

*It's essential that he **should** be here on time.* Il est indispensable qu'il soit là à l'heure.

On peut employer la **base verbale** (emploi plus courant en anglais américain) :

*It's essential that he **be** here on time.* Il est indispensable qu'il soit là à l'heure.

Subjonctif français, voir 60

À VOUS !

86. Traduisez les phrases ci-dessous.

a. C'est naturel que vous soyez inquiet. – b. Je trouve étrange qu'il ait peur. *(strange)* – c. Ce n'est pas surprenant qu'il ne l'ait pas acheté. – d. C'est vraiment extraordinaire qu'il les ait crus. – e. Il est préférable que vous soyez présent. *(advisable)* – f. C'est incroyable qu'elle soit en retard. – g. Il est indispensable que vous répondiez à toutes les questions. – h. Il faut que chacun apporte quelque chose à manger. *(necessary - some food)*

97 Les subordonnées infinitives sans *to*

Les propositions subordonnées à l'infinitif sans *to* sont régies par certaines principales.

1. Principales avec les verbes d'observation et de perception

Avec les verbes de perception (comme *see*, *hear*, *feel*) et d'observation (comme *notice*, *watch*), l'action exprimée dans la subordonnée est perçue dans sa globalité :

principale	subordonnée infinitive sans *to*
I saw J'ai vu	***the man walk** into the shop.* l'homme entrer dans le magasin.
I didn't hear Je n'ai pas entendu	***Jim come** in.* Jim entrer.
I felt J'ai senti	***something touch** my arm.* quelque chose me toucher le bras.
Did you notice Vous avez vu	***anyone go** out?* sortir quelqu'un ?
She watched Elle regarda	***the children cross** the street.* les enfants traverser la rue.

Ce type de principale peut être également suivi d'une subordonnée au participe présent.

Verbes d'observation et de perception, voir 256

2. Principales avec les verbes *let, make* et *have*

Les verbes *let*, *make* et *have* régissent des subordonnées infinitives sans *to* :

principale	subordonnée infinitive sans *to*
He let Il a laissé	***the pastry rest.*** reposer la pâte.
They made Ils ont fait	***their son study** Latin.* apprendre à leur fils le latin.
I'll have Je ferai	***someone post** the letter.* poster la lettre par quelqu'un.

Par rapport à *make*, *have* implique une contrainte plus faible.
Notez l'ordre des mots dans ces subordonnées, différent de celui du français.

Faire faire, voir 160

3. Principales avec le verbe *help*

On peut employer une infinitive sans *to* après le verbe *help* :

principale	subordonnée infinitive sans *to*
He helped Il a aidé	***the woman open** the door.* la femme à ouvrir la porte.

Help avec *to*, voir 98

4. Subordonnées introduites par *rather than, but, except*

Il existe d'autre part des subordonnées à l'infinitif sans *to* introduites par *rather than*, ou par des termes restrictifs comme *but* et *except* :

principale	subordonnée infinitive sans *to*
You'd better tell me all about it	***rather than** lie.*
Vous feriez mieux de tout me dire	plutôt que de mentir.
We couldn't do anything	***except** wait.*
Nous ne pouvions rien faire d'autre	que d'attendre.
He's done nothing	***but** sleep all day.*
Il n'a fait	que dormir toute la journée.

Voir Subordonnées infinitives avec *to* 98, Infinitif 180

À VOUS !

87. Traduisez les phrases ci-dessous.
a. L'avez-vous jamais entendu raconter cette histoire ?– b. Tu me laisseras le faire ? – c. Je l'ai vue entrer dans la banque. – d. Laissez-moi vous poser une question. – e. Ils ne peuvent pas te faire partir. – f. Ils ont fait planter des arbres par le jardinier.

98 Les subordonnées infinitives avec *to*

Les propositions subordonnées à l'infinitif avec *to* expriment fondamentalement l'idée de quelque chose à réaliser, d'un but à atteindre.

1. La principale et la subordonnée font référence à la même personne

principale	subordonnée infinitive avec *to*
I want	***to** be a doctor.*
Je veux	être médecin. (but : être médecin)
I can't afford	***to** buy a car.*
Je n'ai pas les moyens	d'acheter une voiture.

- Dans le cas d'une négation, celle-ci est placée devant *to* :

I promise	***not to tell** anyone.*
Je promets	de ne le dire à personne.

Verbes suivis de l'infinitif avec *to*, voir 180

2. La principale et la subordonnée font référence à des personnes différentes

principale	subordonnée infinitive avec *to*
I want	***Gill to come.***
Je veux	que Gill vienne. (but : qu'elle vienne)

- Lorsqu'il s'agit d'un pronom, il est à la forme complément :

I expected	***him to leave** earlier.*
Je m'attendais	à ce qu'il parte plus tôt.

- Dans une subordonnée infinitive négative, *not* est placé devant *to* :

principale	infinitive avec *to* sans négation
She didn't ask	*Peter to come.*
Elle n'a pas demandé à	Peter de venir.

principale	infinitive avec *to* avec négation
She asked	*Peter **not to come.***
Elle a demandé à	Peter de ne pas venir.

3. Emploi de l'infinitif avec *to* dans certaines tournures appréciatives

On emploie également des infinitives avec *to* à la suite de principales exprimant un jugement ou une appréciation :

principale	subordonnée infinitive avec *to*
*I find **it** ridiculous*	***to** give up now.*
Je trouve ridicule	d'abandonner maintenant.
There was no need	*for us **to** hurry.*
Ce n'était pas la peine	qu'on se dépêche.
It's time	***to** leave.*
Il est temps	de partir.
***It** was important*	*for him **to get** that job.*
C'était important	qu'il ait cet emploi.

Dans les formulations en *it...*, on a reporté chaque fois en fin de phrase le groupe nominal sujet réel ; l'autre formulation, plus formelle, étant en effet :
***To get that job** was important for him.*

4. Combinaison avec des mots interrogatifs

- On emploie *to* + infinitif avec des mots interrogatifs dans les questions indirectes :

Have you decided	***where to** put your desk?*
Vous avez décidé	où vous mettrez votre bureau ?

- On emploie *to* + infinitif avec des mots interrogatifs au discours indirect :

We asked a passser-by	***how to** get there.*
Nous avons demandé à un passant	comment y aller.
They wondered	***whether to** join the strikers or not.*
Ils se demandaient	s'il fallait ou non s'associer aux grévistes.

5. Emploi avec le verbe *help*

On peut employer une infinitive avec *to* après le verbe *help* :

He helped	***the woman to open** the door.*
Il a aidé	la femme à ouvrir la porte.

Contrairement à *help* construit sans *to*, *to* implique l'idée de difficulté à atteindre le but.

Voir Subordonnées infinitives sans *to* 97, Réponses elliptiques avec *to* 82

À VOUS !

88. Traduisez les phrases ci-dessous.
a. Je veux qu'elle sache la vérité. *(the truth)* – b. Je lui ai dit de ne pas être si impatient. *(impatient)* – c. J'ai demandé à Ann de se dépêcher. *(hurry up)* – d. Tu veux que je vienne avec toi ? – e. Le sergent ordonna à ses hommes de tirer. *(sergeant - shoot)* – f. Il veut que je lui prête de l'argent. *(lend)* – g. Il ne veut pas qu'ils sachent. – h. Il ne voulait pas qu'elle parte. – i. Je m'attendais à ce qu'elle arrive avant la nuit. *(before dark)* – j. Elle leur a demandé de ne pas faire autant de bruit. *(so much noise)* – k. C'était intéressant pour lui de voir comment nous travaillons.

99 Les subordonnées en V-*ing*

Il existe deux types de propositions subordonnées en V-*ing*, qui dépendent de la nature du verbe de la principale : les subordonnées gérondives et les subordonnées au participe présent.

1. Les subordonnées gérondives

Les subordonnées gérondives expriment fondamentalement l'idée d'**activité**. On peut avoir deux cas de figure.

La principale et la subordonnée font référence à la même personne :

principale	subordonnée gérondive	avec gérondif
I love J'adore	*skiing.* le ski.	seul
I love J'adore	*reading **detective stories**.* lire des romans policiers.	+ groupe nominal
He likes Il aime	*driving **fast**.* rouler vite.	+ groupe adverbial

La principale et la subordonnée font référence à deux personnes différentes :

principale	subordonnée gérondive	nature du sujet
Do you mind Ça vous ennuie	***Jack** joining us?* que Jack se joigne à nous ?	nom
Do you mind Ça vous ennuie	***his** joining us?* (1) qu'il se joigne à nous ?	adjectif possessif
Do you mind Ça vous ennuie	***him** joining us?* (2) qu'il se joigne à nous ?	pronom complément
Do you mind Ça vous ennuie	***my husband's** joining us?* (3) que mon mari se joigne à nous ?	génitif
She objects to Ça l'ennuie	***his** spending so much money.* qu'il dépense autant.	

(1) Forme formelle
(2) Forme courante
(3) ou, plus couramment, *my husband joining us*

Voir Gérondif 12, Verbes suivis d'un gérondif 167, 168

2. Les subordonnées au participe présent

Les subordonnées au participe présent s'emploient lorsque le verbe de la principale est un verbe de perception (comme *see*, *hear*) ou d'observation (comme *watch*). L'action décrite dans la subordonnée est vue dans son **déroulement** :

principale	subordonnée au participe présent
I saw	***the man walking** into the shop.*
J'ai vu	l'homme entrer dans le magasin.
I didn't hear	***Jim coming** in.*
Je n'ai pas entendu	Jim entrer.

Ce type de principale peut être également suivi d'une subordonnée à l'infinitif sans *to*.

Verbes d'observation et de perception, voir 256

À VOUS !

89. Traduisez en utilisant selon le cas, soit une subordonnée gérondive, soit une subordonnée au participe présent.
a. Je déteste me lever tôt. *(get up)* – b. Vous avez entendu les cambrioleurs casser la fenêtre ? *(burglars)* – c. Je leur ai parlé de ma visite en Chine. (verbe *visit*) – d. Nous avons regardé la voiture tourner dans l'allée. *(the drive)* – e. Ça ne l'ennuie pas que vous restiez pour la nuit. *(stay the night)* – f. Je lui en ai voulu qu'elle lise mes lettres. (*resent*) – g. Ça vous ennuie que je fume ? – h. J'ai remarqué un homme qui portait un grand sac. – i. Je ne vous ai pas vu assis dans le coin. – j. Ça ne me dérange pas que vous soyez avec nous. – k. Je n'aime pas repasser. *(iron)* – l. Ça les a ennuyés que je dise ma façon de penser. *(speak one's mind)* – m. Il m'a regardé boire mon café.

100 Les subordonnées au participe passé

Il existe en anglais des propositions subordonnées au participe passé, régies par certaines principales. Ces subordonnées expriment une idée de résultat.

1. Principales avec les verbes *get* et *have*

- Les principales avec les verbes *get* et *have*, qui entraînent une subordonnée au participe passé, expriment souvent une action commandée par le sujet. Il s'agit dans ce cas de structures dites « causatives ».

principale	subordonnée au participe passé
He gets	*his car **serviced** every two months.*
Il fait	réviser sa voiture tous les deux mois.
She had	*a tooth **pulled** out.*
Elle s'est fait	arracher une dent.

- Les verbes *get* et *have* n'ont cependant pas toujours de valeur causative :

She had *her car sprayed.*

L'exemple *"she had her car sprayed"* peut ainsi signifier, selon le contexte :
– Elle a fait peindre sa voiture. (= elle a demandé que sa voiture soit repeinte)
– Elle s'est fait taguer sa voiture. (= elle a constaté les dégâts !)

2. Principales avec le verbe *make*

principale	subordonnée au participe passé
I couldn't make Je n'ai pas pu	*myself* ***understood.*** me faire comprendre.
He managed to make Il a réussi à	*himself* ***heard.*** se faire entendre.

Notez ici l'emploi du pronom réfléchi, qui reprend le sujet de la principale.

3. Principales avec les verbes comme *see, hear, find,* etc.

principale	subordonnée au participe passé
I saw J'ai vu	*Hamlet* ***played*** *in Stratford.* *Hamlet* joué à Stratford.
I heard J'ai entendu	*his name* ***called*** *out several times.* son nom appelé plusieurs fois.
They found Ils ont trouvé	*two men* ***gagged*** *in the cellar.* deux hommes bâillonnés dans la cave.

4. Principales avec les verbes comme *want, would like, prefer,* etc.

Toutes ces subordonnées ont un sens passif :

principale	subordonnée au participe passé
I would like J'aimerais que	*this report* ***typed*** *by midday.* ce rapport soit tapé d'ici midi.
I prefer Je préfère	*it* ***served*** *with cream.* que ça soit servi avec de la crème.

Voir aussi Faire faire 160, Résultat 230

À VOUS !

90. Traduisez les phrases ci-dessous, en vous aidant des bases verbales fournies.
a. Il se sont fait voler leur voiture. (*steal* v. irr.) – b. Est-ce que je me fais comprendre ? – c. Je ferai nettoyer les fenêtres cette semaine. – d. Vous trouverez la clé cachée sous une pierre. (*hide* v. irr.) – e. Je veux que ce soit fait maintenant. – f. Vous préféreriez que le vin soit rafraîchi ? *(chill)* – g. Je ne l'ai jamais vu tenu en échec par un problème. *(defeat)* – h. Ils ont fait repeindre leur maison. *(repaint)* – i. Elle s'est fait couper les cheveux. – j. Il veut se faire remarquer. *(notice)* – k. Il a vu beaucoup d'amis se faire tuer au combat. *(in the battle)*

101 Les subordonnées circonstancielles

Une proposition subordonnée peut apporter une précision par rapport à la principale, et jouer donc le rôle d'un complément circonstanciel ou d'un adverbe : on l'appelle dans ce cas subordonnée circonstancielle. Elle est introduite par une conjonction.

adverbe	subordonnée circonstancielle
I'll phone you *tomorrow* .	*I'll phone you* *when I get home* .
Je te téléphonerai demain.	Je te téléphonerai quand je rentrerai.

Il existe plusieurs types de subordonnées circonstancielles : les subordonnées de temps (102), de but (103), de condition (104), hypothétiques (105), etc.

Voir aussi Expression de la cause 134, du contraste 141, du résultat 230

102 Les subordonnées de temps

Les subordonnées de temps sont introduites par des conjonctions comme *after* (après que), *as soon as* (dès que), *before* (avant que), *once* (une fois que), *until* (jusqu'à ce que), *when* (quand), *while* (pendant que), etc.

1. Principales à sens futur

Avec une principale à sens futur, la subordonnée peut être au présent ou au *present perfect* :

principale à sens futur	subordonnée au présent
I'll talk to them	*as soon as we **arrive**.*
Je leur parlerai	dès qu'on arrivera.
I'll phone her	*when I **get** home.*
Je lui téléphonerai	quand je rentrerai.
*You **must** visit us*	*when you **are** in France again.*
Il faut venir nous voir	quand vous reviendrez en France.
*I'm **going to** learn to water-ski*	*while I'**m** on holiday.*
Je vais apprendre à faire du ski nautique	pendant que je serai en vacances.
I'll be able to book the tickets	*once I **have** the timetable.*
Je pourrai réserver les places	une fois que j'aurai les horaires.

principale à sens futur	subordonnée au *present perfect*
*We'**ll go** out*	*as soon as we'**ve finished**.*
Nous sortirons	dès qu'on aura fini.
*I'll **call** you back*	*when I'**ve made** up my mind.*
Je vous rappellerai	quand je me serai décidé.

La subordonnée peut précéder la principale, avec les mêmes règles :

subordonnée	principale
*Once I'**ve passed** my driving test,*	*I'll buy a sports car.*
Dès que j'aurai passé mon permis,	j'achèterai une voiture de sport.

Ne confondez pas une subordonnée de temps avec une interrogative. En effet, elles peuvent être toutes les deux introduites par *when*, **mais on n'emploie jamais *will* ou *would* dans une subordonnée de temps.**

• subordonnée de temps : *I'll phone her when I **get** home.*
Je lui téléphonerai quand je rentrerai.
(→ *when* + présent)

• interrogative : *When **will** you **phone** her?*
Quand lui téléphonerez-vous ?
(→ *when* + expression du futur)

• interrogative indirecte : *Can you tell me when you**'ll phone** her?*
Pouvez-vous me dire à quel moment vous lui téléphonerez ?
(→ *when* + expression du futur)

2. Principales au passé

Avec une principale au prétérit ou au *past perfect,* la subordonnée est au prétérit :

principale au prétérit	subordonnée au prétérit
*The film **started***	*as soon as we **went** in.*
Le film a commencé	dès que nous sommes entrés.

principale au *past perfect*	subordonnée au prétérit
*They **had finished***	*when the rain **stopped**.*
Ils avaient fini	quand la pluie a cessé.

3. Discours indirect

La concordance des temps joue aussi au discours indirect :

principale au prétérit	subordonnée au prétérit
*He **said** they would buy a house*	*as soon as they **got** married.*
Il a dit qu'ils achèteraient une maison	dès qu'ils se marieraient.

principale au prétérit	subordonnée au *past perfect*
*He **said** he would leave*	*as soon as he **had finished**.*
Il a dit qu'il partirait	dès qu'il aurait fini.

À VOUS !

91. Repérez d'abord si les éléments manquants font partie d'une principale (A) ou d'une subordonnée (B). Complétez à l'aide des verbes fournis, puis traduisez.
a. As soon as he … , we started laughing. *(leave)* – b. I … before I'm 30. *(get married)* – c. Once you … your homework, you can watch TV. *(finish)* – d. Would you give him a message when you … him? *(see)*

92. Traduisez les phrases ci-dessous.
a. J'achèterai une nouvelle voiture dès que j'aurai un boulot. *(get)* – b. J'ai promis que je l'appellerais dès que je sortirais. *(promise)* – c. Une fois que vous avez acheté dix tickets, vous pouvez en avoir un gratuit. *(have one free)* – d. Pourrais-tu acheter des timbres pendant que tu seras à la poste ? *(buy some stamps)*

103 Les subordonnées de but

Les constructions exprimant le but varient selon qu'il s'agit d'un seul sujet ou non.

1. Constructions avec un seul sujet

- On peut employer ***to, in order to, so as to* + infinitif** (« pour », « de manière à »). Les formes négatives correspondantes sont *not to, so as not to.*

*I need a knife **to** open this parcel.* J'ai besoin d'un couteau pour ouvrir ce paquet.
*Plants need water **in order to** grow.* Les plantes ont besoin d'eau pour pousser.
*He tiptoed **so as not to** wake her.* Il marcha sur la pointe des pieds pour ne pas la réveiller.

In order to est plus formel (usage officiel, etc.) que *to*.

- On peut employer ***so that* + proposition** (« pour que », « afin que ») :

*He took out a loan **so that** he could finish his studies.*
Il a fait un emprunt de manière à pouvoir terminer ses études.

2. Constructions avec deux sujets

- On peut employer ***for* + nom / pronom + *to* + infinitif** :

*He's brought these magazines **for** you **to** read.* Il a apporté ces revues pour que tu les lises.

- On peut employer ***so that* + proposition** :

*Call me **so that** I won't forget.* Appelle-moi pour que je n'oublie pas.

3. But ou résultat ?

Ne confondez pas ces subordonnées de but avec des propositions exprimant le résultat. Comparez en effet :

but principale + subordonnée	résultat proposition 1 + proposition 2
*I phoned her **so (that)** she wouldn't be surprised.* Je lui ai téléphoné pour qu'elle ne soit pas surprise. ▼ but : ne pas la surprendre	*I phoned her, **so** she wasn't surprised.* Je lui ai téléphoné, ainsi elle n'a pas été surprise. ▼ résultat : elle n'a pas été surprise

Notez la virgule entre les propositions juxtaposées 1 et 2.

Voir aussi Infinitif 180, Pour 215

À VOUS !

93. Traduisez les phrases ci-dessous en employant toutes les solutions possibles.
a. Je fais du jogging pour rester mince. *(slim)* – b. Il m'a prêté sa voiture pour que je l'essaie. *(lend)* – c. Faites le 19 pour appeler à l'étranger. *(dial)* – d. J'enverrai la lettre au tarif rapide pour qu'elle arrive là-bas demain. *(first-class)* – e. J'ai fermé la fenêtre pour empêcher la pluie d'entrer. *(keep out the rain)* – f. Il faut avoir 18 ans pour voir ce film. – g. J'ai parlé lentement pour qu'il puisse comprendre. – h. Les caractères sont trop petits pour que je puisse lire. (*print* : indén.)

104 Les subordonnées de condition

On exprime souvent la condition à l'aide d'une proposition subordonnée, qui peut être placée indifféremment devant ou derrière la principale.

Si, voir 237

Les subordonnées de condition peuvent être introduites notamment par les éléments ci-dessous.

1. *If*

La conjonction *if* (si) est la forme la plus simple pour exprimer une condition. Notez l'emploi de *will* et de *would* selon la situation :

- **Situation à venir :**

subordonnée	principale
If *it rains,*	*we'll stay at home.*
S'il pleut,	nous resterons à la maison.
If *it clears up,*	*I'll go for a walk.*
Si ça s'éclaircit,	J'irai faire une balade.

- **Situation irréelle :**

subordonnée	principale
If *he worked harder,*	*he'd succeed.*
S'il travaillait davantage,	il réussirait.
If *he had worked harder,*	*he would have succeeded.*
S'il avait travaillé davantage,	il aurait réussi.

2. *Unless*

La conjonction *unless* (à moins que, sauf si) sert à exprimer une condition négative. Elle a un sens proche de *if... not*. Comparez les emplois des deux tournures :

Unless *you need me, I won't come.*	***If*** *you* ***don't*** *need me, I won't come.*
À moins que tu aies besoin de moi, je ne viendrai pas.	Si tu n'as pas besoin de moi, je ne viendrai pas.

Unless, voir 253

3. *As long as*

- La tournure *as long as* (tant que) peut exprimer une considération temporelle (aussi longtemps que) :

principale	subordonnée
You may keep my computer	***as long as*** *you need it.*
Tu peux garder mon ordinateur	tant que tu en as besoin.

- *As long as* peut exprimer une condition à respecter (dans la mesure où, du moment que) :

principale	subordonnée
You may keep my computer	***as long as*** *you don't misuse it.*
Tu peux garder mon ordinateur	tant que tu t'en sers correctement.

4. *Provided / providing / on condition*

Provided / providing (pourvu que) et *on condition* (à condition de) s'emploient également lorsqu'il s'agit d'une condition à respecter :

principale	subordonnée
You can listen to music	***provided** (that) it isn't too loud.*
Tu peux écouter de la musique	pourvu que ce ne soit pas trop fort.
He can stay with us	***on condition** (that) he doesn't bother anyone.*
Il peut rester avec nous	pourvu qu'il ne dérange personne.

Subordonnées hypothétiques, voir 105

À VOUS !

94. Traduisez les phrases suivantes en pensant aux diverses solutions.
a. À moins que vous ayez une très bonne raison, vous devez absolument venir. – b. Vous pouvez rester tant que vous voulez – c. Ils peuvent regarder du moment qu'ils se tiennent tranquilles. *(stay quiet)* – d. Vous pouvez l'emprunter pourvu que vous promettiez de le rendre. *(borrow)* – e. Si nous connaissions son numéro, nous pourrions l'appeler. – f. Les requins n'attaquent pas sauf si vous les provoquez. *(sharks - provoke)* – g. Tu peux sortir du moment que tu promets d'être de retour à minuit.

105 Les subordonnées hypothétiques

Les subordonnées hypothétiques expriment une condition ayant peu de chances de se réaliser. Elles peuvent être introduites, notamment, par *if* (si), *in case* (au cas où), *suppose* (et si), *supposing* (supposons que).

1. *If*

- La conjonction *if* (si) peut être utilisée seule, ou associée à d'autres mots :

subordonnée	principale
***If I ever** have a problem,*	*I'll phone you.*
Si jamais j'ai un problème,	je te téléphonerai.
***If** an accident **should** happen,*	*what would you do?*
Si par hasard il arrivait un accident,	que feriez-vous ?
***If** you **were to** lose your job,*	*what would you do?*
Si vous deviez perdre votre emploi,	que feriez-vous ?

- On peut également supprimer la conjonction *if*, et avoir une inversion sujet-auxiliaire :

Should an accident happen, what would you do?
Si par hasard il arrivait un accident, que feriez-vous ?

Inversion sujet-auxiliaire, voir 89

2. *In case*

Les constructions avec *in case* (au cas où) varient selon les situations.

- Il s'agit d'une **situation présente ou à venir**, on emploie ***in case* + présent** :

principale	subordonnée
I'll take a key	***in case*** *you lose yours.*
Je prends une clé	au cas où tu perdrais la tienne.
précaution	risque éventuel

- Il s'agit d'une **situation passée**, on emploie ***in case* + prétérit** :

He took an umbrella	***in case*** *it rained.*
Il a pris un parapluie	au cas où il aurait plu.
précaution	risque éventuel

- On peut employer ***should* + V** dans une langue plus soutenue. L'éventualité est alors plus faible.

- Ne confondez pas ***in case*** avec ***if***. Comparez :

I'll come ***in case*** *they need me.*	*I'll come* ***if*** *they need me.*
Je viendrai au cas où ils auraient besoin de moi.	Je viendrai s'ils ont besoin de moi.
hypothèse	condition

3. *Suppose* et *supposing*

On utilise indifféremment *suppose* et *supposing* pour exprimer une supposition, le plus souvent dans le cadre d'une question. On emploie alors :
- le présent si l'événement a de fortes chances de se produire ;
- le prétérit modal si la probabilité est faible.

subordonnée	principale
Suppose *it rains,*	*what shall we do?*
Et s'il pleut,	que fait-on ?
Supposing *you won the big prize,*	*what would you give me?*
Imagine que tu gagnes le gros lot,	qu'est-ce que tu me donnerais ?

Voir aussi Prétérit modal 52, Subordonnées de condition 104, Si 238

À VOUS !

95. Traduisez les phrases suivantes.

a. Si je ne peux pas venir, je vous le ferai savoir. – b. Si jamais vous avez besoin de moi, je serai là. – c. Si nous devions perdre, je démissionnerais. *(resign)* – d. Elle a une bombe, au cas où elle serait agressée. *(spray - mugger)* – e. Il m'a donné de l'argent au cas où j'aurais eu besoin de quelque chose. – f. Que diriez-vous si quelqu'un devait vous demander d'expliquer ? – g. Apporte des salades au cas où quelqu'un ne mangerait pas de viande. – h. Il avait toujours de l'aspirine sur lui au cas où quelqu'un aurait mal à la tête. *(carry aspirin - have a headache)* – i. Si jamais vous avez besoin de parler, n'hésitez pas à me contacter. *(contact)* – j. Imagine que tu oublies, qu'est-ce que je ferais ?

LE DISCOURS INDIRECT

106 Le discours direct et le discours indirect

Le discours indirect permet de rapporter les propos de quelqu'un, ou ses propres propos, qu'il s'agisse d'affirmations, de questions, d'ordres, etc.

1. Constructions de base

Les phrases au discours indirect sont constituées d'une proposition principale et d'une subordonnée.

discours direct	discours indirect	
	principale	subordonnée
"I'm tired." « Je suis fatigué. »	*He **said*** Il a dit	*(that) he was tired.* qu'il était fatigué.
"What are you drinking?" « Qu'est-ce que tu bois ? »	*He **asked** me* Il m'a demandé	*what I was drinking.* ce que je buvais.
"Do you want some coffee?" « Veux-tu du café ? »	*He **asked** me* Il m'a demandé	*if I wanted some coffee.* si je voulais du café.
"Open the door!" « Ouvre la porte. »	*He **told** me* Il m'a dit	*to open the door.* d'ouvrir la porte.
"How strange!" « Comme c'est bizarre ! »	*He **said*** Il dit que	*it was strange.* c'était bizarre.

La conjonction *that* est souvent omise après des verbes introducteurs tels que *say*, *tell*, *think*, etc. lorsqu'il s'agit d'affirmations ou d'exclamations.

2. Modifications

Au delà des modifications de ponctuation, les reformulations au discours indirect peuvent entraîner des modifications portant sur les temps (**107**), les modaux utilisés (**108**), les pronoms et les déterminants (**109**) et les marqueurs de temps, de lieu et les démonstratifs (**110**).

3. Discours indirect et questions indirectes

Ne confondez pas question rapportée et question indirecte.

- Une question peut être rapportée :

What are you drinking?
Qu'est-ce que tu bois ?

He asked me what I was drinking.
Il m'a demandé ce que je buvais.
▼
ce n'est donc plus une question

- Une question peut être aussi formulée de façon indirecte :

What are you drinking?
Qu'est-ce que tu bois ?

Can you tell me what you're drinking?
Tu peux me dire ce que tu es en train de boire ?
▼
c'est toujours une question

Questions indirectes, voir **79**

107 Le discours indirect et les modifications de temps

Le discours indirect peut entraîner des modifications de temps selon que le verbe introducteur est au présent ou au passé.

1. Discours rapporté au présent

Quand le verbe utilisé pour rapporter est au présent, il n'y a pas de modification de temps :

"I'm sorry." « Je suis désolé. »	→	*He says he's sorry.* Il dit qu'il est désolé.

2. Discours rapporté au passé

Quand le verbe utilisé pour rapporter est au passé, il y a les modifications de temps suivantes :

quand le propos à rapporter est au :	le propos rapporté est au :
• présent	• prétérit
"I'm sorry." « Je suis désolé. »	*He said he **was** sorry.* Il a dit qu'il était désolé.
*"We **know** the way."* « Nous connaissons le chemin. »	*They said they **knew** the way.* Ils ont dit qu'ils connaissaient le chemin.
*"I **don't know** what to do."* « Je ne sais que faire. »	*She said she **didn't know** what to do.* Elle a dit qu'elle ne savait que faire.
• *present perfect*	• *past perfect*
*"They**'ve been** here before."* « Ils sont déjà venus ici. »	*I thought they**'d been** here before.* Je croyais qu'ils étaient déjà venus ici.
• prétérit	• *past perfect*
*"I **had** an excellent lunch."* « J'ai eu un excellent déjeuner. »	*He said he**'d had** an excellent lunch.* Il a dit qu'il avait eu un excellent déjeuner.
• impératif	• *to* + infinitif
*"**Call** me later."* « Appelle-moi plus tard. »	*He told me **to call** him later.* Il m'a dit de l'appeler plus tard.
*"**Don't wait** up."* « Ne m'attends pas pour te coucher. »	*He told me **not to** wait up.* Il m'a dit de ne pas l'attendre pour me coucher.

Il n'y a pas en anglais de modification de temps lorsque le propos rapporté est toujours vrai au moment où l'on parle. :

*In the Middle Ages people thought that the sun **rotated** round the earth.* ▼ vrai à ce moment là	*Copernicus maintained that the earth **rotates** round the sun.* ▼ toujours vrai

La formulation *"He said to me..."* est possible, mais très gauche. On utilise de préférence *"He told me..."*.

Discours indirect avec modal, voir 108

À VOUS !

96. Indiquez d'abord si la phrase contenant le discours rapporté est au présent (A) ou au passé (B). Complétez ensuite à l'aide de la forme verbale appropriée.
a. She says she ... feeling ill. (is - was) – b. I told him I ... understand. (don't - didn't) – c. They say they ... come. (won't - wouldn't) – d. He said he ... been here before. (has - had) – e. He asked me what I ... doing. (am - was) – f. They said they ... lost. (are - were)

97. Traduisez les phrases ci-dessous en mettant les verbes fournis à la forme appropriée.
a. Ils ont dit qu'ils l'avaient déjà fait. *(do it)* – b. Il a promis qu'il m'aiderait. *(help)* – c. Je lui ai dit de ne pas toucher ça. *(touch it)* – d. Elle a dit qu'elle n'était pas prête. *(be ready)* – e. Nous pensions que vous veniez. *(be coming)* – f. Je leur ai dit que je n'aimais pas les chats. *(like cats)* – g. Ils m'ont demandé de n'en parler à personne. *(tell)* – h. Je croyais que vous vous étiez déjà rencontrés. *(meet)* – i. Elle m'expliqua qu'elle ne se sentait pas bien. *(feel)*

108 Le discours indirect avec un modal

Un modal subit généralement les mêmes modifications qu'un verbe dans un discours rapporté au présent ou au passé.

1. Discours rapporté au présent

Quand le verbe utilisé pour rapporter est au présent, le modal ne change pas :

*"I **can** do it."* « Je peux le faire. »	*He says he **can** do it.* Il dit qu'il peut le faire.
*"We'**ll** be in touch."* « Nous resterons en contact. »	*They say they'**ll** be in touch.* Ils disent qu'ils resteront en contact.

2. Discours rapporté au passé

Quand le verbe utilisé pour rapporter est au passé, il y a des modifications selon le modal employé :

propos à rapporter avec :	propos rapporté avec :
• *can* *"I **can** do it."* « Je peux le faire. »	• *could* *I told them I **could** do it.* Je leur ai dit que je pouvais le faire.
• *may* *"It **may** be a good idea."* « C'est peut-être une bonne idée. »	• *might* *I thought it **might** be a good idea.* J'ai pensé que c'était peut-être une bonne idée.
• *will* *"I'**ll** be on time."* « Je serai à l'heure. »	• *would* *She said she'**d** (**would**) be on time.* Elle a dit qu'elle serait à l'heure.

May et *might*, voir 191

Lorsque *must, could, might, should* et *would* sont déjà dans le propos rapporté, il n'y a, par contre, pas de modification :

*"We **must** save some money."*
« Nous devons économiser. »

*I said we **must** save some money.* (1)
J'ai dit que nous devions économiser.

*"You **should** see a doctor."*
« Vous devriez voir un médecin. »

*I told him he **should** see a doctor.*
Je lui ai dit qu'il devrait voir un médecin.

(1) L'autre formulation, *"I said we had to save some money"* signifierait : « J'ai dit qu'il a fallu qu'on économise ».

À VOUS !

98. Complétez les phrases ci-dessous au discours indirect.
a. "I can't go on Tuesday." - I told them ... – b. "It may be possible." - I told them ... – c. "He must be rich." - I thought ... – d. "We mustn't blame him." - I said ... (blâmer) – e. "You shouldn't worry so much." - I told him ... (s'inquiéter) – f. "You can have some more." - He told me ... – g. "It may fall down." - She warned ... – h. "You mustn't work so hard." - They told him ... – i. "We'll phone you next week." - They promised ...

109 Le discours indirect, les pronoms et les adjectifs

Le passage du discours direct au discours indirect entraîne un certain nombre de modifications portant sur les pronoms personnels et réfléchis, les adjectifs et pronoms possessifs.
La logique impose en effet ici – comme en français – certaines modifications.

1. Pronoms personnels et réfléchis

Notez les modifications dans les exemples suivants :

*"**You** look tired, Jim."*
« Tu as l'air fatigué, Jim. »

*I told Jim **he** looked tired.*
J'ai dit à Jim qu'il avait l'air fatigué.

*"She laughed at **us**."*
« Elle s'est moquée de nous. »

*He said she'd laughed at **them**.*
Il a dit qu'elle s'était moquée d'eux.

*"I can't do it **myself**", Laura said.*
« Je ne peux pas le faire toute seule. », dit Laura.

*Laura told them she couldn't do it **herself**.*
Laura leur a dit qu'elle ne pouvait pas le faire toute seule.

2. Adjectifs et pronoms possessifs

Notez les modifications dans les exemples suivants :

*"It's **my** suitcase," the girl said.*
« C'est ma valise », dit la fille.

*The girl said it was **her** suitcase.*
La fille a dit que c'était sa valise.

*"It's **mine**."*
« C'est la mienne. »

*She said it was **hers**.*
Elle a dit que c'était la sienne.

Discours indirect avec repères de temps, de lieu, voir 110

110 Le discours indirect, les repères de temps, de lieu, les démonstratifs

Lorsque le verbe utilisé pour rapporter le propos est au passé, le passage du discours direct au discours indirect entraîne un certain nombre de transformations portant sur les repères de temps et de lieu, et les démonstratifs.
Lorsque le propos que l'on rapporte est lié à la situation présente, il n'y a pas de modification. Lorsque le propos que l'on rapporte n'a rien à voir avec la situation présente, il y a modification des termes.

1. Repères de temps

Comparez les emplois des repères de temps, dans l'exemple suivant, selon que le propos est lié ou non à la situation présente :

*"We moved to the country two years **ago**."*
« Nous nous sommes installés à la campagne il y a deux ans. »

propos lié à la situation présente

*He said they had moved to the country two years **ago**.*
Il a dit qu'ils s'étaient installés à la campagne il y a deux ans.

▼

par rapport à maintenant : pas de changement de terme

propos non lié à la situation présente

*He said they had moved to the country two years **before**.*
Il a dit qu'ils s'étaient installés à la campagne deux ans avant.

▼

nous sommes dans un récit : changement de terme

Le tableau ci-dessous indique les changements éventuels entraînés par ce type de discours indirect :

	par rapport à maintenant	dans une suite chronologique
now	*now*	*then*
yesterday	*yesterday*	*the day before*
last week	*last week*	*the week before*
ago	*ago*	*before*
tomorrow	*tomorrow*	*the next day*
next week	*next week*	*the following week*

2. Repères de lieu

Comparez les emplois des repères de lieu dans l'exemple suivant, selon que le propos est lié ou non à la situation présente :

*"Stay **here**", the man said.* « Restez ici », dit l'homme.

propos lié à la situation présente	propos non lié à la situation présente
*He told us to stay **here**.* Il nous a dit de rester ici. ▼ par rapport à cet endroit-ci : pas de changement de terme	*He told us to stay **there**.* Il nous a dit de rester là. (en cet endroit-là) ▼ nous sommes dans un récit : changement de terme

3. Adjectifs démonstratifs

Comparez les emplois des adjectifs démonstratifs, dans l'exemple suivant, selon que le propos est lié ou non à la situation présente :

*"I liked John Wayne in **this** film," he said.* « J'ai aimé John Wayne dans ce film », dit-il.

propos lié à la situation présente	propos non lié à la situation présente
*He said he had liked John Wayne in **this** film.* Il a dit qu'il avait aimé John Wayne dans ce film. ▼ par rapport à maintenant : pas de changement de terme	*He said he had liked John Wayne in **the** film.* Il a dit qu'il avait aimé John Wayne dans le film. ▼ par rapport à d'autres : changement de terme

Le tableau ci-dessous indique les changements éventuels entraînés par ce type de discours indirect :

	par rapport à maintenant	dans une suite
this	*this*	*the / that*
these	*these*	*those*

À VOUS !

99. Repérez si chacun des propos rapportés est lié à la situation présente (A) ou non (B), puis complétez.
a. "I checked the oil last week." He said he ... the oil last week. – b. "I'll call him next week." He promised he ... call next week. – c. "I felt nervous yesterday." He told me he ... nervous the day before. – d. "I go to work by train." He said he ... to work by train. – e. "We're going to Spain for our holidays." They told me they ... to Spain for ... holidays.

100. Décidez vous-même si le propos que vous allez rapporter ci-dessous est lié à la situation présente (A) ou non (B), puis complétez.
a. "I heard the news last week." He said ... the news ... – b. "We're taking the exam next week." They told me ... the exam ... – c. "We're leaving now. " They announced they ... leaving ... – d. "I'll give it back tomorrow." He promised he ... give it back ... – e. "I saw him last week." She said she ... him ... – f. "I received the letter yesterday." He said he ... the letter ... – g. "We needed it three days ago." They told me they ... it ...

111 Le discours indirect avec des questions

Le discours indirect permet également de rapporter une question posée par une personne. On peut le faire au présent ou au passé.

1. Question rapportée au présent

Quand le verbe utilisé pour rapporter est au présent, il n'y a pas de modification de temps ni d'auxiliaire. Notez toutefois le changement dans l'ordre des mots :

*"How much **is it**?"* « Combien ça coûte ? »	*He wants to know how much **it is**.* Il veut savoir combien ça coûte.
*"How **will he** react?"* « Comment va-t-il réagir ? »	*I wonder how **he will** react.* Je me demande comment il va réagir.

2. Question rapportée au passé

Quand le verbe utilisé pour rapporter est au passé, il y a en revanche – en plus du changement dans l'ordre des mots – les modifications suivantes :

quand la question à rapporter est au :	la question rapportée est au :
• présent *"How much **is** it?"* « Combien ça coûte ? »	• prétérit *He asked me how much it **was**.* Il m'a demandé combien ça coûtait.
• prétérit *"Who **did** you see?"* « Qui avez-vous vu ? »	• *past perfect* *He asked me who I **had seen**.* Il m'a demandé qui j'avais vu.
• *present perfect* *"What **have** you **been** doing?"* « Qu'est-ce que tu as fait ? »	• *past perfect* *She asked me what I **had been** doing.* Elle m'a demandé ce que j'avais fait.

Lorsque la question contient un modal, ce dernier est au prétérit dans la question rapportée :

*"How **will** she react?"* « Comment réagira-t-elle ? »	*He wondered how she**'d (would)** react.* Il s'est demandé comment elle réagirait.

Les questions appelant un « oui » ou un « non » sont rapportées à l'aide de ***if*** ou de ***whether*** :

*"**Are** you alone?"* « Vous êtes seul ? »	*He asked me **if** / **whether** I was alone.* Il m'a demandé si j'étais seul.
*"**Have** you **been** to Japan?"* « Vous êtes allé au Japon ? »	*He asked me **if** / **whether** I had been to Japan.* Il m'a demandé si j'étais allé au Japon.

Notez, d'autre part, des exemples de questions indirectes :

I don't know if / whether they'll come (or not). Je ne sais pas s'ils viendront ou non.
I wondered what they were talking about. Je me demandais de quoi ils parlaient.

Questions indirectes, voir 79

DICTIONNAIRE GRAMMATICAL

ACROSS et THROUGH

112 Emplois de *across* et de *through*

Across et *through* peuvent souvent se traduire en français de la même manière : « **à travers** ».

Les deux termes ont pourtant des sens différents :

- ***across*** indique un passage d'un bord à un autre ;
- ***through*** indique plutôt un passage au travers de quelque chose.

Across et *through* sont souvent associés à des verbes de mouvement. L'ensemble se traduit alors par « traverser », suivi ou non d'un complément de manière.

*He swam **across** the Channel.*
Il a traversé la Manche à la nage.

*She limped **across** the street.*
Elle a traversé la rue en boîtant.

*The ghost went **through** the wall.*
Le fantôme passa à travers le mur.

*The rain is coming **through** the roof.*
La pluie traverse le toit.

On peut avec certains mots employer *across* ou *through*, selon le cas :

*He ran **across** the ploughed field.*
Il traversa en courant le champ labouré.
▼
trajet direct, sans idée d'obstacle

*He ran **through** the field of maize.*
Il traversa en courant le champ de maïs.
▼
en se frayant un chemin

Through, employé avec *be*, possède un sens différent :

*Are you **through** with it?* — En avez-vous terminé ?
*Jenny and I are **through**.* — Jenny et moi, c'est fini.

À VOUS !

101. Complétez les phrases ci-dessous à l'aide de *across* ou de *through*.
a. I couldn't see ... the dirty windscreen. (pare-brise) – b. They made their way ... the forest. – c. Lindbergh made the first solo flight ... the Atlantic. – d. Have you been ... the Channel Tunnel? – e. We walked … the bridge. – f. You can have it when I'm … with it. – g. We took the boat… the lake.

102. Traduisez les phrases suivantes en employant *across* ou *through*.
a. Il avait une cicatrice en travers du visage. *(scar)* – b. Je les ai vus par la fenêtre. – c. Il veut voyager à travers l'Amérique. – d. Il vous faut douze heures pour traverser la France en voiture. *(drive)* – e. Le tunnel traverse le mont Blanc. *(go - Mont Blanc)* – f. Ça a été difficile de se faufiler dans la foule. *(push)* – g. J'ai rêvé que je courais à travers une forêt.

ADJECTIFS

Adjectifs suivis d'une préposition 113

La sélection suivante indique l'emploi des prépositions après certains adjectifs, selon que l'adjectif porte sur une personne *(sb : somebody)* ou sur quelques chose *(sth : something)*. Pour plus de détails, consultez aussi votre dictionnaire.

absent *~ from sth*	absent à
afraid *~ of sb / sth*	avoir peur de
amazed *~ at sth* *~ by sth*	stupéfait de
angry *~ about sth* *~ at sb* *~ with sb*	fâché de, en colère contre
annoyed *~ about sth* *~ at sth* *~ by sth* *~ with sb / sth*	contrarié par, mécontent de
anxious *~ about sb / sth*	inquiet de, avoir peur pour
ashamed *~ of sb / sth*	avoir honte de
aware *~ of sth*	conscient de
bad *~ at sth*	mauvais en
bored *~ with sb / sth*	lassé de
busy *~ with sth*	occupé à
clever *~ at sth*	habile à
close *~ to sb / sth*	proche de
crazy *~ about sb / sth*	fou, dingue de
delighted *~ about sth* *~ at sth* *~ by sth* *~ with sb / sth*	ravi de
dependent *~ on sb / sth*	dépendant de
different *~ from sb / sth* *~ to sb / sth*	différent de
disappointed *~ about sth* *~ at sth* *~ in sb* *~ with sb / sth*	déçu par
disgusted *~ at sth* *~ by sth* *~ with sb / sth*	écœuré de, par
excited *~ about sth* *~ by sth*	excité par
familiar *~ with sth*	bien connaître
famous *~ for sth*	célèbre pour
fed up *~ with sb / sth*	en avoir assez de
fond *~ of sb / sth*	aimer beaucoup
frightened *~ about sth* *~ of sb / sth*	avoir peur de
full *~ of sth*	plein de
furious *~ about sth* *~ at sth* *~ with sb*	furieux de, contre
glad *~ about sth* *~ of sth*	heureux, ravi de
good *~ at sth*	bon en

grateful	reconnaissant
~ *for sth*	de / envers
~ *to sb*	
happy	heureux, content de
~ *about sth*	
~ *for sb*	
~ *with sb / sth*	
impressed	impressionné par
~ *by sb / sth*	
~ *with sb / sth*	
interested	s'intéresser à
~ *in sb / sth*	
jealous	jaloux de
~ *of sb / sth*	
keen	passionné de
~ *on sb / sth*	
kind	gentil avec
~ *to sb*	
mad (synonyme de *angry*)	en colère contre
~ *at sb*	
~ *with sb*	
mad (synonyme de *crazy*)	fou de
~ *about sb / sth*	
married	marié avec
~ *to sb*	
nice	gentil avec
~ *to sb*	
pleased	content de, pour
~ *about sth*	
~ *at sth*	
~ *for sb*	
~ *with sb / sth*	
polite	poli avec
~ *to sb*	
proud	fier de
~ *of sb / sth*	
responsible	responsable de
~ *for sb / sth*	
rude	grossier avec
~ *to sb*	
satisfied	satisfait de
~ *with sb / sth*	
scared	avoir peur de
~ *of sb / sth*	
shocked	bouleversé par
~ *at sth / by sth*	
sick	en avoir assez de
~ *of sb / sth*	
sorry	désolé pour
~ *about sb / sth*	
~ *for sb / sth*	
surprised	surpris par
~ *about sth*	
~ *at sth*	
~ *by sb / sth*	
terrible	nul en
~ *at sth*	
tired	fatigué de
~ *of sb / sth*	
~ *with sb / sth*	
typical	typique de
~ *of sb / sth*	
upset	se tracasser pour, être contrarié par
~ *about sb / sth*	
~ *by sb / sth*	
used	habitué à
~ *to sb / sth*	
worried	se faire du souci pour
~ *about sb / sth*	
~ *at sth*	
~ *by sth*	

AFRAID TO et AFRAID OF

114 Emplois de *afraid to* et de *afraid of*

Avec la tournure *be afraid,* deux constructions avec des sens différents peuvent être employées pour le verbe qui suit :

- ***to* + V** lorsque l'on a plus ou moins la possibilité de faire ou non ce qui fait peur ;
- ***of* + V *-ing*** lorsque l'on ne peut intervenir sur l'événement qui fait peur.

Comparez :

afraid to	afraid of
*I'm afraid **to speak** to the boss.* J'ai peur de parler au patron.	*I'm afraid **of failing** my exam.* J'ai peur de rater mon examen.
*I'm afraid **to jump** from that height.* J'ai peur de sauter de cette hauteur.	*I've always been afraid **of driving** in the fog.* J'ai toujours eu peur de conduire dans le brouillard.
▼ je n'ai pas envie de le faire	▼ je n'y peux rien de toute façon
*He's afraid **to go** out at night.* Il a peur de sortir le soir.	*He's afraid **of going** out at night.* Il a peur de sortir le soir.
▼ l'idée d'avoir à sortir lui fait peur	▼ sortir lui fait toujours peur

On peut employer les deux constructions dans une phrase. Notez la différence dans l'exemple suivant :

*I was afraid **to go** skiing as I was afraid **of breaking** my leg.*
J'avais peur de faire du ski parce que j'avais peur de me casser la jambe.

Voir aussi Gérondif 12, Infinitif ou gérondif 180 à 184

À VOUS !

103. Repérez si l'on peut intervenir (A) ou ne pas intervenir (B) sur l'événement, complétez à l'aide de *to* ou de *of*, puis traduisez.
a. They were all afraid ... their jobs. *(lose)* – b. He's afraid ... his wife about it. *(tell)* – c. Don't be afraid ... what you think. *(say)* – d. I was afraid ... myself. *(hurt)* – e. She was afraid ... herself ill. *(make)* – f. I'm afraid ... from so high. *(jump)* – g. He's afraid ... his independence. *(lose)*

ÂGE

Expression de l'âge 115

Pour exprimer l'âge, on emploie en anglais le verbe *be*, puisque l'on décrit l'état d'une personne ou d'une chose.

1. Constructions de base

Il y a deux formulations possibles :

- *be* + numéral + *years old* ;
- *be* + numéral.

She's twenty-three years old. / She's twenty-three. Elle a vingt-trois ans.
He'll be fifteen in August. Il aura quinze ans en août.

Les questions correspondantes sont :

How old is she? Quel âge a-t-elle ?
How old will he be? Quel âge aura-t-il ?

On utilise également la formulation suivante en anglais écrit formel :

*You can't be elected until you are twenty-five **years of age**.*
Vous n'êtes pas éligible si vous n'avez pas vingt-cinq ans.

Lorsqu'on indique un âge approximatif, on emploie les tournures suivantes :

He's in his	*thirties.*	Il a	la trentaine.
	early thirties.		un peu plus de trente ans.
	mid thirties.		environ trente-cinq ans.
	late thirties.		pas loin de quarante ans.

She's in her late teens. Elle a dix-huit ou dix-neuf ans.

2. Tournures spécifiques

Be your / his / her... age :

*When **I'm your age**, I'll be rich.* Quand j'aurai ton âge, je serai riche.

Be the same age :

*They**'re the same age**, aren't they?* Ils ont le même âge, non ?

At / by the age of :

*She died **at the age of** eighty-three.* Elle est morte à l'âge de quatre-vingt-trois ans.
*He could swim **by the age of** four.* Il savait nager dès l'âge de quatre ans.
*He could play Mozart **by the age of** six.* Il savait jouer du Mozart dès l'âge de six ans.

Tournures avec ***over*** et ***under*** :

*The **over** sixties.* Les plus de soixante ans.
***Under**-eighteens are not admitted.* Les moins de dix-huit ans ne sont pas admis.
*Children **under** ten and people **over** sixty-five don't pay.*
Les enfants de moins de dix ans et les personnes de plus de soixante-cinq ans ne paient pas.

AGO

116 Emplois de *ago*

Ago est un adverbe de temps. Il précise la distance qui nous sépare d'un événement révolu.

Le verbe de la proposition qui contient *ago* est obligatoirement au **prétérit.** *Ago* suit immédiatement la précision temporelle concernée. *Ago* est généralement traduit en français par « il y a... ».

*He arrived **five minutes ago**.* Il est arrivé il y a cinq minutes.
*I met him once a long time **ago**.* Je l'ai rencontré une fois il y a longtemps.
***How long ago** did you hear about this?* Il y a combien de temps que tu as entendu parler de ça ?

Ago peut être remplacé par la tournure ***it is*** **+ [durée] +** ***since*** **+ [événement passé]** :

***It is three years since** they moved to Bath.* Ça fait trois ans qu'ils se sont installés à Bath.

Il y a, voir aussi 178

AGREE

Constructions et emplois avec *agree* 117

Le verbe *agree* a le sens général d'« être d'accord » (sens contraire : *disagree*).

I quite agree. Je suis tout à fait d'accord.
I don't agree. Je ne suis pas d'accord.
I strongly disagree. Je ne suis pas du tout d'accord.
I couldn't agree more. Je suis parfaitement d'accord.
I couldn't agree less. Je ne suis pas du tout d'accord.

Ce verbe admet deux constructions :

- *agree* + groupe nominal ;
- *agree* + subordonnée complétive ou infinitive.

1. *Agree* + groupe nominal

Agree peut être suivi de prépositions différentes, selon son sens.

Être d'accord avec quelqu'un, approuver quelque chose :

*I entirely agree **with** you.* Je suis entièrement d'accord avec vous.
*He eventually agreed **with** us.* Il est finalement tombé d'accord avec nous.

S'accorder sur quelque chose :

*They didn't agree **about** / **on** the salary.* Ils ne se sont pas mis d'accord sur le salaire.

Consentir à quelque chose :

*His father will never agree **to** that.* Son père n'y consentira jamais.

2. *Agree* + subordonnée

Agree peut avoir des sens différents selon la nature de la subordonnée dont il est suivi.

Agree est suivi d'une **subordonnée complétive avec *that***, sans restriction d'emplois :

*I **agree that** they went too far.* Je reconnais qu'ils sont allés trop loin.

Agree est suivi d'une **subordonnée infinitive avec *to***, lorsque le sujet de la subordonnée est le même que celui de la principale :

*They **agreed to** sign a ceasefire.* Ils ont accepté de signer un cessez-le-feu.

À VOUS !

104. Complétez les phrases ci-dessous à l'aide du terme approprié.
a. We agree ... she should be nominated. – b. Do you agree ... this decision? – c. They couldn't agree ... overtime. (heures supplémentaires) – d. I agree ... you were badly treated. – e. Would you agree ... work on Sundays? – f. They would never agree ... your proposition. – g. I don't agree ... your choice of colour. – h. She agreed ... the project.

ALL et WHOLE

118 Emplois de *all* et de *whole*

All et *whole* sont des mots de nature différente :
• *all* [ɔ:l] est un déterminant, qui désigne une totalité (« tous », « tout ») ;
• *whole* [həʊl] est un adjectif (« entier », « tout entier ») ou un nom (« la totalité »), et indique donc l'intégralité.

1. *All* déterminant et *whole* adjectif

All, déterminant, se place en tête du groupe nominal ; *whole* occupe la place d'un adjectif épithète dans le groupe nominal. Notez les différences d'emplois et de sens.

Emplois avec des dénombrables :

all	whole
All *the houses were destroyed.* **Toutes** les maisons furent détruites. ▼ les maisons en question considérées dans leur totalité	*The* ***whole*** *house was destroyed.* La maison **entière** fut détruite. ▼ la maison en question considérée dans son intégralité

On peut dire aussi :
All *of them were destroyed.* Toutes furent détruites.

	They drank a ***whole*** *bottle of whisky.* Ils burent une bouteille **entière** de whisky.
All *houses have windows.* **Toutes** les maisons ont des fenêtres. ▼ les maisons en général considérées dans leur totalité	***Whole*** *houses were destroyed.* Des maisons **entières** furent détruites. ▼ des maisons (non spécifiées) considérées dans leur intégralité

Notez d'autre part les deux formulations possibles dans le cas d'un dénombrable employé au singulier :

All *the village was destroyed.* **Tout** le village fut détruit.	*The* ***whole*** *village was destroyed.* Le village **entier** fut détruit.

L'emploi avec *whole* est plus courant.

Emplois avec des indénombrables :

He's spent ***all*** *his money.*
Il a dépensé tout son argent.

On peut dire aussi :
He's spent all of it. / He's spent it all. Il a tout dépensé.

Attention ! *Whole* ne s'emploie pas avec un indénombrable.

2. *Whole* nom

Avec *whole* employé comme nom, on a la construction ***the whole of*** **+ nom / pronom** :

I haven't read ***the whole of*** *the story.* Je n'ai pas lu l'histoire en entier.
I haven't read ***the whole of*** *it.* Je ne l'ai pas lue en entier.

3. *All*, *whole* et la durée

On peut employer *all* ou *whole* pour exprimer une notion de durée, mais on emploie surtout *whole* pour exprimer l'insistance :

*I've spent **all** day typing letters.*
J'ai passé toute la journée à taper des lettres.

*He spent **all** his life in Canada.*
Il a passé toute sa vie au Canada.

*I've spent the **whole** day typing letters.*
J'ai passé la journée entière à taper des lettres.

*He spent his **whole** life in Canada.*
Il a passé sa vie entière au Canada.

*He revised for his exam the **whole** summer long.*
Il a passé tout l'été à réviser son examen.

Avec *all* associé à des mots comme *day*, *morning*, *week*, etc., l'article *the* est, selon les termes utilisés, soit impossible, soit facultatif.

- **L'article *the* est omis :**

all day / *all day long* — toute la journée
all night / *all night long* — toute la nuit
all year long — toute l'année
all summer long — tout l'été

- **L'article *the* est facultatif :**

all (the) morning — toute la matinée
all (the) afternoon — tout l'après-midi
all (the) evening — toute la soirée

all (the) week — toute la semaine
all (the) month — tout le mois
all (the) year — toute l'année
all (the) year round — toute l'année

all (the) spring — tout le printemps
all (the) summer — tout l'été
all (the) autumn — tout l'automne
all (the) winter — tout l'hiver

Every et *all*, voir aussi 158

À VOUS !

105. Complétez à l'aide seulement de *all* ou de *whole*, puis traduisez.
a. ... forests are destroyed by fire each year. – b. It rained the ... autumn long. – c. I've been typing ... day long.

106. Traduisez en pensant aux diverses solutions possibles.
a. Il a étudié toute la nuit. *(study)* – b. J'ai essayé toutes les possibilités. *(possibility)* – c. J'ai lu le livre entier en une soirée. – d. La plante fleurit toute l'année. *(plant :* nom - *flower :* verbe*)* – e. Il a neigé tout l'hiver. *(snow)*

ALLER

Emplois de *been* et de *gone* — 119

1. Emplois contrastés de *been* et de *gone*

Been et *gone* peuvent figurer dans des formulations rendues en français de la même manière par le verbe « aller », mais que vous ne devez pas confondre.

Comparez :

*John is back home. He has **been** to Asia.*
John est rentré. Il est allé en Asie.
▼
il en est revenu

*John is on holiday. He has **gone** to Asia.*
John est en vacances. Il est allé en Asie.
▼
il est parti et n'est pas revenu

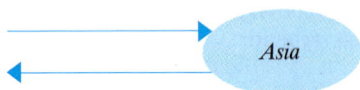

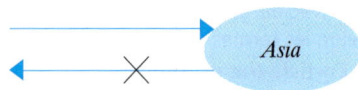

*He's a great traveller. He's **been** to Asia.*
C'est un grand voyageur. Il est allé en Asie.
▼
il connaît

Asia

Asia

On retrouve les mêmes emplois respectifs dans les questions :

Where have you been?
Où êtes-vous allé ?

Where has he gone?
Où est-il allé ?

Attention ! Lorsque vous demandez directement à quelqu'un où il est allé, seul *been* est possible, puisque la personne est en face de vous !

Les questions avec *ever* et *how many times*, qui portent sur l'expérience, se construisent ainsi avec *been* :

Have you ever been to Mexico? Êtes-vous déjà allé au Mexique ?
How many times have you been there? Combien de fois y êtes-vous allé ?

Notez chaque fois l'emploi du *present perfect* qui exprime le bilan, le résultat.

On retrouve la même opposition entre *been* et *gone* au *past perfect* :

I'd never been there before.
Je n'y étais jamais allé auparavant.

When we arrived, he'd gone to work.
Quand on est arrivé, il était parti travailler.

2. Emploi spécifique de *gone*

Notez la formulation *be gone*, qui signifie « ne pas être là, avoir disparu » :

*I looked again, but they **were gone**.* J'ai encore regardé, mais ils n'étaient plus là.
*My suitcase **is gone**.* Ma valise a disparu.

Il s'agit d'une voix passive exprimant ici un état.

Come et *go*, voir aussi 137 ◄

À VOUS !

107. Examinez le contexte, puis complétez à l'aide de *been* ou de *gone*.
a. Be quiet! He's ... to bed. – b. He's suntanned, because he's ... on holiday. (bronzé) – c. My parents are on holiday. They've ... to Japan. – d. My sister is back home. She's ... to Corsica. – e. The last time I saw you, you'd just ... to Egypt. – f. The children aren't here. They've ... to school.

108. Traduisez les phrases ci-dessous en employant *been* et *gone*.
a. Êtes-vous allé à Barcelone ? – b. Est-ce que ton père est là ? – Non, il est allé à la banque. – c. Où es-tu allé ? – d. Ils ne sont jamais allés en Écosse. – e. Nous sommes allés plusieurs fois en Afrique. – f. Nous étions trop en retard : ils étaient rentrés chez eux. – g. Combien de fois est-elle allée à l'étranger ? *(abroad)*

ALMOST et NEARLY

Emplois de *almost* et de *nearly* 120

Almost et *nearly* sont des adverbes de degré, qui ont l'un et l'autre le sens de « **presque** ». Cependant ils ne sont pas toujours interchangeables. Leurs emplois varient selon qu'il s'agit, ou non, de choses que l'on peut mesurer.

1. Emploi de *almost* ou de *nearly*

On peut utiliser *almost* et *nearly* à propos de quelque chose de lié au temps ou à l'espace, que l'on pourrait mesurer. Notez les restrictions d'emploi selon les cas :

almost ou *nearly*	*almost* uniquement
• s'il n'y a pas de terme à sens négatif :	**• s'il y a un terme à sens négatif :**
*I watch TV **almost** / **nearly** every day.* Je regarde la télé presque tous les jours.	*I **almost never** go to the theatre.* Je ne vais presque jamais au théâtre.
*He **almost** / **nearly** missed the train.* Il a failli rater le train.	*I **almost didn't** see her.* J'ai failli ne pas la voir.
	• avec *before* :
*He's **almost** / **nearly** ready.* Il est presque prêt.	***Almost before** I had finished, he was protesting.* Pratiquement avant que j'aie fini, il contestait déjà.

Dans tous ces exemples, on peut expliciter en français le message par une précision, du type « à un jour près », « à une seconde près », « à un mètre près », etc.

On peut aussi employer ***not nearly***, mais la négation porte alors sur *nearly*, en donnant à la phrase un sens totalement différent dû à l'euphémisme :

*He's **not nearly** ready.* Il n'est absolument pas prêt.
*I have**n't nearly** finished.* Je suis loin d'avoir fini.

2. Emploi de *almost* uniquement

On utilise uniquement *almost* à propos de quelque chose qui n'est pas mesurable.

On exprime une appréciation, un jugement :

*It's **almost** incredible.* C'est presque incroyable.
*He plays the piano **almost** perfectly.* Il joue du piano presque à la perfection.
*Paolo **almost** sounds English.* Quand Paolo parle, on dirait presque un Anglais.

On exprime une opinion :

*I'm **almost** certain I left it at home.* Je suis presque sûr de l'avoir laissé à la maison.
*I **almost** think he killed her.* Je ne suis pas loin de penser qu'il l'a tuée.
*I **almost** wish I hadn't told him.* Je regrette presque de lui en avoir parlé.

On exprime une comparaison :

• avec ***like*** :
*It was **almost like** a dream.* C'était presque comme dans un rêve.
• avec **any** et ses composés :
***Almost any** bus will do.* On peut prendre pratiquement n'importe quel bus.

À VOUS !

109. Repérez d'abord s'il s'agit de choses liées au temps ou à l'espace que l'on peut mesurer (A), ou d'autres cas (B), puis complétez avec *almost* ou *nearly*.
a. I spent ... a month in England. – b. I ... wish I hadn't invited her. – c. She's ... certainly been kidnapped. – d. She's ... eighteen. – e. He would do ... anything to get that job. – f. He ... killed her. – g. I ... wish I hadn't bought this car.

110. Traduisez en employant comme il convient *almost* ou *nearly*.
a. Dans ce marché vous pouvez acheter presque tout. – b. J'ai failli me casser la jambe. – c. J'ai failli ne pas y aller. – d. Je suis presque certain qu'il m'a menti. – e. C'est presque fini. – f. Il a dépensé presque tout son argent. – g. Elle est loin d'avoir fini.

ALSO et TOO

121 Emplois de *also* et de *too*

Les adverbes *also* et *too* signifient l'un et l'autre « **aussi** », « **également** ». Ils n'occupent pas toutefois la même place dans la phrase.

• On emploie ***too***, juste après le groupe nominal sur lequel il porte.
• On emploie ***also*** avant le groupe verbal (verbe + complément), mais après l'auxiliaire et après le verbe *be* utilisé seul.

*He plays tennis and he plays **golf too**.* | *He plays tennis and he **also** plays golf.*
Il joue au tennis et il joue aussi au golf.

*He's composed the music and he's written the **lyrics too**.* | *He's composed the music and he's **also** written the lyrics.*
Il a composé la musique et il a également écrit les paroles.

*He's good at maths, and he's good at **physics too**.* | *He's good at maths, and he's **also** good at physics.*
Il est bon en maths, et il est bon en physique aussi.

*Ann can speak French. **Jenny too** can speak French.* | *Ann can speak French. Jenny can **also** speak French.*
Ann parle le français. Jenny aussi.

Lorsque *too* porte sur un groupe verbal complément d'objet placé en fin de phrase, il peut être remplacé par la tournure ***as well*** :
*He plays tennis and he plays golf **as well**.* Il joue au tennis et il joue aussi au golf.

À VOUS !

111. Complétez les phrases en utilisant *also* ou *too*.
a. I listen to classical music, but I like jazz ... . – b. Here's your book, and I've ... brought you some magazines. – c. I've tidied my bedroom and I've done my homework ... . – d. Lucy works in Paris and she lives there ... . – e. We're invited to the party and your brother is ... invited. – f. You ... could win a million dollars! – g. I ... have heard the news.

AS et LIKE

Emplois de *as* et de *like* 122

As et *like* sont des prépositions. *As* peut être aussi une conjonction.

1. *As* et *like* prépositions

As et *like* prépositions sont suivies d'un nom. ***Like* exprime une ressemblance, alors que *as* identifie une personne à son statut.**

ressemblance	statut
*He talks **like** an Irishman.* Il parle comme un Irlandais. ▼ on dirait un Irlandais	*He talked **as** an Irishman.* Il parlait en tant qu'Irlandais. ▼ c'était un Irlandais
*He was dressed **like** a tramp.* Il était habillé comme un clochard. ▼ il ressemblait à un clochard	*He dressed **as** a tramp.* Il s'habilla en clochard. ▼ il voulait être pris pour un clochard

On retrouve l'emploi de *like* dans *He looked like a tramp.*

2. *As* conjonction

On emploie la conjonction *as* :
• pour établir un parallélisme entre deux situations ;
• dans des tournures exprimant la conformité, telles que *as I said* / *as was expected* (comme on pouvait s'y attendre), etc.

parallélisme	conformité
*He learns Russian, **as** his sister does.* Il apprend le russe, comme sa sœur.	***As** I said, he has forgotten the date.* Comme je disais, il a oublié la date.

Dans les phrases exprimant le parallélisme, *as* peut être remplacé par *like* :

*He learns Russian **like** his sister.* Il apprend le russe, comme sa sœur.

En anglais moins soutenu, on rencontre souvent *like* à la place de *as* :

*He cycles to school, **like** I do.* Il va à l'école à vélo, comme moi.

Comme, voir aussi 138

À VOUS !

112. Traduisez les phrases ci-dessous.
a. Elle a trouvé un travail comme infirmière. – b. Il conduit comme un fou. *(a maniac)* – c. C'était comme un rêve. – d. Vous pouvez utiliser ce fax, à la maison comme au travail. – e. Fais comme moi. – f. Comme vous savez, il a écrit un livre. – g. Il travaille comme médecin en Asie. – h. Comme les médecins, les avocats sont bien payés *(lawyers)*.

AS IF et AS THOUGH

123 Emplois de *as if* et de *as though*

As if et *as though* sont des conjonctions interchangeables qui signifient **« comme si »**. Elles introduisent des **subordonnées hypothétiques**, associées souvent à des verbes de perception, comme *look, sound,* etc.

1. Comparaison

As if et *as though* servent à faire une comparaison fictive portant sur une manière d'être ou d'agir.

- *As if* et *as though* sont suivies d'un **prétérit modal**, lorsque la comparaison porte sur un état ou une activité fictifs :

She talks to him as if / though he ***were*** *deaf.* Elle lui parle comme s'il était sourd. (il n'est pas sourd)

- *As if* et *as though* sont suivies d'un ***past perfect*** **modal**, lorsque la comparaison porte sur un bilan fictif :

They're eating as if / though they ***hadn't had*** *anything for days.*
Ils mangent comme s'ils n'avaient rien eu pendant des jours.

- En anglais courant, on rencontre souvent *as if* et *as though* suivis d'un présent (à la place du prétérit modal) ou d'un *present perfect* (à la place du *past perfect* modal) :

She talks to him as if / though he ***is*** *deaf.*
They're eating as if / though they ***haven't had*** *anything for days.*

Prétérit et *Past perfect* modaux, voir 52

2. Emploi avec des verbes de perception

Lorsque *as if* et *as though* sont associés à *look*, *sound*, *seem*, etc., ces expressions sont souvent traduites par « on dirait que... » ou « on aurait dit que » :

situations présentes	situations passées
It ***sounds as if / though*** *they* ***are*** *having a row.* On dirait qu'ils se disputent.	*It* ***sounded as if / though*** *they* ***were*** *having a row.* On aurait dit qu'ils se disputaient.
She ***looks as if / though*** *she* ***has*** *been crying.* On dirait qu'elle a pleuré.	*She* ***looked as if / though*** *she* ***had*** *been crying.* On aurait dit qu'elle avait pleuré.

À VOUS !

113. Complétez les phrases à l'aide des formes verbales appropriées.
a. Don't talk to me as if I ... stupid. *(be)* – b. It smells as though the neighbours ... a barbecue. *(have)* – c. She looks as if she ... in her forties. *(be)* – d. It sounds as if the baby ... up. *(wake)* – e. He carried on (continuer) as though nothing ... . *(happen)* – f. They're shouting as if they ... a row. *(have)* – g. She's panting (souffler) as though she ... for miles. *(run)* – h. He looked at me as if I ... crazy. *(be)*

ASK

Emplois de *ask* 124

Le verbe *ask* (« demander ») peut avoir plusieurs constructions selon qu'il est transitif direct, à deux compléments ou transitif indirect (c'est-à-dire prépositionnel).

1. Verbe transitif direct

Demander quelque chose :

He's always asking nosey questions. Il faut toujours qu'il pose des questions indiscrètes.

Demander à quelqu'un :

If you don't know, ask your father. Si tu ne sais pas, demande à ton père.
Why didn't you ask me? Pourquoi ne m'as-tu pas demandé ?
He asked me to close the door. Il m'a demandé de fermer la porte.

2. Verbe à deux compléments

Demander quelque chose à quelqu'un :

They asked me a lot of questions. Ils m'ont posé beaucoup de questions.
I asked a passer-by the way. J'ai demandé le chemin à un passant.

3. Verbe transitif indirect

Réclamer quelque chose :

*The strikers asked **for** a rise.* Les grévistes demandèrent une augmentation.
*Did he ask **for** money?* Il a demandé de l'argent ?

Réclamer quelque chose à quelqu'un :

*The strikers asked the government **for** a rise.*
Les grévistes demandèrent une augmentation au gouvernement.
*Why didn't he ask me **for** money?* Pourquoi ne m'a-t-il pas demandé de l'argent ?

Voir aussi Verbes transitifs 61, Verbes à deux compléments 64, Discours indirect 106

À VOUS !

114. Traduisez les phrases suivantes en employant le verbe *ask*.
a. Puis-je vous demander un service ? *(favour)* – b. Il m'a demandé du feu. *(a light)* – c. Puis-je vous poser une question ? – d. Les fans demandèrent un autographe au chanteur. – e. Je vais demander une explication. – f. Ne lui demande pas pourquoi, il n'en a aucune idée. – g. J'ai oublié de demander un reçu. *(receipt)* – h. Tu peux demander l'addition ? *(bill)* – i. Ils m'ont demandé mon passeport. – j. Il m'a demandé si je vous connaissais. – k. Pourquoi me posez-vous toutes ces questions ? – l. J'ai demandé une remise. *(discount)* – m. Je vous demande de m'aider.

ASSEZ

125 Traductions de « assez »

La traduction de « assez » dépend du sens qu'a ce mot dans la phrase.

1. « Assez » signifie « relativement »

On emploie couramment les adverbes de degré suivants :

• *rather*	*It's **rather** cold.*	Il fait assez froid.
• *quite*	*He looks **quite** young.*	Il a l'air assez jeune.
• *fairly*	*It was **fairly** hard.*	C'était assez dur.
• *pretty*	*That's **pretty** good.*	C'est assez bon.

Voir aussi Adverbes de degré 71, *Quite* et *rather* 225

2. « Assez » signifie « suffisamment »

On emploie dans ce sens ***enough*** avec plusieurs constructions :

adjectif ou adverbe + *enough*	*enough* + groupe nominal
*This house is big **enough**.* Cette maison est assez grande.	*He's got **enough** money.* Il a assez d'argent.
*strangely **enough*** chose étrange	*I'm not doing **enough** interesting things.* Je ne fais pas assez de choses intéressantes.
enough est ici un adverbe	*enough* est ici un déterminant

Enough peut toutefois se placer après le nom pour créer un effet d'insistance :

*I've got **enough money** to buy a bike.* J'ai assez d'argent pour m'acheter un vélo.	*He's got **money enough**.* Il a largement assez d'argent.
quantité suffisante	plus qu'il n'en faut

3. « Assez » exprime l'exaspération

On peut employer ***enough*** pour exprimer l'exaspération :

*I've had **enough**.* J'en ai assez.
*I've had **enough** of this nonsense!* J'en ai assez de ces bêtises.
*I've had **enough** of getting up so early.* J'en ai assez de me lever si tôt.

À VOUS !

115. Traduisez en utilisant, le cas échéant plusieurs termes possibles.
a. Nous n'avons pas assez d'argent. – b. Il n'est pas assez fort. – c. C'est assez cher. – d. J'en ai assez de ce bruit. – e. Cet exercice est assez difficile. – f. Je n'ai pas assez de temps libre. *(free)* – g. Ce café n'est pas assez chaud. – h. Le concert était assez affreux. *(awful)* – i. Tu as assez de temps pour m'aider ? – j. J'en ai assez de la pluie.

AUTANT, D'AUTANT

Traductions de « autant » 126

La traduction de « autant » varie en fonction de la valeur de la phrase en français.

	valeur
Je n'ai pas **autant** de livres que toi.	simple comparaison
Jamais vu **autant** de courage !	expression exclamative
Tu devrais en faire **autant**.	pareillement
Autant le faire maintenant.	autant vaut

1. « Autant de... (que) » exprime une comparaison ou une exclamation

Simple comparaison :

On utilise ***as many... as*** ou ***as much... as*** selon que le nom qui suit est dénombrable ou indénombrable.

as many + nom dénombrable + *as*	*as much* + nom indénombrable + *as*
*I don't have **as many** books **as** you.* Je n'ai pas autant de livres que toi.	*I don't drink **as much** tea **as** you.* Je ne bois pas autant de thé que toi.

Expression exclamative :

On utilise ***so many*** ou ***so much*** / ***such a lot of*** selon que le nom qui suit est dénombrable ou indénombrable.

so many / such a lot of + nom dénombrable	*so much / such a lot of* + nom indénombrable
*I'd never seen **so many** people.* Je n'avais jamais vu autant de gens.	*I didn't think he'd have **so much** courage.* Je ne pensais pas qu'il aurait autant de courage.
*I'd never seen **such a lot of** people.* Je n'avais jamais vu autant de gens.	*We'd never had **such a lot of** rain!* On n'avait jamais eu autant de pluie !

Dans ces exemples (comparaison et exclamation), *as many / much*, *so many / much* et *such a lot* peuvent ne pas être suivis d'un nom :

*I don't have **as many as** you.* Je n'en ai pas autant que toi.
*I don't drink **as much as** you.* Je ne bois pas autant que toi.
*How can you eat **so much**?* Comment peux-tu manger autant ?

2. « Autant » signifie « pareillement »

On utilise généralement ***the same*** :

*You should do **the same**.* Tu devrais en faire autant.

3. « Autant » signifie « autant vaut »

La tournure « autant (vaut) » se traduit souvent par ***we*** / ***you*** (etc.) ***may*** (ou ***might***) ***as well*** + V :

***We may as well** leave now.* Autant partir maintenant.

4. « Autant » dans d'autres tournures

Notez par ailleurs la traduction des tournures ***for all that*** « pour autant » et ***as far as I know*** « pour autant que je sache » :

I'm not going to give up ***for all that.*** Je ne vais pas abandonner pour autant.
As far as I know, *the last train is at 10.* Pour autant que je sache, le dernier train est à 10 heures.

127 Traductions de « d'autant »

1. « D'autant (plus) que »

Les traductions courantes sont ***especially as/all the more so since/all the more so because.***

We should leave now, ***especially as*** *there's very heavy traffic on the motorway.*
Nous devrions partir maintenant, d'autant qu'il y a beaucoup de circulation sur l'autoroute.

2. « D'autant plus... », « d'autant moins... »

« D'autant plus... que » correspond à la construction *all the* + adjectif (ou adverbe) au comparatif + *as / since / because* :

adjectif ou adverbe court	adjectif ou adverbe long
He's ***all the*** *happier* ***as*** *he's passed all his exams.* Il est d'autant plus heureux qu'il a réussi tous ses examens.	*He was* ***all the more*** *disappointed* ***since*** *he had worked hard.* Il a été d'autant plus déçu qu'il avait beaucoup travaillé.

La formule seule « d'autant plus » se traduit par *all the more reason*.

« D'autant moins... que » correspond à la construction *all the less* + adjectif (ou adverbe) + *as / since / because* pour tous les adjectifs ou adverbes :

That job was ***all the less*** *interesting* ***because*** *it was miles away.*
Cet emploi était d'autant moins intéressant que c'était à des kilomètres.

La formule seule « d'autant moins » se traduit par *all the less* ou *even less*.

À VOUS !

116. Traduisez en pensant le cas échéant aux diverses solutions possibles.
a. Je ne gagne pas autant d'argent que toi. *(earn money)* – b. Les carottes n'ont pas autant de calories que les pommes de terre. *(calories)* – c. Il parle toujours autant ? – d. Autant nous renseigner. *(ask)* – e. Je n'avais jamais lu autant de livres en une semaine. *(in one week)* – f. Ça ne m'a jamais pris autant de temps pour arriver ici. *(get)* – g. Il est marrant, mais je ne peux pas en dire autant pour sa femme. *(fun)* – h. Autant que je me souvienne, il est grand avec des cheveux noirs.

117. Traduisez les phrases ci-dessous.
a. J'ai faim, d'autant que je n'ai pas eu de déjeuner. – b. Il est d'autant plus de mauvaise humeur qu'il a perdu son travail. *(bad-tempered)* – c. J'étais d'autant moins impressionné qu'il est arrivé en retard au rendez-vous. *(impressed - appointment)* – d. Nous étions d'autant plus fiers que nous l'avions fait sans aide. *(proud)* – e. Il parlait d'autant plus vite qu'il était nerveux. *(quickly)* – f. C'est d'autant plus facile d'y aller qu'ils ont construit la nouvelle route. – g. La circulation était intense, d'autant que c'était le début des vacances. *(heavy)*

BE

Be verbe lexical et auxiliaire 128

Be peut être **verbe lexical** ou **auxiliaire**.

1. *Be* verbe lexical

Conjugaison de *be*

• au **présent simple** :

I	*'m (am)*	*'m not*	*am I...?*	*we*				*we...?*
you	*'re (are)*	*aren't*	*are you...?*	*you*	*'re (are)*	*'re not /(aren't)*	*are*	*you...?*
he	*'s (is)*	*isn't*	*is he...?*	*they*				*they...?*

• au **prétérit** :

I	*was*	*wasn't*	*was I...?*	*we*				*we...?*
you	*were*	*weren't*	*were you...?*	*you*	*were*	*weren't*	*were*	*you...?*
he	*was*	*wasn't*	*was he...?*	*they*				*they...?*

• au ***present perfect*** :

I	*'ve (have) been*	*haven't been*	*have you been... ?*
he	*'s (has) been*	*hasn't been*	*has he been... ?*

• au ***past perfect*** :

I	*'d (had) been*	*hadn't been*	*had you been... ?*
he	*'d (had) been*	*hadn't been*	*had he been... ?*

Valeurs de *be* verbe lexical

• *Be* verbe lexical est fondamentalement verbe **d'état**. Il indique une caractéristique ou un état du sujet.

*Mary **is** a doctor.* Mary est médecin. *She'**s** tall.* Elle est grande. *We'**re** cold.* Nous avons froid.
*He'**s** six feet tall.* Il mesure (Il fait) 1 m 83.

Notez ci-dessus l'emploi de *be* associé à un adjectif, à la différence du français.

• *Be* verbe lexical peut être aussi verbe **d'action**, avec le sens de « se conduire », « se comporter ». *Stop **being** silly, John!* Arrête de faire l'idiot, John !

Il est également beaucoup utilisé dans ce cas au présent, en association avec la forme *be -ing*. *I'm not **being** silly, Mum!* Mais je ne fais pas l'idiot, Maman !

2. *Be* auxiliaire

Be auxiliaire, appelé également **opérateur**, s'emploie en association avec *-ing* pour décrire une activité et avec V-EN (participe passé) pour construire la voix passive.

Activité décrite et / ou commentée :

• présent	*They'**re** watching TV.*	Ils regardent la télé.
• prétérit	***Were** you sleeping?*	Tu dormais ?
• *present perfect*	*She's **been** crying.*	Elle a pleuré.
• *past perfect*	*He'd **been** fighting.*	Il s'était battu.

Voix passive :

• présent	*It's **being** repaired.*	C'est en cours de réfection.
• prétérit	*She **was** badly injured.*	Elle fut grièvement blessée.
• *present perfect*	*The room has **been** tidied.*	La pièce a été rangée.
• *past perfect*	*Hadn't it **been** damaged before?*	Ça n'avait pas déjà été abîmé ?

Verbes lexicaux et auxiliaires 43

BETTER et BEST

129 Emplois de *better* et de *best*

Better et *best* sont respectivement le comparatif et le superlatif de ***good***. On emploie souvent *better* et *best*, adverbes, pour exprimer la préférence : avec *better*, on compare alors deux éléments ; avec *best*, plus de deux éléments.

better	*best*
Which jam do you like ***better****, raspberry or strawberry?* Quelle confiture préfères-tu, framboise ou fraise ?	*Which American writer do you like* ***best****?* Quel auteur américain préfères-tu ?

118. Traduisez les phrases ci-dessous.
a. Il est le meilleur de la classe. – b. Qui est meilleur en maths, toi ou ta sœur ? – c. Tu aimes le vin blanc ? – Oui, mais je préfère le rouge. – d. C'est ce que je préfère. – e. Je pense que le rouge te va le mieux.*(suit)* – f. Je préfère son frère jumeau. *(twin)*

BORN (BE ~)

130 Emplois de *be born*

La tournure passive *be born* « être porté (au monde) » correspond au français « naître ». Le temps utilisé varie selon que l'on parle d'une personne en vie ou non, d'une naissance annoncée, de naissances en général.

1. Personnes en vie ou non

Pour indiquer une date de naissance, on utilise ***be born*** **au prétérit** :
I ***was*** *born on April 1, 1986.* Je suis né le 1er avril 1986.
When ***were*** *you born?* Quand êtes-vous né ?

2. Naissance annoncée

Pour prédire une naissance à venir, on utilise le modal ***will*** **+** ***be born*** :
Their baby ***will be*** *born by the end of the month.* Leur enfant naîtra d'ici la fin du mois.

3. Naissances en général

Lorsqu'on parle de naissances en général, on utilise ***be born*** **au présent** :
All men ***are*** *born equal.* Tous les hommes naissent égaux.

BOTH

Emplois de *both* 131

Both signifie « les deux... », « tous les deux ». *Both* peut être adjectif, pronom ou adverbe.

1. *Both* adjectif et pronom

Emplois de *both* :

adjectif	pronom
• ***both*** **+ nom :**	• ***both*** **seul :**
*I went to **both** exhibitions.*	***Both** are keen on jazz.*
J'ai vu les deux expositions.	Les deux aiment le jazz.
	• ***both of*** **+ pronom :**
	***Both of** them live abroad.*
	Les deux vivent à l'étranger.
	• ***both*** **(*of*) + déterminant + nom :**
	***Both** (**of**) his films were flops.*
	Ses deux films ont été des échecs.

Emplois de *both* et de *the two* :

Comparez les emplois respectifs de *both* et de *the two* selon les cas :

both	the two
***Both** brothers married Welsh girls.*	***The two** brothers live in different parts of the country.*
Les deux frères ont épousé des Galloises.	Les deux frères habitent des régions différentes.
▼	▼
situation identique pour les deux	situation différente pour chacun d'eux

Emplois de *both* et de *either* :

Comparez les emplois respectifs de *both* et de *either* selon les cas :

both + pluriel	either + singulier
***Both** roads are blocked.*	*You can park on **either** side.*
Les deux routes sont coupées.	Tu peux te garer des deux côtés.
▼	▼
les deux à la fois	l'un ou l'autre, au choix

2. *Both* adverbe

Both est aussi utilisé comme adverbe :

*The drivers **both** won the Grand Prix.* Les pilotes ont tous deux gagné le Grand Prix.

L'expression adverbiale ***both... and...*** (qui se traduit également par « à la fois ») est une forme d'insistance par rapport à *and* seul :

***Both** Ben **and** Lucy went to university.* Ben et Lucy sont allés tous deux à l'université.

*It was **both** sad **and** funny.* C'était tout à la fois triste et drôle.

À VOUS !

119. Traduisez les phrases ci-dessous.

a. Leurs deux enfants sont mariés. – b. Elle étudie la physique et la chimie. *(physics - chemistry)* – c. Les deux travaillent dans la même société. *(company)* – d. Ses deux filles habitent dans des villes différentes. – e. Ses deux jambes étaient cassées.

CAN et COULD

132 Valeurs et emplois de *can* et de *could*

Can et *could* (prétérit de *can*) sont des modaux. Ils expriment donc toujours le point de vue de l'énonciateur.

[sujet] ● [prédicat]
[modal]

1. Valeurs et emplois de *can*

Can renvoie fondamentalement au **domaine du possible**. Ses différentes valeurs peuvent être classées en deux catégories :
– la **capacité**, la **caractéristique** du sujet, et la **pression sur autrui** avec *can* et *can't* ;
– la **certitude** (uniquement avec *can't*).

Capacité, caractéristique du sujet, et pression sur autrui

Avec *can* + V, l'énonciateur **atteste** que le sujet dont il parle a la capacité, ou la possibilité, de faire telle ou telle chose.

*He **can** speak Italian fluently.* Il parle l'italien couramment.
***Can** you solve that problem?* Sais-tu résoudre ce problème ?
*You **can** dive here: the water's deep enough.* On peut plonger ici : l'eau est assez profonde.

Can sert également à décrire une caractéristique du sujet, qui peut se manifester occasionnellement.

*Jim **can** be nasty at times.* Jim peut être méchant par moments.

Dans ce cas, *can* s'emploie uniquement à la forme affirmative, et se prononce toujours sous sa forme accentuée : [kæn].

L'énonciateur utilise aussi *can* lorsqu'il **juge** que le sujet « peut » faire telle ou telle chose, parce qu'il le lui permet.

*You **can** take my mountain bike, if you like.* Tu peux prendre mon VTT, si tu veux.
*"**Can I** go to the concert?"* Est-ce que je peux aller au concert ?
– *"Sorry, you **can't**. You're too young."* – Non, désolé. Tu es trop jeune.

Certitude

Can't sert aussi à exprimer une certitude forte : l'énonciateur est quasiment sûr de ce qu'il avance (« ce n'est pas possible que… »)

Les énoncés avec *can't* représentent le **même degré** de certitude que les énoncés affirmatifs avec *must* (voir l'échelle au n° 135). Notez bien : *can* sans la négation ne s'utilise pas dans ce sens.

Notez les emplois et les constructions selon les situations :

• Situation présente ou à venir

La certitude porte sur un état/un fait :	La certitude porte sur une activité vue dans son déroulement :
can't + V	*can't* + *be* -*ing*
*He **can't** be that stupid.* Ce n'est pas possible d'être si bête.	*They **can't be** sleep**ing** at this time!* Ce n'est pas possible qu'ils dorment à cette heure!

• Situation passée

La certitude porte sur un fait révolu ou un résultat : *can't + have* V-EN	La certitude porte sur l'activité du sujet : *can't/+ have been –ing*
***He can't have died** before the war.* Ce n'est pas possible qu'il soit mort avant la guerre.	*He can't have been drinking.* Ce n'est pas possible qu'il ait bu. ▼ il n'a pas l'air soûl

2. Valeurs et emplois de *could*

Could est le prétérit de *can*. Il renvoie donc également au **domaine du possible**, avec des valeurs qui peuvent aussi être classées en deux catégories : la **capacité**, la **caractéristique** du sujet et la **pression sur autrui** ; la **certitude**

Capacité, caractéristique du sujet et pression sur autrui

– Avec *could* + V, l'énonciateur peut décrire ce que le sujet était capable ou non de faire (aptitude « permanente »), ou ce qu'il était possible ou non de faire.

*His grandfather **could** read Russian.* Son grand-père savait lire le russe.
*We **couldn't** dive from that rock.* On ne pouvait pas plonger de ce rocher.

Couldn't + V s'utilise d'autre part pour exprimer une **incapacité** vérifiée à un moment particulier du passé.

*I **couldn't** start my car.* Je n'ai pas pu démarrer.

Attention ! Seules sont possibles dans ce cas les phrases négatives. *Could* ne s'emploie jamais pour exprimer un fait accompli. Ainsi on ne peut pas dire ~~*Could you mend your bike?*~~, mais *Were you able to mend your bike?* (Tu as pu réparer ton vélo ?). Question à laquelle on peut répondre par contre avec *couldn't* : *No, I **couldn't*** (Non, je n'ai pas pu.)

Could + V sert également à décrire une caractéristique du sujet, qui pouvait se manifester occasionnellement.

*He **could** be quite charming at times.* Il pouvait être tout à fait charmant, parfois.

– Avec *could*, l'énonciateur peut également exprimer, selon la construction, une suggestion ou un reproche, ou solliciter une permission.

Suggestion *could* + V	Reproche *could + have* V-EN
*You **could** try.* Tu pourrais essayer. ▼ ici sens conditionnel présent français	*You **could** have tried once more.* Tu aurais pu essayer encore une fois. ▼ ici sens conditionnel passé français

***Could** I have some tea, please?* Pourrais-je avoir du thé, s'il vous plaît ?

Certitude

Could sert aussi à exprimer une certitude relative : La chose dont l'énonciateur parle ne lui paraît pas impossible.

Notez les emplois et les constructions selon les situations :

• Situation présente ou à venir

La certitude porte sur un état / un fait : *could* + V	La certitude porte sur une activité vue dans son déroulement : *could + be–ing*
*She **could** still be in bed.* Elle est peut-être encore au lit.	*She **could** still be working.* Elle travaille peut-être encore.

*It **could** freeze tonight.*

Il se pourrait qu'il gèle cette nuit.

*Just think : we **could** be lying on the beach next month.*
Tu t'imagines : on sera peut-être sur la plage le mois prochain.
▼
on s'y voit à l'avance

• Situation passée

La certitude porte sur un fait révolu ou un résultat :
could + *have* V-EN

*He **could have had** an accident.*
Il a peut-être eu un accident.
▼
il n'est toujours pas là

La certitude porte sur une activité vue dans son déroulement :
could + *have been –ing*

*They **could have been** running.*
Ils ont peut-être couru.
▼
ces gens sont en sueur

Couldn't sert par contre à exprimer une certitude forte : comme avec *can't*, l'énonciateur est quasiment sûr de ce qu'il avance (« ce n'est pas possible que… »)
*He **couldn't have forgotten** the date.* C'est impossible qu'il ait oublié la date.

Hypothèse rétrospective :

L'énonciateur peut aussi utiliser *could* + *have* V-EN pour imaginer, alors qu'il sait très bien ce qu'il en est, comment les choses « auraient pu » se passer autrement.

*We were lucky : we **could have run** out of petrol.*
On a eu de la chance : on aurait pu avoir une panne d'essence.
▼
en réalité : on a eu assez d'essence

À VOUS !

120. Repérez si les phrases expriment une capacité ou une incapacité (A), une permission ou interdiction (B), une certitude forte (C), une manifestation occasionnelle (D) ou une certitude relative (E), puis traduisez.
a. This dog can be dangerous. – b. You can't miss it. It's on the left. – c. Can you cook Chinese food? – d. Could I come with you? – e. Surely it can't be 4 o'clock already? – f. She could be on holiday. – g. They can't have left already.

121. Repérez dans les phrases s'il s'agit d'une certitude relative (A), d'une hypothèse rétrospective (B) ou d'un reproche (C), puis traduisez.
a. He doesn't answer my letters: he could have moved house. (déménager). – b. At last he could have offered to pay. – c. Luckily he knew in advance: he could have moved house.

122. Traduisez les phrases suivantes en utilisant *can* ou *could*.
a. Peut-être a-t-il téléphoné pendant que j'étais sorti. *(be out)* – b. Ce n'est pas possible qu'il ait perdu la clé. – c. Quand j'étais jeune, je savais faire du patin. *(ice-skate)* – d. Peut-être qu'elle dort. – e. Je ne sais pas jouer aux échecs. *(play chess)* – f. Dépêchez-vous : vous pourriez rater votre train. – g. Tu sais changer une roue ? *(wheel)*

CAPACITÉ

133 Expression de la capacité

En matière de capacité, il est commode de faire la distinction entre « l'aptitude permanente » à faire quelque chose, qui relève de la caractéristique du sujet, et « la capacité à un moment particulier ». Les formulations varient selon les situations.

1. Situations présentes

Pour décrire une aptitude ou une capacité **au présent**, l'énonciateur utilise le modal *can*.

aptitude / inaptitude permanente	capacité / incapacité à un moment particulier
*He **can** write in shorthand.* Il sait écrire en sténo.	*Do you think you **can** do it ?* Tu crois que tu peux le faire ?
*He **can't** swim.* Il ne sait pas nager.	*Sorry, I **can't** do that.* Désolé, je ne sais pas faire ça.

Pour renforcer l'idée de performance ou de défaut d'aptitude, il utilise la tournure *be able to* au présent.

*That monkey **is able to** ride a bike.* Ce singe est capable de faire du vélo.
*He **isn't** even **able to** fry an egg.* Il n'est même pas capable de faire cuire un œuf.

2. Situations passées

Pour décrire une aptitude permanente **dans le passé**, l'énonciateur utilise le modal *could* (prétérit de *can*) ou, pour l'inaptitude, *couldn't*. Pour renforcer l'idée de performance ou de défaut d'aptitude, il utilise la tournure *be able to* au prétérit.

Pour parler d'une capacité ou d'une incapacité **vérifiée** à un moment particulier **du passé**, l'énonciateur peut utiliser :
– *was able to* pour la capacité. Notez que l'emploi de *could* (sans négation) est ici impossible ;

– *couldn't* ou *wasn't able to* pour l'incapacité.

Aptitude / inaptitude permanente	capacité / incapacité à un moment particulier
*He **could** run for hours.* Il pouvait courir des heures.	emploi de *could* impossible
*He **couldn't** read.* Il ne savait pas lire.	*Unfortunately, he **couldn't** mend his bike.* Malheureusement il n'a pas pu réparer son vélo.
*She **was able to** fly a helicopter.* Elle était capable de piloter un hélicoptère.	*He **was able to** walk to the nearest phone box.* Il réussit à marcher jusqu'à la cabine la plus proche.
*He **wasn't able to** ride a bike at that age.* Il était incapable de faire du vélo à cet âge.	*They **weren't able to** contact us.* Ils n'ont pas réussi à nous contacter.
en français : emploi de l'imparfait	en français : passé simple (langue soutenue) ou passé composé (langue courante)

La capacité au passé peut également être rendue par des verbes comme *manage to* + V ou *succeed in* + V-*ing* au prétérit.

*He **managed to** make a belly-landing.* Il a réussi à faire un atterrissage sur le ventre.
*They **succeeded in** replacing a solar panel.* Ils ont réussi à remplacer un panneau solaire.

3. Situations à venir

– Pour prédire une capacité, l'énonciateur utilise le modal *will* suivi de *be able to*.

*We'**ll be able to** fix it if everybody gives a hand.* On réussira à réparer si tout le monde s'y met.
*She **won't be able to** do it unless someone helps her.* Elle n'y arrivera pas à moins que quelqu'un ne l'aide.

– Il peut aussi utiliser *will* suivi de verbes comme *manage to* + V ou *succeed in* + *V-ing*.

*If you send us a map, we'**ll manage to** find it.* Si tu nous envoies un plan, on arrivera à trouver.

*With some luck, he'**ll succeed in** finding a good job.*
Avec un peu de chance, il arrivera à trouver un bon boulot.

– L'énonciateur peut d'autre part utiliser ***can* / *can't*** avec un marqueur de temps, lorsqu'il veut exprimer plutôt la disponibilité ou l'indisponibilité du sujet :

*I **can't** come tomorrow.* Je ne peux pas venir demain.

▼

je ne suis pas libre

4. Situations hypothétiques

– Quand on veut exprimer une capacité « potentielle », on emploie *could* + V ou *would* suivi de *be able to* + V. Il s'agit d'un **irréel du présent** : on imagine ce que le sujet **serait** capable de faire.

– Quand on veut exprimer une capacité « qui aurait pu être effective », on emploie *could* + *have* V-EN ou *would* suivi de *have been able to* + V. Il s'agit alors d'un **irréel du passé** : on imagine ce que le sujet **aurait été** capable de faire.

irréel du présent	irréel du passé
*He **could** work for hours if he had to.* Il pourrait travailler des heures s'il le fallait.	***He could have** helped you.* Il aurait pu t'aider.
*I **couldn't** work so hard.* Je ne pourrais pas travailler aussi dur.	*Even he **couldn't have** answered.* Même lui n'aurait pas pu répondre.
*She **would be able to** do it even if no one helped her.* Elle pourrait le faire même si personne ne l'aidait.	*She **would have been able to** do it.* Elle aurait été capable de le faire.
▼ en français : conditionnel présent	▼ en français : conditionnel passé

À VOUS !

123. Repérez s'il s'agit, dans les phrases ci-dessous, d'une aptitude permanente (A), capacité à un moment particulier (B), ou d'une capacité potentielle (C). Complétez ensuite à l'aide de *can* ou de *be able to* que vous mettrez aux formes appropriées.
a. They ... run fast when they were younger. – b. He ... succeed if he worked harder. – c. She ... solve the problem in no time. – d. He was so good at languages that he ... speak five. – e. She was badly injured; yet she ... call for help. – f. You ... do it, if you tried. – g. He was so rich that he ... buy anything he wanted.

124. Traduisez les phrases ci-dessous exprimant la capacité, en pensant aux diverses solutions possibles.
a. Elle pourrait skier plus vite si elle essayait. *(ski)* – b. J'ai pu réparer la tondeuse en cinq minutes. *(mower)* – c. Mon grand-père savait conduire. – d. Ils n'ont pas pu battre le champion. *(beat)* – e. Ils ont pu la convaincre. *(persuade)* – f. Je n'aurais pas pu finir sans ton aide. – g. Je réussirai à le convaincre. – h. Ils n'auraient pas pu s'échapper, c'était impossible. – i. J'ai réussi à obtenir une réponse. *(get)* – j. Je ne pourrais jamais vivre avec lui. – k. J'ai pu les rencontrer le jour suivant.

Expression de la cause

134

Pour exprimer la cause, on peut employer une conjonction ou une préposition.

1. Emploi d'une conjonction

On peut employer les conjonctions suivantes introduisant une subordonnée :

as comme ***since*** puisque ***for*** car

As he'd already been to Australia, *I asked his advice about flights.*
Comme il était déjà allé en Australie, je lui ai demandé conseil pour les voyages en avion.

Since you speak Spanish, *could you call this hotel for me?*
Puisque tu parles espagnol, tu pourrais appeler cet hôtel pour moi ?

He got a standing ovation, ***for it was a great performance.***
On lui a fait une ovation, car ce fut une interprétation magnifique.

2. Emploi d'une préposition

On peut employer les prépositions suivantes introduisant un groupe nominal :

because of à cause de
for pour

owing to / ***due to*** / ***on account of*** } en raison de, à cause de

The match was cancelled ***because of the bad weather.***
Le match a été annulé à cause du mauvais temps.

He's been sentenced to life imprisonment, ***for killing several people.***
Il a été condamné à perpétuité pour le meurtre de plusieurs personnes.

Owing to a technical fault, *the ferry is delayed.*
En raison d'un ennui technique, le ferry est retardé.

They arrived late ***due to the storm.*** Ils sont arrivés tard en raison de l'orage.

On account of his being late, *we lost the contract.*
En raison de son retard, nous avons perdu le contrat.

Les prépositions *owing to, due to* et *on account of* relèvent d'un emploi formel.

À VOUS !

125. Repérez dans les phrases ci-dessous s'il s'agit pour les éléments manquants d'une conjonction (A) ou d'une préposition (B). Complétez ensuite, puis traduisez.
a. They couldn't take a holiday ... their financial position. – b. ... you're not available, I'll ask someone else. – c. ... I had no intention of paying the bill, I demanded to see the manager. – d. He was expelled ... his bad behaviour. – e. ... you're going to the shops, could you buy me some bread? – f. The shop closed ... the bad publicity it received. – g. ... she reads so much, we decided to offer her a book. – h. Could you post these letters ... you're going past the postbox? – i. He was given a fine ... dangerous driving. (procès verbal) – j. ... your being careless, we've lost the contract. (contrat)

CERTITUDE

135 Expression de la certitude

1. Les degrés de certitude

On peut exprimer – de façon plus ou moins forte – la certitude ou la probabilité à l'aide d'un **modal**, d'un **adverbe de modalité**, ou d'une **tournure spécifique**.

Le tableau ci-dessous indique l'échelle approximative des degrés de certitude ou de probabilité, avec les éléments sélectionnés suivants :

	modaux	adverbes	tournures
certitude forte	*will* *must* *can't / couldn't*	*obviously* *definitely* *certainly* *clearly*	*be sure to* *be bound to*
	should	*surely* *probably*	*ought to*
certitude moyenne	*may*	*maybe* *perhaps* *presumably*	*be likely to* *be unlikely to*
incertitude	*could* *might*		*suppose* *guess*

Must (certainement) et *can't* (pas possible) ont ici des sens opposés.

L'expression de la certitude peut porter sur une **situation présente**, **passée** ou **à venir**.

Voir *Can / could* **132**, *May / might* **191**, *Should / Ought to* **236**,
Adverbes de modalité **73**

2. Situations présentes

Pour exprimer une certitude plus ou moins forte sur un **état ou une activité**, on peut employer notamment :

• un modal + V ou bien un adverbe + présent simple s'il s'agit d'un état présent ;

• un modal + *be -ing* ou bien un adverbe + présent avec *be -ing* s'il s'agit d'une activité vue dans son déroulement.

état actuel	activité en cours
*She **must** work here.* *She **probably** works here.* Elle travaille probablement ici.	*She **must be** work**ing**.* *She's **probably** work**ing**.* Elle est probablement en train de travailler.

Pour exprimer une certitude plus ou moins forte sur **un bilan actuel**, on peut utiliser également :

• un modal + *have* V-EN (verbe au participe passé) ou bien un adverbe + *have* V-EN si l'on s'intéresse au résultat ;

• un modal + *have been -ing* ou bien un adverbe + *have been -ing* si l'on s'intéresse à l'activité du sujet.

résultat	activité passée
*He **may have missed** the bus.* *He's **probably missed** the bus.* Il a peut-être raté le bus.	*He **may have been** running.* *He's **probably been** running.* Il a probablement couru.

3. Situations passées

Pour exprimer une certitude plus ou moins forte à propos d'une situation passée, on peut employer un modal + *have* V-EN (verbe au participe passé) ou un adverbe ou un verbe spécifique + prétérit.

*She **must have seen** him yesterday.* Elle a dû le voir hier.
*He **obviously made** a mistake.* Il s'est manifestement trompé.
*I **guess** he misunderstood.* Je suppose qu'il a mal compris.

4. Situations à venir

Pour exprimer une certitude plus ou moins forte à propos d'une situation à venir, on peut employer :

• un modal + V ou bien un adverbe + *will* + V, ou encore une tournure spécifique s'il s'agit d'un état ou d'un fait ;

• un modal + *be -ing*, un adverbe ou une tournure + *will* + *be -ing* s'il s'agit d'une activité.

état ou fait à venir	activité à venir
*He **should** finish it tomorrow.* Il devrait finir demain.	*He **should** be arriv**ing** shortly.* Il devrait arriver sous peu.
*He **will definitely** finish it tomorrow.* C'est sûr qu'il finira demain.	*He will **surely** be arriv**ing** shortly.* Il arrivera sûrement sous peu.
*He's **likely to** finish it tomorrow.* Il est probable qu'il finira demain.	***I suppose** he'll be need**ing** me.* Je suppose qu'il aura besoin de moi.
*The weather **is bound to** get better tomorrow.* Le temps doit s'améliorer demain.	

À VOUS !

126. Repérez dans les phrases ci-dessous si la certitude, plus ou moins forte, porte sur une situation présente (A), passée (B) ou à venir (C). Traduisez ensuite.
a. He may have been killed during the war. – b. They might visit us. – c. They must be playing tennis. – d. He may have forgotten our address. – e. They're likely to phone this afternoon.

127. Traduisez les phrases ci-dessous en utilisant chaque fois un modal. Il peut y avoir plusieurs solutions.
a. Il s'est peut-être noyé. *(drown)* – b. Ils prennent certainement le petit déjeuner. *(have breakfast)* – c. Le week-end prochain, on sera peut-être en train de faire de la planche. *(windsurf)* – d. Je devrais le voir la semaine prochaine. – e. Il est peu probable qu'il s'en soit souvenu. – f. Elle devrait bientôt recevoir les résultats.

CHEZ

136 Traductions de « chez »

La traduction de « chez » varie selon ce que l'on veut décrire.

1. Domicile

Lorsque l'on parle d'un domicile, on emploie les expressions suivantes :

***at / to* + génitif incomplet :**

*She lives **at her parents'**.* Elle habite chez ses parents.
*He's gone **to Jane's**.* Il est allé chez Jane.
La préposition *to* marque le déplacement.

***at home* ou *home* :**

*He must be **at home** by now.* Il doit être chez lui maintenant.
*Are you going **home** right now?* Tu rentres chez toi tout de suite ?
Home s'emploie sans préposition quand il y a déplacement.

***my* (*his, her*...) *place* :**

*You can go to **his place** and ask him.* Tu peux aller chez lui et lui demander.

2. Magasin, profession

On emploie le **génitif incomplet précédé de *at* ou de *to*** s'il y a déplacement :

*I bought this ring **at Chrissie's**.* J'ai acheté cette bague chez Chrissie.
*You should go **to the dentist's**.* Tu devrais aller chez le dentiste.

Génitif, voir aussi 23

3. Habitants représentant une nation

Contrairement au français, l'anglais utilise le **nom du pays précédé de *in*** :

***In Lapland**, they eat raw fish.* Chez les Lapons, on mange du poisson cru.

4. Caractéristiques d'un individu ou d'un groupe

Lorsque l'on parle d'une caractéristique, d'une particularité, on emploie :

***about / with* lorsqu'il s'agit d'un individu :**

*What I like **about him** is his wit.* Ce que j'aime chez lui, c'est son esprit.
*It's an obsession **with her**.* C'est une obsesssion chez elle.

***in* lorsqu'il s'agit d'un groupe social, d'un ensemble d'individus**. Le nom qui suit peut être singulier ou pluriel :

*It's a fatal disease **in man** / **babies**.* C'est une maladie mortelle chez l'homme / le bébé.

5. Groupe d'individus

Lorsque « chez » a le sens de « parmi », on utilise alors ***among*** :

*He lived **among Indians** for years.* Il a vécu des années chez les Indiens.

6. Auteurs et œuvres

Qu'il s'agisse d'un auteur particulier, d'un mouvement, d'une école, on utilise ***in*** :

*It was a major theme **in Shakespeare**.* C'était un thème majeur chez Shakespeare.

À VOUS !

128. Traduisez les phrases suivantes.
a. Je l'ai rencontré la première fois chez mes cousins. – b. Il a décidé de rentrer chez lui. – c. Allons chez moi déjeuner. *(for lunch)* – d. Je vais chez le coiffeur. *(hairdresser)* – e. Le chômage chez les jeunes est un problème énorme. *(major)* – f. La varicelle est une maladie courante chez les enfants. *(chickenpox - illness)* – g. Que cherchez-vous chez un futur employé ? – h. Ce que je n'aime pas chez elle, c'est son sarcasme. *(sarcasm)*

COME et GO

Emplois de *come* et de *go* 137

Les verbes *come* et *go* signifient respectivement « venir » et « aller ».
Ils s'utilisent en fonction des mouvements effectués :
- **on emploie *come* s'il y a rapprochement** ;
- **on emploie *go* s'il y a éloignement** par rapport à l'énonciateur.

rapprochement	éloignement
*The dog **came** to me.* Le chien est venu vers moi.	*The dog **went** to the door.* Le chien s'est dirigé vers la porte.
*She hasn't **come** back yet.* Elle n'est pas encore rentrée.	*She's **gone** to bed.* Elle est partie se coucher.
*He **came** into the room.* Il est entré dans la pièce.	*He **went** out of the room.* Il est sorti la pièce.
▼ apparition	▼ disparition

Aller, voir aussi 119

À VOUS !

129. Complétez à l'aide de *come* ou *go*, selon le cas et à la forme appropriée.
a. We want to ... home. – b. ... and see this! – c. He isn't here. He ... shopping. – d. Oh dear! She ... out without her coat! – e. Can you ... out with me this evening? – f. I need to ... to the dentist's. – g. When are you ... on holiday? – h. ... downstairs. I want to speak to you. – i. Where did you ... for your holiday? – j. I'm ... on holiday in a week. – k. Spring has ... early this year. – l. The answer ... to me this morning.

138 Traductions de « comme »

1. « Comme » signifie « à la manière de »

Lorsque « comme » indique une manière d'être ou d'agir, on emploie ***like* suivi d'un nom** ou ***as if* suivi d'une proposition** :

like + nom	*as if* + proposition
*He behaves **like** a child.* Il se conduit comme un enfant.	*He behaves **as if** he were the boss.* Il se conduit comme s'il était le patron.

Notez ici le prétérit modal employé avec *as if*.

As if, voir aussi 123

2. « Comme » signifie « ainsi que »

Lorsque « comme » exprime une comparaison, on emploie ***like* suivi d'un nom** ou ***as* suivi d'une proposition** :

like + nom (ou pronom)	*as* + proposition
***Like** his brother, he learns Russian.* Comme son frère, il apprend le russe.	*He behaves **as** any child does.* Il se conduit comme le fait tout enfant. ***As** I told you, I won't come.* Comme je te l'ai dit, je ne viendrai pas.
	as + préposition + nom
	*They drive on the left, **as** in England.* (1) On conduit à gauche, comme en Angleterre.

(1) On peut remplacer *as* par *like* en anglais moins soutenu.

3. « Comme » signifie « en tant que »

Lorsque « comme » exprime un statut, une profession, on emploie ***as* suivi d'un nom** (avec ou sans déterminant) :

as + *a* / *an* + nom	*as* + Ø + nom
*He works **as** a window cleaner.* Il travaille comme laveur de carreaux.	***As** President, he wasn't very popular.* En tant que président, il n'était pas très populaire.
▼ un laveur de carreaux parmi d'autres	▼ il n'y a qu'un président

4. « Comme » signifie « au moment où »

Lorsque « comme » exprime la simultanéité, on emploie ***as* suivi d'une proposition** :

***As** I was going out, I came across Mrs Smith.*
Comme je sortais de chez moi, je suis tombé sur Mme Smith.

5. « Comme » signifie « tel que »

Lorsque « comme » introduit un exemple, on emploie ***like*** **ou *such as* suivis d'un nom** :

I prefer exotic fruit, ***like*** *lychees.* Je préfère les fruits exotiques, comme les litchis.
Some sports, ***such as*** *bungee jumping, can be dangerous.*
Certains sports, comme le saut à l'élastique, peuvent être dangereux.

6. « Comme » signifie « puisque »

Lorsque « comme » introduit une cause, un motif, on emploie ***as*** **suivi d'une proposition** :

As *he's ill, he won't be there.* Comme il est malade, il ne sera pas là.

7. « Comme » introduit une exclamation

Dans les tournures exclamatives, on emploie ***how*** **suivi d'un adjectif** :

How *pretty she is!* Comme elle est jolie !

À VOUS !

130. Traduisez les phrases ci-dessous.
a. Je l'ai vu comme je traversais la route. – b. Il aime les sports dangereux, comme le vol à voile. *(gliding)* – c. Elle nage comme un poisson. – d. Comme promis, voici le livre que j'ai emprunté. *(borrow)* – e. Elle utilise sa maison comme bureau. *(office)* – f. Comme vous êtes grand ! – g. Comme il pleuvait, ils n'ont pas pu manger dehors. – h. Il a été engagé comme directeur de production. *(hired - production manager)* – i. Dans les montagnes comme les Alpes, il y a beaucoup de fleurs.

CONSEIL

Expression du conseil 139

Il y a de nombreuses façons d'exprimer le conseil. Notez la sélection suivante :

1. Avec un modal ou une tournure modale

- ***Should*** + V :

You ***should*** *call the police.* Vous devriez appeler la police.
You ***shouldn't*** *drink and drive.* Boire ou conduire, il faut choisir. (= conseil amical)

- ***Must*** + V :

You ***must*** *read this book. It's brilliant.*
Il faut que vous lisiez ce livre. Il est remarquable. (= conseil impératif)

- ***Had better*** + V :

*You'****d better*** *take a taxi.* Tu ferais mieux de prendre un taxi.
*You'****d better*** *not be late!* Tu as intérêt à ne pas être en retard !

2. Avec la tournure *ought to* + V

*You **ought** to lose some weight.* Il vous faudrait perdre du poids. (= conseil impersonnel)

3. Avec *if I were* + *would*

***If I were you, I'd** accept.* Si j'étais toi, j'accepterais.

4. Avec les verbes *advise* et *recommend*

Advise ou ***recommend*** + **V** (on mentionne la personne conseillée) :

*I **advised** them to see a lawyer.* Je leur ai conseillé de voir un avocat.

*We were **advised** not to stay in that hotel.* On nous a conseillé de ne pas loger dans cet hôtel.

Advise ou ***recommend*** + **V-*ing*** (on ne mentionne pas la personne conseillée) :

*We **advise taking** legal action.* Je conseille d'engager une action en justice.

*The doctor **recommended working** less.* Le docteur m'a recommandé de moins travailler.

5. Avec un verbe à l'impératif : V + *and* ou V + *or*

***Do** as they say **and** you'll be all right.*

Faites comme ils disent et ça ira.

▼ conséquence positive

***Phone** him now **or** you'll never make it up.*

Appelle-le maintenant ou bien vous ne vous réconcilierez jamais.

▼ conséquence négative

Suggestion, voir aussi 247

131. Traduisez les phrases ci-dessous. Il peut y avoir plusieurs solutions.
a. On ferait mieux de leur dire la vérité. *(tell the truth)* – b. Je devrais faire plus d'exercice. *(do exercise)* – c. À sa place, je serais plus prudent. *(be careful)* – d. Il nous a conseillé de ne pas aller seuls dans la jungle. *(go in the jungle)* – e. Il faut que vous parliez plus lentement – f. Tu as intérêt à ne pas oublier. – g. Je pense que tu devrais te reposer. *(take a rest)* – h. Si j'étais toi, je ne prendrais pas le risque. *(risk)*

CONSÉQUENCE

140 Expression de la conséquence

Pour exprimer la conséquence, on peut employer par exemple un adverbe ou un verbe.

1. Emploi d'un adverbe

so	aussi	*I felt tired, **so** I went to bed.* Je me sentais fatigué, aussi je me suis couché.

consequently	par conséquent, donc	*Sales have dropped, and* ***consequently*** *our jobs are in danger.* Les ventes ont chuté, et donc nos emplois sont menacés.
therefore	par conséquent, donc	*They worked very hard, and* ***therefore*** *they were able to save money.* Ils ont travaillé dur, et donc ils ont pu économiser.

2. Emploi d'un verbe

lead to	mener à, causer	*The heavy rain* ***led to*** *terrible floods.* Les grosses pluies causèrent de terribles inondations.
bring about	entraîner, causer	*His remarriage has* ***brought about*** *lots of changes in his life.* Son remariage a entraîné un tas de changements dans sa vie.
give rise to	donner lieu à	*A long absence* ***gave rise to*** *doubts about her health.* Une longue absence fit naître des doutes sur sa santé.
result in	avoir pour résultat	*The strike* ***resulted in*** *a large pay increase.* La grève entraîna une grosse augmentation de salaire.
cause	causer, occasionner	*His behaviour* ***has caused*** *a lot of trouble.* Sa conduite a causé beaucoup d'ennuis.
produce	susciter	*The questionnaire* ***produced*** *many surprises.* Le questionnaire a suscité beaucoup de surprises.

3. Emploi de tournures spécifiques

so... that	si… que, tellement	*The bus was* ***so*** *crowded* ***(that)*** *he couldn't sit down.* Le bus était si bondé qu'il n'a pas pu s'asseoir.
so... as to	assez… pour	*They were* ***so*** *naive* ***as to*** *believe her.* Ils ont été assez naïfs pour la croire.
such... that	si… que	*It was* ***such*** *a lovely night* ***that*** *we went for a swim.* La nuit était si belle que nous sommes allés nous baigner.
too... for [GN] to + V	trop… pour que	*You're speaking* ***too*** *quickly* ***for me to*** *follow.* Vous parlez trop vite pour que je suive.
enough for [GN] *to* + V	assez… pour que	*It wasn't warm* ***enough for us to*** *eat outside.* Il ne faisait pas assez chaud pour qu'on mange dehors.

À VOUS !

132. Retrouvez les éléments manquants, puis traduisez.
a. Negotiations ... about an agreement. – b. The expedition ... in failure. – c. The television programme ... to a public inquiry. (enquête officielle) – d. Charges of corruption ... a scandal. – e. The meal was … bad I couldn't eat it. – f. It's … far … us to walk. – g. She was … silly … marry him. – h. The book was … long … me to finish.

CONTRASTE

141 Expression du contraste

On peut exprimer le contraste à l'aide d'une conjonction, d'un adverbe ou d'une tournure adverbiale, ou encore d'une préposition.

1. Avec une conjonction

Although ou _though_ = bien que, quoique

__Although__ the restaurant had a good reputation, we were disappointed by the food.

Bien que le restaurant ait eu une bonne réputation, nous avons été déçus par la nourriture.

Even though = bien que

I'd prefer to fly, __even though__ it's more expensive.

Je préférerais prendre l'avion, bien que ce soit plus cher.

Whereas = alors que, tandis que

I like opera, __whereas__ my husband prefers rock music.

J'aime l'opéra, tandis que mon mari préfère le rock.

While = alors que, tandis que

This guidebook has beautiful pictures, __while__ that one gives practical information.

Ce guide contient de belles photos, alors que celui-là donne des renseignements pratiques.

Construction avec _as_ / _though_ :

On place *as* ou *though* après l'adjectif d'appréciation de la subordonnée.

Funny __as__ it may seem, I didn't notice the difference.

Aussi curieux que cela puisse paraître, je n'ai pas remarqué la différence.

While, voir aussi 266 

2. Avec un adverbe ou une tournure adverbiale

However :

• *However* suivi d'un adjectif est souvent rendu en français par la tournure « si [adjectif] » + subjonctif :

__However__ wealthy they may be, they don't look happy.

Si riches soient-ils, ils n'ont pas l'air heureux.

• *However* se traduit aussi par « cependant », « toutefois » :

Visibility was bad. __However__, they decided to continue.

La visibilité était mauvaise. Cependant, ils décidèrent de continuer.

Nevertheless = néanmoins

It was bad news. __Nevertheless__, we mustn't give up hope.

Cela a été une mauvaise nouvelle. Nous ne devons pas néanmoins perdre espoir.

And yet ou _but still_ = et pourtant

He knew it was difficult, __but still__ he insisted on trying.

Il savait que c'était difficile, et pourtant il a tenu à essayer.

She hardly did any work, __and yet__ she passed the exam.

Elle n'a presque rien fait, et pourtant elle a réussi à l'examen.

All the same = quand même

I don't need any help. Thanks __all the same__. Je n'ai pas besoin d'aide. Merci quand même.

3. Avec une préposition

Contrary to = contrairement à

***Contrary to** popular belief, I'm not resigning.* Contrairement à ce que l'on croit, je ne démissionne pas.

In spite of, despite = en dépit de, malgré

*They're not happy, **in spite of** their fortune.* Ils ne sont pas heureux, malgré leur fortune.

Instead of = au lieu de

***Instead of** standing there, why don't you help?* Au lieu de rester là debout, pourquoi n'aides-tu pas ?

Unlike = à la différence de

***Unlike** my wife, I don't play golf.* Contrairement à ma femme, je ne joue pas au golf.

Voir aussi Si et la concession 240, *Used to* 254

À VOUS !

133. Complétez les phrases ci-dessous, en pensant aux diverses solutions possibles.
a. ... dogs, cats are very independent. – b. ... it was winter, people were swimming in the sea. – c. ... her illness, she remains cheerful. – d. Their flat is by the sea, ... ours is in the mountains. – e. ... driving, we took the train. – f. I've told him a hundred times, ... he continues to make mistakes. – g. Ridiculous ... it may seem, I've lost my wife.

COULD et WAS ABLE TO

Emplois de *could* et de *was able to* 142

Le modal *could* (prétérit de *can*) et la tournure *was/were able to* (*be able to* au prétérit) peuvent avoir des valeurs proches, mais ne sont pas toujours interchangeables.

1. Aptitude ou inaptitude permanente

• Pour décrire une aptitude permanente **dans le passé**, l'énonciateur utilise le modal *could* ou, pour l'inaptitude, *couldn't*.

aptitude permanente	inaptitude permanente
*He **could** work for hours on end.* Il pouvait travailler des heures durant.	*He **couldn't** dance.* Il ne savait pas danser.

caractéristique du sujet

• Pour renforcer l'idée de performance ou de défaut d'aptitude, il utilise la tournure *was / were able to*.

*She **was able to** speak six languages.* Elle était capable de parler six langues.	*They **weren't able to** ski.* Ils étaient incapables de skier.

On insiste sur la prouesse ou l'échec

• Notez, dans toutes ces traductions, l'emploi en français de l'imparfait.

2. Capacité ou incapacité à un moment particulier

Pour parler d'une capacité ou d'une incapacité **vérifiée** à un moment particulier **du passé**, l'énonciateur peut utiliser :

- ***was able to*** pour la capacité ;

Attention ! l'emploi de *could* (sans la négation) est ici impossible.

- ***couldn't*** ou ***wasn't able to*** pour l'incapacité.

capacité à un moment particulier	incapacité à un moment particulier
was able to	*couldn't ou wasn't able to*
	*He **couldn't** start his car last night.* Il n'a pas pu démarrer hier soir.
*He **was able to** make himself understood.* Il réussit à se faire comprendre.	*She **wasn't able to** be on time.* Elle n'a pas réussi à être à l'heure.

Notez ici l'emploi en français, soit du passé simple (1), soit du passé composé (2).
(1) langue soutenue. (2) langue courante.

À VOUS !

134. Complétez les phrases ci-dessous en employant *could* ou *was / were able to*.
a. When I was young, I ... run a marathon. – b. I got the job because I ... start immediately. – c. The weather was sunny, so we ... eat outside. – d. My grandmother ... speak three languages. – e. During the weekend we ... do some gardening.

135. Traduisez les phrases ci-dessous en employant *could* ou *was / were able to*.
a. On n'a pas pu prendre le train de 7 h 30. *(the 7.30 train)* – b. J'ai pu le contacter hier soir. *(contact)* – c. Quand elle était jeune, ma tante pouvait courir pendant des kilomètres. – d. On n'a pas pu terminer tout le repas. *(finish)* – e. Ils ont réussi à la persuader. *(persuade)* – f. À cette époque, nous ne pouvions pas prendre de vacances. *(in those days)*

143 Emplois de *dare*

Dare, qui signifie « oser », peut être verbe lexical ou modal.

Lorsqu'il est **verbe lexical**, il peut être suivi de *to* + V.

Lorsqu'il est **modal**, il existe sous deux formes :
- au présent : *dare* (*not*) + V ;
- au prétérit : *dared* (*not*) + V.

verbe lexical	modal
*I **don't dare (to)** ring her.* Je n'ose pas l'appeler.	*I **daren't** ring her.* Je n'ose pas l'appeler.
*He **didn't dare (to)** look at her.* Il n'osa pas la regarder.	*We **dared not** even speak.* Nous n'osions même pas parler.

Notez en particulier :

*They **wouldn't dare**!*
Ils n'oseraient pas !

*How **dare** you?*
Comment osez-vous ?

*How **dare** he suggest such a thing?*
Comment ose-t-il suggérer une telle chose ?

L'idée générale de « oser » est, cela dit, très souvent rendue en anglais par d'autres formulations ; par exemple, *have the courage to... / be afraid to...* .

*I **don't have the courage to** tell him.* Je n'ose pas le lui dire.
*I'm **afraid to** talk to her.* Je n'ose pas lui parler.

À VOUS !

136. Traduisez en utilisant *dare* selon les différentes formulations possibles.
a. Je n'ose pas lui demander une augmentation. *(ask for a rise)* – b. Ils n'ont pas osé répondre. *(answer)* – c. Elle n'ose pas sortir seule. *(go out alone)* – d. Je n'ose pas le contredire. *(contradict)* – e. Comment ose-t-elle me parler comme ça ? – f. Je n'oserais pas refuser. *(refuse)* – g. Personne n'a osé parler. – h. Nous voulions continuer, mais nous n'avons pas osé.

DATE

Écrire et dire une date 144

1. Écrire une date

Il y a plusieurs manières d'écrire la date :

14th May 1995 *May 14th, 1995* *14 May 1995* *May 14, 1995*

Les formes *14 May, 1995* et *May 14, 1995* sont de plus en plus couramment utilisées. Le nom du jour est rarement mentionné.

Les dates tout en chiffres ont un sens différent en anglais et en américain :

anglais britannique	anglais américain
3.7.94 = 3 juillet 94	3.7.94 = 7 mars 94

2. Dire une date

Il y a plusieurs manières de dire une date. Notez toutefois là aussi les différences entre l'anglais britannique et l'anglais américain.

anglais britannique	anglais américain
"5 May, 1990" = *May the fifth, nineteen ninety* *The fifth of May, nineteen ninety*	*"May 5, 1990" =* *May fifth, nineteen ninety*

En anglais britannique, *the* se dit, mais ne s'écrit pas.
Le quantième est toujours un numéral ordinal (*fifth*).

- Notez les façons de dire l'année dans les dates avec un ou plusieurs zéros :

1900 *nineteen hundred*
1905 *nineteen o five* (prononcé [əʊ])
2006 *two thousand and six*
en l'an 2000 *in the year two thousand*

- Notez qu'on décompose en deux parties la date :

1997 *nineteen / ninety-seven*

- Pour les dates à partir de 2010, on dit indifféremment :

2010 *two thousand and ten* et *twenty-ten*
2011 *two thousand and eleven* et *twenty-eleven*

137. Dites à haute voix les dates suivantes en anglais britannique ou américain.
a. Je suis né le 17 août 1975. – b. Aujourd'hui, nous sommes le 10 novembre 95. (en anglais américain) – c. J'ai reçu votre lettre du 8 janvier 96. (en anglais britannique) – d. April 12. (en anglais américain) – e. 1809. – f. 2001.

DÉJÀ

145 Traductions de « déjà »

Les traductions de « déjà » varient selon le type de phrases.

1. « Déjà » dans les phrases affirmatives

- On emploie dans la plupart des cas ***already*** :

*It's **already** 4 o'clock.* Il est déjà 4 heures.
*He's **already** in bed.* Il est déjà couché.

- Pour exprimer une action déjà réalisée, on emploie selon le cas ***already*** ou ***before*** :

*I've **already** read this book.*
J'ai déjà lu ce livre.
▼
on parle d'un livre qu'on connaît

*I've read this book **before**.*
J'ai déjà lu ce livre.
▼
on parle d'un livre qu'on relit

Remarquez l'emploi du *present perfect*, où l'on retrouve la notion de résultat, de bilan.

2. « Déjà » dans les phrases interrogatives

- Pour poser une question concernant une action passée, on emploie selon le cas ***already***, ***ever*** ou ***before*** :

*Have you **already** had breakfast?*
Vous avez déjà pris le petit déjeuner ?

*Have you **ever** been to Italy?*
Tu es déjà allé en Italie ?
▼
on demande à l'interlocuteur s'il connaît le pays

*Have you been here **before**?*
Vous êtes déjà venu ici ?
▼
on demande à l'interlocuteur si c'est la première fois

Pour poser une question concernant une action attendue, on emploie ***yet*** :

*Has he phoned **yet**?* Il a déjà téléphoné ?
*Have you had your lunch **yet**?* Vous avez déjà déjeuné ?

Si on exprime la surprise, on peut employer ***already*** en fin de phrase :

*Is he back **already**?* Quoi, il est déjà de retour ?
*Are you going **already**?* Ah, vous partez déjà ?

Pour faire répéter une information oubliée, on emploie ***again*** :

*What's your phone number **again**?* Quel est votre numéro de téléphone, déjà ?

À VOUS !

138. Traduisez les phrases ci-dessous, en vous aidant des éléments fournis.
a. Avez-vous déjà goûté des escargots ? *(try snails)* – b. Le film a déjà commencé ? *(start)* – c. Quand nous sommes arrivés, le film avait déjà commencé. *(begin)* – d. Vous avez déjà fini ? *(finish)* – e. Êtes-vous déjà allé en Grèce ? – f. Où habitez-vous déjà ? – g. Est-ce qu'ils sont déjà ici ? – h. Tu as déjà pris ta douche ? *(have a shower)* – i. Vous avez déjà effectué votre service militaire ? – j. J'ai déjà vu ce film.

DEPUIS

Traductions de « depuis » 146

1. « Depuis » annonce une durée

Lorsque « depuis » indique une durée, on emploie ***for*** :
- avec le *present perfect* pour indiquer un bilan actuel ;
- avec le *past perfect* pour indiquer un bilan à un moment donné du passé.

*He's lived there **for** years.*
Il vit là-bas depuis des années.

*They'd been arguing **for** hours.*
Ils discutaient depuis des heures.

Les questions correspondantes (« Depuis combien de temps... ? ») sont :

***How long** has he lived there?*
Depuis combien de temps habite-t-il là-bas ?

***How long** had they been arguing?*
Depuis combien de temps discutaient-ils ?

For est alors suivi de tout terme indiquant l'idée de durée :

minute	*hour*	*day*	*week*	*month*	*year*	*century*	*ages*
minute	heure	jour(née)	semaine	mois	an(née)	siècle	une éternité

2. « Depuis » annonce un point de départ

Lorsque « depuis » indique un point de départ, on emploie ***since*** :
- avec le *present perfect* pour indiquer un bilan actuel ;
- avec le *past perfect* pour indiquer un bilan à un moment donné du passé.

*He's lived there **since** 1990.*
Il vit là-bas depuis 1990.

*They'd been there **since** midday.*
Ils étaient là-bas depuis midi.

Les questions correspondantes (« Depuis quand... ? ») sont :

How long has he lived there? Depuis combien de temps habite-t-il là-bas ?

How long had they been there? Depuis combien de temps étaient-ils là ?

Since peut être alors suivi :

• de tout terme indiquant un repère de temps :

		6 o'clock p.m.	18 h (heure à la montre)
		this morning	ce matin
		Monday	lundi
My parents have been there	***since***	*yesterday*	hier
Mes parents sont là-bas	depuis	*last week*	la semaine dernière
		May 1st	le 1er mai
		1990	1990
		the war	la guerre

• d'une proposition :

He's been on the dole ***since he left school.*** Il est au chômage depuis qu'il a quitté l'école.

On a ici la traduction de « depuis que ».

Lorsqu'il s'agit de quelque chose de révolu, on traduit « depuis » par ***from***, avec un prétérit. Comparez les emplois avec *since* et *from* :

since	*from*
I've liked *this house* ***since*** *I moved in.* J'aime cette maison depuis que j'ai emménagé.	***I liked*** *that house* ***from*** *the beginning.* J'ai aimé cette maison depuis le début.
▼ j'y suis toujours	▼ je n'y suis plus

3. « Depuis » annonce une indication de lieu

Lorsque « depuis » est suivi d'un nom de lieu, on emploie ***from*** :

We could see the lake ***from*** *the terrace.* On voyait le lac depuis la terrasse.

For ou *since*, voir **166**

À VOUS !

139. Repérez d'abord s'il s'agit d'une durée (A) ou d'un point de départ (B). Complétez à l'aide de *for* ou de *since*, puis traduisez.

a. He's been president ... last July. – b. I haven't seen him ... six weeks. – c. We haven't eaten anything ... breakfast. – d. This is his best film ... "Confessions". – e. I'd worked there ... only one year when I was made redundant. (*be made redundant* : être licencié)

140. Repérez d'abord s'il s'agit d'un bilan (A) ou de quelque chose de révolu (B). Complétez à l'aide de *since* ou de *from*, puis traduisez.

a. He's been ill ... Monday . – b. I knew it was a disaster ... the first day. – c. ... the age of 15 he could play concertos. – d. We've lived here ... 1965. – e. He was blind ... birth. *(aveugle)* – f. He's been blind ... birth.

141. Traduisez les phrases ci-dessous.

a. Je les connais depuis six mois. *(know)* – b. Ils habitent là depuis l'hiver dernier. – c. Depuis combien de temps attendez-vous ? – d. Il est à San Francisco depuis jeudi. – e. Il a été malheureux depuis son premier jour dans cette famille. – f. Ils ne sont pas venus nous voir depuis que leur fils est parti au Canada. *(visit)*

DEVOIR

Traductions de « devoir » 147

La traduction de « devoir » varie selon ce que l'on veut exprimer. Comparez :

	sens
Tu **dois** rester à la maison.	obligation
Il **doit** être chez lui.	certitude
Il **doit** se marier le mois prochain.	action prévue
Ils me **doivent** 1000 livres.	dette

1. Obligation

Le choix des formulations dépend de l'origine de l'obligation. On emploie :
• ***must*** (obligation forte) ou ***should*** (obligation atténuée), si l'obligation vient de l'énonciateur ;
• ***have to*** (obligation forte) ou ***ought to*** (obligation atténuée), si l'obligation relève des circonstances ;
• ***be to*** lorsqu'il s'agit d'une obligation à caractère non impératif qui est simplement rapportée par l'énonciateur.

Les constructions varient selon qu'il s'agit de situations présentes, à venir ou passées. Avec la tournure en *have* + V-EN, il s'agit d'un reproche.

must	*have to*
*You **must** stay at home.* Tu dois rester à la maison. *They **must** leave tomorrow morning.* Ils doivent partir demain matin.	*He **has to** stay in bed for a week.* Il doit rester au lit une semaine. *She'll **have to** tidy her room first.* Elle devra ranger sa chambre d'abord. *They **had to** walk five miles.* Ils ont dû faire huit kilomètres à pied.
should	*ought to*
*You **should** stop smoking.* Tu devrais t'arrêter de fumer. *You **shouldn't have drunk** so much.* Tu n'aurais pas dû boire autant.	*Parking **ought to** be forbidden here.* Ça devrait être interdit de se garer ici. *They **ought to have warned** the visitors.* Ils auraient dû prévenir les visiteurs.
	be to
	*You **are to** clock in at five to.* Vous devez pointer à moins cinq.

Voir Obligation **204**, *Should* **235**

2. Certitude

La traduction de « devoir » avec le sens de certitude dépend du degré de cette certitude.

On peut employer :

- le modal ***must*** ou la tournure ***have to*** pour une quasi certitude ;
- le modal ***should*** ou la tournure ***ought to*** pour une certitude assez forte.

Must et ***should*** expriment la vision personnelle de l'énonciateur.

Have to et ***ought to*** correspondent à une logique externe.

must / have to	*should / ought to*
*She **must** be ill.* Elle doit être malade.	*He **should** be here by now.* Il devrait être ici à cette heure.
*She **must have forgotten** the address.* Elle a dû oublier l'adresse.	*She **ought to have finished**.* Elle devrait avoir fini.
*It **has to** be a part of the wreckage.* Ça doit être un morceau de l'épave.	*They **ought to** be nearing the top.* Ils devraient approcher du sommet.

Voir Certitude 135, *Must* 197

La tournure ***be bound to*** exprime également la certitude :

*The train **is bound** to be full.* Le train doit sûrement être plein.

3. Action prévue

Les constructions varient selon que la situation est à venir ou passée.

Situation à venir :

- on emploie ***be to*** s'il s'agit d'un programme officiel ;
- on emploie le **présent + *be -ing*** s'il s'agit d'un programme personnel.

be to + V	présent + *be -ing*
*He **is to** marry next month.* Il doit se marier le mois prochain.	*I'**m leaving** on Monday.* Je dois partir lundi.

Situation passée :

- on emploie ***be to* + V** si on ne sait pas si l'action prévue a eu lieu ou non ;
- on emploie ***be to* + *have* V-EN** (verbe au participe passé) si on sait que l'action prévue ne s'est pas déroulée.

be to + V	*be to* + *have* V-EN
*They **were to** marry one year later.* Ils devaient se marier un an plus tard.	*They **were to have married** one year later.* Ils devaient se marier un an plus tard.
▼ le locuteur ne sait pas si cela s'est fait	▼ le locuteur sait que cela ne s'est pas fait

Notez que ***be to***, utilisé au passé, exprime aussi souvent l'idée de destin :

*Charles I **was to** be beheaded in 1649.* Charles Ier devait être décapité en 1649.

*They **were to** disappear in the rainforest.* Ils devaient disparaître dans la forêt tropicale.

Be bound to au passé indique ce qui devait en définitive se passer :

*He **was bound to** find out sooner or later.* Il devait tout découvrir un jour ou l'autre.

4. Dette

Lorsque « devoir » exprime l'idée de dette, on utilise le verbe ordinaire ***owe***, qui est un verbe à deux compléments :

*They **owe** me £1000.* Ils me doivent 1 000 livres.

*He **owes** me a favour.* Il me doit bien ça.

Notez la tournure particulière lorsqu'il s'agit d'une dette morale :

*I **owe** a lot **to** my father.* Je dois beaucoup à mon père.

À VOUS !

142. Repérez d'abord s'il s'agit dans les phrases suivantes d'une obligation (A), d'une certitude (B), d'une action prévue (C) ou d'une dette (D), puis traduisez.
a. Vous devriez appeler la police. – b. Ils devraient recevoir notre lettre demain. – c. Tu dois m'aider. – d. Vous devez porter un uniforme. – e. Il doit être en train de prendre une douche. *(have a shower)* – f. Je dois tout à ma femme. – g. Elle doit être promue l'an prochain. *(be promoted)* – h. J'ai dû tout lui dire. – i. J'ai dû faire une erreur. – j. Nous aurions dû y penser avant. – k. Combien devez-vous à la banque ? – l. Il doit voir le docteur demain. – m. Il devait plus tard regretter sa décision. – n. Il devait hériter de la fortune de son père. *(inherit a fortune)* – o. La soirée devait être en définitive un succès.

DO

Do verbe lexical et auxiliaire 148

Do peut être verbe lexical ou auxiliaire.

1. *Do* verbe lexical

Formes et conjugaison

Le verbe lexical *do* est un verbe irrégulier (prétérit *did*, participe passé *done*).
Il fonctionne comme tous les autres verbes lexicaux : recours, pour les formes interrogative et négative, à l'opérateur *do* au présent simple et à *did* (*do* + marque du passé) au prétérit :

What do you ***do*** *on Sundays?* Qu'est-ce que tu fais le dimanche ?
He doesn't ***do*** *anything.* Il ne fait rien.
What did you ***do*** *last week?* Qu'est-ce que tu as fait la semaine dernière ?

Valeur

Le verbe lexical *do* signifie fondamentalement « faire », dans le sens « d'accomplir une **activité** ».
Ne pas confondre avec le verbe *make*, que l'on traduit souvent aussi par « faire », dont le sens de base est « **fabriquer** », « produire ».

I ***do*** *some drawing.* Je fais du dessin.
She ***did*** *a year at college.* Elle a fait une année à la faculté.
What have you ***done*** *today?* Qu'est-ce que tu as fait aujourd'hui ?

Verbes lexicaux et auxiliaires 43, faire 162, *make* et *do* 189

2. *Do* auxiliaire

Do auxiliaire, appelé également opérateur, est un outil qui sert à construire :
– les tournures emphatiques ;
– les formes interrogative et négative au présent simple et au prétérit.
Il porte la marque du temps : *did* au prétérit.

Tournures emphatiques :

Do joue en quelque sorte le rôle d'un modal dans les tournures emphatiques, qu'elles soient affirmatives ou impératives. L'énonciateur intervient en effet pour donner son point de vue : en exprimant par exemple sa certitude, ou sa volonté.

He phoned last night. Il a appelé hier soir. ▼ il s'agit d'une information brute	*He did phone!* Si ! Je vous dis qu'il a appelé ! ▼ le locuteur insiste
Sit down. Asseyez-vous. ▼ simple invitation	*Do sit down!* Asseyez-vous donc ! ▼ invitation forte

Notez les reprises où l'énonciateur exprime sa surprise, ou son incertitude :

I met Roger. J'ai rencontré Roger. ▼ il s'agit ici aussi d'une information brute	*Did you?* C'est pas vrai ? ▼ on met en doute la relation [*you – meet Roger*]

Phrases interrogatives et négatives :

On retrouve le rôle de l'opérateur *do* dans les phrases interrogatives et négatives sauf avec *be* et un modal. Le locuteur intervient, là encore, pour interroger sur quelque chose, ou pour nier quelque chose, alors que la forme affirmative est neutre.

I speak Russian. Je parle le russe. ▼ il s'agit d'une information brute	*Do you speak Russian?* Est-ce que vous parlez le russe ? ▼ on s'interroge sur la relation [*you – speak Russian*]
He wears glasses. Il porte des lunettes. ▼ il s'agit d'une information brute	*He doesn't wear glasses.* Il ne porte pas de lunettes. ▼ on nie la relation [*he – wear glasses*]

Voir Présent **44** et Prétérit **46**

DONT, CE DONT

149 Traductions de « dont », « ce dont »

La traduction de « dont » et « ce dont » dépend de leur fonction dans la phrase.

1. « Dont » complément de verbe, d'adjectif ou de nom

La traduction de « dont » varie selon le type de complément :

complément de verbe ou d'adjectif = Ø	complément de nom = *whose*
*The students Ø I'm **talking about** are all American.* (1) Les étudiants dont je parle sont tous américains.	*The students **whose names** are on this list are all American.* Les étudiants dont les noms figurent sur cette liste sont tous américains.
*That's the sports car Ø I've always **dreamt of**.* (2) C'est la voiture de sport dont j'ai toujours rêvé.	*The car **whose bumper** was damaged has been repaired.* (1) La voiture dont le pare-chocs était abîmé a été réparée.
*That's the kind of music Ø I'm **crazy about**.* (2) C'est le genre de musique dont je suis fou.	
(1) Ø : *who(m) / that* (2) Ø : *which / that*	(1) La formulation "*The car the bumper of which...*", formelle et gauche, est à éviter.

Whose est immédiatement suivi du nom :

*I saw an actor **whose name** I don't know.* J'ai vu un acteur **dont** je ne connais pas le **nom**.

Certains verbes sont suivis en français d'une préposition, et directement du complément en anglais :

Je me **souviens de** cette histoire.	*I **remember** that story.*
L'histoire dont je me souviens.	*The story Ø I remember.*

On n'utilise pas *whose* aussi souvent que « dont » en français. On peut dire ainsi :

An actor whose name I've forgotten... Un acteur dont j'ai oublié le nom...

Mais on dira plus couramment : *An actor... I've forgotten his name...*

Subordonnées relatives, voir aussi 91

2. « Dont » indique des éléments dans un ensemble

On emploie les tournures suivantes – avec ***whom* pour les personnes et *which* pour les choses** – pour distinguer un ou plusieurs éléments dans un ensemble :

*I've seen those students, **some of whom** are excellent.*
J'ai vu ces étudiants-là, dont certains sont excellents.

*I've read five novels, **one of which** is very strange.*
J'ai lu cinq romans, dont l'un est très étrange.

*We've just sorted out some magazines, **most of which** date back to the 1930s.*
Nous venons de trier des revues, dont la plupart datent des années 30.

3. « Ce dont » et « tout ce dont »

Pour traduire « ce dont », on emploie :

- ***which...* + préposition**, s'il s'agit de reprendre la proposition précédente ;
- ***what...* + préposition**, s'il s'agit au contraire d'introduire une proposition.

*He's failed his driving test twice, **which** he isn't very proud of.*
Il a échoué au permis deux fois, ce dont il n'est pas très fier.

***What** I'm sure of is that he didn't come.*
Ce dont je suis sûr, c'est qu'il n'est pas venu.

« Tout ce dont » se traduit par ***all that*** :

***All that** I remember is that it was about some trappers in Canada.*
Tout ce dont je me souviens, c'est qu'il s'agissait de trappeurs au Canada.

À VOUS !

143. Repérez d'abord si les relatifs manquants sont des compléments de verbe (A), d'adjectif (B), ou de nom (C). Complétez. Plusieurs solutions sont parfois possibles.
a. The farmer ... barn was burnt lodged a complaint. (grange - porter plainte) – b. That's the girl ... he's mad about. – c. That's a dictionary ... I use a lot. – d. This is the department ... he's responsible for. – e. I don't care ... fault it is.

144. Traduisez les phrases ci-dessous, en tenant compte des diverses solutions. Indiquez si le relatif est indispensable (A) ou facultatif (B).
a. C'est l'ami dont elle parlait. – b. C'est le garçon dont le père est professeur de maths. – c. C'est la robe dont j'ai envie. *(want)*

EITHER et NEITHER

150 Emplois de *either* et de *neither*

Either (GB : ['aɪðə] ; US : [i:ðə]) et *neither* peuvent être déterminants, pronoms ou conjonctions.

1. *Either* et *neither* déterminants et pronoms

Either (« l'un ou l'autre ») et *neither* (« ni l'un ni l'autre ») sont employés :

en position sujet :

• comme déterminants :

Either *road goes to York.*
Les deux routes mènent à York.

Neither *road goes to York.*
Aucune des deux routes ne mène à York.

• comme pronoms :

Either *goes to York.*
L'une comme l'autre mène à York.

Neither *goes to York.*
Aucune des deux ne mène à York.

• *either of* et *neither of* pronoms sont suivis d'un verbe au singulier ou au pluriel :

Either *of them goes / go to York.*

Neither *of them goes / go to York.*

Attention ! *Neither* est toujours utilisé avec un verbe à la forme affirmative.

en position complément :

Which pub shall we go?
À quel pub on va ?

We can go to ***either*** *pub.*
We can go to ***either*** *(of them).*
On peut aller à l'un ou à l'autre (pub).

You can sleep in ***either*** *(of the) bed(s).*
Tu peux dormir dans un des deux lits.

Which of these books do you prefer?
Lequel de ces livres préfères-tu ?

I've read ***neither*** *book.*
I've read ***neither*** *(of them).*
Je n'ai lu ni l'un ni l'autre (de ces livres).

2. *Either... or* et *neither... nor* conjonctions

Les conjonctions *either... or* (« ou... ou ») et *neither... nor* (« ni... ni ») peuvent occuper différentes places dans la phrase :

either... or	*neither... nor*
You can ***either*** *phone* ***or*** *fax.* Tu peux soit téléphoner soit faxer.	*He can* ***neither*** *read* ***nor*** *write.* Il ne sait ni lire ni écrire.
He's ***either*** *Danish* ***or*** *Swedish.* Il est danois ou suédois.	*He's* ***neither*** *friendly* ***nor*** *reliable.* Il n'est ni gentil ni sûr.
Either *Jill* ***or*** *Jane will help you.* Jill ou Jane t'aidera.	***Neither*** *Jill* ***nor*** *Jane can come.* Ni Jill ni Jane ne peuvent venir.

Notez la nuance de mise en garde ou de menace dans la formulation suivante :

Either *you behave* ***or*** *you leave.* Ou tu te tiens bien, ou tu sors.

Voir Moi aussi / moi non 193, *Both* 131

145. Traduisez les phrases suivantes.
a. Vous pouvez payer soit en liquide soit avec une carte de crédit. *(cash)* – b. Elle n'a ni mangé ni dormi depuis mardi. – c. Il vous faut ou un passeport ou une carte d'identité. – d. Nous pourrions soit acheter soit louer une maison *(rent)* – e. Ils ne mangent ni viande ni poisson. – f. Aucun de vous deux n'a tort. – g. Vous pouvez aller à l'un des deux guichets. *(counter)* – h. Ou tu finis de manger ou tu vas au lit. *(eat up)*

ELSE

Emplois de *else* 151

Else, qui signifie « autrement, (d')autre », est un adverbe qui s'utilise en association avec :
– les composés de *some*, *any* et *no*, *not much*, *little* ;
– des mots interrogatifs ;
– la conjonction *or*.

1. *Else* associé aux composés de *some*, *any*, *no* et *not much*, *little*

Lorsque *else* est associé à des mots comme *something*, *anywhere*, *nobody*, etc., il a le sens de « en plus », « d'autre » :

*Would you like **something else**?* Vous voulez quelque chose d'autre ?
*Have you been **anywhere else**?* Êtes-vous allé ailleurs ?
***Nobody else** would have agreed.* Personne d'autre n'aurait accepté.

L'ensemble *somebody else* (« quelqu'un d'autre ») peut être utilisé au génitif :

*I took **somebody else's** bag.* J'ai pris le sac de quelqu'un d'autre.

Else peut être associé à *not much* et *little* pour mettre l'accent sur une quantité limitée :

*She had a little soup, and **not much else**.*
Elle a mangé un peu de soupe, et pas grand-chose d'autre.

*He had a few coins, matches and **little else** in his pocket.*
Il avait quelques pièces, des allumettes et pas grand-chose d'autre en poche.

2. *Else* associé aux mots interrogatifs

Lorsque *else* est associé à des mots interrogatifs comme *who*, *what*, *where*, *how*, etc., il a également le sens de « en plus », « d'autre » :

***Who else** did you talk to?* À qui d'autre avez-vous parlé ?
***What else** has she bought?* Quoi d'autre a-t-elle acheté ?
***Where else** could I have left it?* Où encore aurais-je pu l'oublier ?
***How else** can we solve that problem?* De quelle autre façon pouvons-nous régler ce problème ?

3. *Else* associé à la conjonction *or*

Or else (« sinon ») sert à annoncer une déduction, une conséquence négative :

*Let's phone him, **or else** he'll be furious.* On lui téléphone, sinon il sera furieux.

Or else s'emploie parfois seul en fin de message ; il a alors valeur de mise en garde, de menace à peine voilée :

You stop immediately, ***or else!*** Tu t'arrêtes tout de suite, sinon !

À VOUS !

146. Traduisez les phrases ci-dessous en utilisant *else*.
a. Quelqu'un d'autre sait-il ? – b. Personne d'autre ne voulait jouer. – c. Y a-t-il quelque chose d'autre que tu veuilles me dire ? – d. Il n'y a pas grand-chose d'autre à dire. *(much)* – e. Partez maintenant ou vous serez en retard. – f. Donne-le moi, sinon ! – g. Qui d'autre avez-vous invité ? – h. Qui d'autre as-tu vu ? – i. Comment le saurais-je autrement ? – j. Où es-tu encore allé ? – k. Y a-t-il quelque chose d'autre ?

EN

152 Traductions de « en » suivi du participe présent

1. « En » signifie « au moment où »

Pour traduire « en », dans le sens de simultanéité (« au moment où »), on emploie :
- la conjonction ***when*** **suivie d'une proposition** ;
- ou la préposition ***on*** **suivie du gérondif**.

When *I heard her shout, I understood.* En l'entendant crier, j'ai compris.
On *hearing the news, he came at once.* En entendant la nouvelle, il est venu tout de suite.

2. « En » signifie « pendant que »

« En », dans le sens de « pendant que » (activité en cours), se traduit par les conjonctions ***as*** **ou** ***while*** **suivies d'une proposition** :

As *I was doing the washing-up, I had an idea.* En faisant la vaisselle, j'ai eu une idée.
I saw them ***while*** *I was walking to the station.* Je les ai vus en allant à la gare.

« En allant à » se traduit également par la tournure ***on my / our... way to*** :

On our way to *the airport, our car broke down.* En allant à l'aéroport, on est tombé en panne.

3. « En » signifie « par ce moyen »

« En » (« par ce moyen ») se traduit par la préposition ***by*** **suivie du gérondif** :

You can improve your English ***by*** *listening to the radio.*
Tu peux améliorer ton anglais en écoutant la radio.

4. « En » signifie « à cette condition »

« En » (« à cette condition ») se traduit par la conjonction ***if*** **suivie d'une proposition** :

If *you listened to the radio, you would improve your English.*
En écoutant la radio, tu améliorerais ton anglais.

5. « En » signifie « d'une certaine manière »

La traduction varie selon que l'on décrit une attitude (« en pleurant ») ou un mouvement (« en courant »). **L'attitude est rendue par un participe présent utilisé seul, et le mouvement par un verbe à particule.**

attitude	mouvement
*He left the room **crying**.* Il quitta la pièce en pleurant.	*He **ran out**.* Il sortit en courant.
*She said **smiling**: "Don't forget!"* Elle dit en souriant : « N'oublie pas ! »	*He **ran out** of the room.* Il sortit de la pièce en courant.

Verbes de mouvement, voir aussi 63 

À VOUS !

147. Repérez d'abord si « en + participe présent » signifie au moment où (A), pendant que (B), par ce moyen (C) ou à cette condition (D), puis traduisez.
a. Je me suis cassé la jambe en skiant. *(break one's leg)* – b. Il a fait sa fortune en vendant des glaces. *(earn one's fortune)* – c. En faisant attention tu ferais moins de fautes. *(pay attention - fewer mistakes)* – d. En voyant le journal, j'ai eu un choc. *(shock)* – e. Il a résolu le problème en demandant conseil. *(solve - advice)* – f. En allant à l'école, j'ai vu un accident. – g. En arrivant à la gare, il tourna à gauche. *(reach)* – h. On fait des progrès en s'entraînant tous les jours. *(make progress - train)*

Traductions de « en » pronom complément 153

Le pronom complément « en » peut marquer ou non l'idée d'extraction. Comparez les deux phrases en français :

	valeur
J'ai fait un gâteau. – Puis-je **en** avoir ?	idée d'extraction (= partie d'un tout)
J'**en** suis friand.	sans idée d'extraction (= globalement)

1. « En » avec idée d'extraction

« En » associé à l'idée de quantité ou de nombre est rendu en anglais par un quantificateur (*some, any*, etc.) ou un numéral (*one, two*, etc.), éventuellement suivi de *of* + pronom complément.

Les quantificateurs et les adjectifs numéraux s'utilisent en général seuls, lorsque le contexte est clairement défini :

*"I've bought some jam." – "Can I have **some**?"* J'ai acheté de la confiture. – Puis-je en avoir ?
*"Do you want some tea?" – "No, I don't want **any**."* Tu veux du thé ? – Non, je n'en veux pas.

*"Do they all speak French?" – "No, **few** (of them) do."*
Ils parlent tous français ? – Non, il y en a peu qui le parlent.

*"Have you seen all his films?" – "No, I've only seen **two** (of them)."*
Vous avez vu tous ses films ? – Non, je n'en ai vu que deux.

Quantificateurs, voir aussi 25

2. « En » sans idée d'extraction

La traduction de « en » sans idée d'extraction dépend :
– de ce que « en » représente (« de ça », « de lui », etc.) ;
– de la nature du complément, d'adjectif ou de verbe notamment.

« En » est complément d'adjectif : la traduction de « en » avec un adjectif comporte une préposition qui peut varier selon l'adjectif.

*Jim has a new girlfriend. He's mad **about her**.* Jim a une nouvelle petite amie. Il **en** est fou.

*"Do you like chocolate?" – "Yes, I'm very fond **of it**."*
Vous aimez le chocolat ? – Oui, j'**en** suis friand.

*I'm aware **of that**.* J'**en** suis conscient.

*Jane plays tennis. She's very keen **on it**.* Jane joue au tennis. Elle **en** est passionnée.

*"How do you like your new car?" – "Well, we're very pleased **with it**."*
Comment trouvez-vous votre nouvelle voiture ? – Nous **en** sommes très satisfaits.

Adjectifs suivis d'une préposition, voir 113

« En » est complément de verbe :

• La phrase anglaise correspondante peut comporter ou non une préposition, qui elle-même peut varier, selon que le verbe est transitif indirect ou direct.

avec une préposition	verbe transitif indirect
On **en** reparlera plus tard.	*We'll talk **about it** later.*
Il a attrapé une pneumonie et il **en** est mort.	*He caught pneumonia and died **from it**.*

sans préposition	verbe transitif direct
Je m'**en** souviens.	*I remember ø that.*
J'**en** doute fort.	*I very much doubt ø it.*
On s'**en** est servi pendant des années.	*We used ø it for years.*

Voir Verbes transitifs 61, Verbes prépositionnels 259 à 261

• « En » indique aussi selon les cas :

– le **moyen** que l'on peut rendre par la préposition ***with*** :

*You can make paint **with it**.* On peut **en** faire de la peinture.

– la **provenance** que l'on peut rendre par la préposition ***from*** :

*"Have you been to the bank?" – "Yes, I've just come back **from there**."*
Tu es allé à la banque ? – Oui, j'**en** viens.

À VOUS !

148. Traduisez les phrases suivantes.

a. J'ai un paquet de bonbons. En veux-tu ? – b. J'ai acheté six œufs, mais il y en avait deux de cassés. – c. Elle aime les chevaux ? – Oui, elle en est folle. – d. Tu t'en es servi ? – e. Votre équipe a perdu, parce qu'il y en a peu qui ont fait un effort. – f. J'ai cherché les pommes de terre, mais il n'y en a pas. – g. Je vais en faire de la confiture. – h. Combien y a-t-il d'enfants ? – Il y en a cinq. – i. J'ai une nouvelle assistante. J'en suis très satisfait. *(satisfied)* – j. Il y a plein de fromage. Prends-en encore. – k. Il pleuvait, aussi il y en a beaucoup qui ne sont pas venus. – l. Nous nous en souviendrons toujours.

ENCORE et TOUJOURS

Traductions de « encore » et de « toujours » 154

La traduction de « encore » et de « toujours » dépend du sens qu'ont ces mots dans la phrase.

1. « Encore » et « toujours » indiquent une idée de continuation

On emploie ***still*** avant le verbe ou l'auxiliaire, sauf pour *be*, où il se place après :

*He's **still** here.* Il est encore ici.

*They **still** live there.* Ils habitent toujours là.

2. « Toujours » indique une idée de fréquence

On emploie couramment ***always*** :

*She isn't **always** there.* Elle n'est pas toujours là-bas.

*He **always** tells me everything.* Il me dit toujours tout.

3. « Pas encore » et « toujours pas » indiquent un événement non arrivé

- On traduit « **pas encore** » par ***not... yet***, surtout pour énoncer une information neutre.
- On traduit « **toujours pas** » par ***still... not***, surtout pour énoncer une appréciation subjective (agacement, inquiétude...).

pas encore *not... yet*	toujours pas *still... not*
*She **isn't** back **yet**.* Elle n'est pas encore rentrée.	*She **still isn't** back.* Elle n'est toujours pas rentrée.
*He **hasn't** passed his exam **yet**.* Il n'a encore pas réussi son examen.	*He **still hasn't** passed his exam.* Il n'a toujours pas réussi son examen.
*I **haven't** done it **yet**.* Je ne l'ai pas encore fait.	*I **still don't** understand.* Je ne comprends toujours pas.

Notez la place de *still*, juste après le sujet.

- Ne confondez pas d'autre part « pas toujours » et « toujours pas » :

*She **isn't always** there.* Elle n'est pas toujours là. ▼ idée de fréquence	*She **still isn't** there.* Elle n'est toujours pas là. ▼ appréciation subjective

4. « Encore » indique une idée de répétition

On emploie ***again***, ***once again*** ou ***once more*** :

*Let's try **(once) again**.* Essayons encore.

*Shall we do it **once more**?* On le fait encore une fois ?

5. « Encore » indique une idée de supplément

On emploie selon le cas ***another, one (two...) more*** ou ***some more***. Tout dépend si le nom qui suit est dénombrable ou indénombrable.

noms dénombrables	noms indénombrables
***Some more** cherries?* Encore des cerises ?	***Some more** coffee?* Encore du café ?
***One more** biscuit?* Encore un biscuit ?	
***Have another** biscuit.* Prenez encore un biscuit.	

6. « Encore » indique une idée de reste

- On peut employer ***another*** + numéral + nom pluriel :

__Another__ two hours to wait. Encore deux heures à attendre.

- On peut employer un quantificateur + nom + ***left*** :

There's __some__ coffee __left__. Il y a encore du café.
Is there __any__ butter __left__? Il y a encore du beurre ?

Voir Laisser 186, Rester 229

7. « Encore » employé dans une comparaison

On emploie ***even*** pour renforcer la comparaison :

This one is __even__ more expensive. Celui-ci est encore plus cher.

8. « Encore » indique une idée de contraste

On emploie ***and yet*** :

He's inherited a large fortune, __and yet__ he's always complaining.
Il a hérité d'une grande fortune, et encore il n'arrête pas de se plaindre.

9. « Encore » indique le souhait ou le regret

On emploie ***if only*** :

__If only__ I had the money! Si encore j'avais l'argent !

À VOUS !

149. Complétez les phrases ci-dessous à l'aide des éléments appropriés. Reportez en regard le numéro du paragraphe correspondant à l'idée exprimée.
a. I'll tell you how to do it ... . – b. There's ... 20 miles to go. – c. He's been to Canada, but he's home ... now. – d. Are you ... going out with her? – e. He hasn't found a job ... .

150. Traduisez les phrases ci-dessous, en pensant aux diverses solutions possibles.
a. Si encore je savais faire la cuisine ! *(know how to cook)* – b. Elle est encore plus intelligente que son frère. *(intelligent)* – c. Ils ne nous ont toujours pas donné de réponse. – d. Il n'est pas encore parti. *(leave)* – e. Encore de la glace ? *(ice cream)*

EVEN

Emplois de *even* 155

Even, qui signifie « même », est un adverbe qui exprime souvent une forme de **surprise** (« on ne s'attend pas à ce que… ») ou d'ironie.
Even se place juste devant l'élément sur lequel il porte. Cet élément peut être :

- **un groupe nominal :**

__Even__ a child can do that. Même un enfant sait faire ça. (et pas seulement un adulte)
__Not even__ the teacher could answer. Pas même le professeur pouvait répondre.
She left without __even__ saying a word. Elle est partie sans même dire un mot.

- **un groupe verbal :**

He __even__ plays polo. Il joue même au polo. (en plus de ses autres activités)
He can't __even__ drive. Il ne sait même pas conduire.

- **un adjectif ou un adverbe, souvent avec un comparatif :**

She looked happy, __even cheerful__. Elle avait l'air heureuse et même gaie.
The car is __even bigger__ than I thought. La voiture est encore plus grande que je ne le croyais.

- **une subordonnée :**

He goes out __even__ when it rains. Il sort même quand il pleut.

À VOUS !

151. Traduisez les phrases suivantes en employant *even*.
a. Il n'a même pas dit au revoir. – b. Même lui peut voir ça. – c. Je ne connais même pas son nom. – d. Même mon frère l'a trouvé trop cher. – e. C'est encore plus loin que je ne le pensais. – f. Il travaille même le dimanche. – g. Il fait encore plus froid.

EVER et NEVER

Emplois des adverbes *ever* et *never* 156

Ever et *never* expriment la fréquence. *Never* a toujours un sens négatif.
– *Ever* (= *at any time*) s'emploie lorsque l'on considère un moment quelconque, indéfini, non précisé : qu'il soit passé, présent ou à venir. Il sert à « balayer », à « parcourir » un ensemble de situations possibles.

ever
opérateur de parcours

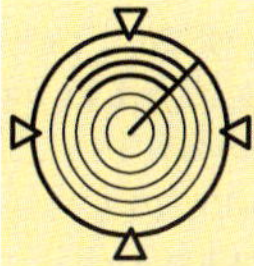

– *Never* (= *at no time*) s'emploie pour exprimer la fréquence « zéro » : on rejette toutes les situations possibles.

1. Emplois de *ever*

- dans les questions :

Do you ***ever*** *read novels?* Ça t'arrive de lire des romans ?
Have you ***ever*** *been to England?* Tu es déjà allé en Angleterre ?

▼ à un moment quelconque

- dans les phrases affirmatives

– après un comparatif ou superlatif

It's the most boring film I've ***ever*** *seen.* C'est le film le plus ennuyeux que j'aie jamais vu.
▼ à un moment quelconque du passé

It is the worst hurricane ***ever****.* C'est le pire ouragan qu'on ait jamais eu.
▼ je revois toutes les situations comparables

– pour exprimer une situation hypothétique avec *if*.

If you ***ever*** *visit Ireland, come and see us.* Si jamais vous visitez l'Irlande, venez nous voir.
I wonder if she will ***ever*** *understand.* Je me demande si elle comprendra un jour.

▼ n'importe quel jour

– dans des tournures telles que :

Yours ***ever****.* Bien à toi. (correspondance écrite)
I couldn't live here for ***ever****.* Je ne pourrais pas vivre ici éternellement.

2. Emplois de *never*

On emploie *never* pour rejeter toutes les situations passées, présentes ou à venir. *Never* se place :

- avant le prédicat

I ***never*** *drink beer.* Je ne bois jamais de bière.

Le prédicat (ici *drink beer*) forme une unité de sens. En anglais, il est insécable. L'adverbe de fréquence *never*, qui porte sur le prédicat, est placé devant.

- après les auxiliaires (opérateurs) *be* et *have* et les modaux, qui ne font pas partie du prédicat.

I'm ***never*** *going to ride in a cable car again* Jamais je ne remonterai dans un téléphérique.
I've ***never*** *seen that guy.* Je n'ai jamais vu ce mec.
She will ***never*** *agree to that.* Elle n'acceptera jamais de faire ça.

Adverbes de fréquence, voir 72

À VOUS !

152. Choisissez entre *never* et *ever* le terme qui convient dans les phrases ci-dessous.
a. I've ... been to the States. – b. Have you ... played tennis? – c. Has she ... been to Spain? – d. She's prettier than ... . – e. If you ... see him, ring me.

153. Traduisez les phrases ci-dessous.
a. C'est le meilleur livre que j'aie jamais lu. – b. Il ne va jamais à l'étranger. *(go abroad)* – c. Si jamais vous avez un problème... – d. Si jamais vous le voyez, appelez-moi. *(ring)* – e. Elle est plus brillante que jamais. *(bubbly)* – f. Il ne vient jamais à mes soirées. *(parties)*

EVER

Emploi des mots interrogatifs avec *ever* 157

Les interrogatifs *what*, *who*, *where*, *why* et *how* peuvent être suivis de *ever*. Cette association de mots donne de la force à la question, en exprimant notamment la **surprise**. Ces interrogatifs avec *ever* s'écrivent normalement en deux mots. La forme en un seul mot, que l'on rencontre aussi, relève d'une orthographe moins correcte.
Ne les confondez pas avec les relatifs en *-ever*.

Relatifs en *-ever*, voir aussi 93 

- ***What*** :

What ever *does it mean?* Mais qu'est-ce que ça veut dire ?
What ever *is he doing with that knife?* Qu'est-ce qu'il peut bien faire avec ce couteau ?

- ***Who*** :

Who ever *can be phoning?* Qui est-ce qui peut bien téléphoner ?
Who ever *told you that?* Qui est-ce qui t'a dit ça ?

- ***Where*** :

Where ever *have you been?* Où diable es-tu allé ?
Where ever *did you get that tie?* Où donc as-tu trouvé cette cravate ?

- ***Why*** :

Why ever *haven't you finished?* Mais pourquoi tu n'as pas fini ?

- ***How*** :

How ever *did you find it?* Mais comment as-tu donc découvert ça ?

À VOUS !

154. Traduisez les phrases ci-dessous.
a. À quoi donc penses-tu ? – b. Mais où donc peut-il être ? – c. Qui donc crois-tu que ce soit ? *(be at the door)* – d. Mais pour qui vous prenez-vous ? – e. Mais qu'est-ce que c'est que ça ? – f. Mais comment trouves-tu le temps ? – g. Pourquoi donc ne l'as-tu pas dit ? – h. Mais où vas-tu donc ?

EVERY, ALL et EACH

Emplois de *every* et de *all* 158

Every et *all* sont des quantificateurs qui désignent l'un et l'autre un ensemble.

1. Différence entre *every* et *all*

- *Every* et *all* représentent un point de vue différent. Comparez :

***Every** gambler wants to win.* Tous les joueurs veulent gagner. ▼ ajoutés les uns aux autres	***All** gamblers want to win.* Tous les joueurs veulent gagner. ▼ vus dans leur globalité

• La différence n'est pas rendue en français, *every* se traduisant souvent par « tout ».

• *Every* se construit toujours avec un nom et un verbe au singulier.

• Lorsque la phrase est négative, que l'on emploie *every* (ou un de ses composés) ou *all*, la négation ***not*** se place **en tête** de phrase et le **verbe** est à la forme **affirmative** :

***Not every** American **drives** a big car.* Tous les Américains ne conduisent pas une grosse voiture.
***Not all** films **have** happy endings.* Tous les films ne se terminent pas bien.

Every désigne d'autre part la fréquence et *all* la durée.

• Selon les mots auxquels ils sont associés, *every* et *all* peuvent exprimer respectivement la fréquence et la durée. Comparez les constructions :

fréquence : *every* + nom singulier	durée : *all* + nom singulier
*She checks her messages **every day**.* Elle consulte ses messages tous les jours.	*She's been working hard **all day**.* Elle a travaillé dur toute la journée.
*He goes jogging **every morning**.* Il fait du jogging tous les matins.	*He's been jogging **all morning**.* Il a fait du jogging toute la matinée.

• On retrouve la même différence lorsque *every* et *all* sont associés au mot *time* :

fréquence : *every time*	durée : *all* + *the time*
***Every time** I phone him, the line is engaged.* Chaque fois que je l'appelle, la ligne est occupée.	*It rains **all the time** in this country.* Il pleut tout le temps dans ce pays.

• *Every*, utilisé pour exprimer la fréquence, peut être suivi :

– d'un numéral ordinal (*first, second, third...*) et d'un singulier :

*He visits his mother **every second** day.* Il va voir sa mère tous les deux jours.

– d'un numéral cardinal (*one, two, three...*) et d'un pluriel :

*He visits his mother **every two days**.* Il va voir sa mère tous les deux jours.

Notez aussi une autre formulation très courante :

***every** other day* tous les deux jours

2. Constructions propres à *every*

Every s'accorde toujours avec un nom et un **verbe au singulier** ; mais le possessif correspondant, ou la reprise, peut être au singulier ou au pluriel :

possessif au singulier	possessif au pluriel
***Every** country has **its** problems.* Chaque pays a ses problèmes.	***Every** parent is concerned about **their** children.* Tout parent se préoccupe de ses enfants. ▼ on n'a pas ainsi à choisir entre *his* et *her*

reprise au singulier	reprise au pluriel
Every** country has a government, **doesn't it? Tous les pays ont un gouvernement, n'est-ce pas ?	***Every** parent was there, **weren't they?*** Tous les parents étaient là, n'est-ce pas ?

Le sens de *every* (« tout ») se retrouve dans ses composés :

***Everyone** has heard about it.* Tout le monde en a entendu parler.
*You can buy it **everywhere**.* Vous trouvez ça partout.
*He knows **everything**.* Il sait tout.

3. Constructions propres à *all*

L'article *the* s'emploie ou non après *all* selon que le nom qui suit représente une classe ou des éléments repérés :

classe	éléments repérés
***All** children love chocolate.* Tous les enfants adorent le chocolat.	***All the** children there shouted for joy.* Tous les enfants présents crièrent de joie.

Emplois de *the* et ø, voir **17**

Lorsque *all* annonce une subordonnée relative, on emploie :

• *who / that* (pour les personnes) et *which / that* (pour les choses) lorsqu'il s'agit d'un relatif sujet :

***All** the people **who** / **that** were in the accident escaped unharmed.*
Tous les gens qui étaient dans l'accident furent sains et saufs.
***All** the cars **which** / **that** were in the garage were burnt.*
Toutes les voitures qui étaient dans le garage furent brûlées.

• uniquement *that* ou ø lorsqu'il s'agit d'un relatif complément :

*Tell me **all (that)** you know.* Dis-moi tout ce que tu sais.

4. Emplois de *all* et des composés de *every*

All n'est pas en principe utilisé seul. Notez ainsi la traduction du français « tout » (sans nom derrière), soit par *everything*, soit par *all* :

everything possible en fin de phrase	*all* ici impossible seul
*Have you got **everything**?* Vous avez tout ?	*Have you got **all** you want?* Vous avez tout ce qu'il vous faut ?
*Tell me **everything**.* Dis-moi tout.	*Tell me **all** about it.* Dis-moi tout.
*Do you know **everybody**?* Connaissez-vous tout le monde ?	*Do you know them **all**?* Connaissez-vous tout le monde ?

All s'utilise cependant seul dans certaines tournures :

Is that all? Est-ce tout ?
*"Do you mind if I shut the window?" – "**Not at all.**"*
– Ça vous dérange si je ferme la fenêtre ? – Pas du tout.

All et *whole*, voir aussi **118**

Emplois de *every* et de *each* 159

Every (« tout, chaque ») et *each* (« chaque ») sont des déterminants qui représentent un point de vue différent.

1. Différence de sens entre *every* et *each*

Every désigne **un ensemble**. *Each* désigne, dans un ensemble, **chaque sujet individuellement**.

***Every** gambler wants to win.* Tous les joueurs veulent gagner. ▼ ajoutés les uns aux autres	***Each** gambler staked 50 francs.* Chaque joueur misa 50 francs. ▼ pris individuellement

2. Différence de constructions entre *every* et *each*

Every ne peut pas être utilisé seul, contrairement à *each*, qui peut être pronom :

***Every** guest had an invitation.* Tous les invités avaient un carton.	***Each** guest had an invitation.* Chaque invité avait un carton.
***Every one** of them had an invitation.* Tous avaient un carton.	***Each** (of them) had an invitation.* Chacun (d'entre eux) avait un carton.

Every ne peut pas être utilisé quand il s'agit de deux éléments. On recourt dans ce cas à *each* ou à *both* :

*She was wearing a bracelet on **each** wrist.* Elle portait un bracelet à chaque poignet.
*She was wearing a bracelet on **both** wrists.* Elle portait un bracelet aux deux poignets.

Both , voir aussi **131**

À VOUS !

155. Complétez les phrases ci-dessous à l'aide, selon le cas, de *every*, *all* ou *each*, puis traduisez.
a. I believe ... restaurants should ban smoking. (*ban :* interdire) – b. ... citizen has the right to vote. – c. ... children like fairy tales. (contes de fées)

156. Traduisez les phrases ci-dessous, en pensant aux diverses solutions possibles.
a. Il y avait un cadeau pour chacun des enfants. (*a present*) – b. Chaque voiture avait été saccagée. (*be vandalized*) – c. Tous les verbes ne sont pas réguliers. (*be regular*) – d. Ils vont à l'opéra tous les mois. (*go to the opera*) – e. Chacune des pièces valait au moins 1 000 livres. (*be worth at least*) – f. Toutes les maisons ont été endommagées. (*be damaged*) – g. Tous les concerts n'affichaient pas complet. (*be sold out*)

157. Complétez les phrases ci-dessous à l'aide des éléments appropriés, puis traduisez.
a. Give me ... of it. – b. ... time I mention it, he changes the subject. – c. During the holidays, they were together ... time.

158. Traduisez les phrases ci-dessous, en pensant aux diverses solutions possibles.
a. La réunion a duré toute la soirée. (*last*) – b. Je lis tous les soirs avant de m'endormir. (*go to sleep*) – c. Tout était calme. (*calm*) – d. Tous les étudiants réussirent à l'examen. (*pass the exam*) – e. Tous les étudiants doivent payer leurs études. (*their education*)

159. Complétez les phrases à l'aide de *every* ou de *each*, puis traduisez. Dans un cas, deux solutions sont possibles.
a. There was a large hole in ... glove. (*glove :* gant) – b. I spend ... summer by the sea. – c. ... had his own office. (*own :* propre, à soi)

160. Ajoutez dans les phrases ci-dessous les éléments manquants (possessif ou élément de reprise), puis traduisez.
a. Every tourist was carrying ... camera. – b. Every baker works hard, ... ? – c. Every family has ... arguments. (*argument :* ici dispute)

161. Traduisez les phrases ci-dessous, en pensant aux diverses solutions possibles.
a. Chaque page doit être signée. (*must be signed*) – b. Tout le monde est là, n'est-ce pas ? – c. Vous devriez changer la pile tous les six mois. (*change the battery*) – d. Tous les étudiants s'inquiètent pour leurs examens. (*worry about*)

FAIRE

Traductions de « faire faire quelque chose » 160

Comparez les différentes valeurs de la tournure « faire + infinitif » :

	valeur
Je lui ai fait déplacer sa voiture.	contrainte
J'ai fait déplacer la voiture.	contrainte
Je l'ai fait entrer.	pas de contrainte
Je ne me suis pas fait comprendre.	tournure pronominale

1. Contrainte

Notez les différentes formulations suivantes pour traduire l'expression « faire faire quelque chose », selon ce que l'on veut mettre en valeur :

contrainte avec sens actif	contrainte avec sens passif
• ***make*** **+ nom / pronom + V :** *I* ***made*** *him move his car.* Je lui ai fait déplacer sa voiture. ▼ il a déplacé sa voiture	• ***have*** **+ nom / pronom + V-EN :** *I* ***had*** *the car moved.* J'ai fait déplacer la voiture. ▼ la voiture a été déplacée
• ***have*** **+ nom / pronom + V :** *She* ***had*** *her brother do her homework.* Elle a fait faire ses devoirs par son frère.	
• ***get*** **+ nom / pronom +** ***to*** **V :** *He* ***got*** *them to change their minds.* Il leur a fait changer d'avis.	• ***get*** **+ nom / pronom + V-EN :** *I* ***got*** *my suit cleaned.* J'ai fait nettoyer mon costume.

Avec *have*, la contrainte est atténuée. Avec *get* (contrainte avec sens actif), il y a idée d'effort, de ruse... Le pronom est toujours à la forme complément.

Cas de *make* à la voix passive :

voix active	voix passive
They ***made me*** *move my car.* Ils m'ont fait déplacer ma voiture.	*I* ***was made to*** *move my car.* On m'a fait déplacer ma voiture. (notez le *to* devant le verbe)

2. Absence de contrainte

Certaines expressions françaises, avec la tournure « faire » + infinitif, n'expriment pas l'idée de contrainte. Notez ainsi quelques correspondances :

Je l'ai fait entrer.	*I* ***showed*** *him* ***in****.*
Je lui ai fait visiter l'usine.	*I* ***showed*** *her* ***round*** *the factory.*
Il a fait traverser la rue à une dame.	*He* ***helped*** *a lady* ***across*** *the street.*
J'ai fait cuire un œuf.	*I've* ***boiled*** *an egg.*
Je ne peux pas faire démarrer la tondeuse.	*I can't* ***start*** *the mower.*

3. Tournures pronominales françaises

Certaines tournures pronominales françaises se traduisent en anglais à l'aide de ***make*** **+ pronom réfléchi + V-EN** (verbe au participe passé) :

*I didn't **make myself** understood.* Je ne me suis pas fait comprendre.

À VOUS !

162. Traduisez les phrases ci-dessous.
a. On m'a fait payer à nouveau. – b. Ils ont fait travailler les prisonniers. – c. Nous lui avons finalement fait dire la vérité. – d. Nous allons faire changer les fenêtres. *(replace)* – e. J'ai essayé de me faire remarquer. – f. Faites entrer Mrs Weston, je vous prie.

161 Traductions de « faire faire » avec indication de la manière

Observez la différence de formulation entre le français et l'anglais dans l'exemple suivant :

Il lui a fait signer le contrat en lui graissant la patte.

He bribed him into signing the contract.

Le but (« signer le contrat ») est rendu en anglais par une préposition suivie du gérondif. La manière employée (« graisser la patte ») est exprimée par le verbe principal. On dira de même :

Il m'a fait refuser ce travail à force de m'en parler.

He talked me out of accepting the job.

Notez ainsi la façon dont sont agencés les blocs :

V + nom (ou pronom) → ***into*** + V-*ing* / ***out of*** + V-*ing*

Ces tournures se rencontrent aussi dans les phrases au passif :

*He was tricked **into tidying** the classroom.*
Ils ont trouvé la combine pour lui faire ranger la salle de classe.

Remarquez que les verbes normalement construits avec une préposition sont, dans ces emplois particuliers, transitifs directs. Comparez :

*He talked **to** me.*
Il m'a parlé.

*He **talked me out** of accepting.*
Il m'a dissuadé d'accepter.

À VOUS !

163. Reconstituez les phrases à l'aide des éléments fournis, puis traduisez.
a. he - his brother - bully (tyranniser) - do - into - his homework. – b. my parents - me - accept - argue (discuter) - out of - the offer. – c. him - the cheque - she - sign - into - coax (cajoler). – d. me - they - agree - to go - talk - into. – e. a drink - charm (enjôler) - buy her - she - into - him. – f. into - start - be provoked - a fight - he.

Traductions de « faire une activité, un sport » 162

La traduction de « faire », dans le sens de « faire une activité », dépend d'abord de la nature de l'activité :

Je fais du dessin.	l'activité ne suggère pas l'idée de déplacement
Je fais de la natation.	l'activité suggère l'idée de déplacement

1. Activités ne suggérant pas l'idée de déplacement

Pour traduire le verbe « faire », pour une activité qui ne suggère pas l'idée de déplacement, on emploie généralement le verbe ***do*** **+ le nom de l'activité**. L'activité peut être indiquée :

• soit par un nom à part entière : *pottery* (la potterie) :

I do *pottery.* Je fais de la potterie.

• soit par un nom formé à partir du verbe correspondant : *drawing* (le dessin, du verbe *draw* : dessiner). Dans ce cas, le nom doit être précédé d'un quantificateur (*some*, *any*...) ou d'un déterminant (*the*, *my*, *his*...) :

I do *some drawing.* Je fais du dessin.

Pour un instrument de musique, on emploie le verbe ***play*** :

He ***plays the violin****.* Il fait du violon.

2. Activités suggérant l'idée de déplacement

Pour parler d'une activité qui suggère l'idée de déplacement, comme « faire de la natation » ou « faire ses courses », on emploie :

• le verbe ***do*** **+ V-*ing*** quand on veut préciser la part de temps consacrée à l'activité, ou son côté répétitif. Dans ce cas, le nom doit être précédé d'un quantificateur (*some*, *any*...) ou d'un déterminant (*the*, *my*, *his*...) ;

• le verbe ***go*** **+ V-*ing*** quand on insiste sur l'idée de mouvement vers le lieu de l'activité.

I ***do*** *some climbing.*
Je fais un peu d'escalade.
Do you ***do*** *any sailing?*
Tu fais de la voile ?
I ***do*** *my shopping on Fridays.*
Je fais mes courses le vendredi.

We ***went*** *diving last summer.*
On a fait de la plongée l'été dernier.
Do you often ***go*** *cycling?*
Tu vas souvent faire du vélo ?
She's ***gone*** *shopping.*
Elle est allée faire ses courses.

3. Noms spécifiques de sport

Pour les noms de sport, on emploie selon les cas les verbes ***do*** ou ***play*** suivis du nom :

He ***does*** *judo.*
Il fait du judo.

He ***plays*** *football.*
Il fait du foot.

Make et *do*, voir 189

4. Sélection de noms d'activités

La liste ci-dessous propose une sélection de noms d'activités, formés à partir d'un verbe. Pour la traduction de « faire » telle ou telle de ces activités, il y a deux catégories :

Noms utilisables avec la construction ***do*** **+ quantificateur ou déterminant + V-*ing*** :

acting	le théâtre	*ironing*	le repassage
cooking	la cuisine	*painting*	la peinture
dressmaking	la couture	*washing*	la lessive
gardening	le jardinage	*washing-up*	la vaisselle

Noms utilisables avec deux constructions différentes :
- ***do*** + quantificateur ou déterminant + V-*ing* ;
- ***go*** + V-*ing*.

boating	le bateau
bungee jumping	le saut à l'élastique
camping	le camping
climbing	l'escalade
cycling	le vélo
dancing	la danse
diving	la plongée
fishing	la pêche
gliding	le vol à voile
hang-gliding	le deltaplane
hiking	la marche
horse-riding	l'équitation
hunting	la chasse (à courre)
jogging	le jogging
motorcycling	la moto
mountain-biking	le vélo-cross
paragliding	le parapente
sailing	la voile
sand-yachting	le char à voile
shooting	la chasse (avec fusil)
shopping	les courses
sightseeing	le tourisme
skating	le patin à glace
skiing	le ski
surfing	le surf
swimming	la natation
trekking	la randonnée
windsurfing	la planche à voile

À VOUS !

164. Complétez les phrases ci-dessous à l'aide de *do* ou de *go*, que vous mettrez à la forme appropriée. Traduisez ensuite.
a. She ... a lot of horse-riding. – b. They ... camping next weekend. – c. He ... karate. – d. Do you ever ... fishing? – e. I … a lot of swimming. – f. Do you … any dressmaking?

165. Traduisez les phrases ci-dessous.
a. Vous jouez au tennis ? – b. L'après-midi, ils ont fait de la voile. – c. Son mari ne fait jamais de cuisine. – d. Pourriez-vous faire la vaisselle ? – e. Je n'ai jamais joué au squash. – f. Avez-vous fait du ski l'hiver dernier ? – g. J'essaie de faire du jogging tous les week-ends. – h. Je fais de la natation tous les lundis. – i. Vous faites de l'escalade? – j. Ils ont fait de la randonnée en août dernier.

163 Traductions de « falloir »

La traduction des différentes formes du verbe « falloir » dépend des valeurs qu'il peut avoir.

	valeur
Il lui **faut** une calculatrice.	besoin
Il vous **faut** partir tout de suite.	obligation ou nécessité
Il **faut** trois heures pour aller là-bas.	nécessité
Il **faut** être être dingue pour faire du hors-piste.	certitude
Il **faudrait** assister à tous les cours.	conseil
Il **fallait** assister à tous les cours.	reproche

1. Besoin

Lorsque « falloir » exprime un besoin, on emploie par exemple :
- ***need* à la voix active** ou ***I'd like***, quand on précise qui a ce besoin ;
- ***need* à la voix passive**, quand on ne mentionne personne.

Comparez :

on précise qui a ce besoin	on ne mentionne personne
*She **needs** a calculator.* Il lui faut une calculatrice.	*Three more chairs **are needed**.* Il faut trois chaises de plus.
***I'd like** two bottles of milk.* Il me faudrait deux bouteilles de lait.	

Need, voir 201

2. Obligation ou nécessité

Lorsque « falloir » exprime une obligation ou une nécessité, on emploie selon le cas :
- ***must***, si l'obligation vient de l'énonciateur ;
- ***have (got) to*** ou ***be necessary (to)***, si la nécessité est imposée par les circonstances.

obligation venant du locuteur	nécessité imposée par les circonstances
*You **must** leave straight away.* Il faut que tu partes tout de suite.	*She **has to** take the school bus.* Il faut qu'elle prenne le bus scolaire.
*You **mustn't** lie.* Il ne faut pas mentir.	*I **had to** walk five miles.* Il a fallu que je fasse cinq miles à pied.
*You **must** have finished by Friday.* Il faut que tu aies fini d'ici vendredi.	***Is** all this equipment **necessary**?* Est-ce qu'il faut tout ce matériel ?

Notez ici la construction *must* + *have* V-EN (verbe au participe passé)

Lorsque « il faut » a le sens de « cela prend », « cela nécessite », on emploie ***it takes*** :

***It takes** three hours to get there.* Il faut trois heures pour arriver là-bas.

Obligation et nécessité, voir 204

3. Certitude

Lorsque « falloir » exprime une certitude forte de la part de l'énonciateur, on emploie le modal *must* :
- ***must* + V ou *must* + *be -ing*** à propos d'une situation présente ;
- ***must* + *have* V-EN** à propos d'une situation passée.

Comparez :

situation présente	situation passée
Ski off-piste in this weather! She must be crazy! Faire du hors-piste par ce temps ! Il faut être dingue !	*He **must have** been stupid to buy that.* Il fallait être idiot pour acheter ça.
*He **must be** sleep**ing** heavily not to hear us.* Il faut qu'il dorme profondément pour ne pas nous entendre.	

Certitude, voir 135

4. Conseil ou reproche

- Lorsque « falloir » exprime un conseil, on emploie souvent ***should*** + V.
- Lorsque « falloir » exprime un reproche, on emploie souvent ***should*** + ***have*** V-EN.

conseil	reproche
*You **should** attend all the lectures.* Il faudrait assister à tous les cours.	*You **should have** attended all the lectures.* Il fallait assister à tous les cours.
*I **shouldn't** eat so much.* Il ne faudrait pas que je mange autant.	*You **shouldn't have** eaten so much.* Il n'aurait pas fallu manger autant.

Voir Conseil 139, Reproche 228, *Should* / *ought to* 236

À VOUS !

166. Repérez si les phrases expriment un besoin (A), une obligation ou une nécessité (B), une certitude forte (C), un conseil (D) ou un reproche (E), puis traduisez.
a. Est-ce qu'il faut que je paie maintenant ? – b. Il lui faut des chaussures neuves. – c. Il faut que j'aie fait mes devoirs d'ici 15 heures. – d. Il fallait qu'elle soit jalouse pour réagir comme ça. *(jealous - react)* – e. Il ne fallait pas qu'ils arrivent aussi tard. – f. Il ne faudrait pas travailler autant. *(so much)* – g. Il faut des volontaires d'urgence. *(volunteers - urgently)* – h. Il aurait fallu qu'il m'en parle plus tôt. *(tell me earlier)*

FAUX AMIS

164 Sélection de faux amis

Certains mots anglais peuvent prêter à confusion, en raison de leur ressemblance avec le français.
Vous trouverez dans la double liste ci-dessous :
– à gauche, une sélection de ces « faux amis » à connaître ;
– à droite, la traduction des mots français pouvant parallèlement poser problème.

A

actual	vrai	#	actuel	*present, current*
actually	en fait	#	actuellement	*currently, now*
advice (indén.)	conseil	#	avis	*opinion*
agenda	ordre du jour	#	agenda	*diary*
ancient	très vieux	#	ancien	*old, former*
arrive	arriver (à destination)	#	• arriver (événement)	*happen, occur*
			• arriver (à faire qch)	*manage to*
assist	aider	#	assister à	*attend*
attend	assister à, suivre (un cours...)	#	attendre	*wait for*

B

benefit	avantage	#	bénéfice	*profit*

C

camera	appareil photo	#	caméra	*cine camera* (GB) *movie camera* (US) *video camera*
cave	caverne	#	cave	*cellar*
chance	hasard	#	chance	*(piece of) luck*
character	• caractère (tempérament) • personnage	#	caractère (humeur)	*temper*
charge	accuser	#	charger	*load*
circulation	circulation (non routière)	#	circulation routière	*traffic*
college	grande école, faculté	#	collège	*school*
command	commander (à l'armée...), imposer	#	commander (au restaurant)	*order*
complete	total, entier	#	complet (plein)	*full*
comprehensive	complet	#	compréhensif	*understanding*
conductor	• contrôleur • chef d'orchestre	#	conducteur	*driver*
conference	congrès, séminaire	#	conférence	*lecture*
confidence	• confiance, confiance en soi • confidence			
confident	confiant	#	confident	*confidant*
confused	embrouillé	#	confus	*embarrassed*
conscience	conscience morale	#	conscience intellectuelle	*consciousness*
control	diriger, tenir	#	contrôler	*check*
correspondence	correspondance (courrier)	#	correspondance (transports)	*connection*
course	stage, série de cours	#	• course • cours (de maths)	*race* *lesson, class*
cry	pleurer	#	crier	*shout, scream*
current	actuel	#	courant	*common*

D

deceive	tromper	#	décevoir	*disappoint*
deception	tromperie	#	déception	*disappointment*
defend	défendre (protéger)	#	défendre (interdire)	*forbid, prohibit*
delay	retard	#	délai	*time limit*
demand	exiger	#	demander	*ask*
distraction	• distraction • folie mentale	#	distraction (divertissement)	*entertainment*
dramatic	spectaculaire	#	dramatique	*terrible*

E

education	formation (scientifique...)	#	• éducation (d'un enfant) • éducation (bonnes manières)	*upbringing* *good manners*
engaged	• occupé • fiancé	#	engagé (écrivain, artiste...)	*committed, involved*
eventually	finalement	#	éventuellement	*maybe*
evidence	preuves, témoignage	#	évidence	*obvious fact*
evolution	évolution (de l'espèce...)	#	évolution (pays, événement...)	*development*
experience	expérience (dans la vie)	#	expérience (scientifique...)	*experiment*

F

fault	• faute (responsabilité) • défaut (technique)	#	faute (calcul, orthographe...)	*mistake*
figure	• chiffre (chômage...) • silhouette	#	figure (visage)	*face*
furniture (indén.)	meubles	#	fournitures	*supplies*

G

genial	aimable	#	• génial (intelligent) • génial (sensationnel)	*brilliant* *great*

I

ignore	ne pas prêter attention à	#	ignorer (ne pas savoir)	*not to know*
inconvenient (adj.)	peu pratique	#	inconvénient (nom)	*disadvantage*
information (indén.)	renseignements	#	information	*piece of news*
inhabited	habité	#	inhabité	*uninhabited*
injure	blesser	#	injurier	*insult*

J

journey	voyage	#	journée	*day*

L

large	grand	#	large	*broad, wide*
lecture	conférence	#	lecture	*reading*
library	bibliothèque	#	librairie	*bookshop*
licence	permis	#	licence (diplôme...)	*degree*
local (nom)	habitant du pays	#	local	*place*
location	emplacement	#	• location (logement) • location d'une place	*renting* *booking*

M

marriage	mariage (institution)	#	mariage (cérémonie)	*wedding*
material	tissu	#	matériel	*equipment*
miserable	malheureux	#	misérable (pauvre)	*poor*
misery	malheur	#	misère	*poverty*
money	argent	#	monnaie	*change*
moral	morale (d'une histoire)	#	• la morale (sens moral) • le moral	*morals* ['mɔrəl] *morale* [mɔ'ra:l]

N

notice	annonce, pancarte, notification	#	notice	*instruction leaflet*

O

occasion	événement	#	• occasion (circonstance favorable) • occasion (affaire)	*opportunity* *bargain*

P

parent	père / mère (seulement)	#	parent (relation de famille)	*relation, relative*
particular	• spécial, particulier • exigeant	#	particulier (bizarre)	*odd, peculiar*
pass (an exam)	réussir (à un examen)	#	• passer un examen • passer du temps	*take (an exam)* *spend*
pension	pension, retraite	#	• pension scolaire • pension de famille	*boarding school* *guesthouse*
petrol	essence	#	pétrole	*oil*
photograph	photographie	#	photographe	*photographer*
phrase	expression	#	phrase	*sentence*
place	endroit, local	#	• place publique • place (espace)	*square* *room, space*
plate	assiette	#	plat	*dish*
politics	la politique (l'activité)	#	la politique (la ligne)	*policy*
present	offrir	#	présenter	*introduce*
preservative	agent conservateur	#	préservatif	*condom*

pretend	faire semblant	#	prétendre	*claim*
price	prix (valeur)	#	prix (récompense)	*prize*
professor	professeur (à la faculté)	#	professeur (lycée, collège)	*teacher*
proper	correct, juste	#	propre	*clean*
property	propriété	#	propreté	*cleanness*
propose	demander en mariage	#	proposer	*suggest*

R

realization	prise de conscience	#	réalisation	*achievement*
remark	faire remarquer	#	remarquer	*notice*
resent	mal supporter	#	ressentir	*feel*
rest	se reposer	#	rester	*stay, remain, be left*
resume	reprendre (une activité)	#	résumer	*sum up*
retire	prendre sa retraite	#	se retirer	*withdraw*
route	itinéraire	#	route	*road*

S

savage	féroce	#	sauvage	*wild*
sensible	raisonnable, sensé	#	sensible	*sensitive*
service	service	#	• service dans une administration	*department*
			• service à rendre	*favour*
situation	situation	#	situation (travail)	*job*
society	société (communauté)	#	société (entreprise)	*company, firm*
souvenir	souvenir (objet)	#	souvenir (en mémoire)	*memory*
stage	phase, étape	#	stage (de formation)	*(training) course*
support	soutenir, patronner	#	supporter	*bear, stand, put up with*
support	soutien	#	support	*prop*
surname	nom de famille	#	surnom	*nickname*
sympathetic	compatissant	#	sympathique	*nice, friendly*
sympathize	compatir	#	sympathiser	*make friends*

T

title	titre (d'un ouvrage)	#	titre (de journal)	*headline*
train	former	#	traîner (par terre)	*drag*
trouble	déranger	#	troubler	*disturb, upset*

V

voyage	voyage en bateau	#	voyage	*journey, trip*

FEW (A ~) et LITTLE (A ~)

Emplois de *(a) few* et de *(a) little* 165

Les quantificateurs *a few* et *a little* expriment respectivement l'idée d'un petit nombre et d'une petite quantité.
Few et *little* (sans *a*) indiquent, eux, un faible nombre et une faible quantité.

petit nombre	*a few*	faible nombre	*few*
petite quantité	*a little*	faible quantité	*little*

Les emplois varient selon que le nom qui suit est dénombrable ou indénombrable.

1. *A few* et *a little*

a few + nom dénombrable	*a little* + nom indénombrable
*There are **a few** eggs left.* Il reste quelques œufs.	*There's **a little milk** in the fridge.* Il y a un peu de lait au frigo.
*She needs **a few** dollars.* Elle a besoin de quelques dollars.	*She has **a little** money.* Elle a un peu d'argent.

2. *Few* et *little*

few + nom dénombrable	*little* + nom indénombrable
*We've had **few** storms this summer.* Nous avons eu peu d'orages cet été.	*We've had **little** rain.* Nous avons eu peu de pluie.

Notez toutefois les tournures équivalentes suivantes, beaucoup plus courantes dans la langue parlée :

*We have**n't** had **many** storms.* Nous n'avons pas eu beaucoup d'orages.	*We have**n't** had **much** rain.* Nous n'avons pas eu beaucoup de pluie.

Notez les oppositions de *few* / *little* et *a few* / *a little* :

point de vue positif	point de vue négatif
I like staying in Leeds. *I've got **a few** friends there.* J'aime séjourner à Leeds. J'ai **quelques** amis là-bas.	*I've got **few** friends.* J'ai **peu d'**amis.
*It's all right. We've got **a little** time before our train.* Ça va. Nous avons **un peu de** temps avant notre train.	*Hurry up! We've got **little** time.* Dépêchez-vous ! Nous avons **peu de** temps.

Few et *little* (sans *a*) représentent toutefois un anglais assez formel et s'emploient plus couramment précédés de ***very*** :

*I've got **very few** friends.* J'ai très peu d'amis.	*We've got **very little** time.* Nous avons très peu de temps.

Quantificateurs, voir aussi 25

À VOUS !

167. Complétez à l'aide de *a few, a little, few* ou *little*, puis traduisez.
a. Would anyone like ... more sauce? – b. We need ... volunteers to help. – c. ... Europeans speak Chinese fluently. – d. I gave her ... words of advice. – e. ... advice would be appreciated.

168. Traduisez les phrases ci-dessous, en pensant aux diverses solutions possibles.
a. Puis-je emprunter quelques trombones ? *(borrow - paperclip)* – b. Il a peu d'expérience dans l'administration. *(experience)* – c. Elle parle un peu anglais. – d. Il a peu de problèmes.

169. Traduisez les phrases ci-dessous, en pensant à plusieurs possibilités.
a. She's a woman of few words. – b. I'm a man of few words.

FOR et *SINCE*

Emplois de *for* et de *since* 166

Ne confondez pas les emplois suivants de *for* et de *since* :

• *for* peut servir à exprimer une durée à propos d'un fait permanent, d'un bilan, d'une période révolue ou encore d'une période prévue ;

• *since* peut servir à indiquer le point de départ d'une action dans le cadre d'un bilan.

Cause, voir aussi **134**

1. Expression d'une durée à propos d'un fait permanent

On exprime la durée à propos d'un fait permanent avec le **présent suivi de *for*** :

*They watch TV **for hours** every night.* Ils regardent la télé tous les soirs pendant des heures.

2. Expression d'un bilan actuel

On exprime un bilan actuel (au moment où l'on parle) avec le ***present perfect*** suivi de *for* pour exprimer la durée et de *since* pour indiquer le point de départ.

durée	point de départ
*He has worked there **for three months**. (1)* Il travaille là-bas depuis trois mois.	*He has worked there **since June**. (1)* Il travaille là-bas depuis juin.
	*He has worked there **since he left school**.* Il travaille là-bas depuis qu'il a quitté l'école.
*It's been raining **for hours**.* Ça fait des heures qu'il pleut.	*It's been raining **since 2 this morning**.* Il pleut depuis 2 heures du matin.

(1) Question correspondante :

How long has he worked there? Depuis combien de temps travaille-t-il là-bas ?

3. Expression d'un bilan dans le passé

On exprime un bilan à un moment du passé avec le ***past perfect*** suivi de *for* pour exprimer la durée et de *since* pour indiquer le point de départ.

durée	point de départ
*He had worked there **for two years** when he was sacked.* Il travaillait là-bas depuis deux ans quand il a été viré.	*He had worked there **since Easter** when he was sacked.* Il travaillait là-bas depuis Pâques quand il a été viré.
*They'd been arguing **for hours**.* Ça faisait des heures qu'ils discutaient.	*They'd been arguing **since lunchtime**.* Ils discutaient depuis le déjeuner.

4. Indication d'une période révolue

Pour indiquer une période révolue, on emploie le **prétérit suivi de *for*** :

*She worked there **for two years**.* Elle a travaillé là-bas deux ans.

*How long **did** she **work** there?* Combien de temps a-t-elle travaillé là-bas ?

5. Expression d'une durée prévue

Pour exprimer une durée prévue, les formulations varient selon qu'il s'agit d'une activité en cours ou d'une activité à venir ou envisagée.

S'il s'agit d'une activité déjà en cours, on emploie le **présent + *be -ing* suivi de *for*** :

*We're staying here **for** a couple of weeks.* Nous sommes ici pour une quinzaine de jours.

La question correspondante est :

***How long** are you staying here for?* Vous êtes ici pour combien de temps ?

On peut rencontrer le verbe *be* seul :

*We're here **for** six months.* Nous sommes ici pour six mois.

S'il s'agit d'une activité à venir ou envisagée, on emploie les différentes structures (notamment les **modaux**) permettant d'exprimer le futur ou la probabilité :

*I'll be gone **for** two weeks.* Je serai absent pendant deux semaines.
*We might stay here **for** a couple of days.* On y restera peut-être un ou deux jours.

Voir Depuis 146, Pendant 210

170. Repérez s'il s'agit d'un fait permanent (A), un bilan actuel (B), un bilan dans le passé (C), une période révolue (D) ou une durée prévue (E). Ensuite traduisez.
a. Le théâtre a donné la même pièce pendant 25 ans. *(show the same play)* – b. Je n'ai pas pris de vacances depuis un an. *(have a holiday)* – c. Ils parlent pendant des heures au téléphone. – d. Depuis combien de temps habitez-vous Paris ? – e. Je suis au régime pour trois semaines. *(be on a diet)* – f. Ça faisait des heures que j'essayais de l'appeler quand j'ai eu finalement la communication. (avoir la communication : *get through*) – g. Vous les avez vus depuis le mariage ? *(the wedding)*

GÉRONDIF

167 Verbes suivis d'un gérondif

On emploie le gérondif après certains verbes pour décrire une activité, soit déjà réalisée, soit qu'on imagine. Le gérondif peut se traduire en français par un infinitif ou un nom.

*They enjoy **dancing**.* Ils aiment danser. / Ils aiment la danse.

Notez les principaux verbes qui entraînent ainsi obligatoirement le gérondif.

avoid	*I **avoid travelling** during the rush hour.* J'évite de voyager à l'heure de pointe.
consider	*Have you **considered moving** house?* Vous avez envisagé de déménager ?
contemplate	*I would never **contemplate living** in London.* Il ne me viendrait jamais à l'idée de vivre à Londres.
dislike	*I **dislike flying**.* Je n'aime pas prendre l'avion.

enjoy	*He **enjoys paragliding**.* Il aime faire du parapente.
finish	*I've **finished reading** this book.* J'ai fini de lire ce livre.
give up	*I must **give up smoking**.* Il faut que j'arrête de fumer.
imagine	*I can't **imagine asking** him for a rise.* Je ne me vois pas lui demander une augmentation.
keep (on)	*That child **keeps on asking** questions.* Cet enfant n'arrête pas de poser des questions.
loathe	*I **loathe having** to wait.* Je déteste avoir à attendre.
mind	*Do you **mind shutting** the window?* Ça ne vous ennuie pas de fermer la fenêtre ?
miss	*She narrowly **missed being** killed.* Elle a bien failli se faire tuer.
practise	*I need to **practise speaking** English.* J'ai besoin de m'entraîner à parler anglais.
risk	*I don't want to **risk being** late.* Je ne veux pas risquer d'être en retard.
spend time	*She **spent** a lot of **time telephoning** her friends.* Elle a passé énormément de temps à téléphoner à ses amis.
suggest	*I **suggest doing** that now.* Je suggère de faire ça maintenant.

Notez la tournure *can't help* qui entraîne aussi la forme V-*ing* pour le verbe qui suit :

*I couldn't **help laughing**.* Je n'ai pas pu m'empêcher de rire.

Voir Gérondif 12, Infinitif ou gérondif 181 à 184

Verbes prépositionnels suivis d'un gérondif 168

On emploie toujours le gérondif après un verbe prépositionnel. Voici une sélection d'exemples utiles à connaître :

be reduced to	*He was **reduced to begging** in the street.* Il en a été réduit à mendier dans la rue.
blame for	*Don't **blame** me **for wasting** time.* Ne me reproche pas de perdre du temps.
confess to	*He **confessed to stealing** the money.* Il avoua avoir volé l'argent.
feel like	*Do you feel **like going** to the cinema?* Tu as envie d'aller au cinéma ?
insist on	*He **insisted on driving** me home.* Il a tenu à me ramener en voiture.
look forward to	*I'm **looking forward to seeing** you.* Il me tarde de vous voir.

object to	*I **object to being** shouted at.* Je refuse qu'on me crie après.
prevent from	*Nothing **prevents** us **from trying**.* Rien ne nous empêche d'essayer.
succeed in	*He hasn't **succeeded in finding** a job yet.* Il n'a pas encore réussi à trouver un travail.
take to	*He's **taken to coming** in without knocking.* Il a pris l'habitude d'entrer sans frapper.
think of	*I'm **thinking of buying** a motorbike.* J'envisage d'acheter une moto.
warn against	*We were **warned against buying** that model.* On nous avait déconseillé d'acheter ce modèle.

Voir Gérondif 12

169 Prépositions suivies du gérondif

On emploie toujours le gérondif après une préposition. Voici une sélection d'exemples utiles à connaître :

after	*He found a job soon **after leaving** school.* Il trouva un travail peu après avoir quitté l'école.
at	*I'm no good **at typing**.* Je sais très mal taper à la machine.
by	*They got rid of weeds **by spraying** them with weedkiller.* Ils se sont débarrassés des mauvaises herbes en pulvérisant un herbicide.
for	*He was arrested **for pushing** drugs.* Il a été arrêté pour trafic de drogue.
instead of	*Let's go out instead **of watching** TV.* Sortons au lieu de regarder la télé.
on	***On leaving** university, he started working in finance.* En quittant l'université, il a commencé à travailler dans la finance.
with	*I'm fed up **with waiting**.* J'en ai assez d'attendre.
without	*They left **without saying** thank you.* Ils sont partis sans dire merci.

Voir Gérondif 12, En + participe présent 152

À VOUS !

171. Traduisez les phrases ci-dessous à l'aide des éléments fournis.
a. Il m'a empêché de partir. *(stop from - leave)* – b. Il parle de vendre son appartement. *(talk about)* – c. Il s'entraîne en courant vingt kilomètres par jour. *(train by)* – d. Elle a perdu du poids en supprimant les desserts. *(lose weight by - give up desserts)* – e. Un tire-bouchon est un instrument pour ouvrir les bouteilles. *(a corkscrew - a device for)* – f. Un fax, c'est utile pour envoyer des messages rapides. *(a fax machine - good for)*

GET

Emplois de *get* 170

Get est un verbe irrégulier : ses formes sont *get*, *got*, *got* (GB) ou *gotten* (US).
Il peut avoir, selon ses constructions, plusieurs sens ; notamment :
– l'obtention, l'acquisition ;
– le passage d'un état à un autre.

1. Obtention, acquisition

Get a alors le sens général d'« obtenir », « recevoir », « prendre ». Il est transitif.

*He **got** a very bad mark.* Il a obtenu une très mauvaise note.
*Can you go and **get** a glass for Mary?* Peux-tu aller chercher un verre pour Mary ?
*I didn't **get** what she said.* Je n'ai pas saisi ce qu'elle a dit.

C'est ainsi qu'on retrouve *get* dans le sens de « avoir » en anglais britannique. Il s'agit de *get* au *present perfect* (expression d'un résultat) :

*They**'ve got** a new car.* Ils ont une nouvelle voiture.

2. Passage d'un état à un autre

Get, suivi d'un adjectif, parfois au comparatif, a alors le sens de « devenir », « passer d'un état à un autre ». Il peut être opposé au verbe *be* qui indique un état.

be : état	*get* : devenir
It's cold today. Il fait froid aujourd'hui.	*It's **getting** colder.* Le temps se rafraîchit.
She's nervous. Elle est tendue.	*She's **getting** nervous.* Elle est de plus en plus tendue.
*They **were** wet.* Ils étaient mouillés.	*They **got** wet.* Ils se firent mouiller.

Voir aussi Passif 65,
Verbes à particules 257 et 258,
Faire + infinitif 160, *Have got* 175

À VOUS !

172. Traduisez les phrases ci-dessous en utilisant *be* ou *get*.
a. La nuit tombait quand il est arrivé. *(dark)* – b. Il faisait nuit quand il est arrivé. *(dark)* – c. Il se fatigue rapidement. *(tired)* – d. Il est toujours fatigué l'après-midi. *(tired)* – e. J'ai souvent faim à 11 heures. *(hungry)* – f. Je commence à avoir un peu faim. *(hungry)* – g. Je m'ennuie facilement. – h. Est-ce qu'on peut faire autre chose, parce que je m'ennuie ? – i. J'ai reçu une lettre ce matin. – j. Je peux te servir un verre. *(a drink)* – k. Ton café refroidit. – l. Je dois grossir en ce moment. *(fat)*

GOÛTS, DÉSIRS et PRÉFÉRENCES

171 Expression du goût, du désir et de la préférence

On peut exprimer le goût, le désir ou la préférence de façon générale ou par rapport à une situation particulière.

1. Pour parler de ce que l'on aime ou préfère

Les constructions varient selon le type de situation :

situation générale	situation particulière
• ***like, prefer***, **etc. + nom :** *I like classical music.* J'aime la musique classique.	
• ***like, prefer***, **etc. + V-*ing* :** *I like travel**ling**.* J'aime voyager. *I prefer hik**ing** to cycl**ing**.* Je préfère la marche au vélo.	• ***like, prefer***, **etc. + *to* V :** *When I go to London, I like **to** travel by plane.* Quand je vais à Londres, j'aime y aller en avion. ▼ chaque fois dans ce cas-là *"Do you want a lift?"* *"No thanks. I prefer **to** walk."* – Je t'emmène ? – Merci. Je préfère aller à pied. ▼ cette fois-ci

Autres exemples de termes utilisés dans une situation générale ou particulière : *love* (adorer), *hate* (détester), *can't bear* (ne pas supporter), *etc.*

Certains termes s'utilisent uniquement pour un cas général : *enjoy, be fond of, be keen on, be crazy about* (aimer beaucoup, raffoler de), *loathe* (avoir horreur de...), *can't stand* (ne pas supporter), etc.

2. Pour parler de ce que l'on aimerait, désirerait, préférerait

Les constructions varient selon que la préférence porte sur le sujet grammatical ou non :

sujet	autre personne
• ***would like, prefer***, **etc. + nom :** ***I'd like** a cup of tea.* J'aimerais une tasse de thé.	
• ***would like, prefer* + *to* V :** ***I'd like to** stay at home.* J'aimerais rester à la maison. ***I'd prefer to** fax (rather than phone).* Je préférerais faxer (plutôt que téléphoner).	• ***would like, prefer* + [....] + *to* V :** ***I'd like** you **to** stay at home.* J'aimerais que tu restes à la maison. ***I'd prefer** you **not to** come.* Je préférerais que tu ne viennes pas.

sujet	autre personne
• ***would rather* + V :**	• ***would rather, would prefer* + [....] + prétérit modal :**
I'd rather *leave now (than wait).* Je préférerais partir maintenant.	***I'd rather*** *you* ***left*** *now.* Je préférerais que tu partes maintenant.
	I'd prefer *you* ***didn't*** *tell her.* Je préférerais que tu ne lui en parles pas.

Notez par ailleurs une autre construction possible avec *I'd prefer* :

I'd prefer *it if you* ***left*** *now.* Je préférerais que tu partes maintenant.

Would prefer est plus formel.

Dans le cas d'une autre personne, l'expression de la préférence est proche de celle du souhait.

Voir aussi *Would rather* 270, Prétérit modal 52, *Better / Best* 129 

À VOUS !

173. Repérez d'abord, dans les phrases ci-dessous, si l'on parle de ce que l'on aime ou préfère de façon générale (A), ou dans une situation particulière (B), de ce que l'on préférerait faire (C), ou qu'un autre fasse (D). Puis traduisez.
a. J'aime mieux lire que regarder la télé. – b. Quand je suis pressé, je préfère prendre un sandwich au bureau. *(be in a hurry)* – c. J'aime rester à la maison. – d. Je préférerais habiter à la campagne. – e. Quand elle fait ses courses, elle aime aller chez Marks & Spencer. *(go shopping)* – f. De temps en temps, il aime boire de la bière le soir. *(occasionally)* – g. Il aime boire de la bière. – h. Je préférerais que tu n'en parles pas à ta femme.

HAD BETTER

Valeurs et emplois de *had better* 172

Had better (*'d better*) est une tournure modale où « *had* » (prétérit) marque une rupture avec la situation réelle. *Had better* s'emploie pour exprimer un conseil, une mise en garde. *Had better* est suivi d'une base verbale (V).

Forme affirmative :

*I'****d better*** *take an early train.* Je ferais mieux de prendre un train de bonne heure.
*You'****d better*** *revise before the exam.* Tu ferais bien de réviser avant l'examen.

Forme négative :

*She'****d better not*** *waste her money.* Elle ferait mieux de ne pas gaspiller son argent.

Notez la place de la négation, juste devant la base verbale.

Forme interro-négative :

Hadn't *he* ***better*** *stay here overnight?* Ne ferait-il pas mieux de passer la nuit ici ?
Hadn't *we* ***better not*** *take the risk?* Est-ce qu'on ne ferait pas mieux de ne pas prendre le risque ?

Cette tournure s'utilise rarement à la forme interrogative simple.

Better étant un comparatif de supériorité, le deuxième complément, dans une comparaison, sera toujours introduit par *than* :

*He'd **better** accept the job rather **than** be on the dole.*
Il ferait mieux d'accepter cet emploi plutôt que d'être au chômage.

Conseil, voir aussi 139

À VOUS !

174. Traduisez les phrases ci-dessous.
a. Ne feriez-vous pas mieux de partir maintenant ? *(leave)* – b. On ferait mieux de ne pas faire trop de bruit. *(make too much noise)* – c. On ne ferait pas mieux de s'arrêter maintenant ? – d. Ils feraient mieux de suivre mon conseil. *(follow my advice)* – e. On ferait mieux de se garer sur ce parking plutôt que dans la rue. *(park – car park)* – f. Je ferais mieux de ne pas boire, parce que je conduis. – g. Ils ont intérêt à ne pas oublier. – h. Est-ce que finalement on ne ferait pas mieux de ne pas y aller ?

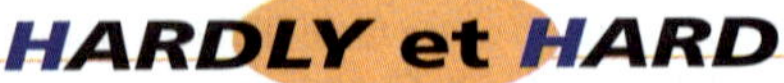

HARDLY et HARD

173 Emplois de *hardly* et de *hard*

1. Différence entre *hardly* et *hard*

Hardly est un adverbe de sens restrictif. *Hard* peut être adjectif ou adverbe.

*I **hardly** know him.* Je le connais à peine. (adverbe)
*It's raining **hard**.* Il pleut fort. (adverbe)
*It's **hard** to get a job.* C'est dur de trouver un travail. (adjectif)

2. Sens et emplois de *hardly*

Hardly est un terme négatif, qui fonctionne avec des phrases affirmatives. Le message est plutôt négatif (« à peine », « presque pas », ...).

On emploie *hardly* devant un adjectif :

*It's **hardly** surprising.* Ce n'est guère étonnant.
*It's **hardly** conceivable.* C'est à peine imaginable.

On emploie *hardly* devant un verbe :

*I **hardly** recognized him.* Je l'ai à peine reconnu.
*This old man can **hardly** walk.* Ce vieil homme peut à peine marcher.

On emploie *hardly* avec *ever* :

*She **hardly ever** goes out alone.* Elle ne sort presque jamais seule.

On emploie *hardly* avec *any* et ses composés :

*There's **hardly any** wine left.* Il ne reste presque pas de vin.
*There's **hardly anything** to do.* Il n'y a presque rien à faire.
***Hardly anybody** came.* Presque personne n'est venu.

On emploie *hardly* avec *when* + proposition :

*He had **hardly** opened his book **when** the phone rang.*
Il avait à peine ouvert son livre que le téléphone sonna.

Hardly peut aussi se placer en tête de la phrase :

***Hardly** had he opened his book **when** the phone rang.*
À peine avait-il ouvert son livre que le téléphone sonna.

Notez l'inversion sujet-auxiliaire. Cette tournure relève de la langue écrite.

Inversion sujet-auxiliaire, voir aussi 89

3. *Scarcely* et *hardly*

L'adverbe *scarcely* s'emploie de la même manière et avec les mêmes sens que *hardly* :

*I **scarcely** know him.* Je le connais à peine. *It's **scarcely** conceivable.* C'est à peine imaginable.

À VOUS !

175. Choisissez entre *hardly* et *hard* le terme qui convient.
a. Don't work too ... . – b. It's ... to believe that. – c. It's ... believable. – d. I found it ... to decide. – e. I can ... hear you.

176. Traduisez en anglais, en vous aidant le cas échéant des mots fournis. Utilisez les différentes formulations possibles.
a. Elle ne va presque jamais au cinéma. – b. Il travaille dur. – c. À peine avions-nous fini notre pique-nique qu'il se mit à pleuvoir. *(finish - picnic)* – d. Il ne reste presque pas de bois. – e. Nous nous connaissons à peine. *(know each other)*

HAVE

Have verbe lexical et auxiliaire 174

Have peut être verbe lexical ou auxiliaire.

1. *Have* verbe lexical

Formes et conjugaison

Le verbe lexical *have* est un verbe irrégulier. Il a deux formes au présent : *have* et *has* (3e personne du singulier), et une forme au prétérit : *had*.

Comme tous les autres verbes lexicaux, il fonctionne :

• à l'aide de l'auxiliaire (= l'opérateur) *do* au présent simple, et *did* au prétérit pour les formes interrogative et négative :

	forme affirmative	forme négative	forme interrogative
présent	*I have*	*I don't have*	*Do you have…?*
	he has	*he doesn't have*	*Does he have…?*
prétérit	*I had*	*I didn't have*	*Did you have…?*

• et à l'aide de l'auxiliaire (= l'opérateur) *have* au *present perfect* et *had* au *past perfect*, suivi du participe passé *had* :

present perfect	*I've had*	*I haven't had*	*Has he had…?*
past perfect	*I had had*	*I hadn't had*	*Had he had…?*

Valeurs

Le verbe lexical *have* exprime fondamentalement un **processus d'acquisition**. Il peut être verbe d'état ou d'action.

• *Have* verbe **d'état**

En tant que verbe d'état, *have* exprime le **résultat** d'un processus d'acquisition.

*She **has** blue eyes. Elle a les yeux bleus.* (héritage génétique)
*They **have** two children. Ils ont deux enfants.* (fruit de leur union ou adoption)
*We **have** a dog. Nous avons un chien.* (possession, suite à un achat, un don…)
*Do you **have** a personal stereo?* Est-ce que tu as un baladeur ?

Voir aussi à *Have* et *Have got*, 175

• *Have* verbe **d'action**

En tant que verbe d'action, *have* exprime le **processus** d'acquisition lui-même.

*I **have** coffee for breakfast.* Je prends du café au petit déjeuner.
*We **had** a shower at the hotel.* On a pris une douche à l'hôtel.

Cette action est souvent exprimée en français par le verbe « prendre », mais aussi par bien d'autres verbes.

*We **had** a walk in the park.* On a fait une promenade dans le parc.
*Did you **have** a nice holiday?* Vous avez passé de bonnes vacances ?

• Notez encore cette valeur dans les exemples ci-dessous, particulièrement courants :

have a drink	boire quelque chose
have a cup of tea	prendre une tasse de thé
have a sandwich	prendre un sandwich
have breakfast / lunch / dinner	prendre le petit déjeuner / déjeuner / dîner
have a meal	prendre un repas
have a wash	se laver
have a shave	se raser
have a haircut	se faire couper les cheveux
have a bath / a shower	prendre un bain / une douche
have a rest	se reposer
have a break	faire une pause
have a dream	faire un rêve
have a holiday	prendre des vacances
have a good time	s'amuser
have a good journey / a good trip	faire un bon voyage
have a walk	faire une promenade à pied
have a ride	faire une balade à vélo / en voiture
have a try / a go	essayer
have a think	réfléchir
have a look	jeter un coup d'œil

Verbes lexicaux et auxiliaires, 43

2. *Have* auxiliaire

Have auxiliaire, appelé également opérateur, est un outil qui s'emploie en association avec V-EN (verbe au participe passé) pour construire le *present perfect* et le *past perfect*.

Un bilan présent :

- *present perfect :* *I've typed all the letters.* J'ai tapé toutes les lettres.

Un bilan à un moment donné du passé :

- *past perfect :* *I had met her several times.* Je l'avais rencontrée plusieurs fois.

À VOUS !

177. Repérez dans les phrases ci-dessous si *have* est verbe lexical (A) ou auxiliaire (B), puis traduisez.
a. We had already met. – b. We had a good time yesterday at Helen's party. – c. Let's have a look. – d. They've bought a house in the Alps. – e. We didn't have any problems.

178. Traduisez les phrases ci-dessous en employant *have*, selon le cas, comme verbe lexical ou comme auxiliaire.
a. Il est déjà parti. (*leave*) – b. Essayez. – c. Que je réfléchisse. (*Let me...*) – d. J'avais vu le film. – e. Vous avez fait un bon voyage ? – f. Reposons-nous. (*Let us...*) – g. J'ai fait un rêve terrible la nuit dernière. – h. On a pris le petit déjeuner à l'hôtel.

HAVE et HAVE GOT

Emplois de *have* et de *have got* 175

Pour exprimer le résultat d'un processus d'acquisition, et notamment la possession, on peut utiliser sans différence de sens :

– *have* verbe **lexical***
Comme pour tout verbe lexical, les questions et les phrases négatives se construisent dans ce cas à l'aide de do au présent simple :

***Do** you **have** a digital camera?* Vous avez un appareil photo numérique ?
***Do** you **have** the time?* Vous avez l'heure ?

– ou *have got* (*have* **auxiliaire** + *got*)
On retrouve dans *have got*, qui est en fait le *present perfect* du verbe *get* (« acquérir », « obtenir »), la valeur de **bilan** que cet « aspect » exprime toujours (voir n° 41).

*She's **got** two cats.* Elle a deux chats.

Have étant ici auxiliaire, il se suffit à lui-même pour les questions et les phrases négatives :

***Have** you **got** a camcorder?* Vous avez un camescope?
***Have** you **got** the time?* Vous avez l'heure ?
*I **haven't got** any change.* Je n'ai pas de monnaie.

* Les formulations avec *have* « verbe lexical » relèvent plutôt de l'anglais américain, même si elles s'emploient de plus en plus en anglais britannique.

Voir Les Temps et les aspects 41, *Have* 174, *Get* 170

HEURE

176 Expression de l'heure

1. Dire l'heure

Pour poser des questions sur l'heure, on emploie les formulations suivantes :

What time is it? / What's the time? Quelle heure est-il ?
What time do you get up on Sundays? À quelle heure te lèves-tu le dimanche ?

Pour indiquer l'heure, on utilise habituellement la tournure *It's...* suivie de la formulation correspondant aux deux types courants d'affichage :

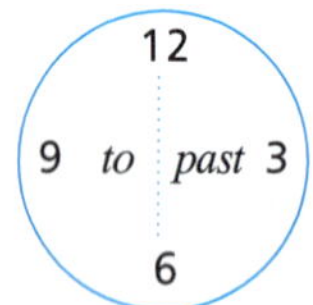

21 : 58

09:00	*nine a.m.* *nine (o'clock)*	*o nine hundred*
09:10	*ten past nine*	*nine ten*
09:15	*a quarter past nine*	*nine fifteen*
09:30	*half past nine*	*nine-thirty*
09:40	*twenty to ten*	*nine-forty*
09:45	*a quarter to ten*	*nine forty-five*
21:00	*nine p.m.*	*twenty-one hundred hours*
21:05	*five past nine*	*twenty-one o five*

Les formulations de la deuxième colonne s'emploient aussi de plus en plus dans d'autres cadres, en raison des montres à affichage digital.

A.m. et *p.m.* sont les abréviations d'expressions latines :

a.m. : ante meridiem avant midi *p.m. : post meridiem* après midi

O'clock ne s'utilise qu'avec une heure pleine, et n'est pas obligatoire.

Exemples d'emplois utiles à connaître :

• **formulations traditionnelles :**

It's just after one o'clock. Il est un peu plus d'une heure.
It's gone seven. Il est sept heures passées.
It's ten to. Il est moins dix.
It's a quarter past. Il est et quart.
Be there at five o'clock sharp. Soyez là à cinq heures pile.

• **formulations dans les gares, aéroports, etc. :**

The train is due at ten fifteen. Le train est attendu à 10 heures 15.
Checking-in time is at fifteen fifteen. L'heure d'enregistrement est à 15 heures 15.
My flight leaves at sixteen forty-five. Mon vol est à 16 heures 45.

Pour faire la distinction entre matin, après-midi et soir, on peut faire suivre l'heure des tournures suivantes :

• **langue usuelle :**

He arrived at ***three in the morning****.* Il est arrivé à trois heures du matin.
We left at ***four in the afternoon****.* Nous sommes partis à quatre heures de l'après-midi.
She came at ***seven in the evening****.* Elle est venue à sept heures du soir.

• **langue administrative, officielle :**

*He arrived at **three a.m.*** Il est arrivé à trois heures du matin.
*She came at **seven p.m.*** Elle est venue à sept heures du soir.

2. « Midi » et « minuit »

Ces termes peuvent être traduits de plusieurs façons :

*They usually meet at **twelve**.*
Ils se voient habituellement à midi.

*They usually meet at **midday** / **noon**.*
Ils se voient d'habitude à midi.

*She rang at **twelve**.*
Elle a téléphoné à minuit.

*She rang at **midnight**.*
Elle a téléphoné à minuit.

3. Autres expressions avec l'heure

Lorsqu'un train, un bus, etc. sont désignés par leur heure de départ, on emploie la tournure suivante :

*I took the **ten-fifteen bus**.* J'ai pris le bus de 10 heures 15.
*Does the **two-thirty train** stop there?* Est-ce que le train de 2 heures 30 s'arrête là ?

À VOUS !

179. Traduisez les phrases ci-dessous.
a. Il est cinq heures moins cinq. – b. Il est huit heures et quart. – c. Il est parti à neuf heures du soir. – d. J'ai pris le train de six heures quinze. – e. Elle ne sera pas là avant quatre heures. *(until)*

HOLIDAY

Emplois de *holiday* 177

Le sens général de *holiday* (« jour de vacances », « vacances ») est facile à comprendre. Remarquez toutefois les emplois au singulier ou au pluriel.

On met *holiday*, nom qui peut être dénombrable ou indénombrable :

• au **pluriel**, lorsqu'on pense à un certain nombre de journées, que l'on pourrait facilement compter (dénombrable) ;

• au **singulier**, lorsqu'on pense à l'idée de « temps de congé » (indénombrable), par opposition au « temps de travail ».

On peut employer ainsi indifféremment *holiday* et *holidays* dans certains cas :

*I generally spend my **holidays** abroad.* | *I generally spend my **holiday** abroad.*
Je passe généralement mes vacances à l'étranger.

*Where did you go **for your holidays**?* | *Where did you go **for your holiday**?*
Où êtes-vous allé pour vos vacances ?

▼ vos **journées** de vacances | ▼ votre **temps** de vacances

Notez cependant les emplois respectifs de *holiday* et de *holidays* :

nombre de journées : dénombrable	temps de congé : indénombrable
*The sun shone every day during the **holidays**.* Il a fait soleil tous les jours pendant les vacances.	*Where did you go **on holiday**?* Où êtes-vous allé en vacances ?
	*We're taking two weeks' **holiday**.* Nous prenons deux semaines de vacances.
***Holidays** are the best time of the year.* Les vacances sont la meilleure époque de l'année.	*I'd like to take a day's **holiday** next week.* J'aimerais prendre un jour de congé la semaine prochaine.
*The **holidays** are finished.* Les vacances sont finies.	*Have a good **holiday**!* Passez de bonnes vacances !

Notez par ailleurs l'expression :
*July 14th is a **(bank) holiday** in France.* Le 14 juillet est férié en France.

À VOUS !

180. Traduisez les phrases ci-dessous.
a. Je vais tapisser la maison pendant les vacances. *(redecorate)* – b. En juillet, je serai en vacances. – c. Cette année nous passons nos vacances en Écosse. – d. Je pars en vacances dans une semaine. – e. Il est toujours en vacances ! – f. Nous prenons trois semaines de vacances en août. – g. Je t'appellerai quand je rentrerai de vacances. – h. Ils passent généralement leur vacances à l'étranger. – i. Est-ce que lundi prochain est un jour férié ?

178 Traductions de « il y a »

L'expression « il y a... » peut se traduire de plusieurs manières selon le contexte.

	valeur
Il y a un chien dans le jardin.	présence
Il y a dix ans qu'elle est ici.	durée
Je l'ai vue **il y a** trois jours.	éloignement dans le temps
Il y a trois kilomètres jusqu'à la gare.	éloignement dans l'espace

1. Présence (ou absence)

Pour parler de la présence ou de l'absence de quelque chose ou de quelqu'un, on utilise la tournure ***there + be*** (conjugué à la forme appropriée) :

***There's** a dog in the garden.* Il y a un chien dans le jardin.
***There isn't** any coffee.* Il n'y a pas de café.
***Were there** many people?* Il y avait beaucoup de monde ?

La tournure « il y a... qui... » peut se rendre de deux façons :

• quand on veut attirer l'attention sur l'existence d'un type particulier d'éléments, on emploie le quantificateur ***some*** en tête de phrase, seul ou suivi d'un nom ;

• quand on insiste sur une activité en cours, on emploie ***there*** + ***be*** [...] + V-*ing*.

Comparez :

type particulier	activité en cours
Some *people are against that idea.* Il y a des gens qui sont contre cette idée.	***There's*** *someone watching you.* Il y a quelqu'un qui te regarde.

2. Durée

Pour dire depuis combien de temps dure un état ou une activité, on emploie ***for*** suivi de l'indication de la durée. Notez les exemples ci-dessous au *present perfect* et au *past perfect* :

She's been here ***for*** *an hour.* Il y a une heure qu'elle est ici.
I've been living here ***for*** *two years.* Il y a deux ans que j'habite ici.
I haven't seen her ***for*** *ages.* Il y a des siècles que je ne l'ai pas vue.
She hadn't slept ***for*** *days.* Il y avait des jours qu'elle n'avait pas dormi.

Les questions portant sur la durée sont introduites par ***how long*** :

How long *has she been here?* Il y a combien de temps qu'elle est ici ?

3. Éloignement dans le temps

On peut exprimer la distance qui nous sépare d'un événement passé de deux façons :

On emploie ***ago*** précédé de l'indication de la durée. Le verbe de la phrase est au prétérit :

I saw her three days ***ago****.* Je l'ai vue il y a trois jours.

Questions correspondantes :

When *did you see her?* Quand l'as-tu vue ?
How long ago *did you see her?* Il y a combien de temps que tu l'as vue ?

On emploie ***it is*** **[durée]** + ***since*** + **[subordonnée au prétérit]** :

It's *three days* ***since*** *I last saw her.* Il y a trois jours que je l'ai vue pour la dernière fois.

Question correspondante :

How long *is it* ***since*** *you last saw her?*
Il y a combien de temps que vous l'avez vue pour la dernière fois ?

4. Éloignement dans l'espace

On exprime la distance qui sépare deux lieux en employant la tournure ***it is*** + **[distance]** + ***from... to...*** :

It's *two miles* ***from*** *here* ***to*** *the station.* Il y a trois kilomètres d'ici à la gare.

Question correspondante :

How far ***is it to*** *the station?* Combien y a-t-il d'ici à la gare ?

5. Cas particuliers

Notez l'équivalent anglais de notre expression « il y a » pour décrire le temps qu'il fait :

It's windy / foggy / sunny / cloudy... Il y a du vent / du brouillard / du soleil / des nuages...

À VOUS !

181. Traduisez les phrases ci-dessous.
a. Il y a deux cents mètres de notre maison à la plage. – b. Il y a combien jusqu'à l'école ? – c. Il y avait des gens qui vendaient des boissons. *(drinks)* – d. Il y a un an que j'ai acheté ma voiture. – e. Il y a combien de temps qu'ils sont partis ? – f. Il y avait du courrier ? *(post)* – g. Je l'ai rencontré il y a longtemps. – h. Il y a une heure que j'attends. – i. Il y avait des années que je ne l'avais pas vu. – j. Hier il y avait du soleil.

IN CASE

179 Emploi de *in case*

La conjonction *in case* signifie « **au cas où** ». Les constructions varient selon que les situations sont présentes, à venir ou passées.

1. Situations présentes ou à venir

On emploie *in case* avec le présent pour un fait envisagé :

*She never walks alone at night **in case** she **is** mugged.*
Elle ne sort jamais seule la nuit au cas où elle serait agressée. (peut-être sera-t-elle agressée)

On emploie *in case* avec le présent + *be -ing* pour une activité envisagée :

*Try again **in case** he's **sleeping**.*
Essaie encore au cas où il dormirait. (peut-être est-il en train de dormir)

On emploie *in case* avec le *present perfect* pour un bilan envisagé :

*I'll take my key **in case** she's **lost** hers.*
Je prends ma clé au cas où elle aurait perdu la sienne. (elle a peut-être oublié)

Attention ! Remarquez la différence de sens entre *in case* et *if* :

*I'll come **in case** they need me.*	*I'll come **if** they need me.*
Je viendrai au cas où ils auraient besoin de moi.	Je viendrai s'ils ont besoin de moi.
▼ de toute façon	▼ seulement si

L'ensemble [*in case* + proposition] peut être remplacé par la tournure ***just in case*** (« juste en cas »).

2. Situations passées

On emploie *in case* avec le prétérit modal pour un fait envisagé :

*He took his umbrella **in case** it **rained**.*
Il a pris son parapluie au cas où il pleuvrait / au cas où il aurait plu.

*I gave him a map **in case** he **couldn't** find the hotel.*
Je lui ai donné un plan au cas où il ne trouverait pas l'hôtel / au cas où il n'aurait pas trouvé l'hôtel.

On emploie *in case* avec le *past perfect* modal pour un bilan envisagé :

*I knocked again **in case** she **hadn't heard**.*
J'ai frappé à nouveau au cas où elle n'aurait pas entendu.

3. Emploi de *should*

Dans une langue soutenue, on rencontre le modal ***should*** + **V** :

She never walks alone at night ***in case*** *she* ***should*** *be mugged.*

Elle ne sort jamais seule la nuit au cas où elle serait agressée.

He took his umbrella ***in case*** *it* ***should*** *rain.* Il a pris son parapluie au cas où il pleuvrait.

À VOUS !

182. Traduisez les phrases ci-dessous.

a. Prends un livre au cas où tu aurais à attendre. – b. Sois prudent, au cas où il te mentirait. *(lie)* – c. Je le lui rappellerai au cas où elle aurait oublié. *(remind)* – d. On a pris des chaînes au cas où il neigerait. *(chains)* – e. J'ai enregistré l'émission au cas où tu l'aurais manquée. *(programme)* – f. Nous vous cherchions au cas où vous vous seriez perdu. *(lose one's way)* – g. Prends mon numéro de téléphone au cas où tu aurais un problème.

INFINITIF ou GÉRONDIF

Infinitif avec *to* ou gérondif 180

L'infinitif avec *to* et le gérondif représentent des valeurs diamétralement opposées :

• Le **gérondif** (V-*ing*) exprime fondamentalement une action, une activité : **déjà réalisée** ou **expérimentée**.

• L'**infinitif avec *to*** (particule *to* + V) exprime fondamentalement une action, une activité **à accomplir**, un **but**.

V-*ing*	*to* + V
I remember ***posting*** *that letter.* Je me souviens d'avoir posté cette lettre. (1) ▼ action accomplie	*Remember* ***to post*** *that letter.* N'oublie pas de poster cette lettre. ▼ le but est de poster
I tried snow-boarding, but I didn't like it. J'ai essayé le surf des neiges, mais je n'ai pas aimé. ▼ expérience tentée, et réalisée	*I tried* ***to snow-board****, but I kept falling over.* J'ai essayé le surf des neiges, mais je ne n'arrêtais pas de tomber. ▼ expérience tentée, mais but non atteint
"What's this knife for?" – "It's for ***cutting*** *cheese.* – À quoi sert ce couteau ? – C'est pour couper le fromage. ▼ fonction normale, utilisation habituelle	*I want a knife* ***to cut*** *this string.* Je veux un couteau pour couper cette ficelle. ▼ utilisation prévue

(1) Notez ici l'emploi, en français, de l'infinitif passé.

à Gérondif 12, *afraid* 114, pour 215, *remember* 226 et 227, *try* 252

À VOUS !

183. Traduisez les phrases ci-dessous à l'aide des éléments fournis :
a. N'oublie pas de les appeler. (*call*) – b. Je me souviens d'avoir lu ce livre. – c. Ce couteau sert à ouvrir les huîtres. (*oyster*) – d. J'ai essayé de faire du ski nautique, mais je n'ai pas pu tenir en équilibre. (*water-ski / keep my balance*) – e. Je veux un tournevis pour démonter cette table. (*screwdriver / take apart*) – f. Il a essayé de faire du ski nautique, mais ça ne lui a pas plu. (*water-ski*)

181 Verbes suivis de l'infinitif avec *to* obligatoire

La particule **to**, placée devant une base verbale (V), indique toujours une **visée**, un but. Il est donc logique que les verbes exprimant eux-mêmes fondamentalement une visée – comme « *I want…* » (je veux…) – soient suivis de *to* pour les subordonnées infinitives.

*I want **to** go* Je veux partir.

	principale	subordonnée infinitive avec *to*
afford	*She can't afford* Elle n'a pas les moyens	***to** buy a house.* d'acheter une maison.
agree	*He agreed* Il accepta	***to** pay the bill.* de régler l'addition.
ask	*I asked* J'ai demandé	*my boss **to** give me a pay rise.* à mon patron une augmentation (de salaire).
decide	*I decided* Je décidai	***to** go.* de partir.
expect	*I expected* Je m'attendais	*him **to** leave earlier.* à ce qu'il parte plus tôt.
learn	*He's learning* Il apprend	***to** swim.* à nager.
manage	*I didn't manage* Je n'ai pas réussi	***to** mend my bike.* à réparer mon vélo.
mean	*I meant* J'avais l'intention	***to** tell you earlier.* de vous le dire plus tôt.
plan	*Are you planning* Tu as l'intention	***to** visit your sister?* d'aller voir ta sœur ?
pretend	*We pretended* Nous fîmes semblant	***to** be busy.* d'être occupés.
promise	*I promise* Je promets	***to** pay you back.* de vous rembourser.
refuse	*I refuse* Je refuse	***to** put up with him any longer.* de le supporter une minute de plus.
tend	*He tends* Il a tendance	***to** exaggerate, you know.* à exagérer, tu sais.
want*	*She wanted* Elle voulait	***to** bring a present.* apporter un cadeau.

* 1er sens : « vouloir ».

Subordonnées infinitives avec *to* 98

Infinitif ou gérondif après *like, love, hate, prefer, regret*, etc. 182

On emploie :
• le gérondif pour évoquer une activité déjà réalisée, expérimentée ;
• l'infinitif avec *to* pour parler d'une activité, d'une action non encore accomplie : avec une implication de but, de choix.

Voir Gérondif 12, Subordonnées infinitives 98, *To* 250

Notez ainsi les oppositions suivantes :
• avec des verbes comme ***like, love, hate, prefer*** :

activité déjà réalisée	action non encore accomplie
*I like **going** abroad.* J'aime aller à l'étranger. ▼ je connais cette activité	*I'd like **to go** abroad.* J'aimerais aller à l'étranger. ▼ si j'avais le choix, la possibilité
activité déjà réalisée	**activité dans une situation particulière**
*I like **travelling***.* J'aime voyager. * En anglais américain, on a tendance à employer "*I like to…*" dans les deux cas. ▼ en général	*I like **to travel** by train when I have the time.* J'aime voyager en train quand j'ai le temps. ▼ si j'ai le temps, je choisis de…
*I prefer **reading** to **watching** TV.* J'aime mieux lire que regarder la télé. ▼ en général	*"Shall we take a bus?"* *– "No, I prefer **to walk**."* – On prend le bus ? – Non, je préfère marcher. ▼ puisque j'ai le choix

• avec le verbe ***regret*** :

action déjà réalisée	action non encore accomplie
*I regret **buying** that car.* Je regrette d'avoir acheté cette voiture. ▼ le regret porte sur une opération déjà réalisée	*I regret **to inform** you that you've been sacked.* Je regrette de vous informer que vous êtes viré. ▼ le regret porte sur ce que l'on va dire

Voir aussi *Afraid* 114, *Remember / forget* 226, *Try* 252

À VOUS !

184. Complétez à l'aide des verbes fournis, en utilisant l'infinitif avec *to* ou le gérondif.
a. He likes ... parties. *(give)* – b. He likes ... parties when he's in New York. *(give)* – c. Would you prefer ... by cheque? *(pay)* – d. I hate ... late. *(be)* – e. I'd like ... you today. *(see)* – f. Do you like ... alone? *(live)* – g. He regrets ... so much. *(eat)* – h. When I'm in London, I like ... St Paul's. *(visit)* – i. She prefers ... the fax to the telephone. *(use)* – j. Whenever I can, I prefer ... the fax. *(use)*

183 Infinitif ou gérondif après *stop, go on, begin, start*, etc.

1. Verbes comme *stop* et *go on*

Avec ces verbes, on peut avoir, pour le verbe qui suit, deux constructions :
- le gérondif, s'il s'agit d'une activité réalisée ou en cours ;
- l'infinitif avec *to*, s'il s'agit d'une intention, d'un but.

activité réalisée ou en cours	intention, but
*He stopped **smoking**.* Il s'est arrêté de fumer. ▼ arrêt de l'activité	*He stopped **to smoke** a cigarette.* Il s'arrêta pour fumer une cigarette. ▼ son but était de fumer
*He went on **climbing** in spite of the bad weather.* Il poursuivit l'ascension malgré le mauvais temps. ▼ poursuite de la même activité	*After Mont Blanc, he went on **to climb** Everest.* Après le mont Blanc, il passa à l'ascension de l'Everest. ▼ passage à une autre activité

2. Verbes comme *begin* et *start*

• Les verbes *begin* et *start*, qui expriment le début d'une action ou d'une activité, peuvent être également suivis du gérondif ou de l'infinitif avec *to*.
Notez toutefois, dans les constructions respectives, la nuance suivante :

On met l'accent sur l'activité	On met l'accent sur le changement d'activité ou d'état
gérondif	*to* + infinitif
*He started play**ing** the piano at the age of 10.* Il a commencé le piano à l'âge de 10 ans. ▼ on laisse entendre qu'il en joue encore	*He started **to** play the piano after dinner.* Il s'est mis au piano après le repas. ▼ auparavant il faisait autre chose
*It began rain**ing** after breakfast.* Il se mit à pleuvoir après le petit déjeuner. ▼ eh oui, la pluie…	*I began **to** understand. (1)* J'ai commencé à comprendre. ▼ auparavant je n'y comprenais rien

(1) *To* + V est la seule construction possible pour des verbes comme *understand* ou *realize*.

• Lorsque le verbe – comme *begin, start*… – porte lui-même la marque *-ing*, seule la construction *to* + V est possible.

*It's beginning **to** rain.* Il commence à pleuvoir.

À VOUS !

185. Repérez si les phrases mettent l'accent plutôt sur l'activité elle-même (A), ou plutôt sur le changement d'activité (B), puis complétez à l'aide du verbe fourni.
a. The child began… *(cry)* – b. Of course it started … ! *(rain)* – c. They went on … for hours. *(argue)* – d. I started … ten years ago. *(work)* – e. I've begun … it's useless. *(think)*

186. Traduisez les phrases suivantes.
a. Il s'est arrêté de boire. – b. Je me suis arrêté pour acheter du pain. – c. Ils ont cessé de se parler. – d. Ils ne peuvent pas continuer à vivre comme ça. – e. Il continua à parler. – f. Nous nous sommes arrêtés pour leur parler. – g. Elle poursuit des études d'ingénieur. *(go on – study engineering)* – h. Le chauffeur de taxi s'est mis à nous injurier. *(swear at)*

Infinitif ou gérondif après *need* et *want* 184

Les verbes *need* et *want* peuvent être suivis l'un et l'autre de constructions différentes, avec des sens distincts :

• **gérondif** (V-*ing*) ou **infinitif passif avec *to*** (*to be* V-EN) lorsque le sujet, généralement inanimé, nécessite quelque chose. Le verbe *need* et le verbe *want* (dans son 2ᵉ sens de « avoir besoin de ») traduisent ici l'idée de « manque ». Le sens est passif.

• **infinitif avec *to*** (to + V) uniquement lorsque le sujet, doté d'une volonté, fait part d'une nécessité ressentie ou d'une intention. Le sens est actif.

sens passif

V-*ing*

*My car needs **servicing**.*
Ma voiture a besoin d'une révision.

*This gate wants **painting**.*
Ce portail a besoin d'un coup de peinture.

▼

il s'agit d'une simple constatation

to be V-EN

*My car needs **to be serviced**.*
Ma voiture a besoin d'être révisée.

*This gate wants **to be painted**.*
Ce portail a besoin d'être repeint.

▼

on insiste sur ce qui est à faire

sens actif

to + V

*I need **to take** my car to the garage.*
Il faut que je porte ma voiture au garage.

*I want **to paint** this gate.*
Je veux peindre ce portail.

▼

il s'agit d'une intention

Need, voir aussi 201

À VOUS !

187. Traduisez les phrases ci-dessous en employant *want* ou *need*.
a. Je pense que ce couteau a besoin d'être aiguisé. *(sharpen)* – b. Ne t'ai-je pas dit que ce couteau avait besoin d'être aiguisé ? – c. Mon frère veut déménager. *(move house)* – d. Ces plantes ont besoin d'être arrosées. *(water)* – e. J'ai besoin d'aller chez le dentiste. – f. Nous voulons changer notre voiture. – g. Ne mets pas ce pantalon. Il faut le repasser avant. *(iron)* – h. Il faut que ce rapport soit fini ce matin. *(report)* – i. J'ai besoin de me faire couper les cheveux.

Infinitif ou gérondif après *can't bear* et *can't stand* 185

1. Emploi de *I can't stand* et *I can't bear*

Les tournures *I can't stand* et *I can't bear* ont l'une et l'autre le même sens général : « je ne supporte pas ». Cependant elles n'admettent pas toujours les mêmes constructions.

➤ *I can't stand* est suivi du gérondif :

*Jim can't stand **flying**.* Jim déteste prendre l'avion.
*I can't stand his **smoking** cigars.* Je ne supporte pas qu'il fume des cigare

- ***I can't bear*** **peut être suivi du gérondif ou de *to* + l'infinitif :**

*I can't bear **listening** to him.* Je ne supporte pas de l'écouter. ▼ en général	*I can't bear **to listen** to him.* Je ne supporte pas de l'écouter. ▼ chaque fois que cela se produit

2. Emploi de *I couldn't stand* et *I couldn't bear*

Les constructions varient selon que les tournures au prétérit *couldn't stand* et *couldn't bear* indiquent une situation passée (+ gérondif) ou irréelle (+ *to* + infinitif) :

gérondif	*to* + infinitif
*He was so rude that I couldn't stand work**ing** with him any longer.* Il était si grossier que je ne pouvais plus supporter de travailler avec lui. ▼ on évoque le passé	*He's too rude. I really couldn't stand **to work** with that man!* Il est trop grossier. Je ne pourrais pas supporter de travailler avec cet homme. ▼ on envisage une perspective

À VOUS !

188. Traduisez les phrases ci-dessous.
a. J'étais malheureux car je ne supportais pas de la voir souffrir. *(miserable)* – b. Je ne supporte pas de faire la queue. – c. Tu sais que je ne supporterais pas de la voir souffrir.

LAISSER

186 Traductions de « laisser »

Le verbe « laisser » peut avoir plusieurs sens.

1. « Laisser » signifie « oublier »

Lorsque « laisser » signifie « oublier, abandonner », on emploie le verbe ***leave*** :
*Don't **leave** your bag in the car!* Ne laisse pas ton cartable dans la voiture !

2. « Laisser » signifie « laisser en l'état »

Lorsque « laisser » signifie « laisser en l'état », on emploie le verbe ***leave*** :
***Leave** the window open, please.* Laisse la fenêtre ouverte, s'il te plaît.
***Leave** me alone, will you?* Laisse-moi tranquille, veux-tu ?
*He **left** the light on.* Il a laissé la lumière allumée.

3. « Laisser » signifie « laisser quelque chose à quelqu'un »

Lorsque « laisser » signifie « laisser quelque chose à quelqu'un », on utilise le verbe ***leave*** :
*He **left** his son all his debts.* Il a laissé toutes ses dettes à son fils.

4. « Laisser » signifie « permettre »

Lorsque « laisser » signifie « permettre, autoriser », on emploie le verbe ***let*** :

She won't ***let*** *her son see that film.* Elle ne laissera pas son fils voir ce film.
They didn't ***let*** *me in.* Ils ne m'ont pas laissé entrer.

5. « Laisser » à la voix passive

À la voix passive, on emploie ***be allowed to*** :

We ***were allowed to*** *take photos.* On nous a laissés faire des photos.
People ***weren't allowed*** *in.* On n'a pas laissé les gens entrer.

Infinitif sans *to*, voir **97**

À VOUS !

189. Traduisez les phrases ci-dessous.
a. J'ai laissé mon parapluie dans le train. – b. Mes parents ne me laissent pas fumer dans la maison. – c. Ne laisse pas le chauffage allumé. *(the heating)* – d. On ne m'a pas laissé entrer dans le temple sacré. *(the sacred temple)* – e. Tu me laisseras y aller maintenant ? – f. J'ai oublié mes cartes dans la machine. – g. Il laisse toujours la porte ouverte.

LAST, THE LAST et *THE LATEST*

Emplois de *last, the last* et de *the latest* 187

Last, the last et *the latest* sont les superlatifs de ***late*** (« tard ») :
- *last* et *the last* signifient tous deux « dernier », mais ils ne sont pas interchangeables ;
- *the latest* signifie « le plus récent ».

1. Emploi de *last* et de *the last*

Last, qui est associé à une situation passée, définit quelque chose par rapport à maintenant, à la situation présente.

The last, qui est associé à tous les types de situations (passées, présentes et à venir), précise le dernier élément dans une suite terminée.

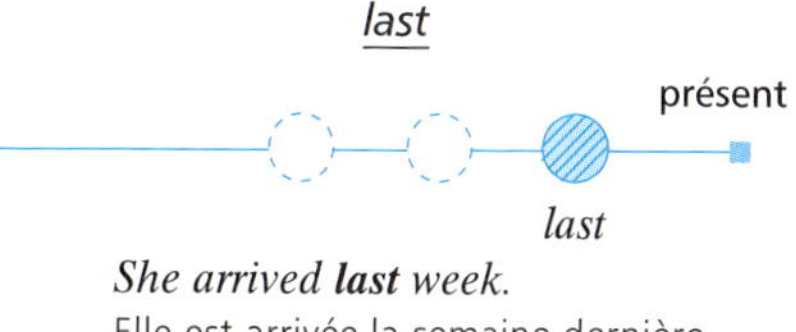

She arrived ***last*** *week.*
Elle est arrivée la semaine dernière.

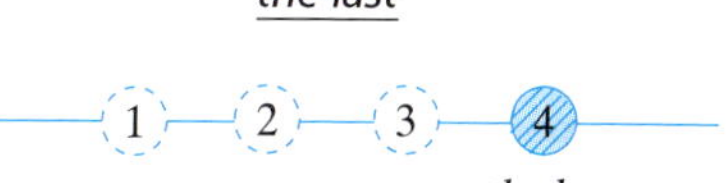

I spent ***the last*** *week fishing.*
J'ai passé la dernière semaine à pêcher.

I'll spend ***the last*** *week in Greece.*
Je passerai la dernière semaine en Grèce.

Discours indirect, voir aussi **110**

Last s'utilise également seul, avec une valeur adverbiale :

*He arrived **last**.* Il est arrivé dernier.

The last se place, à la différence du français, devant un numéral et devant le quantificateur *few* :

*I haven't seen her for **the last three** days.* Je ne l'ai pas vue ces trois derniers jours.
*He spent **the last few** days by the sea.* Il a passé les tout derniers jours à la mer.

2. Emploi de *the last* et de *the latest*

Ne confondez pas *the last*, dernier élément dans une suite terminée, avec *the latest*, dernier élément en date.

*His **last** record was released a few days before he died.* Son dernier disque est sorti quelques jours avant sa mort. ▼ il n'y en aura plus	*Have you bought his **latest** record?* As-tu acheté son dernier disque ? ▼ il y en aura peut-être d'autres

À VOUS !

190. Traduisez les phrases ci-dessous.
a. Vous avez entendu la dernière nouvelle ? *(news)* – b. Les toutes dernières années de sa vie ont été heureuses. – c. L'année dernière nous sommes allés en Espagne. – d. L'auteur signera des exemplaires de son dernier livre. *(copies)* – e. On organisera une fête pour le dernier soir. *(party)* – f. Qu'est-ce que vous avez fait le week-end dernier ? – g. Aux dernières nouvelles, tous ont survécu. – h. Ses deux dernières expositions ont été très réussies.

LOOK et WATCH

188 Emplois de *look* et de *watch*

Look et *watch* se traduisent généralement l'un et l'autre par « **regarder** ». Cependant, il existe une nuance de sens entre les deux verbes.

Look* signifie « porter son regard sur quelque chose ou quelqu'un ».** Dans ce sens-là, il est suivi de ***at lorsqu'il y a un complément.

***Watch* signifie « regarder attentivement, observer ce qui se passe ».** Le complément d'objet est placé immédiatement après.

look	*watch*
***Look at** the bird over there!* Regarde l'oiseau là-bas !	*He's **watching** birds.* Il regarde les oiseaux.
*He **looked at** me and winked.* Il m'a regardé et a fait un clin d'œil.	*He **watched** people playing cricket.* Il a regardé les gens jouer au cricket.

Notez également la différence entre les exemples suivants :

*He **looked at** the television set.* Il a regardé le téléviseur. ▼ l'objet	*He **watched** the television.* Il a regardé la télé. ▼ une ou des émissions

Verbes de perception, voir aussi 256

À VOUS !

191. Complétez les phrases suivantes à l'aide de *look (at)* ou *watch*.
a. Did you ... the film last night? – b. I love ... boats sailing in and out. – c. They ... everywhere but couldn't find their cat. – d. He ... me but didn't say a word. – e. He spends his time ... passers-by outside his pub. – f. ... that car! – g. Can I ... your newspaper? – h. A lifeguard has to ... the swimmers.

MAKE et DO

Emplois de *make* et de *do* 189

1. Différence entre *make* et *do*

On emploie généralement ***make*** quand il s'agit de **production**, de **création** :

I've made an apple pie. J'ai fait une tarte aux pommes. (la tarte est prête)
Don't make such a noise. Ne fais pas tant de bruit. (le bruit est là)
Make your bed! Fais ton lit ! (remettre les draps et couvertures en ordre)
They made a large profit. Ils ont fait un gros bénéfice. (l'argent est là)

On emploie ***do*** quand il s'agit d'une simple **activité** :

I've got work to do. J'ai du travail à faire.	*I usually do my shopping on Saturdays.* Je fais d'habitude mes courses le samedi.
What's he doing this morning? Que fait-il ce matin ? ▼ activité non précisée	*He does research in biology.* Il fait de la recherche en biologie. ▼ activité précisée

2. Sélection de tournures avec *make* et *do*

make		do	
make a mistake	faire une faute	*do an exercise*	faire un exercice
make peace (with sb)	faire la paix (avec qqn)	*do good*	faire du bien
make a fuss	faire des histoires	*do damage / harm*	faire des dégâts / du mal
make a fortune	faire fortune	*do sport / Latin*	faire du sport / du latin
make an effort	faire un effort	*do one's best*	faire de son mieux
make a speech	faire un discours		

She's making good progress.
Elle fait des progrès.

It makes all the difference.
Ça change tout.

She's doing very well at school.
Elle marche bien en classe.

He did his duty.
Il a fait son devoir.

Faire, voir aussi 162

À VOUS !

192. Choisissez le verbe (*make* ou *do*) qui convient, en le mettant à la forme appropriée.
a. She ... her own clothes. – b. She'll ... an excellent doctor. – c. He's ... a university degree. – d. He's ... his military service. – e. Does he ... any cooking? – f. I like ... crosswords. – g. The speech ... a strong impression on the audience. – h. Let's ... some coffee. – i. They ... a large profit last year. – j. ... your best.

MANY, MUCH et A LOT

190 Emplois de *many, much* et de *a lot*

1. *Many, much* et *a lot* quantificateurs

Many, much et *a lot* expriment une grande quantité.

On emploie *many* avec un nom dénombrable au pluriel et *much* avec un nom indénombrable, principalement dans les phrases interrogatives et négatives :

many + nom dénombrable	*much* + nom indénombrable
*Do you know **many** people?* Tu connais beaucoup de monde ?	*Do you drink **much** tea?* Tu bois beaucoup de thé ?
*She **hasn't** got **many** friends.* Elle n'a pas beaucoup d'amis.	*She **hasn't** got **much** money.* Elle n'a pas beaucoup d'argent.

Many et *much* s'associent avec *how* pour poser une question sur le nombre ou la quantité :

How many brothers have you got?
Combien de frères as-tu ?

How much money have you spent?
Combien d'argent as-tu dépensé ?

Plutôt que d'employer *many* ou *much* dans une phrase affirmative, utilisez d'autres termes, comme ***a lot of*** ou ***lots of*** ou bien ***plenty of*** :

*There were **a lot of** people in town.*
Il y avait beaucoup de monde en ville.

*He's got **lots of** friends.*
Il a beaucoup d'amis.

*There are **plenty of** eggs left.*
Il reste plein d'œufs.

*I drink **a lot of** tea.*
Je bois beaucoup de thé.

*He spends **lots of** money.*
Il dépense beaucoup.

*We've got **plenty of** time.*
Nous avons largement le temps.

Avec *a lot of* ou *lots of,* quelle que soit la tournure utilisée, le verbe s'accorde avec le nom concerné, l'accord dépendant de la nature du nom (dénombrable ou indénombrable) :

nom dénombrable : verbe au pluriel	nom indénombrable : verbe au singulier
***A lot of people agree** on that.* Beaucoup de gens sont d'accord là-dessus.	***A lot of time is** wasted in traffic-jams.* On perd beaucoup de temps dans les embouteillages.
*There **were lots of yachts** in the harbour.* Il y avait beaucoup de yachts dans le port.	*There **was lots of money** in the bank.* Il y avait beaucoup d'argent dans la banque.

Voir aussi Quantificateurs 25,
Noms dénombrables et indénombrables 3

Many et *much* s'emploient par contre couramment dans les phrases affirmatives en liaison avec un autre mot, comme *so* ou *too,* pour exprimer un jugement personnel :

*There were **so many** people at that party!*
Il y avait tant de monde à cette soirée !

*There's **too much** salt.*
Il y a trop de sel.

La combinaison ***quite a lot (of)*** correspond au français « pas mal (de) » :

*There were **quite a lot of** people at that party.* Il y avait pas mal de monde à cette soirée.
*He spends **quite a lot of** money on stamps.* Il dépense pas mal d'argent en timbres.

Notez aussi les tournures *a good many* et *a great many* avec des dénombrables :

*You've made **a good many** mistakes.* Tu as fait pas mal de fautes.

Voir aussi Si 239, Trop 251

2. *Much* et *a lot* adverbes de degré

*I don't know **much** about modern art.* Je ne connais pas grand chose à l'art moderne.
*I admire this writer **a lot**.* J'admire beaucoup cet écrivain.

Contrairement à son équivalent français, *a lot* est toujours placé après le complément.

À VOUS !

193. Traduisez en utilisant *a lot* et *lots* ainsi que les éléments fournis.
a. Ils dépensent beaucoup pour la nourriture. *(spend money on)* – b. Beaucoup de vitrines avaient été cassées. *(windows)* – c. Beaucoup de conseils sont gratuits. (*advice :* indénombrable) – d. J'ai en général besoin de pas mal de sommeil. *(need sleep)* – e. J'écoute beaucoup la musique classique.

194. Traduisez les phrases ci-dessous, en vous aidant des éléments fournis, en tenant compte des noms dénombrables et indénombrables.
a. Il n'a pas beaucoup d'expérience en informatique. *(computer experience)* – b. Il y avait tant de choix ! *(choice)* – c. Vous avez vu beaucoup d'animaux ? – d. Il a fait beaucoup d'erreurs. *(make errors)* – e. Vous conduisez beaucoup ? *(drive)* – f. J'ai beaucoup de cassettes, mais pas beaucoup de CD. – g. J'ai fait trop de fautes. – h. Nous n'avons pas beaucoup de photos de nos vacances.

MAY et MIGHT

191 Valeurs et emplois de *may* et de *might*

May et *might* (prétérit de *may*) sont des modaux. Ils expriment donc toujours le point de vue de l'énonciateur.

[sujet] ● [prédicat]
[modal]

Leurs différentes valeurs peuvent être classées en deux catégories :
– la **pression sur autrui** ;
– la **certitude** et **l'hypothèse rétrospective**.

1. Pression sur autrui

Avec *may* l'énonciateur peut exprimer la permission (absence de pression), la suggestion, le reproche ou encore le souhait.

Permission :

• On emploie principalement *may* + V

– à la 1re personne pour demander une permission :

***May** I park here?*

Puis-je me garer ici ? (Est-ce que vous m'autorisez ?)

– aux autres personnes pour accorder une permission.

*You **may** park here.*

Vous pouvez vous garer ici. (Je vous autorise.)

Dans ce cas *may* est souvent remplacé en anglais courant par *can*. *May* renvoie fondamentalement à l'idée de permission, alors que *can* renvoie à l'idée du possible.

• La permission peut également être exprimée par *might* + V dans la tounure *I wonder if I might*. Ici la forme prétérit *might*, qui marque une rupture avec le réel, donne à la phrase une tonalité plus polie.

*I wonder if I **might** make a point here…*

Pourrais-je me permettre de faire une remarque ?

Cet emploi est particulièrement formel.

Suggestion et reproche :

Notez les constructions dans les valeurs respectives :

Suggestion	Reproche
might + V	*might* + *have* V-EN
*You **might** ask the manager.* Tu pourrais demander au directeur.	*You **might have** asked the manager.* Tu aurais pu demander au directeur.

Ici *might* a un sens conditionnel.

Souhait :

• On emploie la construction [*may* + S + V] pour exprimer un souhait :

***May** they be happy !* Puissent-ils être heureux !

Il s'agit là d'un style très formel.

2. Certitude et hypothèse rétrospective

Certitude

May et *might* servent aussi à exprimer une certitude relative : l'énonciateur n'est pas sûr que la chose dont il parle soit vraie ou fausse (voir sur l'échelle, n° 135).

Dans sa valeur d'incertitude, *might* exprime, sur l'échelle, un degré plus faible que *may*.

*Don't drink that ! It **may** be some poison.* Ne bois pas ça ! C'est peut-être du poison.
*Don't drink that ! It **might** be some poison.* Ne bois pas ça ! Ça pourrait être du poison.

Notez les emplois et les constructions selon les situations :

- Situation présente ou à venir

L'incertitude porte sur un état / un fait : *may / might* + V	L'incertitude porte sur une activité vue dans son déroulement : *may / might* + *be -ing*
*She **may** be jealous* Elle est peut-être jalouse.	*They **may be** watch**ing** the match.* Ils regardent peut-être le match.
*He **might** not live here.* Il n'habite peut-être pas ici.	*Next week we **might be** ski**ing**.* La semaine prochaine, on sera peut-être en train de skier.

Attention ! Ne confondez pas :

*He might **play** football.* Il joue peut-être au foot. ▼ son sport, c'est peut-être le foot	*He **might be** play**ing** football.* Il joue peut-être au foot. ▼ peut-être joue-t-il en ce moment

- Situation passée

L'incertitude porte sur un fait révolu ou un résultat : *may / might* + *have* V-EN	L'incertitude porte sur l'activité du sujet : *may / might* + *have been -ing*
*He **may have left** his key at home.* Il a peut-être laissé sa clé chez lui. ▼ résultat : la clé est introuvable	*She **might have been** cry**ing**.* Elle a peut-être pleuré. ▼ elle a les yeux rouges : j'imagine ce qu'elle a fait.

Hypothèse rétrospective

Might + *have* V-EN peut également exprimer une hypothèse rétrospective.

Dans ce cas, l'énonciateur imagine, alors qu'il sait très bien ce qu'il en est, comment les choses auraient pu se passer autrement.

*He was lucky : he **might have broken** a leg.*
Il a eu de la chance : il aurait pu se casser une jambe.
▼
en réalité : il est sain et sauf
ici sens conditionnel passé français

Attention ! *May* **ne s'emploie pas** pour une hypothèse rétrospective.

May/might et le discours indirect

Might peut être la transposition de *may* au discours indirect dans un contexte passé.

formulation au présent	formulation au passé
*John says it **may** rain.* John dit qu'il se peut qu'il pleuve.	*John said it **might** rain.* John a dit qu'il se pourrait qu'il pleuve.
*John says it **might** rain.* John dit qu'il se pourrait qu'il pleuve.	
▼ *may* ou *might* au choix selon le degré de certitude	▼ *might* obligatoire pour la concordance des temps

May / might et la concession

Le locuteur peut aussi employer *may* ou *might* quand il concède un fait, tout en soulignant une contradiction.

Notez les emplois et les constructions selon les situations :

situation présente/permanente	situation passée
may / might + V	*may / might* + *have* V-EN
*They **might** be well off, but they won't give you a penny.* Ils sont peut-être aisés, mais ils ne te donneront pas un centime.	*He **may have won** the jackpot, but he carries on working.* Il a peut-être gagné le gros lot, mais il continue à travailler.

À VOUS !

195. Repérez dans les phrases ci-dessous si l'incertitude porte sur une situation présente (A), passée (B) ou à venir (C), puis traduisez.
a. They may be following us. – b. We might see them. – c. I haven't seen her: she may be out. – d. On Sunday, I may be helping a friend to move house. (déménager) – e. It mightn't have been her fault.

196. Repérez s'il s'agit d'une incertitude (A), d'une hypothèse rétrospective (B) ou d'un reproche (C), puis traduisez.
a. You might have told me earlier. – b. I might have left my keys at the cinema. – c. Just imagine! I might have been on the plane that crashed! – d. That's not kind of her: she might have answered your letter.

197. Traduisez les phrases ci-dessous en utilisant chaque fois *may* ou *might*.
a. Il se peut qu'ils se marient. *(get married)* – b. Ils auraient pu se faire cambrioler. *(be burgled)* – c. Ça pourrait être dangereux. *(be dangerous)* – d. Pas demain soir : je risque de travailler tard. *(work late)* – e. Tu aurais pu m'aider. *(help)* – f. Il aurait pu gravement endommager sa voiture. *(smash)* – g. Peut-être se sont-ils disputés. *(have an argument)* – h. Bob s'attend peut-être à ce que nous allions le chercher. *(expect - collect)*

198. Traduisez ces phrases au discours indirect en choisissant *may* ou *might*.
a. Elle a dit qu'elle sera peut-être en retard. – b. Elle dit qu'il se pourrait qu'elle parte plus tôt. *(earlier)* – c. Elle a dit qu'elle serait peut-être en retard. – d. Les ouvriers disent qu'ils pourraient se mettre en grève. – e. Mon père a dit qu'il ne viendrait peut-être pas avec nous. – f. Les journaux disent qu'il pourrait démissionner. *(resign)*

192 Emplois du verbe *mind*

Le verbe *mind* peut jouer plusieurs rôles dans un message.

1. Exprimer l'indifférence

Mind, exprimant l'indifférence, s'emploie souvent aux formes négative et interrogative. Il est suivi d'un nom, d'un gérondif (V-*ing*) ou d'une subordonnée :

*I don't **mind** the cold.*
Je ne crains pas le froid.

*I don't **mind** walk**ing**.*
Ça m'est égal de marcher.

*I don't **mind** what he thinks.*
Je me moque de ce qu'il pense.

*Do you **mind** driv**ing** at night?*
Ça vous ennuie de conduire de nuit ?

On retrouve ce sens dans la tournure *Never mind* (« Ça ne fait rien »).

Notez également le sens particulier de ***wouldn't mind*** :

*I **wouldn't mind** something to eat.* Je mangerais bien quelque chose.

2. Demander la permission

Mind sert à demander la permission de faire ou non telle ou telle chose. On utilise couramment dans ce sens les tournures ***do you mind if...?***, ***would you mind if...?*** et ***do you mind me* + V-*ing*** :

***Do you mind if** I open the window?* Ça vous ennuie si j'ouvre la fenêtre ?
***Do you mind me** opening the window?* Ça vous ennuie que j'ouvre la fenêtre ?
***Would you mind if** I didn't come?* Ça vous ennuierait si je ne venais pas ?

La tournure *Do you mind* ***my*** *opening...* est très formelle.

3. Prier quelqu'un à propos de quelque chose

Mind sert aussi à prier quelqu'un de faire ou non telle ou telle chose. On utilise dans ce sens ***do you mind* + V-*ing*** ou ***would you mind* + V-*ing*** :

***Do you mind** waiting for us?* Cela ne vous dérange pas de nous attendre ?
***Would you mind** making a little less noise?* Cela ne vous ferait rien de faire un peu moins de bruit ?

La tournure *would you mind* est une formule plus polie, moins brutale que *do you mind*.

Le verbe *mind* ayant ici le sens général de « voir un inconvénient, une objection à », la réponse attendue est évidemment ***no*** / ***not at all***, etc. La réponse *yes* serait décevante ou choquante !

4. Attirer l'attention

Mind sert à prévenir, mettre en garde contre un éventuel danger : on le rencontre alors, à l'impératif, suivi d'un groupe nominal ou d'une subordonnée.

Avec un groupe nominal :

***Mind** your head!* Attention à votre tête !
***Mind** the step!* Attention à la marche !
***Mind** out!* Fais attention !

Avec une subordonnée :

***Mind** you don't hurt yourself!* Attention à ne pas te faire mal !
***Mind** what you say!* Attention à ce que tu dis.

5. La tournure *mind you*

En tête de phrase, on emploie souvent la tournure ***mind you*** :

***Mind you**, it's no easy job.* Remarque, ce n'est pas une tâche facile.
***Mind you**, it might be his day off.* Vous savez, c'est peut-être son jour de congé.

À VOUS !

199. Traduisez les phrases ci-dessous en employant *mind*.
a. Cela vous dérangerait si je fumais ? – b. Je prendrais bien une tasse de thé. – c. Ça m'est égal de faire la vaisselle. – d. Ça ennuie Jane que tu travailles le dimanche ? – e. Non, ça lui est égal. – f. Attention à tes doigts. – g. Fais attention à ce que tu dis, il écoute peut-être. – h. Remarquez, il n'avait pas beaucoup de choix. – i. Regarde donc où tu vas avec ce bâton ! *(stick)* – j. Ça vous ennuirait de baisser un peu la radio ? *(turn down)*

MOI AUSSI, MOI NON

193 Traductions de « moi aussi », « moi non »

La traduction de « moi aussi », « moi non », etc. dépend du sens de la phrase :

		valeur
– Je suis fatigué.	– Moi aussi.	similitude
– Je ne sais pas son nom.	– Moi non plus.	similitude
– Il adore la science fiction.	– Moi non.	différence
– Elle n'a pas aimé ce film.	– Moi si.	différence

1. Expression de la similitude

La traduction des tournures « moi aussi », « moi non plus » dépend de la forme de la phrase de départ et de l'auxiliaire employé.

Les phrases de départ sont affirmatives :

• on peut employer une construction avec ***so*** :

	so + auxiliaire + sujet
I'm tired. Je suis fatigué.	***So*** *am I.* Moi aussi.
I'd like some tea. Je voudrais du thé.	***So*** *would I.* Moi aussi.
Allan likes music. Allan aime la musique.	***So*** *do I.* Moi aussi.
Jim lives in Leeds. Jim habite Leeds.	***So*** *does Helen.* Helen aussi.

• on peut employer une construction avec ***too*** :

	too	
I'm tired. Je suis fatigué.	*Me* ***too.*** Moi aussi.	*I'm tired,* ***too.*** Moi aussi.
I'd like some tea. Je voudrais du thé.	*Me* ***too.*** Moi aussi.	*I'd like some,* ***too.*** Moi aussi.
Jim lives in Leeds. Jim habite Leeds.		*Helen lives in Leeds,* ***too.*** Helen aussi.

Me too relève d'un anglais moins soutenu, et ne s'emploie qu'avec *me* seulement.

Les phrases de départ sont négatives, on emploie différentes constructions avec ***either, neither*** et ***nor*** :

I don't know his name. Je ne connais pas son nom.	*I don't **either**.* ***Neither** do I.* ***Nor** do I.* (1) ***Nor** me.* (1) *Me **neither**.* (1) Moi non plus.	sujet + aux. + *not either* *neither* + aux. + sujet *nor* + aux. + sujet

(1) en anglais moins soutenu, et avec *me* seulement.

2. Expression de la différence

La traduction des tournures « moi non », « moi si » dépend également de la forme de la phrase de départ et de l'auxiliaire employé.

Les phrases de départ sont affirmatives, on reprend le sujet et l'auxiliaire suivi de la négation *not* :

	sujet + auxiliaire + *not*
She will agree. Elle sera d'accord.	*I **won't**.* Moi non.
He loves science fiction. Il adore la science fiction.	*I **don't**.* Moi non. *Ann **doesn't**.* Ann non.

Les phrases de départ sont négatives, on reprend le sujet et l'auxiliaire (sans la négation) :

	sujet + auxiliaire
She didn't like that film. Elle n'a pas aimé ce film.	*I **did**.* Moi si / oui.
I haven't got any change. Je n'ai pas de monnaie.	*I **have**.* Moi si.

Le sujet est dans tous les cas sur-accentué.

À VOUS !

200. À partir des éléments fournis, rédigez les répliques, en exprimant la similitude. Écrivez pour chaque exemple toutes les formulations possibles.
a. I haven't seen their new house. *(we)* – b. We didn't see the film. *(I)* – c. Daniel won't come to the party. *(Jill)* – d. I'm going to leave soon. *(I)* – e. I couldn't understand him. *(we)* – f. She's keen on tennis. *(I)* – g. I'd like to go swimming. *(I)* – h. I love cycling. *(I)* – i. He can play the guitar. *(I)* – j. I really don't like whisky. *(I)* – k. We went to the cinema last night. *(we)* – l. I can't play the piano. *(I)* – m. We won't be in Paris next week. *(Jim)*

201. Exprimez cette fois la différence.
a. Peter can speak three languages. *(Philip)* – b. I haven't got any money. *(she)* – c. My mother will say yes. *(my parents)* – d. We had a good time. *(I)* – e. My feet hurt. *(mine)* – f. I like football. *(I)* – g. We don't like westerns. *(we)* – h. I've never been to New York. *(I)* – i. I thought the problem was easy. *(I)* – j. I'm not tired. *(I)* – k. We haven't seen that film. *(the Martins)* – l. I haven't got any change. *(John)* – m. My husband loves fish. *(mine)*

194 Traductions de « moins »

La traduction de « moins » dépend des tournures dans lesquelles le mot est employé.

	valeur
Moins d'une heure.	mesure
Elle est **moins** belle.	comparatif
Le moins de fautes.	superlatif
On invite le **moins** de monde **possible**.	le moins possible
Ça coûte **au moins** 100 livres.	approximation
Si **au moins** je savais !	reproche
Du moins il a essayé.	en tout cas

Moins... moins, voir 214

1. « Moins » dans une comparaison

« Moins » peut exprimer la comparaison avec différents termes.

Avec l'expression d'une mesure, on emploie ***less*** :

*It'll take **less** than an hour.* Ça prendra moins d'une heure.

Avec un adjectif, on emploie ***less*** :

*She's **less** beautiful than her sister.* Elle est moins belle que sa sœur.

On recourt ici plus fréquemment encore à la tournure ***not so... as*** ou ***not as... as*** :

*She isn't **so** beautiful **as** her sister.* Elle n'est pas aussi belle que sa sœur.

Comparatifs des adjectifs, voir 37 

Avec un nom, pour traduire « moins de » dans une langue soignée, on emploie ***fewer*** ou ***less*** selon que le nom qui suit est dénombrable ou indénombrable :

fewer + nom dénombrable	*less* + nom indénombrable
*There are **fewer** trains at night.* Il y a moins de trains la nuit.	*I have **less** money than she has.* J'ai moins d'argent qu'elle.
*I buy **fewer** cigarettes now.* J'achète moins de cigarettes maintenant.	*I buy **less** whisky now.* J'achète moins de whisky maintenant.

L'anglais a aussi très souvent recours à ***not as many... as*** :

*I don't have **as many** CDs **as** you have.* J'ai moins de (ou je n'ai pas autant de) CD que toi.

Few, voir 165 

2. « Le moins » superlatif

Avec un adjectif, on emploie ***the least*** :

*This tool is **the least** useful.* Cet outil est le moins utile de tous.

Superlatifs des adjectifs, voir 37

- **Avec un nom**, on emploie pour traduire « le moins de » ***the fewest*** ou ***the least*** selon que le nom qui suit est dénombrable ou indénombrable :

the fewest + nom dénombrable	*the least* + nom indénombrable
*Which of you has **the fewest** mistakes?* Lequel de vous a le moins de fautes ?	*He has **the least** experience.* Il a le moins d'expérience.

- Notez aussi l'emploi de ***least*** correspondant à notre tournure adverbiale « le moins » :

*It happened when we **least** expected it.* C'est arrivé quand on s'y attendait le moins.

- Pour traduire « le moins possible », on emploie les constructions suivantes :

as few + dénombrable + *as possible*	*as little* + indénombrable + *as possible*
*We're inviting **as few people as possible**.* On invite le moins de monde possible.	*I try to use **as little petrol as possible**.* J'essaie de dépenser le moins d'essence possible.

As possible peut être remplacé par la construction *as* + [pronom] + *can :*
*I try to use **as** little petrol **as I can**.*

3. « Au moins » signifie l'approximation

*This watch costs **at least** £100.* Cette montre coûte au moins 100 livres.

4. « Au moins » exprime le reproche

***If only** he made an effort!* Si au moins il faisait un effort !
***At least** he could have thanked you!* Il aurait pu au moins te remercier !

5. « Du moins » signifie « en tout cas »

*He didn't succeed, but **at least** he tried.* Il n'a pas réussi, mais du moins il a essayé.

À VOUS !

202. Traduisez les phrases ci-dessous, en vous aidant des éléments fournis.
a. Du moins c'est ce que j'ai entendu. – b. La personne qui a le moins de points est le gagnant. *(with.... points)* – c. Celle-ci est la moins connue de ses pièces. (*play :* pièce de théâtre) – d. Son dernier roman est moins passionnant que d'habitude. *(exciting)* – e. Le voyage prendra au moins six heures. *(the journey)* – f. Si vous avez moins de dix articles, vous pouvez aller à la caisse rapide. *(use the express checkout)*

MOST et MOST OF

Emplois de *most* et de *most of* 195

Ne confondez pas *most* qui peut être un quantificateur (« la plupart de »), avec *most* qui peut être un adverbe (« très », « extrêmement ») :

***Most** boys like football.*
La plupart des garçons aiment le foot.

*This is a **most** useful book.*
C'est un livre extrêmement utile.

1. *Most* et *most of* quantificateurs

Most (of) signifie « la plupart (de) », « la plus grande partie (de) ». Notez la différence de sens entre :

• ***most* + nom**, où l'absence de déterminant montre qu'il s'agit d'une classe ou d'une sous-classe ;

• ***most of* + déterminant + nom / pronom**, où la présence d'un déterminant montre qu'il s'agit ici d'éléments précis, repérés.

most + nom	*most of* + déterminant + nom / pronom
***Most** cameras are made in Japan.* La plupart des appareils photo sont faits au Japon.	***Most of the** cameras I saw were expensive.* La plupart des appareils photo que j'ai vus étaient chers. ***Most of them** were too heavy.* La plupart d'entre eux étaient trop lourds.
▼ les appareils en général	▼ ces appareils-là
***Most** modern jazz is difficult to understand.* Presque tout le jazz moderne est difficile à comprendre.	*I met **most of my** friends there.* J'ai rencontré là-bas la plupart de mes amis.
▼ le jazz en général	▼ des amis particuliers, les miens

2. *Most* adverbe

Most signifie « très, extrêmement » :

*I'm **most** grateful to you.* Je vous suis très reconnaissant.
*It was a **most** enjoyable party.* Ça a été une soirée très agréable.

Most, dans le sens de « très, extrêmement », n'est employé qu'avec des adjectifs ou des adverbes indiquant une appréciation plus subjective :

*This actress is **most** beautiful.*
Cette actrice est très belle.

*She's **very** tall.*
Elle est très grande.

***Most** certainly.*
Très certainement.

***Very** quickly.*
Très vite.

Voir Détermination 13, Comparatifs irréguliers 38

À VOUS !

203. Choisissez entre *most* et *most of* la formulation qui convient.
a. ... sports cars are expensive. – b. You've been ... helpful. – c. ... the girls I know like modern art. – d. I like ... vegetables. – e. It's a ... disturbing film. – f. ... days I get up at six o'clock. – g. I'll be at home for ... the day. – h. ... Belgian beer is excellent.

204. Traduisez les phrases ci-dessous.
a. La plupart de mes amis aiment le jazz. – b. La plupart des gouvernements sont d'accord là-dessus. *(agree on this)* – c. Dans la plupart des écoles, la gymnastique est obligatoire. *(gym - compulsory)* – d. J'ai visité la plupart de ces villes. – e. Ce fut une très belle matinée. – f. Il a été très poli avec moi. – g. C'est une théorie fort intéressante. *(theory)* – h. La plupart de ces étudiants parlent l'allemand.

MOTS DE LIAISON

Emploi des mots de liaison 196

Les mots de liaison sont indispensables pour s'exprimer de manière ordonnée, à l'oral comme à l'écrit. Vous trouverez ci-dessous une sélection de ces mots en contexte.

Abréviations : *sb* : *somebody* (quelqu'un) [f] : plutôt formel

1. Pour présenter des points, des arguments...

to begin with	pour commencer	***To begin with**, we ate salmon.* Pour commencer, nous avons mangé du saumon.
***first of all** / **firstly**, **secondly**...* [f]	en premier lieu / premièrement, deuxièmement...	***Firstly**, I'll describe how it works.* Premièrement, je décrirai comment ça fonctionne.
as for	quant à	***As for** facilities, there's everything you need.* Quant aux installations, il y a tout ce qu'il vous faut.
as regards [f]	en ce qui concerne	***As regards** the future, we're extremely optimistic.* En ce qui concerne l'avenir, nous sommes extrêmement optimistes.
then	et aussi	*I agree, and **then** there's the question of price.* Je suis d'accord, et aussi il y a la question du prix.
besides	d'ailleurs	*It's too big, and **besides** I don't like the colour.* C'est trop grand, et d'ailleurs je n'aime pas la couleur.
what's more	de plus	*The soup is too salty, and **what's more** it's cold.* La soupe est trop salée, et de plus elle est froide.
moreover [f]	de plus	*This project is complicated, and **moreover** it's risky.* Ce projet est compliqué, et de plus c'est risqué.
thus [f]	ainsi	***Thus** we can see that X = 4.* Ainsi on voit que X = 4.
therefore	en conséquence	*Profits, **therefore**, were down on last year.* Les bénéfices, par conséquent, étaient inférieurs à l'an dernier.
finally [f]	enfin	***Finally**, I would like to talk about safety procedures.* Je voudrais parler enfin des mesures de sécurité.
in short	bref	*It rained, the hotel was dirty and the food was terrible. **In short**, it was a disaster.* Il a plu, l'hôtel était sale et la nourriture exécrable. Bref, ça a été une catastrophe.
all things considered	tout compte fait	***All things considered**, it was a successful party.* Tout compte fait, ça a été une soirée réussie.
to sum up [f] / ***to recap***	en résumé	***To sum up**, there are arguments for and against.* En résumé, il y a des arguments pour et contre.
to conclude [f]	pour conclure	***To conclude**, the author looks at various solutions.* Pour conclure, l'auteur considère diverses solutions.

in conclusion [f] / ***as a conclusion***	en conclusion	*I would like to say* ***in conclusion****, that I'm pleased with our progress.* Je voudrais dire en conclusion que je suis content de nos progrès.

2. Pour exprimer une opinion

I'd say that	je dirais que	***I'd say that*** *he's about 40.* Je dirais qu'il a à peu près 40 ans.
it seems to me that	il me semble que	***It seems to me that*** *you're hiding something.* Il me semble que vous me cachez quelque chose.
in my opinion	d'après moi	***In my opinion*** *he's completely wrong.* D'après moi, il se trompe complètement.
as for	quant à	***As for*** *me, I prefer the mountains to the sea.* Pour ma part, je préfère la montagne à la mer.
to my mind [f]	à mon sens	***To my mind****, your idea is totally impractical.* À mon sens, votre idée est totalement irréaliste.
as far as I am concerned	en ce qui me concerne	***As far as I'm concerned****, he can do what he wants.* En ce qui me concerne, il peut faire ce qu'il veut.
according to (sb)	d'après / selon (quelqu'un d'autre que moi)	***According to*** *the reporter, whole villages have been destroyed.* D'après le reporter, des villages entiers ont été détruits.
let me see	attendez	***Let me see****... Yes, Tuesday's fine.* Attendez... Oui, mardi, c'est bon.
how can I put it?	comment dire...	***How can I put it?*** *He has rather strange tastes.* Comment dire ? Il a des goûts assez bizarres.
mind you [familier]	remarquez	*The quality's not very good.* ***Mind you****, it wasn't expensive either.* La qualité laisse à désirer. Remarquez, ce n'était pas cher non plus.

3. Pour préciser sa pensée

what I mean is that	Ce que je veux dire, c'est que	***What I mean is that*** *it's not going to be easy.* Ce que je veux dire, c'est que ça ne va pas être facile.
what I'm getting at is (that)	ce que je veux dire, c'est que	***What I'm getting at is*** *(that) you're not being realistic.*
the point is (that)	le fait est que	***The point is*** *(that) we're not satisfied.* Le fait est que nous ne sommes pas satisfaits.
in other words	autrement dit	***In other words****, you no longer want to see me, is that right?* Autrement dit, tu ne veux plus me voir, c'est ça ?
that is to say	c'est-à-dire	*Graphology,* ***that is to say*** *the study of handwriting, is often used in recruitment tests.* La graphologie, c'est-à-dire la science de l'écriture, est souvent utilisée dans les tests de recrutement.

4. Pour nuancer

actually	en réalité, en fait	*"What a lovely baby girl!" – "It's a boy,* ***actually****."* Quelle adorable petite fille ! – En fait, c'est un garçon.

in fact	en fait	*I don't agree. **In fact**, I'm completely against your suggestion.* Je ne suis pas d'accord. En fait, je suis tout à fait contre votre proposition.
in a way	en un sens	*I know he was wrong, but **in a way**, I can understand why he did it.* Je sais qu'il avait tort, mais en un sens je comprends pourquoi il a fait ça.
to a certain extent	dans une certaine mesure	*I agree with you **to a certain extent**, but...* Je suis d'accord avec vous dans une certaine mesure, mais...
anyway	en tout cas / de toute façon	***Anyway**, I don't care.* De toute façon, ça m'est égal.
as a rule	en règle générale	***As a rule**, he doesn't make mistakes.* En règle générale, il ne fait pas de fautes.
generally speaking	en général	***Generally speaking**, it's not a problem.* En général, ce n'est pas un problème.
on the whole	dans l'ensemble	***On the whole**, it's not a bad idea.* Dans l'ensemble, l'idée n'est pas mauvaise.

5. Pour relancer le débat, pour contredire

on the one hand...	d'une part / d'un côté...	***On the one hand**, it's exactly what we're looking for.* D'un côté, c'est exactement ce que nous cherchons.
on the other hand...	d'autre part / d'un autre côté...	*But **on the other**, it's rather expensive.* Mais d'un autre côté, c'est assez cher.
still	quand même / tout de même	*The job's boring; **still**, it's well-paid.* C'est un boulot ennuyeux, mais c'est quand même bien payé.
yet	pourtant	*She's asthmatic, and **yet** she smokes.* Elle a de l'asthme, et pourtant elle fume.
however	cependant / pourtant	*He normally buys me flowers. This time, **however**, he forgot.* Il m'achète normalement des fleurs. Cette fois, pourtant, il a oublié.
on the contrary	au contraire	*She's not thin, **on the contrary**, she's a little overweight.* Elle n'est pas mince, elle est au contraire un peu trop grosse.
in spite of	en dépit de / malgré	***In spite of** the cold, she wore shorts.* Malgré le froid, elle portait un short.

6. Pour changer de sujet

by the way / incidentally	au fait	*I gave it to your brother. **By the way**, is he feeling better?* Je l'ai donné à votre frère. Au fait, il se sent mieux ?
that reminds me...	ça me fait penser...	*So, you saw John. **That reminds me**, I must telephone him.* Alors, tu as vu John. Ça me fait penser... il faut que je lui téléphone.

MUST

197 Valeurs et emplois de *must*

Must est un modal. Il exprime donc toujours le point de vue de l'énonciateur, avec deux valeurs :
– **la pression sur autrui** ;
– **la certitude**.

[sujet] ● [prédicat]
[modal]

1. Pression sur autrui

L'énonciateur peut faire pression sur autrui (ou sur lui-même) en exprimant :
– une obligation avec *must* ;
– ou une interdiction avec *mustn't*.

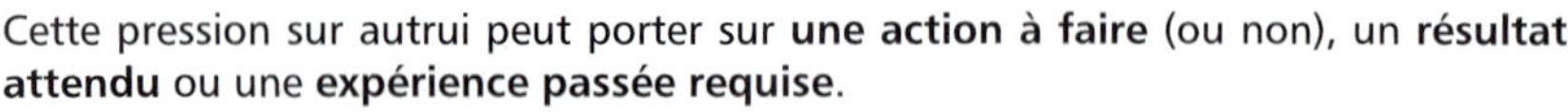

Cette pression sur autrui peut porter sur **une action à faire** (ou non), un **résultat attendu** ou une **expérience passée requise**.
Notez les constructions respectives :

action à faire (ou non)	résultat attendu ou expérience passée requise
must + V	*must* + *have* V-En
*You **must** read that book.* Vous devez absolument lire ce livre.	*You **must have read** this book by Monday.* Il faut que vous ayez lu ce livre d'ici lundi.
*You **mustn't** tell anybody.* Tu ne dois en parler à personne.	*You **must have** worked abroad to get that job.* Il faut que tu aies travaillé à l'étranger pour avoir cet emploi.

Must **n'a pas de prétérit**. Notez son emploi au discours indirect rapporté au passé :
*He said that we **must** read that book.* Il a dit qu'il fallait qu'on lise ce livre.

L'énonciateur ne peut évidemment pas exercer de pression à propos d'une action déjà réalisée ! C'est pourquoi l'on a recours à *had to* pour exprimer une obligation dans le passé, qui est due alors simplement aux circonstances.

2. Certitude

Must sert aussi (voir sur l'échelle, n° 135) à exprimer une certitude forte : l'énonciateur est quasiment sûr de ce qu'il avance.

Notez les emplois et les constructions selon les situations :

• Situation présente

La certitude porte sur un état/ une caractéristique du sujet :	La certitude porte sur une activité vue dans son déroulement :
must + V	*must* + *be-ing*
*He **must** be Italian.* Il doit être italien.	*They **must be** sleep**ing**.* Ils doivent être en train de dormir.

Attention ! Avec la valeur de certitude, *must* s'emploie **uniquement à la forme affirmative**.
Pour dire que la chose en question lui paraît totalement impossible, l'énonciateur emploie *can't*.

He can't be Italian. — *Ce n'est pas possible qu'il soit italien.*

• Situation à venir

La chose à venir paraît très probable	On se représente par avance l'activité dans son déroulement
Must + adverbe de certitude + V	*must* + *be -ing*
He ***must surely*** *call us tomorrow.*	*He* ***must be*** *catch**ing** the 6 o'clock train this evening.*
Il nous appellera sûrement demain.	Il prend sûrement le train de 6 heures ce soir.

• Situation passée

La certitude porte sur un fait révolu	La certitude porte sur l'activité du sujet
must + *have* V-EN	*must* + *have been -ing*
"I saw the exhibition last year." *– "Did you? That* ***must have been*** *great."*	***I must have been*** *hoover**ing** the floor then, and that's why I didn't hear the telephone.*
"J'ai vu l'expo l'an dernier." – "Ah oui ? Ça devait être superbe."	Je devais passer l'aspirateur à ce moment-là, c'est pourquoi je n'ai pas entendu le téléphone.

Notez ici la traduction, en français, par l'imparfait : « ça devait », « je devais ».

• Bilan actuel

La certitude porte sur un résultat	La certitude porte sur l'activité du sujet
must + *have* V-EN	*must* + *have been -ing*
He ***must have read*** *this book before.*	*They* ***must have been*** *bicker**ing** again.*
Il a sûrement déjà lu ce livre.	Ils ont dû encore se chamailler.
▼ il en parle en connaisseur	▼ ils se font la tête

Attention ! Ne confondez donc pas les deux sens possibles de *must* + *have* V-EN :

Jim ***must have read*** *this book before.*
Jim a sûrement déjà lu ce livre. (certitude)
You ***must have read*** *this book by Monday.*
Il faut que vous ayez lu ce livre d'ici lundi. (obligation)

À VOUS !

205. Repérez s'il s'agit d'une obligation (A) ou d'une certitude (B), puis traduisez.
a. Sorry! I must have dialled the wrong number. (*dial a number :* faire un numéro) – b. We must have stocked enough wood before winter. – c. I have a headache: it must have been the wine I drank at lunch. – d. He must have failed his exams. – e. You must have done this by Tuesday.

206. Repérez dans les éléments soulignés si la certitude porte sur un bilan actuel (A) ou une situation passée (B), puis traduisez.
a. I must have been thinking of something else then, and that's why I forgot to ring you. – b. He looks exhausted : he must have been walking for miles. – c. I took the bus to the beach. I'm not sure what number it was. It must have been the number 25 bus.

207. Traduisez les phrases ci-dessous, en utilisant le modal *must*.
a. J'ai dû laisser la clé au restaurant. – b. Il ne faut le dire à persone. – c. Il faut qu'on ait réparé la voiture avant samedi. *(repair)* – d. Ils doivent être en train de faire la fête. *(have a party)* – e. Ils sont sûrement tombés en panne. *(break down)* – f. Ils ont dû aller en vacances. Regarde comme ils sont bronzés ! (bronzé : *brown*)

MUST et *HAVE TO*

198 Valeurs et emplois de *must* et de *have to*

Le modal *must* et la tournure *have to* peuvent exprimer l'un comme l'autre :
– l'**obligation** ;
– la **certitude**.

Ils expriment toutefois des nuances distinctes.

1. Obligation

Aux formes affirmative et interrogative, on peut utiliser *must* ou *have to*, avec, cependant, la différence suivante :

Must est un **modal**. Il exprime donc toujours le **point de vue de l'énonciateur.**

Avec *must*, l'énonciateur fait **pression sur autrui** (ou sur lui-même).

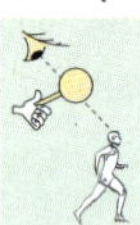

You ***must*** *see a doctor.*
Il faut que tu voies un docteur.
▼
C'est « moi » qui te le dis.

I must *be back by four o'clock.*
Il faut que je sois rentré à 16 heures.

Must *you really go now?*
Est-ce que tu dois vraiment partir maintenant ?

Have to **n'est pas** un modal, et fait donc référence à des **critères objectifs.**

Avec *have to* (ou *have got to*), **l'obligation est due aux circonstances.**

absence de point de vue

She ***has to*** *wear glasses for reading.*
Elle doit porter des lunettes pour la lecture.
▼
C'est à cause de sa mauvaise vue.

I've got to *go to that meeting.*
Il faut vraiment que j'aille à cette réunion.

Have *you* ***got to*** *finish that now?*
Est-ce que tu dois finir maintenant ?

Have got to s'emploie dans le cadre d'une situation momentanée.

À la forme négative, *mustn't* et *don't have to* ont des sens totalement différents :

Avec *mustn't* l'énonciateur fait toujours pression sur autrui : il exprime « l'obligation de ne pas ».

Don't have to exprime simplement la « non-nécessité ».

*You **mustn't** do this.*
Vous ne devez pas faire ça.
▼
interdiction

*You **don't have to** book your seats.*
Vous n'êtes pas obligé de réserver vos places.
▼
absence d'obligation

2. Certitude

Must et *have to* peuvent aussi exprimer la certitude.

Dans cette valeur, on retrouve les mêmes nuances respectives de *must* (point de vue de l'énonciateur) et de *have to* (critères objectifs) :

must

*She **must** be rich.*
Elle doit être riche.
▼
c'est « ma » conviction

absence de point de vue

have to

*There **has to** be a way out.*
Il faut bien qu'il y ait une sortie.
▼
c'est une déduction logique

À VOUS !

208. Repérez s'il s'agit d'une obligation due au circonstances (A) ou d'une déduction logique (B), puis traduisez.
a. You have to fill in this form. (formulaire) – b. You have to be joking! – c. There has to be an alternative. – d. They've never had to worry about money. – e. You don't have to stay until the end.

209. Repérez s'il s'agit d'une obligation due à l'énonciateur (A) ou aux circonstances (B), ou encore d'une certitude (C), puis traduisez.
a. Vous ne devez pas utiliser le téléphone du bureau pour des appels personnels. *(private calls)* – b. Vous devez travailler ce week-end ? – c. Le dimanche, on n'a pas à se lever tôt. – d. Il faut que je pense à poster cette lettre. *(remember)* – e. Il doit se tromper. *(be wrong)* – f. Il n'y avait pas de queue, je n'ai pas eu à attendre – g. Il faut que j'aille à la banque avant qu'ils ferment. *(close)* – h. J'ai dû emmener ma voiture au garage. – i. Les enfants ne doivent pas jouer avec les allumettes. – j. Il faut que ce soit fait d'ici demain. *(by tomorrow)*

MUSTN'T et NEEDN'T

Valeurs et emplois de *mustn't* et de *needn't* 199

Dans ***mustn't***, la négation ne modifie pas le sens du modal *must*, qui garde son sens de contrainte : « l'obligation de ne pas », c'est-à-dire l'**interdiction**.

Dans ***needn't***, la négation porte au contraire sur le modal *need* : le bloc *needn't* exprime alors la « non-nécessité », c'est-à-dire l'**absence d'obligation.**

Modaux et négation, voir 55

Attention donc ! *Mustn't* et *needn't* ont des sens totalement différents ; à ne pas confondre d'autre part avec *can* / *may* (permission) et *must* (obligation).

interdiction	absence d'obligation
*You **mustn't** stay here.* Vous ne devez pas rester ici.	*You **needn't** hurry.* Vous n'avez pas besoin de vous dépêcher.
permission	**obligation**
*You **can** stay, if you like.* Vous pouvez rester, si vous voulez.	*You **must** hurry.* Il faut vous dépêcher.

210. Traduisez les phrases ci-dessous.
a. Il ne faut pas que tu ailles travailler. *(go to work)* – b. Il n'a pas besoin de m'appeler. *(call)* – c. Tu dois mettre ton badge. *(wear)* – d. Ce n'est pas la peine de partir si tôt. – e. Il ne faut pas que je mange autant de chocolat.

NATIONALITÉS

200 Noms et adjectifs de nationalité

Les tableaux ci-dessous indiquent les principaux types de formation des noms et des adjectifs correspondant à des noms de pays. Il s'agit seulement d'une courte sélection, car une nomenclature exhaustive ne saurait entrer dans le cadre de cet ouvrage.
Pour les nombreux autres cas, consultez si nécessaire le dictionnaire.

nom du pays	nom de nationalité – une seule personne	nom de nationalité – toutes	adjectif correspondant
	-an	***-ans***	***-an***
Africa	*an African*	*the Africans*	*African*
America	*an American*	*the Americans*	*American*
Asia	*an Asian*	*the Asians*	*Asian*
Canada	*a Canadian*	*the Canadians*	*Canadian*
Europe	*a European*	*the Europeans*	*European*
Germany	*a German*	*the Germans*	*German*
Russia	*a Russian*	*the Russians*	*Russian*

	-ese	-ese	-ese
China	*a Chinese*	*the Chinese*	*Chinese*
Japan	*a Japanese*	*the Japanese*	*Japanese*
	-man	**-sh / -ch**	**-sh / -ch**
England	*an Englishman*	*the English*	*English*
France	*a Frenchman*	*the French*	*French*
Holland	*a Dutchman*	*the Dutch*	*Dutch*
Ireland	*an Irishman*	*the Irish*	*Irish*
Wales	*a Welshman*	*the Welsh*	*Welsh*
		-s	
Arab countries	*an Arab*	*the Arabs*	*Arab / Arabic*
Denmark	*a Dane*	*the Danes*	*Danish*
Poland	*a Pole*	*the Poles*	*Polish*
Scotland	*a Scot*	*the Scots*	*Scottish*
Spain	*a Spaniard*	*the Spaniards (aussi : the Spanish)*	*Spanish*
	-er	**-ers**	
New Zealand	*a New Zealander*	*the New Zealanders*	*New Zealand*

Notez par ailleurs les formes suivantes :

Britain	*a Briton*	*the British* *the Britons*	*British*
Switzerland	*a Swiss*	*the Swiss*	*Swiss*

Valeurs et emplois de *need* 201

Need (sens général : avoir besoin) peut être verbe lexical ou modal.

Lorsqu'il est **verbe lexical**, il exprime une nécessité due aux circonstances. Il se construit à toutes les formes, selon les schémas suivants :

***need* + *to* + V** ou ***need* + nom (ou gérondif)**

Lorsqu'il est **modal** (il représente alors le point de vue de l'énonciateur), on l'utilise le plus souvent à la forme négative, selon les schémas suivants :

***needn't* + V** ou ***needn't* + *have* V-EN**

(V-EN : verbe au participe passé)

Modaux, voir 54

verbe lexical	modal
***I need to** practise more.* J'ai besoin de m'entraîner davantage.	
*You don't **need to** book.* Tu n'as pas besoin de réserver. ▼ les circonstances l'imposent ou non	*You **needn't** remind me.* Inutile de me le rappeler. ▼ l'énonciateur estime que ce n'est pas nécessaire
*We didn't **need to** take our umbrellas after all.* Finalement ce n'était pas la peine de prendre les parapluies. ▼ les circonstances ne l'imposaient pas (on les a pris quand même)	*You **needn't have brought** flowers, really.* Vraiment, ce n'était pas la peine d'apporter des fleurs. ▼ l'énonciateur estime que ce n'était pas nécessaire (elles ont quand même été apportées)
*We didn't **need to** take our umbrellas: there wasn't a cloud in the sky.* On n'a pas eu besoin de prendre les parapluies. Pas un nuage dans le ciel. ▼ les circonstances ne l'imposaient pas (ainsi on ne les a pas pris)	
*Do I **need to** change the batteries?* Est-ce qu'il faut changer les piles ?	
• ***need*** **+ nom (ou gérondif) :** ***I need** some help.* J'ai besoin d'aide. *The gate **needs** painting.* Le portail a besoin d'un coup de peinture. ▼ sens passif : « besoin d'être repeint »	• ***need*** **+ sujet + V :** ***Need** I tell you?* Ai-je besoin de te le dire ? (emploi assez limité)

Voir Obligation 204, Infinitif ou gérondif après *need* et *want* 183

À VOUS !

211. Traduisez les phrases suivantes avec *need*.

a. La porte d'entrée a vraiment besoin d'être repeinte. *(paint - badly)* – b. C'est bête ! Ce n'était pas la peine de faire la queue. *(queue)* – c. Il a un passe : il n'a pas besoin de s'arrêter à la porte. *(pass - gate)* – d. Tu as besoin de te faire couper les cheveux. *(cut)* – e. Il est tard : il faut que je parte – f. Il y avait heureusement un porteur : on n'a pas eu besoin de porter nos bagages. *(carry - luggage)* – g. La pelouse a besoin d'être tondue. *(lawn - mow)* – h. Le train est en retard, ce n'était pas la peine de se dépêcher. *(hurry)* – i. L'hôtel était près de la plage, on n'avait pas besoin de prendre la voiture.

NEXT, THE NEXT et THE NEAREST

Emplois de *next, the next* et de *the nearest* 202

Next, *the next* et *the nearest* sont les superlatifs de ***near*** (« proche »).
Next signifie « prochain » ; *the next*, « suivant » / « après » ; *the nearest*, « le plus proche ».

1. Emploi de *next* et de *the next*

Next, qui est associé à une situation à venir, définit quelque chose par rapport à maintenant.

The next, qui est associé à tous les types de situations (passées, présentes et à venir), précise l'élément suivant dans une série.

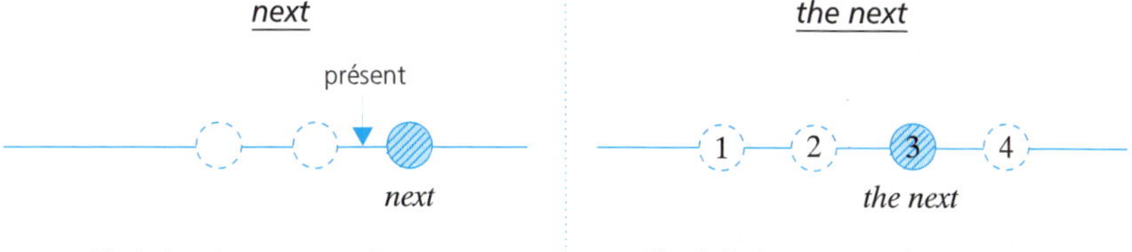

*She's leaving **next** week.*
Elle part la semaine prochaine.

*She left **the next** week.*
Elle est partie la semaine d'après.

*He'll spend one year in Oxford and **the next** year in Boston.*
Il va passer un an à Oxford et l'année suivante à Boston.

Attention cependant à la traduction !

Next, please !
Au suivant, s'il vous plaît.

*He called **the next** patient.*
Il appela le patient suivant.

The next est toujours placé, à la différence du français, devant un nombre ou le quantificateur *few* :

*You'll have to drive slowly for **the next** three kilometres.*
Il faudra rouler lentement pendant les trois prochains kilomètres.

*Will you read **the next** few lines?* Voulez-vous lire les quelques lignes qui suivent ?

Voir Comparatifs et superlatifs irréguliers **39**, Discours indirect **110**

2. Emploi de *the next* et de *the nearest*

Ne confondez pas *the next*, élément suivant dans une série, avec *the nearest*, qui désigne l'élément le plus proche. Comparez :

you are here — *Norton* — *Sutton*

*"What's **the nearest** station?"*
– "Norton."
– Quelle est la gare la plus proche ?
– Norton.

*"What's **the next** station?"*
– "Sutton. It doesn't stop in Norton."
– Quel est le prochain arrêt ?
– Sutton. Il ne s'arrête pas à Norton.

3. *Next* adverbe

Next peut être employé comme adverbe de temps. Il a alors le sens de « ensuite » :

*Who came **next**?* Qui est arrivé après ?

***Next** we went to Pisa.* Ensuite nous sommes allés à Pise.

À VOUS !

212. Traduisez les phrases ci-dessous.
a. Il a plu le jour suivant. – b. Je vais acheter une nouvelle voiture l'année prochaine. – c. Qu'est-ce que vous avez fait le lendemain ? – d. J'ai regardé le premier épisode, mais j'ai raté les deux suivants. – e. J'ai passé les quelques heures qui ont suivi à attendre le train. – f. Conduisez-moi au commissariat le plus proche. *(police station)* – g. Vous êtes le prochain sur la liste. – h. Voyez page suivante.

NOMS PROPRES

203 Emploi des articles *the* ou ø avec les noms propres

1. Noms de pays

En règle générale, on n'utilise pas d'article (ø) devant les noms de pays. On emploie cependant l'article *the* lorsque le nom de pays est construit à partir d'un nom dénombrable.

ø	*the*
England l'Angleterre	*the United Kingdom* le Royaume-Uni
America l'Amérique	*the United States* les États-Unis
Holland la Hollande	*the Netherlands* les Pays-Bas
	the Republic of Ireland la république d'Irlande

Exemples de noms de pays au pluriel avec *the* :
the Azores (les Açores), *the Bahamas* (les Bahamas), *the Everglades* (les Everglades), *the Philippines* (les Philippines), *the West Indies* (les Antilles)...

Exemples de noms de lieux construits avec *of* et également suivis de *the* :
the Isle of Man (l'Ile de Man), *the Kingdom of Jordan* (le royaume de Jordanie), *the People's Republic of China* (la république populaire de Chine), *the Straits of Dover* (le Pas-de-Calais), *The United Arab Emirates* (les Émirats Arabes Unis)...

Nationalités, voir aussi 200

2. Noms de montagnes

On n'utilise pas d'article (ø) devant les noms de montagnes lorsqu'ils désignent un sommet, ou un élément isolé. Par contre, on emploie l'article *the* lorsque le nom désigne un ensemble, une chaîne.

ø	*the*
Mont Blanc le mont Blanc	*the Alps* les Alpes
Ben Nevis le Ben Nevis	*the Rocky Mountains* les montagnes Rocheuses
Mount Everest le mont Everest	*the Himalayas* l'Himalaya

Autres exemples d'ensembles montagneux au pluriel également précédés de *the* : *the Cheviots, the Highlands, the Pennines, the Pyrenees, the Ural mountains / the Urals...*

3. Noms de continents et de régions

On n'utilise pas d'article (ø) pour les continents et les régions administratives. On emploie l'article *the* lorsqu'il s'agit d'une région naturelle.

ø	*the*
Africa l'Afrique	*the Middle East* le Moyen-Orient
Yorkshire le Yorkshire	*the Sahara* le Sahara
California la Californie	*the Riviera* la Côte d'Azur

Autres exemples de noms de régions naturelles précédés de *the* : *the Antartic* (l'Antartique), *the North Pole* (le Pôle Nord)...

4. Noms de cours d'eaux

On utilise l'article *the* devant les noms de cours d'eau : *the Nile* (le Nil), *the Rhine* (le Rhin), *the Thames* (la Tamise), *the Ural* (le fleuve Oural)...

On peut dire aussi, moins couramment toutefois : *the **River** Nile, the **River** Thames, etc.*

5. Noms de lacs, de mers et d'océans

On n'utilise pas d'article (ø) devant les noms de lacs, mais on emploie l'article *the* lorsqu'il s'agit d'une mer ou d'un océan.

ø	*the*
Lake Michigan le lac Michigan	*the Pacific* l'océan Pacifique
Lake Geneva le lac de Genève	*the Mediterranean* la mer Méditérranée
Lake Como le lac de Côme	*the Red Sea* la mer Rouge

6. Noms de personnages

On n'utilise pas d'article (ø) lorsqu'on désigne un personnage par son titre suivi de son nom. Par contre on utilise l'article *the* lorsqu'on mentionne seulement le titre, la fonction officielle ou le lien de parenté.

ø	*the*
King Charles I died in 1649. Le roi Charles Ier mourut en 1649.	*The King died in 1649.* Le roi mourut en 1649.
President Nixon resigned. Le président Nixon démissionna.	*The president addressed the nation.* Le président s'est adressé au pays.
Uncle Jack l'Oncle Jack	

7. Noms d'hôtels, de théâtres, de cinémas

On utilise l'article *the* pour les noms d'hôtels, de théâtres, de cinémas :

the Hilton (l'hôtel Hilton), *the Red Lion* (nom de pub), *the Old Vic* (nom d'un théâtre anglais célèbre), *the Odeon* (le cinéma Odéon), etc.

OBLIGATION et NÉCESSITÉ

204 Expression de l'obligation et de la nécessité

L'expression de l'obligation ou de l'absence d'obligation varie :
– selon l'origine de la contrainte (l'énonciateur ou les circonstances) ;
– selon le type de situations (présente ou à venir, ou passée).

1. Obligation (ou absence d'obligation) venant de l'énonciateur

Lorsque l'obligation ou l'absence d'obligation vient de l'énonciateur, lorsque ce dernier donne son opinion, on recourt à un modal. La distinction entre situation présente ou à venir et situation passée est rendue par le type d'infinitif qui suit le modal (V ou have V-EN : verbe au participe passé).

À propos d'une situation présente ou à venir :

must + V pour l'obligation	*needn't* + V pour l'absence d'obligation
*You **must** read this book.* Il faut que tu lises ce livre.	*You **needn't** hurry, you know.* Tu n'as pas besoin d'aller vite, tu sais.

À propos d'une situation passée :

must have + V-EN pour l'obligation	*needn't have* + V-EN pour l'absence d'obligation
*You **must have had** work experience to apply for that job.* Il faut avoir fait un stage en entreprise pour postuler pour cet emploi.	*You **needn't have telephoned.*** Ce n'était pas la peine de téléphoner.

2. Nécessité (ou absence de nécessité) due aux circonstances

Lorsque la nécessité ou l'absence de nécessité relève des circonstances, on emploie :

à propos d'une situation présente ou à venir :

nécessité	absence de nécessité
• ***have to* + V / *need to* + V(1) :**	• ***don't have to* + V / *don't need to* + V :**
*He **has to** wear glasses.* Il doit porter des lunettes.	*He **doesn't have to** get up early: he's retired.* Il n'a pas à se lever tôt : il est à la retraite.
*I **need to** find a solution to the problem.* Il faut que je trouve une solution au problème.	*You **don't need to** be a computer expert to use this software.* On n'a pas besoin d'être expert en informatique pour utiliser ce logiciel.
*You'**ll have to** be quick.* Il faudra que tu fasses vite.	*You **won't have to** queue.* Tu n'auras pas à faire la queue.
• ***have got to* + V(2) :** *I'**ve got to** go to the dentist's.* Il faut que j'aille chez le dentiste.	• ***haven't got to* + V :** *You **haven't got to** fill in this form.* Inutile de remplir ce formulaire.
• ***be to* + V(3) :** *You **are to** check in immediately.* Vous devez vous présenter à l'enregistrement immédiatement.	

(1) *Have to* exprime une contrainte sensiblement plus forte que *need to*.
(2) *Have got to* s'emploie dans le cadre d'une situation momentanée.
(3) L'obligation avec *be to* n'a pas un caractère aussi impératif qu'avec les autres tournures.

à propos d'une situation passée :

had to + V / *needed to* + V pour la nécessité	*didn't have to* + V / *didn't need to* + V pour l'absence de nécessité
*They **had to** book early.* Ils ont dû réserver tôt.	*We **didn't have to** wait.* Nous n'avons pas eu à attendre.
*I **needed to** have his opinion.* J'avais besoin d'avoir son avis.	*We **didn't need to** take our umbrellas.*(1)

(1) Notez ici les deux sens possibles de *didn't need to* :
– On n'a pas eu besoin de prendre les parapluies. → on ne les a pas pris
– Ce n'était pas la peine de prendre les parapluies. → on les a pris
Seul le contexte permet de faire la différence : voir les exemples au n° 201.

Need, voir **201**

3. Autres façons d'exprimer l'obligation ou la nécessité

Pour exprimer l'obligation ou la nécessité, l'on utilise également des tournures comme :

• *be compelled to*		être forcé / contraint de
• *be expected to*		être censé
• *be necessary (for...) to*	+ V	être nécessaire de
• *be obliged to*		être obligé de
• *be supposed to*		être censé
• *there's no need to*		il n'y a aucune raison de

*She **was compelled to** stay here.* Elle a été forcée de rester ici.
*We**'re expected to** take our own sleeping bags.* Nous sommes censés amener nos sacs de couchage.
***It was necessary for** them **to** follow a training course first.*
Il a d'abord fallu qu'ils effectuent un stage.
*You'll **be obliged to** wear a tie.* Vous devrez porter une cravate.
***There's no need to** work so hard.* Il n'y a aucune raison de travailler aussi dur.

À VOUS !

213. Repérez d'abord, dans les phrases ci-dessous, si la contrainte ou l'absence de contrainte est due au locuteur (A) ou aux circonstances (B), puis traduisez.
a. Il faut que tu partes maintenant. *(go)* – b. D'habitude, les étudiants n'ont pas à payer plein tarif. *(pay full fare)* – c. Je dois me lever tôt le mardi. – d. Ce n'est pas la peine qu'elle téléphone. – e. Il dit qu'il a dû prendre un taxi. – f. Que dois-je faire pour obtenir un visa ? *(get a visa)*

214. Repérez d'abord, dans les phrases ci-dessous, si la contrainte ou l'absence de contrainte concerne une situation présente ou à venir (A) ou passée (B). Traduisez ensuite.
a. I'm afraid I can't come tonight. I have to work late. – b. He was lucky: he didn't need to queue. – c. You needn't have phoned. – d. She won't have to wait. – e. That was stupid of him: he didn't need to pay immediately. – f. I had to run to catch the bus.

ON

(pronom personnel)

205 Traductions de « on »

La traduction du « on » français dépend de la ou des personnes dont il s'agit.

1. « On » désigne une personne non identifiée

Lorsqu'il s'agit d'une personne non identifiée, « on » peut se traduire par :
• ***someone / somebody*** (quelqu'un) ;
• **la voix passive** (si on ne veut pas mentionner l'agent).

someone / somebody	voix passive
***Someone** has broken into the house.* On a cambriolé la maison.	*The house has been broken into.* On a cambriolé la maison.
***Somebody** has stolen my bike.* On m'a volé mon vélo.	*My bike has been stolen.* On m'a volé mon vélo.

2. « On » désigne un groupe de personnes

Pour un groupe de personnes, la traduction de « on » dépend de la situation :
• si le locuteur fait partie du groupe évoqué, on utilise ***we*** ;
• si le locuteur ne fait pas partie du groupe, on utilise ***they*** ou ***you***.

we	*they*
We *drink wine in France.* On boit du vin en France. ▼ le locuteur est français	***They*** *drink tea or coffee in England.* On boit du thé ou du café en Angleterre. ▼ le locuteur n'est pas anglais
Where shall ***we*** *go?* Où va-t-on ?	*What sort of income tax do* ***you*** *have in this country?* Quelle sorte d'impôt avez-vous dans ce pays ? ▼ la personne à qui on s'adresse est du pays

On peut également employer ***people*** : ***People*** *like this actor a lot.* On aime beaucoup cet acteur.

3. « On » désigne une généralisation ou une rumeur

Lorsqu'il s'agit d'une généralisation, d'un proverbe, l'anglais emploie souvent le pronom impersonnel ***one*** ou ***you***.

Si le pronom « on » exprime une rumeur, l'anglais utilise généralement une **voix passive**, à l'aide de verbes comme ***say, believe, think***, etc.

généralisation	rumeur
One *never knows.* On ne sait jamais.	*He* ***is said*** *to have been kidnapped.* On dit qu'il a été enlevé.
You *can't think of everything.* On ne peut pas penser à tout.	*They* ***were believed*** *to be dead.* On les croyait morts.

215. Traduisez les phrases.
a. On est arrivé dans l'après-midi. – b. On se couche tard en Espagne. *(go to bed)* – c. Comment dit-on ça en anglais ? – d. On dit qu'elle a eu un accident. – e. On te demande. – f. On pense qu'elle est très malade. – g. On a démoli la vieille école.

ONE

Emplois de *one* 206

One peut être adjectif ou pronom.

1. *One* adjectif numéral

one a une valeur quantitative, et signifie « un/une », opposé à « deux », « trois »..., alors que ***a/an*** a plutôt une valeur qualitative, et permet d'extraire un élément quelconque d'une classe.

one	*a*
I had ***one*** *sandwich for lunch.* J'ai mangé **un seul** sandwich à midi. ▼ pas deux, pas plus	*I had* ***a*** *sandwich for lunch.* J'ai mangé un sandwich à midi. ▼ un sandwich, pas autre chse

Notez les emplois particuliers de **one** dans des expressions de temps.

one day un (beau) jour *one morning* un (certain) matin *one night* une nuit
*It happened **one** hot summer night.* Ça s'est passé par une chaude nuit d'été.

2. *One* pronom

One peut être pronom indéfini sujet ou complément.

sujet	complément
***One** can't forget what he did.* On ne peut pas oublier ce qu'il a fait.	*– Chocs ! Hmm ! Can I have **one**?"* *– "No way ! You've already had **one**!"* – Des chocolats ! Hmm ! Je peux en avoir un ? – Pas question ! Tu en as déjà eu un !
Il s'agit d'un niveau de langue soutenu : on préfèrera souvent les pronoms *we* ou *you*.	***One*** reprend dans ce cas un nom dénombrable au singulier pour éviter une répétion

One a une forme réfléchie : ***oneself***.

Cette forme est couramment associée aux verbes pronominaux, à une forme non conjuguée, comme on le voit par exemple dans les dictionnaires.

*enjoy **oneself*** s'amuser *hurt **oneself*** se faire mal

One peut être utilisé au génitif, ***one's***, qui correspond à un adjectif possessif indéfini.

*One likes to see **one's** friends happy.* On aime voir ses amis heureux.

On trouve également *one's*, dans les dictionnaires, dans des tournures comme :

*make up **one's** mind* se décider *do **one's** best* faire de son mieux

One peut s'utiliser :

- précédé d'un déterminant et d'un adjectif, pour éviter une répétition.

singulier	pluriel
"You can use either suitcase." *– " The smaller **one** will do."* – Tu peux prendre une des deux valises. – La petite suffira.	*"Which shoes do you prefer?"* *– "I think I'll take the black **ones**."* – Quelles chaussures préférez-vous ? – Je crois que je vais prendre les noires.

- suivi d'un groupe nominal introduit par une préposition, ou d'une relative restrictive.

préposition + groupe nominal	relative restrictive
"Which is Richard?" *– "He's the **one** with the moustache."* – Lequel est Richard ? – C'est celui qui a une moustache.	*"Who are those guys?"* *– "They're the **ones** who vandalized the shopping arcade."* – Qui sont ces types ? – Ce sont ceux qui ont vandalisé la galerie marchande.

One reprend dans ces deux cas un nom dénombrable singulier ou pluriel pour éviter une répétition. Il peut donc prendre la marque du pluriel : ***ones***.
À noter l'emploi particulier de ***one*** opposé à ***the other***, dans un même message, et qui implique la présence de deux éléments distincts.

*On the **one** hand…, on the **other** hand…* D'une part…, d'autre part…
***One** is a dentist, the **other** is a surgeon.* L'un est dentiste, l'autre est chirurgien.

À VOUS !

216. Traduisez les phrases.

a. Quelle est votre voiture ? – Celle de gauche. – b. Mon mari est sur la photo. C'est le grand. – c. Vous aimez les huîtres ? – Seulement les petites. *(oysters)* – d. Que lui as-tu acheté ? – Un compact-disc. – e. Combien lui en as-tu acheté ? – Un. – f. On fait ce qu'on peut. – g. Tu as besoin de quel classeur ? – Du bleu. *(file)*.

OTHER

Emplois de *other* 207

Other (« autre ») peut être adjectif épithète, pronom ou adverbe. Il peut occuper différentes places dans le groupe nominal.

1. *Other* adjectif

Lorsque *other* est adjectif, sa place varie selon son sens.

- S'il désigne un élément faisant partie de l'ensemble dont on parle, il est précédé de *the* ou d'un possessif, et il est toujours **devant** le numéral *(one, two...)*.

- S'il désigne un élément extérieur, il peut être précédé de l'article *an (another)* devant un nom singulier, de l'article ø, ou de *some, any, few, many,* etc. devant un nom pluriel. Il est alors placé **après** le numéral.

Comparez :

partie de l'ensemble	extérieur à l'ensemble
*I haven't found the **other** solution.* Je n'ai pas trouvé l'autre solution.	*There must be **another** solution.* Il y a certainement une autre solution.
*Have you read his **other** two books?* As-tu lu ses deux autres livres ?	*Can you see any **other** cities on the map?* Vois-tu d'autres villes sur la carte ?
*The **other** three survivors are women.* Les trois autres survivants sont des femmes.	*They've found three **other** survivors.* Ils ont trouvé trois autres survivants.

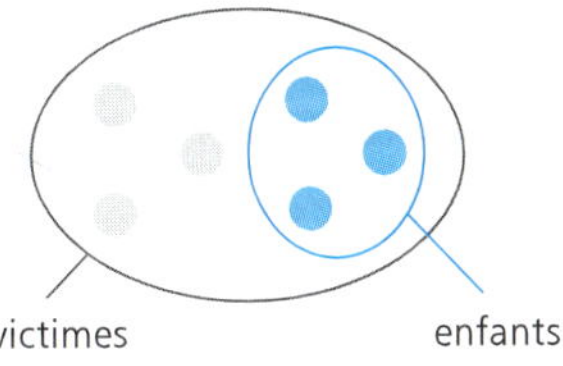

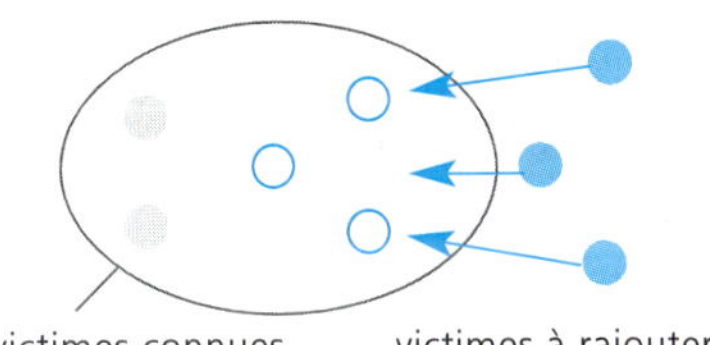

- On peut utiliser *another* devant un groupe nominal pluriel. Il a alors le sens de « encore », « en plus » :

*You have **another** two days to wait.* Vous avez encore deux jours à attendre.
*He spent **another** two days in Rome.* Il a passé deux jours de plus à Rome.

- Notez également l'emploi de *other* avec *every* pour exprimer la fréquence :

*We meet **every other** day.* On se voit tous les deux jours.

2. *Other* pronom

Other est utilisé comme pronom quel que soit son sens. Il prend un ***s*** au pluriel ; au singulier, on retrouve *another* :

*Would you like **another**?* Tu en veux un autre ?
*Some clapped, **others** hissed.* Certains applaudirent, d'autres sifflèrent.
*The **others** travelled by train.* Les autres ont voyagé en train.
*Two passed; three **others** failed.* Deux ont réussi ; trois autres ont échoué.

3. *Other* et la comparaison

Other peut aussi être associé à ***than*** pour établir une comparaison, avec :

- **un adjectif (ou un adverbe) :**

*No **other** (man) **than** he can do that.* Nul autre que lui ne peut le faire.

- **un adverbe (« autrement ») :**

*She couldn't do **other than** accept.* Elle ne pouvait qu'accepter.

À VOUS !

217. Traduisez les phrases ci-dessous, en employant *other* à la forme appropriée.
a. Nous allons à l'étranger tous les deux ans. – b. Vous avez encore cinq minutes pour terminer votre épreuve. *(exam)* – c. Cela vous coûtera cinquante livres de plus. – d. Paul, Mike et quelques autres sont invités. – e. Le magasin est à l'autre bout de la ville. *(side)* – f. Vous avez rencontré mes deux autres enfants ? – g. Ne t'inquiète pas, j'en achèterai un autre. – h. Quelques prisonniers s'échappèrent, mais beaucoup d'autres furent capturés. *(captured)* – i. On ne peut pas faire autrement qu'inviter tout le monde. – j. Il y a trois autres cours. *(course)* – k. Vous avez vu ses deux autres films ?

PARTICULES ADVERBIALES

208 Valeurs des particules adverbiales

La particule adverbiale constitue avec le verbe qui la précède une unité. La particule peut avoir plusieurs valeurs. Voici une liste de particules adverbiales les plus courantes, et les valeurs qu'elles peuvent avoir selon le verbe auquel elles sont associées.

away	éloignement	*He was drifting **away**.* Il dérivait.
	élimination	*They did **away** with him one night.* Et une nuit, ils l'ont tué.
down	baisse / diminution	*Could you turn the radio **down**, please?* Est-ce que tu pourrais baisser la radio, s'il te plaît ? *I'm trying to cut **down**.* J'essaie de moins fumer.
in	mouvement vers l'intérieur	*The train has just pulled **in**.* Le train vient d'entrer en gare.
off	séparation	*A few pages have been torn **off**.* Quelques pages ont été arrachées.
	coupure	*They've cut **off** the electricity.* Ils ont coupé l'électricité.
	rejet / report	*The concert has been put **off** till next week.* Le concert a été repoussé à la semaine prochaine.
	rejet / dégoût	*The smell of cigars puts me **off**.* L'odeur des cigares m'incommode.

on	continuité	*He worked **on** through the night.* Il a continué de travailler toute la nuit.
	mise en marche	*He switched the lights **on**.* Il a allumé les phares.
out	mouvement vers l'extérieur	*She pulled **out** without notice.* Elle a déboîté sans prévenir.
	découverte	*He hasn't found **out** about their secret.* Il n'a pas découvert leur secret.
	contrariété / embarras	*We were put **out** by the verdict.* Nous avons été choqués par le verdict.
over	franchissement / recouvrement	*The poor cat has been run **over**.* Le pauvre chat s'est fait écraser.
	examen attentif	*I wish you'd think it **over**.* J'aimerais que tu y réfléchisses encore un peu.
up	mouvement vers le haut	*The balloon went **up** in the air.* Le ballon s'éleva dans les airs. *I couldn't keep **up** with them.* Je n'ai pas pu rester à leur hauteur.
	achèvement	*Drink it **up**, will you!* Bois tout, s'il te plaît ! *The holidays are almost **up**.* Les vacances sont presque finies.

Verbes à particules adverbiales, voir 62, 257, 258

Expression du passé 209

La traduction de phrases portant sur des situations passées dépend de ce que l'on veut exprimer.

	valeur
Ils **sont arrivés** le mois dernier.	fait révolu
Ils **ont joué** pendant deux heures.	action délimitée dans le passé
Il **jouait** aux échecs autrefois.	contraste passé / présent
On **jouait** aux échecs quand il est arrivé.	circonstances passées
Je **n'avais pas encore été** en avion.	bilan à un moment du passé

1. Fait révolu

Pour indiquer objectivement un fait révolu, on emploie le **prétérit simple** :

*They **arrived** last month.* Ils sont arrivés le mois dernier.

*They **married** two years ago.* Ils se sont mariés il y a deux ans.

2. Action délimitée dans le passé

Pour indiquer une action délimitée dans le passé, on emploie le **prétérit + *for*** :

*They **played for** two hours.* Ils ont joué pendant deux heures.

3. Contraste passé / présent

Pour indiquer un contraste, en matière d'habitude ou de situation, entre le passé et le présent, on emploie ***used to*** :

*He **used to** play chess.* Il jouait aux échecs autrefois.

Used to et *Would*, voir 255

4. Circonstances passées

Pour décrire des activités en cours dans le passé, on emploie :
- le **prétérit + *be -ing*** si l'on ne mentionne ni durée ni point de départ ;
- le ***past perfect* + *be -ing***, avec *for* pour la durée et *since* pour le point de départ.

prétérit + *be -ing*	*past perfect* + *be -ing*
*We **were playing** chess when he turned up.* On jouait aux échecs quand il est arrivé.	*We'**d been playing** for an hour when he turned up.* On jouait depuis une heure quand il est arrivé. ▼ durée *We'**d been playing** since lunchtime.* On jouait depuis le déjeuner. ▼ point de départ

5. Bilan à un moment du passé

Pour exprimer un bilan à un moment donné du passé, on emploie le ***past perfect***, selon le cas avec ou sans *be -ing* :

past perfect	*past perfect* + *be -ing*
*I **hadn't flown** before.* Je n'avais pas encore voyagé en avion. ▼ simple bilan à ce moment-là	*They'**d been partying** again!* Ils avaient encore fait la fête ! ▼ bilan avec commentaire appréciatif : « Ah, les veinards ! », ou au contraire « Quelle honte ! », etc.

Voir Prétérit 47, *Past perfect* 51

À VOUS !

218. Repérez s'il s'agit dans ces phrases au passé d'un fait (A), d'une période (B), d'un contraste avec le présent (C), de circonstances (D), ou d'un bilan (E), puis traduisez.
a. Je prenais mon petit déjeuner, lorsque j'ai entendu la terrible nouvelle. *(have breakfast)* – b. Ils n'étaient jamais allés à l'étranger avant. *(be abroad)* – c. Ils ont économisé pendant six ans pour acheter leur maison. *(save up)* – d. J'ai reçu mes résultats ce matin. *(receive)* – e. On naviguait depuis quelques heures, quand on a eu une tempête. *(sail – hit a storm)* – f. J'ai vu qu'elle avait pleuré. *(cry)* – g. On allait autrefois au cinéma toutes les semaines. *(go)*

PENDANT

Traductions de « pendant » 210

La traduction de « pendant » dépend du sens qu'on lui donne en français :

	valeur
Il a dormi **pendant** le voyage.	période durant laquelle se déroule l'action
Il a téléphoné **pendant** que je travaillais.	période durant laquelle se déroule l'action
Il a dormi **pendant** douze heures.	durée de l'action

Quand on indique la **période durant laquelle se déroule une action**, on emploie la préposition ***during*** + nom ou la conjonction ***while*** + proposition.

Quand on précise la **durée d'une activité**, on emploie ***for*** + nom :

période	durée
*He slept **during** the trip.* Il a dormi pendant le voyage.	*He slept **for** 12 hours.* Il a dormi pendant 12 heures.
*He phoned **while** I was working.* Il a téléphoné pendant que je travaillais.	

On peut cumuler les emplois de *for* et de *during* dans une même phrase :
*He slept **for** two hours **during** the flight.* Il a dormi deux heures pendant le vol.

Les questions correspondantes sont respectivement :
- pour ***during*** et ***while*** :

***When** did he sleep?* Quand a-t-il dormi ? ***When** did he phone?* Quand a-t-il téléphoné ?
- pour ***for*** :

***How long** did he sleep?* Il a dormi combien de temps ?

À VOUS !

219. Traduisez les phrases.
a. J'y suis resté pendant un mois. – b. Pendant que j'attendais le bus, il s'est mis à neiger. *(start to)* – c. Il a conduit la même voiture pendant quinze ans. – d. Je réviserai pendant les vacances. *(revise)* – e. Vous êtes resté pendant combien de temps ? – f. Je l'ai rencontré pendant que je travaillais en Espagne. – g. J'ai entendu du bruit pendant la nuit. – h. Je pourrais l'écouter pendant des heures.

PERMISSION et AUTORISATION

Expression de la permission et de l'autorisation 211

La permission s'exprime différemment :
– selon qu'elle provient d'une personne en particulier. L'énonciateur donne alors son point de vue : soit à l'aide d'un modal (*may* ou *can* et, pour l'interdiction, *may not*, *can't* ou *mustn't*), soit à l'aide du verbe *let* (laisser, permettre).
– ou d'une source extérieure (règlement, règles sociales, code moral) ; le plus souvent avec la tournure *be allowed to*.

1. La permission ou l'interdiction vient d'une personne en particulier

situations permanentes, présentes ou à venir

permission	interdiction
modal + V ou *let* + nom/pronom + V	modal + nég. + V ou *let* avec nég. + nom/pronom + V
*You **may** come whenever you like.* Vous pouvez venir quand vous voulez.	*You **mustn't** tell him.* Il ne faut pas lui en parler.
*You **can** pay with a card.* Vous pouvez payer par carte.	*You **can't** behave like that.* Tu ne peux pas te conduire de la sorte.
*His parents **let** him do what he pleases.* Ses parents lui laissent faire ce qui lui plaît.	*He **won't let** her go out.* Il ne la laissera pas sortir.

Le modal *may*, dont une des deux valeurs fondamentales est la notion de permission, est couramment remplacé par le modal *can*, qui renvoie à la notion du « possible ».

***May** I give a ring?* Puis-je passer un coup de fil ? (registre soutenu)
***Can** I give a ring?* Je peux passer un coup de fil ? (registre familier)
***Could** I give a ring?* Je pourrais passer un coup de fil ? (ton plus poli)

Let (prétérit irrégulier *let*) est un verbe lexical, qui relève de la langue courante.

situations passées

• situations générales : l'énonciateur peut utiliser, soit le modal *could* (prétérit de *can*), soit le verbe *let* au prétérit.

permission	interdiction
could + V ou *let* **au prétérit** + nom/pronom + V	*couldn't* + V ou *let* **au prétérit** avec nég. + nom/pronom + V
*At weekends, we **could** go to the cinema.* Le week-end, on pouvait aller au cinéma.	*We **couldn't** invite our friends.* On ne pouvait pas inviter nos amis.
*They **let** them choose their subjects in that school.* Ils leur laissaient choisir les matières dans cette école.	*My parents **didn't let** me go out after 10 p.m.* Mes parents ne me laissaient pas sortir après 10 heures du soir.

• situations particulières

permission	interdiction
	*We **couldn't** bring our dog in.* On n'a pas pu amener notre chien.

Attention ! *Could*, dans ce cas, ne s'emploie jamais sans la négation.

2. La permission ou l'interdiction vient d'une source extérieure

On emploie *be allowed to* + V, quelles que soient les situations : l'énonciateur ne donne pas son point de vue, mais fait référence à un règlement quelconque.

situations permanentes ou présentes

permission / autorisation	Interdiction
*We **are allowed to** work overtime.* On a le droit de faire des heures sup.	*They **aren't allowed to** have mobiles.* Ils n'ont pas le droit d'avoir des portables.

Notez aussi l'emploi de **no** + V-*ing* :

***No** smoking.* Défense de fumer.

- situations à venir

permission / autorisation	Interdiction
*Only registered voters **will be allowed to** vote.* Seuls les électeurs inscrits pourront voter.	*They **won't be allowed to** stay overnight.* Ils ne seront pas autorisés à passer la nuit.

- situations passées

autorisation	Interdiction
*In those days, all civil servants **were allowed to** travel first class.* À cette époque, tous les fonctionnaires avaient le droit de voyager en 1re classe.	*We **weren't allowed to** smoke on the premises.* On n'avait pas le droit de fumer dans les locaux.
*They **were allowed to** go public.* Ils furent autorisés à entrer en Bourse.	*We **weren't allowed** in: we weren't dressed smart.* On n'a pas eu le droit d'entrer : on n'était pas assez bien habillés.

À VOUS !

220. Traduisez les phrases.
a. Je pourrais emprunter votre voiture ? *(borrow)* – b. Il ne faut pas que tu travailles trop tard. – c. Défense de doubler. *(overtake)* – d. Les jeans ne sont pas autorisés dans certaines discothèques. *(discos)* – e. On nous a permis d'utiliser un dictionnaire. – f. Puis-je vous poser une question ?

PEU, UN PEU

Traductions de « peu » et de « un peu » 212

1. Peu

« Peu » exprime en français un faible nombre ou une faible quantité.

- On emploie en anglais les quantificateurs ***few*** ou ***little*** (l'un et l'autre **sans *a***), selon que le nom qui suit est dénombrable ou indénombrable :

few + nom dénombrable	*little* + nom indénombrable
*We've had **few** avalanches this winter.* On a eu peu d'avalanches cet hiver.	*We've had **little** rain.* On a eu peu de pluie.

- La tournure *We haven't had **many** avalanches...* (Nous n'avons pas eu beaucoup d'avalanches...) est beaucoup plus courante dans la langue parlée.

Few, voir aussi 165

2. Un peu

- **« Un peu » signifie « passablement, assez » avec le rôle d'un adverbe :**

• on emploie couramment les adverbes de degré ***a little*** et ***a bit*** :

*He was **a little** frightened.* Il avait un peu peur.
*I'm **a bit** disappointed.* Je suis un peu déçu.
A bit est plus familier.

• on peut employer ***somewhat***, dans le sens de « quelque peu » :

*I was **somewhat** surprised.* J'ai été un peu surpris.

Voir aussi Assez 125, *Somewhat* 243

« Un peu » signifie « petite quantité » avec le rôle d'un quantificateur :

• on emploie le quantificateur ***a little***, suivi du nom (indénombrable) concerné :

*He has **a little** money.* Il a un peu d'argent.

*There's **a little** soup left.* Il reste un peu de soupe.

• pour traduire **« un peu plus » / « un peu moins »**, on utilise ***a little*** devant les termes du **comparatif** :

*Can I have **a little more** milk?* Je peux avoir un peu plus de lait ?

*I'll come **a little** later.* Je viendrai un peu plus tard.

*It's **a little less** comfortable.* C'est un peu moins confortable.

Little, voir aussi 241

À VOUS !

221. Traduisez les phrases ci-dessous. Plusieurs solutions sont parfois possibles.
a. Buvez un peu de whisky, vous vous sentirez mieux. *(feel better)* – b. Je ne sors pas ce soir, je me sens un peu fatigué. *(feel tired)* – c. Elle a fait peu de progrès en maths cette année. (*make progress* : indénombrable) – d. Peu de gens sont aussi malchanceux que mon frère. *(be unlucky)* – e. Ce modèle est un peu moins cher. *(expensive)* – f. Vous ne pouvez pas rester un peu plus longtemps ? *(long)* – g. Peu de visiteurs ont apprécié l'exposition. *(exhibition)* – h. Voulez-vous un peu plus de temps ?

PLUS (NE ~)

213 Traductions de « ne plus »

La traduction de l'expression « ne... plus » dépend de ce que l'on veut exprimer.

	valeur
Je **n'**ai **plus** de cigarettes.	question de quantité
Il **ne** fume **plus**.	contraste passé / présent

Ces deux valeurs correspondent aux tournures suivantes en anglais :

quantité	contraste passé / présent
• ***not... any more*** :	• ***not... any more / not... any longer*** :
*I have**n't** got **any more** cigarettes.* Je n'ai plus de cigarettes.	*He does**n't** smoke **any more**.* Il ne fume plus. *He does**n't** smoke **any longer**.* Il ne fume plus.
• ***no more*** :	• ***no longer*** :
*There's **no more** fruit left.* Il n'y a plus de fruits.	*He **no longer** smokes.* Il ne fume plus.

La place de *no longer* après le sujet, tournure très formelle, est peu utilisée dans la langue courante.
Les tournures avec *not any* sont plus fréquemment utilisées que celles avec *no*.

Some et *any*, voir aussi 242

À VOUS !

222. Traduisez les phrases ci-dessous, en pensant aux différentes formulations possibles.
a. Il ne vit plus à Londres. – b. Nous n'avons plus d'argent. – c. Je ne vais plus au cinéma. – d. Je ne voulais plus le voir. – e. Il n'y a plus d'œufs. – f. Je suis allé chez le boulanger, mais il n'y avait plus rien. – g. Plus de blagues, s'il te plaît ! – h. Plus de gâteaux, merci. – i. Je n'ai plus d'idées. – j. Je ne suis plus de cours du soir. *(go - classes)*

PLUS... PLUS..., MOINS... MOINS...

Traductions de « plus... plus » et de « moins... moins » 214

Il s'agit toujours d'une phrase formée de deux indépendantes commençant par une tournure comparative. Les constructions anglaises correspondant à ce type de comparaison varient selon qu'il s'agit d'un adjectif, d'un nom ou d'une proposition.

1. Construction avec un adjectif

the -er [...], ***the -er*** [...]
the more / less + adj [...], ***the more / less*** + adj [...]

The older *this wine (is),* ***the better*** *it tastes.*
Plus ce vin est vieux, meilleur il est.

The less *difficult it is,* ***the less*** *interesting it seems.*
Moins c'est difficile, moins ça semble intéressant.

The more exciting *the book (is),* ***the more difficult*** *it is to put it down.*
Plus le livre est passionnant, plus c'est difficile de le poser avant la fin.

2. Construction avec un nom

the more / less + nom [...], ***the more / less*** + nom [...]

The more *money he earns,* ***the more*** *money he wastes.*
Plus il gagne d'argent, plus il en gaspille.

The less *food you eat,* ***the less*** *energy you have.*
Moins vous vous nourrissez, moins vous avez d'énergie.

The more *people he meets,* ***the more*** *friends he makes.*
Plus il connaît de gens, plus il se fait d'amis.

The fewer *students there are,* ***the fewer*** *pubs stay open late.*
Moins il y a d'étudiants, moins il y a de pubs ouverts tard.

3. Construction avec une proposition

the more / less + proposition,	*the more / less* + proposition
***The more** you work,*	***the more** you'll earn.*
Plus tu travailleras,	plus tu gagneras d'argent.
***The less** I smoke,*	***the less** I want to smoke.*
Moins je fume,	moins j'ai besoin de fumer.

On peut rencontrer *the more* et *the less* dans une même phrase :

***The more** I know him, **the less** I like him.* Plus je le connais, moins je l'apprécie.

Notez par ailleurs les expressions suivantes, qui sont des phrases elliptiques :

The sooner, the better. Le plus tôt sera le mieux.
The more, the merrier. Plus on est de fous, plus on rit.

Comparatifs, voir aussi 37 et 39

À VOUS !

223. Traduisez les phrases ci-dessous.
a. Plus il pleut, plus le problème devient grave. *(serious)* – b. Moins vous dépensez d'argent, plus vous pouvez mettre de côté. *(put aside)* – c. Plus vous payez, meilleure est la qualité. – d. Moins vous faites de fautes, plus votre score est élevé. – e. Plus l'arbre est vieux, meilleur est le fruit. – f. Plus je travaille, moins je passe de temps avec ma famille. – g. Mieux je le connais, plus je l'apprécie.

POUR

215 Traductions de « pour »

La traduction de « pour » dépend de ce que l'on veut exprimer. Comparez :

	valeur
Il est venu **pour** nous aider.	but
Ces pilules sont **pour** le mal de tête.	fonction
C'est un film **pour** enfants.	destination
Il a été poursuivi **pour** vol à l'étalage.	motif

1. « Pour » exprime le but et la fonction

Quand on veut exprimer le **but de quelqu'un**, on emploie :

- ***to***
- ***in order to*** + infinitif (« pour ») ou ***so that*** + proposition (« pour que »)
- ***so as to***

Quand on veut indiquer la **fonction de quelque chose**, on emploie :

- ***for*** + nom ou pronom ;
- ***for*** + gérondif.

Comparez :

but	fonction
He came (in order) ***to*** *help us.* Il est venu pour nous aider.	*These pills are* ***for*** *headaches.* Ces pilules sont pour les maux de tête.
"Why do you want a hammer?" *– "****To*** *put up this picture."* – Pourquoi veux-tu un marteau ? – Pour accrocher ce tableau.	*"What's this for?"* *– "It's* ***for pulling*** *corks from bottles."* – À quoi ça sert ? – C'est pour retirer les bouchons des bouteilles.
She left early ***so as not to*** *miss her train.* Elle est partie tôt pour ne pas rater son train.	

Une autre valeur de « pour », la conséquence, est aussi rendue par *to* :

She was too proud ***to*** *apologize.* Elle était trop fière pour s'excuser.

La traduction de « pour que » varie aussi selon le type de questions :

*"****Why*** *did you buy this book?"* *– "****So that*** *Jim works on his German."* – Pourquoi as-tu acheté ce livre ? – Pour que Jim travaille son allemand.	*"****What*** *did you buy this book* ***for****?"* *– "****For*** *Jim* ***to*** *work on his German."* – Pourquoi as-tu acheté ce livre ? – Pour que Jim travaille son allemand.

Attention ! Ne mettez jamais *for* et *to* côte à côte !

But, voir 103

2. « Pour » exprime une destination

Quand on veut indiquer la destination, on emploie ***for*** **+ nom** ou **pronom** :

It's a film ***for*** *children.* C'est un film pour les enfants.
I've bought this ***for*** *his birthday.* J'ai acheté ça pour son anniversaire.
They set off ***for*** *London.* Ils sont partis pour Londres.

3. « Pour » exprime un motif

Quand on veut indiquer un motif, une raison, on emploie ***for*** **+ nom / V-*ing*** :

He was prosecuted ***for*** *shoplifting.* Il a été poursuivi pour vol à l'étalage.

4. Autres cas

A single ***to*** *Leeds, please.* Un aller pour Leeds, s'il vous plaît. (« en direction de »)
They're always quarelling ***over*** *money.* Ils se disputent tout le temps pour de l'argent.
As for *me, I think it's unfair.* Pour moi, je pense que c'est injuste.

À VOUS !

224. Repérez d'abord, dans les phrases ci-dessous, s'il s'agit d'un but (A) ou d'une fonction (B), puis complétez à l'aide des verbes fournis.

a. It's a machine ... bread. (*slice :* couper en tranches) – b. She takes these pills ... . *(sleep)* – c. Which scissors are better ... paper? *(cut)* – d. She's just gone out ... a letter. *(post)* – e. It's a program ... typing errors. *(correct)* – f. I've taken on an employee ... visitors. *(welcome)* – g. We'll have to hurry ... there on time. *(get)* – h. Do you have some of that liquid ... barbecues? *(light)*

225. Traduisez les phrases ci-dessous.
a. C'était formidable pour les enfants de voir le spectacle. *(exciting - show)* – b. Il apprend l'italien pour s'occuper. *(keep oneself busy)* – c. J'ai apporté cette lettre pour que tu la lises. – d. Elle a téléphoné pour avoir de vos nouvelles. – e. Il a été puni pour avoir répondu au professeur. – i. Je voudrais un couteau pour ouvrir ce paquet.

POUVOIR

216 Traductions de « pouvoir »

Les traductions des différentes formes du verbe « pouvoir » dépendent de ce que l'on veut exprimer.

1. « Il peut »

La tournure « il peut » / « on peut » peut exprimer :

- une aptitude, une caractéristique du sujet

• S'il s'agit d'une capacité, d'une possibilité matérielle de faire telle ou telle chose, on emploiera le modal ***can*** + V ou, pour souligner l'aspect « performance », la tournure ***be able to*** (au <u>présent</u>) + V.

*She **can** run for hours.* Elle peut courir pendant des heures.
*He's **able to** dive without equipment.* Il peut plonger sans oxygène.

• S'il s'agit d'une caractéristique du sujet, on emploiera ***can*** + V.

*This dog **can** be dangerous.* Ce chien peut être dangereux. ? (ça lui arrive)

- une permission

On emploiera les modaux ***can*** ou ***may*** + V.

*We **can** attend the courses we like.* On peut assister aux cours qu'on veut.
*You **may** call in at any time.* Tu peux passer nous voir à tout moment.
***Can** I go now?* Je peux y aller maintenant ?

Can indique plus l'idée de possible, alors que ***may*** exprime nettement la permission.

En choisissant la tournure ***be allowed to*** (au présent) + V, on souligne l'aspect « réglementation ».

*You're **not allowed to** bring pets into this hotel.* On ne peut pas emmener d'animaux dans cet hôtel.

- une certitude

On emploie ***may*** dont l'énonciateur se sert pour exprimer une certitude relative.

*Careful! This dog **may** be dangerous.* Attention ! Ce chien est peut-être dangereux. (pas sûr, mais « à voir sa tête »...)

Comparez avec l'emploi, plus haut, de *can*.

Dans le cadre d'une situation passée, on emploiera la construction ***may*** + ***have*** **V-EN** :
*He **may** have met her in Italy.* Il peut l'avoir rencontrée en Italie.

2. « Il pouvait »

L'imparfait dans « il pouvait » / « on pouvait » sert notamment à décrire la capacité ou la permission dont le sujet disposait dans le passé <u>dans des situations générales</u>.

- Pour une capacité ou une possibilité matérielle, on emploiera :

• ***could*** (prétérit, au sens passé, de ***can***) + V

*He **could** talk for hours on end.* Il pouvait parler pendant des heures et des heures.

• ***be able to*** (au prétérit) + V, si l'on veut souligner l'aspect « performance ».
*She **was able to** work through the night.* Elle pouvait passer la nuit à travailler.

Pour une permission, on emploiera :

• ***could*** (sens passé) + V
*She **could** go out at night.* Elle pouvait sortir le soir.

• ***be allowed to*** (au prétérit) + V, si l'on veut souligner l'aspect « réglementation ».
*We **weren't allowed to** smoke in the rooms.* On ne pouvait pas fumer dans les chambres.

Pour la traduction de « il pouvait » au sens « hypothèse rétrospective », voir § 6.

3. « Il a pu », « il put »

Le passé simple dans « il put », et le passé composé dans « il a pu », servent à décrire la capacité ou la permission dont le sujet disposa à un moment donné.

Dans le cadre d'une réussite ou d'un échec ponctuel, on emploiera notamment :

• la tournure ***be able to*** ou le verbe ***manage to*** (au prétérit) + V.
*He **was able to** reach the shelter.* Il put atteindre un abri.
*They **weren't able to** score.* Ils n'ont pas pu marquer de but.
*They **managed to** escape.* Ils ont pu s'échapper.
***Were** you **able to** mend your bike?* Tu as pu réparer ton vélo ?

• ***couldn't*** (sens passé) + V, pour un échec
*Unfortunately he **couldn't** finish the marathon.* Malheureusement, il n'a pas pu finir le marathon.

Dans le cadre d'une permission ou d'une interdiction ponctuelle, on emploiera :

• la tournure ***be allowed to*** (au prétérit) + V
*He **was allowed to** talk to his lawyer.* Il a pu parler à son avocat.
*We **weren't allowed to** take photos.* On n'a pas pu prendre de photos.

• ***couldn't*** (sens passé) + V, pour une interdiction
*We **couldn't** take free samples.* On n'a pas pu prendre des échantillons gratuits.

Notez bien : could, dans ces cas-là, ne s'emploie jamais sans la négation.

4. « Il pourra »

La formulation « il pourra » / « on pourra » peut exprimer :

une aptitude, une capacité, une possibilité matérielle, qui pourra se rendre par la tournure ***be able to*** + V associée au modal ***will*** (prédiction).
*I think he **will be able to** come tomorrow.* Je pense qu'il pourra venir demain.

• une permission, qui pourra se rendre par la tournure ***be allowed to*** + V associée au modal ***will***.
*She **will be allowed to** leave hospital soon.* Elle pourra quitter l'hôpital bientôt.

5. « Il pourrait »

Les formulations « il pourrait » / « on pourrait » sont au conditionnel, mode qui n'existe pas en anglais. On les traduira, selon le cas, par les prétérits *could* ou *might* dans leur sens conditionnel.

pour une suggestion, on emploiera ***could*** ou ***might*** + V.
*You **might** take a taxi instead.* Tu pourrais prendre un taxi plutôt.

la certitude relative pourra se rendre par ***might*** + V ;
*We **might** be late.* On pourrait être en retard.

pour une demande de permission, on emploiera ***could***.
***Could** I have a cup of tea?* Je pourrais avoir une tasse de thé ?

• Dans le cadre d'une situation passée, on emploiera la construction ***might*** + ***have*** **V-EN** (verbe au participe passé)

*They **might have** missed the train.* Il se pourrait qu'ils aient raté le train.

6. « Il aurait pu »

La formulation « il aurait pu » / « on aurait pu » exprime une hypothèse rétrospective. On imagine ce qui « aurait pu » se passer, ce que l'on « aurait pu » faire (avec souvent une nuance de reproche). On emploiera ***could*** ou ***might*** + ***have*** **V-EN** :

*They **could** have drowned.* Ils auraient pu se noyer.
*You **might** have told me.* Vous auriez pu me le dire.

On traduira de la même manière les formulations « ils pouvaient se noyer » et « vous pouviez le dire » qui marquent également une hypothèse rétrospective.

À VOUS !

226. Traduisez les phrases ci-dessous. Plusieurs solutions sont parfois possibles.
a. Vous pourriez ajouter des épices. *(spices)* – b. La foudre peut être dangereuse. *(lightning)* – c. Il se peut que le bus ait du retard. *(be late)* – d. J'ai pu appeler la police. – e. J'ai pu voir les prototypes. *(prototype)* – f. Je pouvais danser toute la nuit. – g. Vous ne pouvez pas porter de jeans. – h. J'aurais pu être acteur. – i. Il se pourrait qu'ils emmènent leurs enfants. – j. Je pourrai probablement reprendre le travail la semaine prochaine. *(go back to work)* – k. Nous pourrons regarder la nouvelle collection. *(view)* – l. Nous n'avons pas pu faire de photocopies. – m. Il se pourrait qu'ils n'aient pas eu assez de temps.

PRÉFIXES

217 Valeurs des préfixes

Il existe de nombreux préfixes en anglais. Ils permettent de produire un nouveau mot à partir d'un élément de base : ce mot appartient à la même catégorie que l'élément de base.

Plusieurs préfixes ressemblent aux préfixes utilisés en français, et sont facilement compréhensibles :

after-	*after-effect* effet secondaire	**micro-**	*microwave* micro-ondes	**pre-**	*preoccupy* préoccuper
macro-	*macroeconomics* macro-économie	**post-**	*postwar* après-guerre	**re-**	*rewrite* ré-écrire

Il existe cependant d'autres préfixes dont on pourrait ne pas reconnaître le sens général. La sélection ci-dessous en indique un certain nombre :

DIS- / ***IN-*** / ***UN-*** : idée de contraire

dissatisfied	insatisfait	*disadvantage*	inconvénient
disagree	ne pas être d'accord	*incapable*	incapable
indecision	indécision	*unfair*	injuste
unemployment	chômage	*unpack*	défaire ses valises

MIS- : échec

misinterpretation	mauvaise interprétation	*misunderstand*	mal comprendre

OUT- : à l'extérieur ou dépassement

outspoken	qui ne mâche pas ses mots	*outpatient*	malade externe
outlive	survivre à		

OVER- : au-dessus ou excès

overconfident	trop sûr de soi	*overtime*	heures supplémentaires
overlook	donner sur	*overdo*	en faire trop

UNDER- : au-dessous ou insuffisance

underqualified	sous-qualifié	*underground*	sous-sol
underestimate	sous-estimer		

PRÉPOSITIONS

(notions de lieu et de temps)

Emploi des prépositions de lieu 218

Les prépositions de lieu peuvent être divisées en deux catégories :
- **statiques** : elles servent à localiser ;
- **dynamiques** : elles indiquent un déplacement.

Certaines d'entre elles se retrouvent dans les deux catégories.
Vous trouverez ci-dessous une liste des prépositions les plus courantes, avec :
– leur sens de base ;
– un exemple de sens dérivé, intéressant à connaître.

1. Prépositions statiques

	sens de base	sens dérivé
above	*There's a shelf above the bed.* Il y a une étagère **au-dessus du** lit.	*She's above pinching things.* Elle est incapable de chaparder.
across	*She sat down across the table.* Elle s'assit **de l'autre côté** de la table.	
along	*There were lovely flowers along the road.* Il y avait de jolies fleurs **le long de** la route.	*His office is just along the corridor.* Son bureau est juste un peu plus loin dans le couloir.
among	*She was among the casualties.* Elle était **parmi** les victimes.	
at	*He's waiting at the airport.* Il attend **à** l'aéroport.	

behind	*He was hiding behind the door.* Il était caché **derrière** la porte.	*He's behind the others.* Il est en retard sur les autres.
below	*It's 10 metres below sea level.* C'est à 10 mètres **au-dessous du** niveau de la mer.	
beside	*She was walking beside him.* Elle marchait **à côté de** lui.	*He's beside himself.* Il n'est pas dans son état normal.
between	*He was between Jim and Allan.* Il était **entre** Jim et Allan.	
by	*He was sitting by the window.* Il était assis **près de** la fenêtre.	*We'll be there by five o'clock.* Nous y serons avant cinq heures.
close to	*She was standing close to him.* Elle se tenait **tout près de** lui.	*They came close to fighting.* Ils ont failli se battre.
down	*The baker's is down the street.* La boulangerie est **en bas de** la rue.	*down the ages* au cours des siècles
in	*He's working in his room.* Il travaille **dans** sa chambre.	*I'm in here!* Je suis là !
in front of	*He was sitting in front of her.* Il était assis **devant** elle. (un rang plus haut)	*He was busking in front of the shop.* Il chantait devant le magasin. (devant la façade)
inside	*Is there anything inside the box?* Y-a-t-il quelque chose **à l'intérieur de** la boîte ?	*Get some food inside you!* Mange donc quelque chose !
near	*It's near Bristol.* C'est **près de** Bristol.	
next to	*She came and sat next to me.* Elle vint s'assoir **à côté de** moi.	*I got it for next to nothing.* Je l'ai eu pour presque rien.
off	*It's an island off Florida.* C'est une île **au large de** la Floride.	*He lives off his parents.* Il vit aux crochets de ses parents.
on	*He can walk on his hands.* Il sait marcher **sur** les mains.	*He lives on £50 a week.* Il vit avec 50 livres par semaine.
opposite	*He was sitting opposite her.* Il était assis **en face d'**elle. (de l'autre côté)	*Tim and Jim were playing opposite one another.* Tim et Jim jouaient l'un contre l'autre.
outside	*He lives outside the city.* Il habite **à l'extérieur de** la ville.	
over	*There was fog over the airport.* Il y avait du brouillard **au-dessus de** l'aéroport.	*I saw her once over the last year.* Je l'ai vue une fois au cours de l'année.
under	*There's a spider under the bed.* Il y a une araignée **sous** le lit.	*He earns under £1,000.* Il gagne moins de 1 000 livres.
up	*The bathroom is up the stairs.* La salle de bains est **en haut de** l'escalier.	*You'll find the library up the street.* Vous trouverez la bibliothèque plus loin dans la rue.

2. Prépositions dynamiques

	sens de base	sens dérivé
across	*He's going on a trek across the desert.* Il va faire un voyage **à travers** le désert.	
along	*They were walking along the cliff.* Ils marchaient **le long de** la falaise.	
by	*Don't go by the map.* Ne vous fiez pas à la carte.	*By the way...* Au fait,...
down	*He tumbled down the stairs.* Il a dégringolé l'escalier.	*I'm down to my last pound.* Il ne me reste qu'une livre.
from	*He took his keys from his bag.* Il sortit ses clés **de** son sac.	*From the way she looked at me...* À la façon dont elle m'a regardé...
into	*He went into the room.* Il est entré **dans** la pièce.	*She burst into laughter.* Elle a éclaté de rire.
off	*He fell off his bike.* Il est tombé **de** vélo. (séparation)	*He's off tobacco.* Il a arrêté de fumer.
on(to)	*The cat jumped on(to) the table.* La chat sauta **sur** la table.	
out of	*He dashed out of the house.* Il se précipita **hors de** la maison.	*He acted out of spite.* Il a agi par méchanceté.
over	*He jumped over the ditch.* Il a sauté **par dessus** le fossé.	*I can't tell you over the phone.* Je ne peux pas vous le dire au téléphone.
past	*She walked past me.* Elle est passée **devant** moi.	*She's past wearing jeans.* Elle n'a plus l'âge de porter un jean.
round	*He was running round the fire.* Il courait **autour** du feu.	*He showed me round the place.* Il m'a fait visiter les lieux.
through	*He managed to get through the roadblock.* Il réussit à passer **à travers** le barrage.	*He lied through lack of courage.* Il a menti par manque de courage.
to	*I'm going to the ice rink.* Je vais **à** la patinoire.	
towards	*He walked towards the gate.* Il se dirigea **vers** le portail.	*His attitude towards his father.* Son attitude envers son père.
under	*He crawled under the hedge.* Il passa **sous** la haie en rampant.	*The company went under last year.* La société a fait faillite l'an dernier.
up	*They climbed up the cliff.* Ils ont escaladé la falaise.	*Look further up the page!* Regarde plus haut dans la page !

219 Emploi de prépositions avec des compléments de temps

On emploie les prépositions ***at***, ***in*** et ***on*** pour introduire des compléments de temps, tels que l'heure, le jour, un moment de l'année...

1. L'heure

L'heure est introduite par la préposition ***at*** :
*He arrived **at** twelve thirty.* Il est arrivé à midi et demi.
*Let's meet **at** three.* On se voit à trois heures.

2. Le jour, la date

- Pour introduire un jour, une date, on emploie la préposition ***on*** :

*We are leaving **on** Tuesday morning.* On part mardi matin.
*They go to discos **on** Saturdays.* Ils vont en boîte le samedi.
*He was born **on** the tenth of May, 1987.* Il est né le dix mai 1987.

- On dit toutefois :

*They usually go to the seaside **at** weekends.* Ils vont généralement au bord de la mer le week-end.

3. Parties de la journée

- Pour les parties de la journée, on emploie la préposition ***in*** :

*She has a rest **in** the afternoon.* Elle se repose l'après-midi.

- On dit toutefois :

*I can't go out **at** night.* Je ne peux pas sortir la nuit.
*She looks after old people **during** the day.* Elle s'occupe de personnes âgées dans la journée.

4. Mois, saisons, années et siècles

Pour les mois, les saisons, les années et les siècles, on emploie la préposition ***in*** :
*They married **in** July.* Ils se sont mariés en juillet.
*She goes to California **in** winter.* Elle va en Californie en hiver.
*He lived **in** the fourteenth century.* Il a vécu au quatorzième siècle.

5. Les fêtes

Pour les fêtes, on emploie la préposition ***at*** :
*She's going to her parents **at** Easter.* Elle va chez ses parents à Pâques.
*We have a day's holiday **at** Whitsun.* On a un jour de congé à la Pentecôte.

Adjectifs + préposition, voir 113

PRÉSENT ou *PRESENT PERFECT*

220 Emplois du présent et du *present perfect*

La traduction de phrases portant sur des situations présentes dépend de ce que l'on veut exprimer.

Comparez :

	sens
Il répare des voitures.	fait permanent
Il répare des voitures depuis 5 ans / l'été dernier.	fait permanent
Il répare sa voiture.	activité en cours
Il répare sa voiture depuis des heures / hier.	activité en cours
Je suis ici pour une semaine.	durée prévue

1. État, fait permanent, habitude

Pour parler d'un état, d'un fait permanent, d'une habitude, on emploie :

- le **présent simple** (V) pour une simple information (sans précision de durée ni de point de départ) ;
- le ***present perfect*** (*have* V-EN) avec *for* pour exprimer la durée, ou avec *since* pour indiquer le point de départ.

présent	*present perfect*
*He **repairs** cars.* Il répare des voitures.	*He'**s repaired** cars **for** five years / **since** last summer.* Il répare des voitures depuis cinq ans / depuis l'été dernier.
*They'**re** here.* Ils sont ici.	*They'**ve been** here **for** a week / **since** May.* Ils sont ici depuis une semaine / mai.

On retrouve les mêmes emplois dans les questions correspondantes :

*What **does** he do?* Qu'est-ce qu'il fait ?	*How long **has** he **repaired** cars?* Depuis combien de temps répare-t-il des voitures ?
*Where **are** they?* Où sont-ils ?	*How long **have** they **been** here?* Depuis combien de temps sont-ils ici ?

Lorsque l'énonciateur désire commenter telle ou telle habitude, en faisant part de son point de vue, il utilise le **présent + *be -ing***, généralement associé à un adverbe comme *always* :

*He's always **smoking** a pipe.* Il n'arrête pas de fumer la pipe.

2. Activité en cours

Pour décrire une activité en cours, on emploie :

- le **présent + *be* V-*ing*** (sans précision de durée ni de point de départ) ;
- le ***present perfect* + *be* V-*ing*** avec *for* pour exprimer la durée, ou avec *since* pour indiquer le point de départ.

présent + *be -ing*	*present perfect + be -ing*
*He's **repairing** his car.* Il répare sa voiture.	*He's **been repairing** his car **for** hours / **since** yesterday.* Il répare sa voiture depuis des heures / depuis hier.

On retrouve les mêmes emplois dans les questions correspondantes :

*What's he **doing**?* Qu'est-il en train de faire ?	*How long **has** he **been** repairing his car?* Ça fait combien de temps qu'il répare sa voiture ?

Si l'on veut parler d'une activité en cours, en mentionnant, non pas la durée écoulée, mais la **durée prévue**, on emploie *be* au présent ou un verbe avec *be -ing* :

présent + *for*	*present perfect* + *for*
*I'm here **for** a week.* Je suis ici pour une semaine. ▼ durée prévue	*I've **been** here **for** a week.* Je suis ici depuis une semaine. ▼ durée déjà écoulée

On retrouve les mêmes emplois dans les questions :

*How long **are** you here for?* Vous êtes ici pour combien de temps ?	*How long **have** you **been** here?* Vous êtes ici depuis combien de temps ?

À VOUS !

227. Repérez d'abord dans les phrases ci-dessous s'il s'agit d'une habitude ou d'un fait permanent (A) ou d'une activité en cours (B), puis traduisez.
a. Why is he selling his bike? – b. I've worn glasses since I was a child. – c. Jim: "What do you do?" – Tim: "I teach geography." – d. I've been trying to find this book for months.

228. Repérez d'abord, dans les phrases ci-dessous, si l'on parle d'une situation actuelle en indiquant la durée écoulée (A), la durée prévue (B), le point de départ (C) ou sans rien indiquer (D). Ensuite traduisez.
a. Elle habite Toulouse. – b. Elle habite Toulouse depuis deux ans. – c. Je crois qu'ils sont mariés. *(be married)* – d. Ils sont mariés depuis septembre. – e. Mon cousin est avec nous pour quelques mois. *(stay with)* – f. Il est sans emploi depuis presque un an. *(out of work – almost)* – g. Ils sortent ensemble depuis des mois. *(go out together)*

PRÉTÉRIT

221 Le prétérit chronologique et le prétérit modal

Le prétérit marque toujours une rupture avec la situation présente :
- soit pour indiquer un **fait passé** : nous appellerons ce prétérit « chronologique » ;
- soit pour évoquer une **situation imaginaire** : prétérit dit « modal ».

Comparez ces deux emplois :

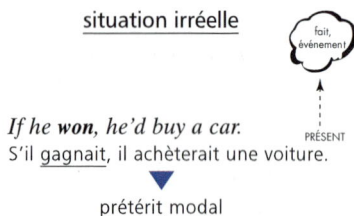

situation passée

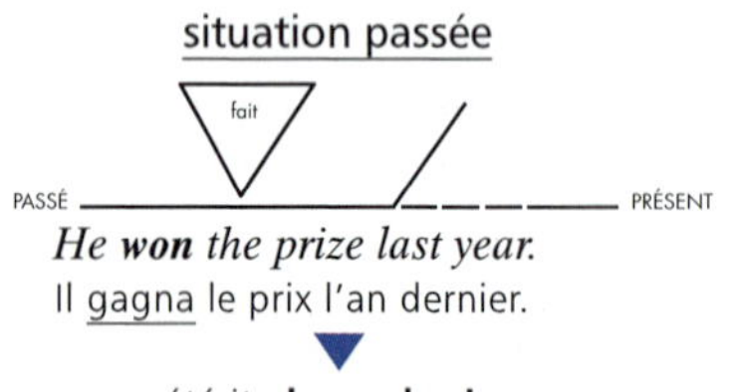

*He **won** the prize last year.*
Il gagna le prix l'an dernier.
▼
prétérit **chronologique**

situation irréelle

*If he **won**, he'd buy a car.*
S'il gagnait, il achèterait une voiture.
▼
prétérit modal

Voir Prétérit 47, Prétérit modal 52

Notez ici les emplois respectifs, en français, du passé simple (1) pour un fait passé ; et de l'imparfait après « si » pour évoquer une situation imaginaire.
(1) ou, plus couramment, du passé composé (Il a gagné…)

Les modaux ***could*** et ***would*** (prétérits de *can* et de *will*) indiquent de même les deux types de situations :

situation passée	situation irréelle
*We **could** dive from that rock.* On pouvait plonger de ce rocher.	*We **could** try again.* On pourrait encore essayer.
*Jim **would** play for hours.* Jim jouait pendant des heures.	*Jim **would** play, if he were there.* Jim jouerait s'il était ici.
▼ prétérit chronologique	▼ prétérit modal

Les prétérits ***might*** et ***should*** indiquent seulement une situation irréelle :

*You **might** try.* Tu pourrais essayer.

*You **should** obey.* Vous devriez obéir.

Might et *should* expriment ici la suggestion, le conseil sous une forme atténuée.

Voir Modaux **54**, Conditionnel français **57**, *Would* **268**

229. Repérez si les prétérits dans les phrases ci-dessous servent à parler de faits passés (A) ou à imaginer une situation irréelle (B), puis traduisez.
a. I'd pay if I had some money. – b. We could wait for another ten minutes. – c. I'd take you if I could drive. – d. My parents would often take me to the cinema.

PRÉTÉRIT ou *PRESENT PERFECT*

Valeurs et emplois du prétérit et du *present perfect* 222

• le **prétérit** marque, dans tous ses emplois, une rupture avec la situation présente. Dans sa valeur de passé, il sert à décrire un **fait révolu**.

• le ***present perfect*** n'est pas un temps, mais un **aspect** (voir n°41). Il indique toujours l'idée d'un **bilan** au moment où l'on parle, d'un **résultat lié** à un événement du passé.

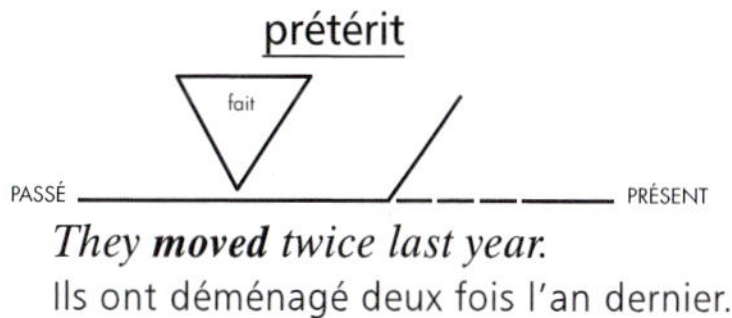

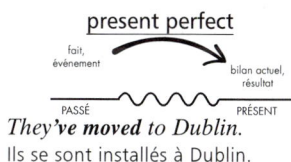

prétérit	present perfect
*They **moved** twice last year.* Ils ont déménagé deux fois l'an dernier. ▼ faits révolus	*They**'ve moved** to Dublin.* Ils se sont installés à Dublin. ▼ ils sont maintenant là-bas
I broke my leg two years ago while I was skiing. Je me suis cassé la jambe au ski il y a deux ans. ▼ c'est du passé !	*I won't be able to come : I've sprained my ankle.* Je ne pourrai pas venir: je me suis foulé la cheville. ▼ conséquence dans le présent : immobilité !
*I **bought** it at the airport last week.* Je l'ai acheté à l'aéroport la semaine dernière. ▼ information sur un achat : « où », « quand »	*I've **bought** a digital camera.* J'ai acheté un appareil photo numérique. ▼ résultat : j'en ai un maintenant

*They **lived** there for ten years.* Ils ont vécu là-bas pendant dix ans. ▼ ils n'y sont plus	*They've **lived** there for ten years.* Ils vivent là-bas depuis dix ans. ▼ ils y sont toujours

Cette distinction entre le prétérit et le *present perfect* se retrouve dans les questions et les phrases négatives :

prétérit	present perfect
*Where **did** you **buy** your camera?* Où as-tu acheté ton appareil ? ▼ ce qui m'intéresse, c'est l'endroit de l'achat	*What **have** you **bought**?* Qu'as-tu acheté ? ▼ je m'intéresse à l'achat lui-même
*No, I **didn't buy** it abroad.* Non, je ne l'ai pas acheté à l'étranger. ▼ ce n'était pas à cet endroit	*I **haven't bought** a camcorder yet.* Je n'ai pas encore acheté de camescope. ▼ je n'en ai toujours pas
*How long **did** they **live** there?* Combien de temps ont-ils vécu là-bas ?	*How long **have** they **lived** there?* Depuis combien de temps vivent-ils là-bas ?

À VOUS !

230. Repérez s'il s'agit d'un bilan actuel (A) ou d'un fait révolu (B), puis traduisez.
a. Je viens de commander. *(order)* – b. Je l'ai vue ce matin. – c. Ils viennent de partir. *(leave)* – d. Je ne me suis jamais senti si fatigué. *(feel)* – e. Nous nous sommes rencontrés en Afrique. – f. J'ai parlé de ce projet à Jim. *(about this plan)*

QUE

223 Traduction de « que » et de « ce que »

La traduction de « que » dépend de la fonction de ce mot dans la phrase.

1. « Que » pronom relatif

La traduction de **« que » relatif complément** varie selon la subordonnée :
• les relatifs compléments ***whom*** / ***that*** (pour les personnes) et ***which*** / ***that*** (pour les choses) sont le plus souvent omis (ø) dans les subordonnées restrictives ;
• les relatifs compléments ***whom*** (pour les personnes) et ***which*** (pour les choses) sont par contre obligatoires dans les subordonnées non restrictives.

subordonnée restrictive	subordonnée non restrictive
The play ø he directed was a success. La pièce qu'il a dirigée a été un succès.	*Jim, **whom** you've met, is my cousin.* Jim, que tu as rencontré, est mon cousin.

Subordonnées relatives, voir 91

« Ce que » se traduit par :
• ***which***, s'il s'agit de **reprendre** la proposition précédente ;
• ***what***, s'il s'agit d'**introduire** une proposition.

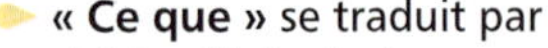

*He decided to live abroad, **which** we didn't like at all.*
Il a décidé de vivre à l'étranger, **ce que** l'on n'a pas du tout aimé.

***What** Jane said upset us a lot.* **Ce que** Jane a dit nous a beaucoup contrariés.

« **Tout ce que** » se traduit par ***all (that)*** ou ***everything (that)*** :
*He gave him **all (that)** he had.* Il lui a donné tout ce qu'il avait.
***Everything (that)** she said was true.* Tout ce qu'elle a dit était vrai.

2. « Que » employé dans une comparaison

La traduction de « que » utilisé dans une comparaison varie selon la nature de la comparaison. On emploie ainsi :
- ***than*** pour un comparatif de supériorité ou d'infériorité ;
- ***as*** pour un comparatif d'égalité.

*She's taller **than** her sister.* Elle est plus grande que sa sœur.
*Our house is **as** big **as** theirs.* Notre maison est aussi grande que la leur.

3. « Que » conjonction

L'ensemble [« que » conjonction + subordonnée] se rend essentiellement en anglais, selon le cas, par une **subordonnée complétive** (introduite par *that* ou ø) ou par une **subordonnée infinitive**. Comparez ainsi :

subordonnée complétive	subordonnée infinitive
*I think **(that)** it's true.* Je pense que c'est vrai.	*I want you to come.* Je veux que tu viennes.

Voir Subordonnée complétive 95, Subordonnée infinitive avec *to* 98

« Que » peut servir par ailleurs à reprendre une conjonction précédente ; cas qui n'a pas d'équivalent en anglais, où l'on répète simplement (cela n'est même pas obligatoire) la première conjonction utilisée :
If you buy it and (if) you don't like it, you can take it back to the shop.
Si tu l'achètes et que ça ne te plaît pas, tu pourras le rapporter au magasin.

4. « Que » adverbe exclamatif

« Que » adverbe exclamatif peut se traduire, selon les cas, par :
– *how*, suivi directement de l'adjectif concerné :
***How** ridiculous !* Que c'est ridicule ! ***How** pretty she is !* Qu'elle est jolie !
– *what*, suivi d'un groupe nominal, avec ou sans quantificateur :
***What** a racket !* Que de bruit ! ***What** a lot of people !* Que de monde !

5. « Que » pronom interrogatif

« Que » pronom interrogatif se traduit par ***what***. Notez les différences de constructions selon que *what* est sujet ou complément de verbe :

sujet	complément de verbe
What happened? Qu'est-il arrivé ?	*What did you see?* Qu'avez-vous vu ?

Mots interrogatifs, voir 27

À VOUS !

231. Traduisez les phrases ci-dessous. Plusieurs solutions sont parfois possibles.
a. Que vous êtes gentil ! *(kind)* – b. Ils supposaient que je savais. *(presume)* – c. Qu'avez-vous fait ? – d. Ce que vous avez fait m'a vraiment aidé. – e. Qu'est-ce qui sent si mauvais ? – f. Que ça a l'air difficile ! – g. Je pensais que vous veniez avec nous. – h. J'aimerais que tu m'écoutes. – i. Je ne crois pas tout ce qu'il dit.

QUI

224 Traductions de « qui », « à qui », « ce qui » et de « de qui »

La traduction de « qui », « à qui », « ce qui » et de « de qui » dépend de la nature et du rôle de ces mots dans la phrase.

1. « Qui » pronom relatif

La traduction de « **qui** » **relatif sujet** varie selon la nature de la subordonnée. On emploie en effet en anglais les relatifs correspondants :
- ***who*** / ***that*** pour les personnes, ***which*** / ***that*** pour les choses dans les subordonnées restrictives ;
- mais uniquement ***who*** (personnes) et ***which*** (choses) dans les subordonnées non restrictives.

subordonnée restrictive	subordonnée non restrictive
*This is the river **which** / **that** separates the two countries.* C'est le fleuve qui sépare les deux pays.	*His house, **which** was completely renovated, is for sale.* Sa maison, qui a été entièrement rénovée, est en vente.

La traduction de « **qui** » **relatif complément** varie également selon la nature de la subordonnée :
- les relatifs compléments ***whom*** / ***that*** (personnes) sont le plus souvent omis (ø) dans les subordonnées restrictives ;
- le relatif complément ***whom*** (personnes) est par contre obligatoire dans les subordonnées non restrictives.

subordonnée restrictive	subordonnée non restrictive
The girl ø I spoke to is Jim's sister. La fille à qui j'ai parlé est la sœur de Jim.	*My sister, with **whom** I used to work, is now in New York.* Ma sœur, avec qui je travaillais avant, est maintenant à New York.

« **Ce qui** » se traduit par :
- ***which***, s'il s'agit de **reprendre** la proposition précédente ;
- ***what***, s'il s'agit d'**introduire** une proposition.

*He's always telling lies, **which** really annoys me.*
Il raconte toujours des mensonges, **ce qui** m'agace vraiment.

***What** really annoys me is that he's always telling lies.*
Ce qui m'agace vraiment, c'est qu'il raconte toujours des mensonges.

« **Tout ce qui** » se traduit par ***all that*** :

*Tell me **all that** happened.* Dis-moi tout ce qui s'est passé.

Subordonnées relatives, voir **91**

2. « Qui » pronom interrogatif

La traduction de « qui » interrogatif dépend de la fonction du pronom :

who sujet ou attribut	*who(m)* complément de verbe
***Who** saw that film?* Qui a vu ce film?	***Who** did you see?* Qui avez-vous vu ?

Whom, très formel, ne s'emploie pas dans la langue courante.

La traduction de **« à qui... ? »** ou **« de qui... ? »** dépend du sens de la phrase. Ne confondez pas *who(m)* complément de verbe avec *whose* complément de nom :

who(m) complément de verbe	*whose* complément de nom
***Who** did you speak **to**?* À qui as-tu parlé?	***Whose pen** is this?* À qui est ce stylo ?
***Who** is he talking **about**?* De qui parle-t-il ?	*I wonder **whose** this is.* Je me demande à qui c'est.

La préposition en anglais garde sa place derrière le verbe.

Voir Mots interrogatifs 27, *Whose* 267

À VOUS !

232. Complétez les phrases ci-dessous à l'aide des éléments appropriés, puis traduisez.
a. ... car are we taking? – b. ... are you phoning? – c. They announced their marriage, ... delighted their friends. – d. ... worries me, is that he doesn't call. – e. ... are you going out with?

233. Traduisez les phrases ci-dessous, en vous aidant des éléments fournis.
a. Qui est arrivé le premier ? *(arrive first)* – b. Ils ont pris l'autoroute, ce qui a fait gagner beaucoup de temps. *(the motorway – save time)* – c. C'est la faute de qui ? *(fault)* – d. Qui l'a critiqué ? *(criticize)* – e. Qui a-t-il critiqué ?

QUITE et RATHER

Emplois de *quite* et de *rather* 225

1. *Quite* est un adverbe de degré avec deux sens distincts

***Quite* signifie « assez » :**

*She looks **quite** young.* Elle a l'air assez jeune.
*He's **quite** a good player.* C'est un assez bon joueur.
*I **quite** enjoy that job.* J'aime assez ce boulot.

***Quite* signifie « tout à fait » :**

*Are you **quite** sure?* Vous en êtes tout à fait sûr ?
*It's **quite** impossible.* C'est tout à fait impossible.
*I **quite** understand.* Je comprends parfaitement.

Le mot sur lequel porte l'adverbe *quite*, ainsi que l'intonation, permettent de comprendre de quel sens il s'agit.

2. *Rather* est un adverbe de degré avec un sens proche de *quite*

*It was **rather** a cold day.* C'était une journée assez froide.
*He drives **rather** fast.* Il conduit assez vite.
*I **rather** like biology.* J'aime assez la biologie.

3. Différence entre *quite* et *rather*

Quite et *rather* peuvent avoir, dans certaines phrases, un sens légèrement différent.

*It's **quite** warm today.* Il fait bon aujourd'hui. ▼ sens positif	*It's **rather** warm today.* Il fait un peu chaud aujourd'hui. ▼ sens négatif

Adverbes de degré, voir aussi 71

À VOUS !

234. Repérez si *quite* signifie « assez » (A) ou « tout à fait » (B), puis traduisez.
a. Is that quite clear? – b. Well, it's quite big, I suppose. – c. I believe you're quite wrong. – d. It wasn't quite as good as before. – e. In the 1950s he became quite rich.

235. Traduisez les phrases ci-dessous, en utilisant selon le cas *quite* ou *rather*.
a. Je trouve que c'est un peu cher. – b. Ne t'inquiète pas, l'examen est assez facile. *(worry)* – c. Fais attention ! C'est assez lourd. – d. Ce n'est pas tout à fait ce que je cherche. – e. Ce qu'il dit était tout à fait intéressant.

REMEMBER et FORGET

226 Emplois de *remember* et de *forget*

Avec les verbes *remember* (« se souvenir de ») et *forget* (« oublier »), on peut avoir, pour le verbe qui suit, deux constructions différentes :

- ***to* + verbe**, s'il s'agit d'une intention, d'un but ;
- la forme **V-*ing***, s'il s'agit d'une action, d'une activité déjà réalisée.

intention, but	action déjà réalisée
*Remember **to post** that letter.* N'oublie pas de poster cette lettre. ▼ le but est de poster	*I remember **posting** that letter.* Je me souviens d'avoir posté cette lettre. ▼ c'est fait
*I forgot **to turn** the light off.* J'ai oublié d'éteindre la lumière. ▼ mon intention était d'éteindre	*I'll never forget **climbing** that peak.* Je n'oublierai jamais l'escalade de ce sommet. ▼ l'ascension a été effectuée

À VOUS !

236. Repérez d'abord s'il s'agit d'une intention, d'un but (A), d'une action ou d'une activité déjà réalisée (B), puis complétez.
a. Don't forget ... me. *(call)* – b. I remember ... the door. *(lock)* – c. Have you remembered ... the travel agency? *(phone)* – d. I've forgotten ... some petrol. *(buy)* – e. I'll never forget ... down the Zambezi. *(raft :* voyager en radeau*)*

REMEMBER et REMIND

Emplois de *remember* et de *remind* 227

Remember signifie « se souvenir », « avoir en mémoire », etc.

Remind signifie « rappeler quelque chose à quelqu'un », « remettre en mémoire ». Ce verbe suppose l'intervention d'une personne ou d'un agent extérieur.

Notez les différentes constructions :

• ***remember* + nom :**

*I can't **remember** her address.*
Je ne me souviens pas de son adresse.

• ***remember* + V-*ing* :**

***I remember** dancing with her.*
Je me souviens d'avoir dansé avec elle.
▼
activité accomplie

• ***remember* + *to* + V :**

***Remember to** post the mail.*
Pense à poster le courrier.
▼
action à accomplir

• ***remind* + nom / pronom + *of* :**

*It **reminds** me **of** our holidays.*
Ça me rappelle nos vacances.

• ***remind* + nom / pronom + *to* + V :**

***Remind** me **to** post the mail.*
Fais-moi penser à poster le courrier.
▼
action à accomplir

Infinitif ou Gérondif, voir aussi 181 à 184 ◄

À VOUS !

237. Traduisez les phrases ci-dessous.
a. Vous me rappelez mon frère. – b. Je ne me souviens pas avoir eu froid. – c. Tu as pensé à acheter du vin ? – d. Elle m'a rappelé d'arroser les plantes. *(water the plants)* – e. Je me souviens avoir parlé avec lui. – f. Ça me rappelle mes vacances à la mer. – g. Rappelle-toi qu'il faut être de retour avant six heures – h. Tu aurais pu me rappeler de lui envoyer une carte postale.

REPROCHE

228 Expression du reproche

Le reproche peut être exprimé à l'aide de modaux ou de la tournure *ought to*, de tournures spécifiques, de verbes spécifiques ayant le sens général de « reprocher ».

1. Modaux et *ought to*

Le reproche peut être exprimé par les modaux *should, might* et *could*, suivis de *have* V-EN (verbe au participe passé) : l'énonciateur fait part – comme avec tout modal – de son point de vue.

Notez toutefois les nuances suivantes, apportées respectivement par chaque modal :

*He **should** have helped them.* Il aurait dû les aider. (c'est blâmable)
He might have told us. Il aurait pu nous le dire. (c'était pourtant envisageable)
She could have warned me. Elle aurait pu me prévenir. (c'était peut-être possible)

On peut également employer la tournure *ought to* + *have* V-EN :

*They **ought to** have apologized.* Ils auraient dû s'excuser.

Avec *ought to*, on fait référence à un code de bonne conduite.

2. Verbes spécifiques

Certains verbes qui ont le sens général de reproche sont utilisés pour critiquer l'attitude ou le comportement de quelqu'un. Les constructions peuvent varier selon les verbes :
*He **reproached** her **for** lazing about.* Il lui reprochait de paresser.
*We **blame** him **for** telling lies.* Nous lui reprochons d'avoir dit des mensonges.
*He was **criticized for** his bad behaviour.* On lui reprochait son mauvais comportement.
*I **accused** him **of** not being honest.* Je l'ai accusé de malhonnêteté.

3. Tournures spécifiques

Le reproche peut s'exprimer à l'aide de tournures interrogatives, entre autres :
***Why on earth** did you accept?* Pourquoi donc as-tu accepté ?
***What do you mean by** entering without knocking?*
Qu'est-ce que c'est que ces façons d'entrer sans frapper ?
***How dare you** open my mail!* Comment osez-vous ouvrir mon courrier !
*You **have no right** to interfere in my private life!*
Vous n'avez pas le droit de vous mêler de ma vie privée.

À VOUS !

238. Traduisez les phrases ci-dessous.
a. Elle aurait pu travailler davantage. – b. Il aurait dû être plus patient avec elle. – c. Tu aurais dû te lever plus tôt. – d. Il aurait pu nous écrire plus souvent. – e. Tu aurais dû porter un casque. – f. Comment osez-vous proposer une chose pareille ? – g. Vous n'avez pas le droit de dire ça. – h. Qu'est-ce que c'est que ces façons d'appeler à cette heure de la nuit ? – i. Pourquoi donc ne nous l'avez-vous pas dit ?

RESTER

Traductions de « rester » 229

Les formulations avec « rester » peuvent se rendre en anglais de nombreuses manières, selon les deux principales valeurs de ce verbe. Comparez :

	sens
Il **reste** du thé.	quelque chose qui reste
Il lui **reste** une montre de son oncle.	quelque chose qui reste
Il **reste** trois kilomètres.	quelque chose qui reste
Tu peux **rester** si tu veux.	non-changement

1. « Rester » désigne quelque chose qui reste

Pour parler de « ce qui reste, subsiste », etc., par rapport à une **situation d'origine**, on peut employer :

• la tournure ***there* + *be*** ou le verbe ***have* suivis de *left*** :

***There's** some tea **left**.* Il reste du thé.
***There's still** some tea **left**.* Il reste encore du thé.
***Are there** any cakes **left**?* Est-ce qu'il reste des gâteaux ?
***There was** only one copy **left**.* Il restait seulement un exemplaire.
***Have** you **got** any money **left**?* Te reste-t-il de l'argent ?

L'idée de reste est rendue par *left* (participe passé de *leave*) en fin de phrase. L'adverbe *still* est souvent associé à ces formulations ou seulement avec *have*.

*He **still** has a watch from his uncle.* Il lui reste une montre de son oncle.

• le verbe ***remain*** :

*This vase is all that **remains** from her family.* Ce vase est tout ce qui lui reste de sa famille.

• l'adverbe ***still*** peut aussi dans certains cas marquer un jugement du locuteur :

*There are **still** several mistakes.* Il reste encore plusieurs fautes. (Vous n'avez pas tout corrigé !)

Pour parler de « ce qui reste à faire », par rapport à un **but à atteindre**, on emploie généralement la tournure ***there* + *be*** (au singulier) ou le verbe ***have*** en association avec ***still*** :

*There's **still** three kilometres to walk.* Il reste encore trois kilomètres à faire.
*We **still** have £500 to pay.* Il nous reste à payer 500 livres.
*There was **still** two hours to kill.* Il restait deux heures à tuer.

L'idée de « reste à faire » est rendue ici par l'adverbe *still*.

2. « Rester » désigne un non-changement

Pour parler d'un non-changement d'état, on emploie généralement le verbe ***remain*** :

*He **remained** unconscious for days.* Il est resté inconscient pendant des jours.
*That **remains** to be seen.* Cela reste à voir.
*A question **still remains** unsolved.* Une question reste sans solution.

Pour parler d'un non changement de lieu, on utilise généralement le verbe ***stay*** :

*They **stayed** in Dublin for two days.* Ils sont restés deux jours à Dublin.
*How long are you **staying** here for?* Tu restes ici combien de temps ?

À VOUS !

239. Traduisez les phrases ci-dessous.
a. Je ne peux pas rester longtemps. – b. Est-ce qu'il reste du lait ? – c. Il est resté un an au chômage. *(unemployed)* – d. Tu es resté jusqu'à la fin ? – e. Toutefois le problème reste le même. – f. Il me reste à convaincre la banque. – g. Il me reste deux exercices à faire. – h. Il reste deux heures à attendre. – i. Il ne restait pas beaucoup de monde. – j. Tout ce qui restait, c'était un tas de décombres. *(a pile of rubble)* – k. Vous restez ici longtemps ?

RÉSULTAT

230 Expression du résultat

Le résultat peut s'exprimer de plusieurs manières, en employant notamment :

1. Le *present perfect*

Le *present perfect* exprime fondamentalement l'idée de bilan actuel, de résultat, qu'il soit utilisé à la voix active ou à la voix passive :

*We've **tidied** the whole place.* On a rangé toute la maison. (résultat : tout est en ordre)
*He's **been promoted** to chairman.* Il a été nommé président. (résultat : il est maintenant président)

Dans une situation passée, l'idée de résultat est rendue par le *past perfect* :

*We **had tidied** the whole place by noon.*
On avait rangé toute la maison à midi. (résultat : tout était en ordre)

Present perfect, voir **49**

2. Le verbe *have* + subordonnée au participe passé

Lorsque l'on indique que l'on a fait faire quelque chose, et que l'on s'intéresse, non pas à la personne qui a fait l'action, mais au résultat obtenu, on emploie le verbe *have* suivi d'une subordonnée au participe passé :

*We've **had** the room **redecorated**.* On a fait refaire la pièce. (résultat : la pièce est refaite)
*They **had** the trees **cut** down last autumn.*
Ils firent abattre les arbres en automne dernier. (résultat : les arbres sont coupés)

Faire faire, voir **160**, **161**

3. Une conjonction de subordination

Certaines conjonctions de subordination comme ***so*** et ***then*** servent à indiquer le résultat :

*I phoned her, **so** she wasn't surprised.* Je lui ai téléphoné, ainsi elle n'a pas été surprise.
*I thought it over, **then** I had to admit I was wrong.*
J'y ai réfléchi, et alors j'ai dû admettre que j'avais tort.

Conséquence, voir **140**

4. Un verbe + adjectif

Il existe des tournures dans lesquelles le résultat est exprimé par l'adjectif, le verbe indiquant simplement la manière pour parvenir au résultat. Le résultat peut porter :

• sur le sujet même de la phrase :
They shouted themselves ***hoarse.*** Il se sont enroués à force de crier.

Notez la reprise du sujet sous forme de pronom réfléchi (*-self* / *-selves*).

• sur une autre personne ou un autre objet :
They knocked him ***unconscious.*** *Ils l'ont assommé.*

Dans ce cas, le résultat peut également être rendu par une tournure passive :
He was knocked unconscious. Il a été assommé.

5. Un verbe suivi de *to* / *into* + groupe nominal

Il existe des tournures dans lesquelles le résultat est exprimé par un groupe nominal précédé de *to* ou *into*, le verbe indiquant la manière de parvenir au résultat. Le résultat peut porter :

• sur le sujet même de la phrase :
They starved ***to death.*** Ils sont morts de faim.
She's working herself ***to death.*** Elle se tue au travail.

L'emploi du réfléchi montre qu'on insiste ici sur le rôle actif joué par le sujet-victime.

• sur une autre personne ou un autre objet :
The enemy starved the town ***to death.*** L'ennemi fit périr la ville par la famine.
He beat the opponents ***into submission.*** Il soumit les opposants par la force.

Dans ce cas, le résultat peut être également rendu par une tournure passive :
The opponents were beaten into submission. Les opposants furent soumis par la force.

À VOUS !

240. Traduisez les phrases ci-dessous.
a. J'ai réparé ma moto. – b. Je me suis fait couper les cheveux. – c. J'ai pris un pull, ainsi je n'ai pas eu froid. *(jumper)* – d. Elle avait fini ses devoirs lorsque je suis arrivé. – e. Nous avons fait développer les photos hier. *(develop)* – f. Va te coucher, comme ça tu ne seras pas fatigué demain.

241. Traduisez les phrases ci-dessous.
a. He drinks himself stupid every night. – b. They worked me up into a rage. (*work up :* énerver) – c. She worried herself sick over her exams. – d. He kicked the door shut. – e. Our teacher brings history to life. – f. He was nursed back to life. (*nurse :* soigner)

Traductions de « savoir » 231

La traduction de « savoir » dépend du sens exact que ce verbe peut avoir dans la phrase : capacité, mémoire, découverte, information recueillie, etc.

1. Capacité

« Savoir », dans le sens de « être capable de », est généralement rendu par le modal ***can / could*** **+ V** :

__Can__ you drive? Tu sais conduire ?
I __can__ speak Italian. Je sais parler italien.
He __couldn't__ even drive. Il ne savait même pas conduire.

Can / could, voir aussi 132

2. Mémoire

« Savoir », dans le sens « d'avoir en tête », est généralement rendu par le verbe ***know*** suivi d'un nom ou d'une subordonnée :

I don't __know__ her name. Je ne sais pas son nom.
Do you __know__ where she lives? Tu sais où elle habite ?
I don't __know__ what she's bought. Je ne sais pas ce qu'elle a acheté.
I __know__ my lesson by heart. Je sais ma leçon par cœur.

3. Idée

« Savoir », dans le sens « d'avoir une idée », est généralement rendu par le verbe ***know*** **+ mot interrogatif +** ***to*** **V** :

Do you __know where to__ park the car? Tu sais où garer la voiture ?
I __know how to__ start that mower. Je sais comment faire démarrer cette tondeuse.
She doesn't __know what to__ buy. Elle ne sait pas quoi acheter.

4. Découverte

« Savoir », dans le sens de « découvrir », est généralement rendu par le verbe ***find out*** suivi d'un nom ou d'une subordonnée :

I'm trying to __find out__ the truth. J'essaie de savoir la vérité.
I couldn't __find out__ what had happened. Je n'ai pas pu savoir ce qui s'était passé.

5. Information recueillie

« Savoir », dans le sens de « entendre parler de », est généralement rendu par le verbe ***hear*** suivi d'une préposition *(about, of)* + nom, ou d'une subordonnée :

I've __heard__ that he had had an accident. J'ai su qu'il avait eu un accident.

À VOUS !

242. Repérez si le verbe « savoir » désigne une capacité (A), la mémoire (B), une idée (C), une information (D) ou une découverte (E), puis traduisez.
a. Il sait déjà lire. – b. Est-ce qu'il sait taper à la machine ? *(type)* – c. Vous savez comment y aller ? – d. Vous savez son nom ? – e. Je sais ses poèmes par cœur. – f. Je téléphone pour savoir à quelle heure ça commence. – g. Je ne sais jamais quoi mettre. – h. Je n'ai pas su s'ils avaient gagné ou non. – i. Ce fut impossible de savoir la cause. – j. Vous sauriez retrouver le nom de l'auteur ? – k. Ils ne savent pas pourquoi il s'est suicidé. *(commit suicide)* – l. Tu sais l'heure ? – m. Savez-vous comment ouvrir cette porte ? – n. Nous avons su qu'ils avaient divorcé. – o. Essaie de savoir si elle est encore ici.

SAY et TELL

Emplois de *say* et de *tell* 232

Say et *tell* ont souvent le même sens en français de « dire », avec des constructions différentes.

1. Différence entre *say* et *tell*

On emploie *say* pour rapporter des propos, et *tell* lorsque l'on mentionne la personne à qui s'adresse le message. Comparez :

*He **said** he was twenty-one.* Il a dit qu'il avait vingt et un ans.	*He **told me** he was twenty-one.* Il m'a dit qu'il avait vingt et un ans.

Tell est directement suivi du nom ou du pronom.

Avec *say*, la personne à qui s'adresse le message peut être mentionnée, en ajoutant la préposition *to* :

*He didn't **say** anything **to her**.* Il ne lui a rien dit.

2. Discours direct et indirect

Say et *tell* s'utilisent également, selon la même règle générale ci-dessus :

pour rapporter des propos :

discours direct	discours indirect
*"I am exhausted," he **said**.* – Je suis épuisé, dit-il.	*He **told me** he was exhausted.* Il m'a dit qu'il était épuisé.

pour rapporter un ordre :

discours direct	discours indirect
*"Type these letters," he **said**.* – Tapez ces lettres, dit-il.	*He **told me** to type the letters.* Il m'a dit de taper les lettres.
"Don't forget to post them." – N'oubliez pas de les poster.	*He **told me** not to forget to post them.* Il m'a dit de ne pas oublier de les poster.

Notez ici l'emploi de *tell* suivi de *to* + infinitif.

3. Emplois au passif

Ne confondez pas les deux formulations suivantes au passif :

say	*tell*
*He **is said** to type very well.* On dit qu'il tape très bien.	*He **was told** to type the letters.* On lui a dit de taper les lettres.

4. Expressions avec *say*

So to say. Pour ainsi dire.
So they say. Il paraît.

that is to say	c'est-à-dire
You can say that again.	Ça, vous pouvez le dire.
What do you say to that?	Qu'est-ce que tu dis de ça ?
That's saying a lot.	Ce n'est pas peu dire.

5. Expressions avec *tell*

He often tells jokes. Il raconte souvent des blagues.
She told me a funny story. Elle m'a raconté une histoire drôle.

What did I tell you?	Je te l'avais bien dit !	*You can tell (that).*	Ça se voit.
You tell me!	Je n'en sais rien.	*You can never tell.*	On ne sait jamais.

243. Complétez les phrases ci-dessous en utilisant *say* ou *tell* à la forme appropriée.
a. I heard him ... yesterday: "Don't drive so fast!" – b. He ... me yesterday not to drive so fast. – c. They ... goodbye to us and got on the train.

244. Traduisez les phrases ci-dessous.
a. Ils ont dit qu'ils étaient pressés. *(in a hurry)* – b. Ils nous ont dit qu'ils étaient pressés. – c. J'ai dit à Jim de ne pas oublier d'acheter du pain. – d. Nous leur avons dit de venir de bonne heure. – e. On m'a dit de faire plus d'exercice. *(take)* – f. On dit que le président est malade.

SE
(forme pronominale)

233 Traductions de « se » dans les verbes pronominaux français

La traduction des verbes pronominaux français, comme « s'amuser », « se connaître », « se vendre », etc., varie selon les cas.
Il importe, avant tout, de distinguer les verbes pronominaux :
- de sens réfléchi : Ils se sont amusés.
- de sens réciproque : Ils se connaissent bien.
- de sens passif : Les téléphones mobiles se vendent bien.

1. Verbes pronominaux de sens réfléchi

En principe ce sens est rendu en anglais par un verbe suivi d'un pronom réfléchi :

They enjoyed ***themselves****.* Ils se sont amusés.
Did you hurt ***yourself****?* Tu t'es fait mal ?

Pronoms réfléchis, voir aussi 29

Cependant la correspondance ne joue pas systématiquement, certains verbes anglais se construisant sans pronom :

They got up early. Ils se sont levés tôt.

Voici une sélection d'exemples, classés selon les catégories suivantes :

Actions de la vie quotidienne :

verbe de sens réfléchi	verbe sans pronom	exemples
se réveiller	*wake up*	*I woke up suddenly.* Je me suis réveillé tout à coup.
se lever	*get up*	*I get up at 6 on Tuesdays.* Je me lève à 6 heures le mardi.
se laver	*wash*	*Have you washed yet?* Tu t'es déjà lavé ?
se raser (la barbe...)	*shave*	*He has to shave twice a day.* Il faut qu'il se rase deux fois par jour.
s'habiller	• *get dressed*	*Get dressed quickly!* Habille-toi vite !
	• *dress*	*He dresses badly.* Il s'habille mal.
se préparer	*get ready*	*Give me ten minutes to get ready.* Donne-moi dix minutes pour me préparer.
se brosser les dents	*brush one's teeth*	*Don't forget to brush your teeth.* N'oublie pas de te brosser les dents.
se coiffer	*do one's hair*	*She spends hours doing her hair.* Elle passe des heures à se coiffer.
se laver les mains	*wash one's hands*	*Go and wash your hands.* Va te laver les mains.

Réactions ou comportements individuels :

verbe de sens réfléchi	verbe sans pronom	exemples
s'ennuyer	• *be bored* • *get bored*	*I'm afraid they'll get bored.* J'ai peur qu'ils s'ennuient.
se soûler	*get drunk*	*He gets drunk every night.* Il se soûle tous les soirs.
se fatiguer	*get tired*	*After 10 km, I get tired.* Après 10 km, je me fatigue.
se fâcher	*get angry*	*Don't get angry!* Ne vous fâchez pas !
se souvenir	*remember*	*I remember that man.* Je me souviens de cet homme.
se rendre compte	*realize*	*I didn't realize.* Je ne me suis pas rendu compte.
s'attendre	*expect*	*What do you expect?* Tu t'attends à quoi ?
s'inquiéter	*worry*	*Don't worry.* Ne t'inquiète pas.
se demander	*wonder*	*I wonder if it's true.* Je me demande si c'est vrai.
s'adapter	*adapt*	*He hasn't adapted to city living.* Il ne s'est pas adapté à la vie en ville.

Autres actions individuelles :

verbe de sens réfléchi	verbe sans pronom	exemples
s'arrêter	*stop*	*He never stops.* Il ne s'arrête jamais.
s'échapper	*escape*	*Several prisoners escaped.* Plusieurs prisonniers se sont échappés.
se dépêcher	*hurry (up)*	*Hurry up!* Dépêchez-vous !
s'entraîner	*train*	*He trains six hours a day.* Il s'entraîne six heures par jour.
s'intégrer	*integrate*	*He's integrated well into the new team.* Il s'est bien intégré dans la nouvelle équipe.
se cacher	*hide*	*They're hiding in the mountains.* Ils se cachent dans les montagnes.

Événements accidentels :

verbe de sens réfléchi	verbe sans pronom	exemples
se tuer (accident)	*be killed*	*They were killed in a car crash.* Il se sont tués dans un accident d'auto.
se noyer	*drown*	*80 people drowned in the ferry disaster.* 80 personnes se sont noyées dans la catastrophe du ferry.
se perdre	*get lost*	*I got lost in the fog.* Je me suis perdu dans le brouillard.
s'évanouir	*faint*	*I almost fainted in shock.* J'ai failli m'évanouir sous le choc.
se casser la jambe (le bras...)	*break one's leg (arm...)*	*I broke my leg.* Je me suis cassé la jambe.
se casser (objet...)	*break*	*Eggs break easily.* Les œufs se cassent facilement.

L'ajout du pronom réfléchi peut donner un sens complètement différent à certains verbes. Comparez :

She was killed in a car accident.
Elle s'est tuée dans un accident d'auto.
▼
geste involontaire

*She killed **herself** out of despair.*
Elle s'est tuée par désespoir.
▼
geste volontaire (suicide)

2. Verbes pronominaux de sens réciproque

En principe ce sens est rendu en anglais par un verbe suivi d'un pronom réciproque :

*They know **each other** well.* Ils se connaissent bien.
*They're trying to help **one another**.* Ils essaient de s'entraider.

Pronoms réciproques, voir 30

Cependant la correspondance ne joue pas systématiquement, certains verbes anglais se construisant sans pronom :

They often quarrel. Ils se disputent souvent.

Voici une sélection d'exemples, classés selon la catégorie **relations entre individus** :

verbe de sens réciproque	verbe sans pronom	exemples
se rencontrer	*meet*	*We've never met.* Nous ne nous sommes jamais rencontrés.
se battre	*fight*	*They never stop fighting.* Ils n'arrêtent pas de se battre.
se disputer	*quarrel*	*Stop quarrelling.* Arrêtez de vous disputer.
se brouiller	*fall out*	*They've fallen out again.* Ils se sont de nouveau brouillés.
se réconcilier	*make up*	*We've finally made up.* Nous nous sommes finalement réconciliés.
se marier	• *marry* • *get married*	*When are they getting married?* Quand se marient-ils ?
s'embrasser	*kiss*	*They kissed passionately.* Ils s'embrassèrent avec passion.

3. Verbes pronominaux de sens passif

Notez la traduction des tournures françaises suivantes, à sens passif :

*This wine **is drunk** chilled.* Ce vin se boit bien frais.
*It **isn't done**.* Cela ne se fait pas.
*Mobile phones **sell** well.* Les téléphones mobiles se vendent bien.

4. Tournures pronominales particulières

Certaines tournures pronominales françaises se rendent en anglais de manières très différentes. Notez entre autres :

It began to rain at six. Il s'est mis à pleuvoir à six heures.
I made a mistake. Je me suis trompé.
I haven't made up my mind yet. Je ne me suis pas encore décidé.
He can't help smoking. Il ne peut pas s'empêcher de fumer.
The fire has gone out. Le feu s'est éteint.
It's common practice. Ça se fait beaucoup.
It's understandable. Ça se comprend.
It's debatable. Ça se discute.

À VOUS !

245. Traduisez les phrases ci-dessous.
a. Je me demande où il va. – b. Nous nous sommes rencontrés en 1990. – c. L'anglais se parle dans le monde entier. *(all over the world)* – d. Il se fâche très facilement. – e. Vous vous rendez compte de l'heure qu'il est ? – f. Je me suis brouillé avec mon propriétaire. *(landlord)* – g. Il faut nous dépêcher. – h. Le poisson peut se manger cuit ou cru. *(cooked – raw)* – i. Ils se lèvent toujours de bonne heure. – j. Nous nous disputons souvent à propos d'argent. *(over money)* – k. Ce pull se lave bien. – l. Ils se sont mariés l'année dernière. – m. Il a réussi à s'échapper. – n. Cet article se vend très bien cette année. *(item)* – o. Il a dû se cacher quelque part.

SEUL

234 Traductions de « seul »

Le mot « seul » peut avoir plusieurs sens selon le contexte. Comparez :

	sens
Il vit **seul**.	sans compagnie
Je me sens **seule**.	solitaire
Je l'ai réparé tout **seul**.	sans aide
C'est le **seul** Anglais du groupe.	unique
Seuls les Anglais comprennent le cricket.	seulement

1. « Seul » signifie « sans compagnie »

Dans ce cas, « seul » ou « tout seul » se traduit par ***alone*** ou ***on one's own***. *Alone* ne peut être utilisé qu'en position attribut :

*He lives **alone** on the island.* Il vit seul sur l'île.
*They left me **on my own** in the dark.* Ils m'ont laissé tout seul dans le noir.

2. « Seul » signifie « solitaire »

Lorsque « seul » exprime un sentiment de solitude, il se traduit par ***lonely*** :

*I feel quite **lonely**.* Je me sens bien seule.
*She lives in a **lonely** place in the moors.* Elle habite un lieu solitaire sur la lande.

3. « Seul » signifie « sans aide »

Dans ce cas, « seul » ou « tout seul » se traduit par ***alone, (by) oneself***, ou ***on one's own*** :

I mended it ***alone.*** / ***(by) myself.*** / ***on my own.*** Je l'ai réparé tout seul.

4. « Seul » signifie « unique »

Lorsque « seul » désigne quelqu'un ou quelque chose d'unique, il se traduit par ***only***. *Only* ne peut être utilisé qu'en position épithète :

*He's the **only** Englishman in the party.* C'est le seul Anglais du groupe.
*"Is there another dictionary?" – "No, it's the **only** one."*
– Y-a-t-il un autre dictionnaire ? – Non, c'est le seul.

Attention ! Quand *only* est suivi d'une relative, le pronom relatif est :

who, s'il est sujet	*that* ou ø, s'il est complément
*He's the **only** player **who**'s won the Cup three times.* C'est le seul joueur qui a gagné la Coupe trois fois.	*It's the **only** book **that** / **ø** I've read.* C'est le seul livre que j'ai lu.

Il s'agit dans ce cas d'une relative restrictive.

Lorsque « seul » est une marque d'insistance (« un » et pas « deux »), il se traduit par ***single*** :

*She hasn't made a **single** mistake.* Elle n'a pas fait une seule faute.

5. « Seul » signifie « seulement »

Lorsque « seul » est adverbe et signifie « seulement », « à l'exclusion de tout autre », il se traduit par ***only*** :

***Only** English people understand cricket.* Seuls les Anglais comprennent le cricket.
***Only** my brother knows the truth.* Seul mon frère sait la vérité.

Only est souvent placé en tête de phrase.

À VOUS !

246. Traduisez les phrases.
a. Je peux le faire tout seul. – b. Seul un miracle peut le sauver. *(miracle)* – c. C'est la seule personne que je connais à Londres. – d. Je ne me sens pas seul depuis que j'ai acheté mon chien. – e. Il n'a pas raté un seul cours. *(class)* – f. Elle est partie en vacances toute seule. – g. Vous ne vous êtes jamais senti seul sur cette île? – h. Seul le résultat compte.

SHALL et SHOULD

Valeurs et emplois de *shall* et de *should* 235

Shall et *should* (prétérit de *shall*) sont des modaux. Ils expriment donc toujours le point de vue de l'énonciateur.

[sujet] ● [prédicat]
[modal]

1. Valeurs et emplois de *shall*

Les différentes valeurs de *shall* peuvent être classées en deux catégories : la **pression sur autrui** (contrainte forte et, dans les questions à la 1re personne, suggestion) et la **certitude**.

Pression sur autrui : contrainte forte et suggestion

Avec *shall* dans sa valeur de **contrainte**, l'énonciateur **s'engage personnellement** : notamment pour exprimer une obligation ou une interdiction à caractère solennel.

*You **shall** obey.* Tu vas obéir, crois-moi.
*You **shall** not go to the ball.* Tu n'iras pas au bal (dirait la méchante marâtre à Cendrillon).

*The payment **shall** be made on delivery.*
Le paiement doit impérativement s'effectuer à la livraison.

Ces emplois sont toutefois très formels.

En utilisant *shall* dans sa question – uniquement **à la 1re personne** – l'énonciateur laisse à la personne à qui il fait une **suggestion**, le soin de décider elle-même.

Notez la nuance selon le pronom personnel utilisé :

suggestion	offre de service
Shall we…?	*Shall I…?*
***Shall** we meet at 6?* On se retrouve à six heures ?	***Shall** I open the window?* Est-ce que tu veux que j'ouvre la fenêtre ?

Certitude

Shall peut aussi exprimer, mais uniquement **à la 1re personne**, la **certitude** par rapport à l'avenir (expression du futur) : l'énonciateur fait une **prédiction**.

*We **shall** probably go to Greece in May.* Nous irons probablement en Grèce en mai.

Cet emploi ne relève pas de la langue courante, où l'on utilise plus *will*.

2. Valeurs et emplois de *should*

Should est le prétérit de *shall*, dont il a les deux valeurs principales : la **pression sur autrui** et la **certitude**.

Pression sur autrui

On retrouve avec *should* la même valeur de contrainte, mais atténuée : l'énonciateur exprime ici un **conseil** ou, selon la construction, un **reproche**.

conseil	reproche
should + V ou *should* + *be -ing*	*should* + *have* V-EN
*She **should** stop smoking.* Elle devrait s'arrêter de fumer.	*You **should have told** me.* Tu aurais dû m'en parler.
*You **should** be working.* Tu devrais être en train de travailler.	*He **shouldn't have been** so rude.* Il n'aurait pas dû être aussi grossier.
▼ sens conditionnel présent français	▼ sens conditionnel passé français

Noter aussi une notion de contrainte dans des tournures – comme *it's normal / important / surprising*, etc. – suivies de *should* + V, qui servent à porter un jugement :

*It's ridiculous that we **should** wear a badge in our own firm.*
C'est ridicule de vouloir nous faire porter un badge dans notre propre boîte.

Certitude

Should sert aussi à exprimer une certitude assez forte : l'énonciateur est relativement sûr de ce qu'il avance. Sa certitude relève plutôt d'une **déduction** (voir sur l'échelle, n° 135).

Notez les emplois et les constructions selon les situations :

• situation présente ou à venir :

La certitude porte sur un état ou un fait	La certitude porte sur une activité vue dans son déroulement
should + V	*should* + *be -ing*
*She **should** be here before six.* Elle devrait être ici avant six heures.	*He **should be** lazing about on the beach.* Il devrait être en train de flemmarder sur la plage.

• situation passée ou résultat :

La certitude porte sur un fait révolu	La certitude porte sur un résultat
should + *have* V-EN	*should* + *have* V-EN
*They **should have met** yesterday morning before he left.* Ils devraient s'être rencontrés hier matin avant son départ.	*They **should have** finished : it was so easy.* Ils devraient avoir terminé : c'était si facile.

À noter aussi l'emploi de *should* avec notamment *in case / if*, ou une inversion sujet-modal pour exprimer une éventualité :

*I'd advise him to take out an insurance in case he **should** lose his job.*
Je lui conseillerais de souscrire à une assurance au cas où il perdrait son travail.

*If they **should** come, tell them to telephone.* Si par hasard ils venaient, dites-leur de téléphoner.
***Should** Jane come tomorrow, tell her to call.* Au cas où Jane viendrait, dites-lui d'appeler.

Il s'agit toutefois d'un anglais très formel.

À VOUS !

247. Repérez si le conseil ou le reproche porte sur une situation présente (A) ou sur un fait passé (B), puis traduisez.
a. He should be saving up for the holidays. – b. You shouldn't have spent so much in July. – c. He should be a bit more friendly, shouldn't he? – d. They should have got up earlier. – e. She should have been at home by then.

248. Traduisez les phrases.
a. On y va ? – b. Je suis surpris que vous disiez cela. – c. Que fait-on ? – d. Quand est-ce que je commence ? – e. J'aurais dû acheter plus de pain. – f. Vous ferez comme je dis. – g. Vous reverrai-je ? – h. Par où je commence ? *(where)* – i. Il devrait y avoir un raccourci. *(shortcut)*

SHOULD et OUGHT TO

Valeurs et emplois de *should* et de *ought to* 236

Should et *ought to* ont des valeurs communes qui peuvent être classées en deux catégories : la **pression sur autrui** et la **certitude**.
Should et *ought to* expriment toutefois des nuances distinctes.

1. Pression sur autrui

On peut utiliser *should* et *ought to* pour exprimer un conseil ou, selon le contexte et la construction, un reproche.

Should (prétérit de *shall*) est un **modal**. Il exprime donc toujours le **point de vue de l'énonciateur.** Comme tout modal, il est suivi d'un infinitif **sans** *to*.	*Ought* (vieille forme passée de *have*) **n'est pas** un modal, et fait référence à des **critères objectifs** (morale, code social, prudence, etc.). À la différence des modaux, *ought* est suivi d'un infinitif **avec** *to*. *Oughtn't to* s'utilise peu.
Avec *should*, l'énonciateur conseille personnellement.	Avec *ought to*, l'énonciateur dit que la chose conseillée devrait aller de soi.
*You **shouldn't** smoke.* Tu ne devrais pas fumer. ▼ « Moi, je » le conseille.	*People **ought to** be more tolerant.* Les gens devraient être plus tolérants. ▼ Simple appel au sens civique

Situation présente ou à venir

- Le conseil porte sur un état/un fait :

should + V	ought to + V
*You **should** be more careful.* Tu devrais être plus prudent.	*They **ought to** lock their car.* Ils devraient fermer la voiture à clé.

- Le conseil porte sur une activité vue dans son déroulement :

should + be -ing	ought to + be -ing
*You **should be** revis**ing**, you know.* Tu devrais être en train de réviser, tu sais.	*She **ought to be** tidy**ing** her room.* Elle devrait être en train de ranger sa chambre.

Le conseil peut être, selon le contexte, teinté de reproche.

Situation passée

On exprime un reproche :

should + have V-EN	ought to + have V-EN
*She **should have been** more careful.* Elle aurait dû faire attention.	*You **ought to have** apologiz**ed**.* Vous auriez dû vous excuser.

2. Certitude

Dans l'expression de la certitude, on retrouve les valeurs respectives de *should* (point de vue de l'énonciateur) et de *ought to* (critères objectifs).
On peut ainsi utiliser *should* et *ought to* pour dire que l'on est relativement sûr de la chose à laquelle on s'attend (voir sur l'échelle, n° 135).

Situation présente ou à venir

- La certitude porte sur un état/un fait :

should + V	ought to + V
*She **should** pass her exams.* Elle devrait réussir à ses examens.	*It **ought to** brighten up.* Le temps devrait s'éclaircir.

- La certitude porte sur une activité vue dans son déroulement :

should + be -ing	ought to + be -ing
*She **should** be leaving work now.* Elle devrait être en train de sortir de son travail.	*They **ought to** be coming back home.* Ils devraient être sur le chemin du retour.

Situation passée

La certitude porte sur un événement révolu, ou un résultat :

should + have V-EN	ought to+ have V-EN
*He **should** have done his homework now.* Il devrait avoir fait ses devoirs maintenant.	*They **ought to** have landed by now.* Ils devraient avoir atterri à l'heure qu'il est.

À VOUS !

249. Repérez s'il s'agit d'un reproche (A) ou d'une certitude (B), puis traduisez.
a. I should eat more fruit. – b. The roads shouldn't be busy on Sunday. – c. He shouldn't have been so rude. – d. Inflation ought to come down.

250. Traduisez les phrases ci-dessous en utilisant *should* ou *ought to*.
a. Tu devrais travailler en ce moment. – b. On ne devrait pas arriver plus tard que six heures. – c. Tu n'aurais pas dû agir aussi à la légère. *(be so rash)* – d. Ils doivent en ce moment préparer le déjeuner. – e. Elle ne devrait pas trouver l'examen très difficile.

SI

« Si » dans l'expression de la condition 237

Lorsque « si » introduit une condition, les formulations varient selon que cette condition entraîne une conséquence dans l'avenir, le présent ou le passé.

1. Condition à remplir

Si la condition est à remplir, et entraîne une conséquence future, on emploie :

If + présent	***will*** + V
If he ***works*** *harder,*	*he'****ll*** *succeed.*
S'il travaille davantage,	il réussira.

2. Condition non remplie actuellement

Si la condition n'est pas remplie actuellement, et entraîne une conséquence présente, on emploie :

If + prétérit modal	***would*** + V
If he ***worked***[1] *harder,*	*he'****d*** *succeed.*
S'il travaillait davantage,	il réussirait.

(1) Notez la valeur d'irréel du présent exprimée ici par le prétérit (exemple de prétérit « modal »), rendue en français par l'imparfait.

3. Condition non remplie dans le passé

• Si la condition n'a pas été remplie dans le passé et entraîne une conséquence présente, on emploie :

If + *past perfect* modal	***would*** + V
If he ***had worked***[1] *harder,*	*he* ***would earn*** *more.*
S'il avait travaillé davantage,	il gagnerait plus.

• Si la condition n'a pas été remplie dans le passé et a entraîné une conséquence dans le passé, on emploie :

If + *past perfect* modal	***would have*** + V-EN
If he ***had worked***[1] *harder,*	*he* ***would have succeeded.***
S'il avait travaillé davantage,	il aurait réussi.

(1) Notez la valeur d'irréel du passé exprimée ici par le *past* perfect (exemple de *past* perfect « modal »), comme en français par le plus-que-parfait.

À VOUS !

251. Repérez si les subordonnées expriment une condition à remplir (A), non remplie actuellement (B) ou non remplie dans le passé (C), puis complétez à l'aide des éléments fournis.

a. If he didn't watch so much TV, he ... more time for reading. (*have*) – b. If I hadn't gone to Sweden, I ... her. (*not meet*) – c. If I worked in England, my accent ... (*improve*) – d. If we go now, we ... wet. (*get*)

252. Traduisez les phrases ci-dessous, en vous aidant des éléments fournis.
a. S'il était parti quelques minutes plus tôt, il n'aurait pas eu d'accident. *(a few minutes earlier)* – b. Je ne serais pas dans un tel pétrin si elle était venue. *(be in such a mess)* – c. J'aurais été content s'ils étaient venus. *(be pleased)* – d. J'aurais pu le faire moi-même si j'avais su quoi faire. *(know what to do)* – e. S'il n'était pas si obstiné, nous pourrions régler le problème. *(be obstinate – sort out the problem)* – f. S'il y a assez de neige, nous pourrons faire du ski. *(snow – be able to ski)*

238 « Si » dans l'hypothèse, la supposition, la suggestion, etc.

« Si » s'emploie dans de nombreuses phrases dont il importe de distinguer la valeur exacte. Comparez ainsi :

	valeur
Si par hasard tu te perds, ...	hypothèse
Et **si** je rate le train ?	supposition
Et **si** nous buvions quelque chose ?	suggestion
Si tu veux bien m'écouter, ...	appel au bon vouloir
Je me demande **si**...	interrogation indirecte
S'il voit une guêpe, il s'affole.	cas permanent

1. Hypothèse, supposition, suggestion

La traduction de **« si » exprimant l'hypothèse** est le plus souvent rendue par la conjonction ***if*** :

***If** I fail my exams, I'll give up.* Si j'échoue, j'abandonne.
***If** Ann were here, she'd agree.* Si Ann était ici, elle serait d'accord.

La tournure **« si par hasard »** se traduit par ***in case*** ou ***if... should*** (dans une langue soutenue) :

***In case** you get lost, ring me.* Si par hasard tu te perds, téléphone-moi.
***If** you **should** have any questions, don't hesitate.* Si par hasard vous avez des questions, n'hésitez pas.

La traduction de **« si » exprimant la supposition** est rendue par ***what if...?*** ou ***suppose***, et celle de **« si » exprimant la suggestion** notamment par ***what about...?*** ou ***how about...?***

supposition	suggestion
***What if** it rains?* Et s'il pleut ?	***What about** having a drink?* Si nous buvions quelque chose ?
***Suppose** I miss the train?* Et si je rate le train ?	***How about** going to Scotland?* Si nous allions en Écosse ?

Suggestion, voir 247

2. Appel au bon vouloir

« Si » associé à l'expression du bon vouloir se traduit par ***if*** **et le modal** ***will*** **ou** ***would*** :

*I'll help you **if** you **will** listen to me.* Je t'aiderai si tu veux bien m'écouter.
*I'd appreciate it **if** you **would** help me.* Si tu voulais bien m'aider, ça me ferait plaisir.

Will et *would*, voir 268

3. Interrogatives indirectes

Les interrogatives indirectes avec « si » se traduisent indifféremment par ***if*** ou ***whether*** :

*I don't know **whether** she's still alive.* Je ne sais si elle vit encore.
*I wonder **if** you could do that for me.* Je me demande si vous pourriez faire ça pour moi.
*I wondered **if** they would come.* Je me demandais s'ils viendraient.

4. Cas permanent

Pour traduire « si » dans le sens de « chaque fois que », on utilise ***whenever*** :

***Whenever** he sees a wasp, he panics.* S'il voit une guêpe, il s'affole.

À VOUS !

253. Complétez à l'aide des éléments appropriés.
a. ... you see Jim, tell him I'm waiting for him. – b. ... I hear our song, I think of you. – c. I couldn't decide ... I liked it or not. – d. Take your mac ... it rains. (imperméable) – e. ... someone asks for me, tell them I'm out. – f. Try and find out ... he's already left.

254. Traduisez les phrases ci-dessous.
a. Et s'il oublie ? – b. Je me demande s'ils savaient. – c. Si nous déjeunions ensemble demain ? *(have lunch)* – d. Si j'ai le temps, je vais travailler à pied. – e. Si tu as besoin de renseignements, n'hésite pas, demande-moi. – f. S'il n'est pas de service, il va au pub. *(on duty)* – g. Si vous voulez bien me suivre, je vous montrerai le chemin.

« Si » dans les exclamations 239

« Si » s'emploie fréquemment en français dans les exclamations. La traduction en anglais dépend du sens de la phrase. Comparez :

	valeur
C'est une fille **si** brillante !	intensité
Si seulement je savais !	souhait
Si seulement j'avais su !	regret

1. Intensité

Devant un adjectif ou un adverbe, on emploie ***so*** :

*She's **so** pretty!* Elle est si jolie !
*He speaks **so** quickly!* Il parle si vite !

Devant un groupe nominal, on emploie :

- ***such a*** + nom dénombrable singulier ;
- ***such*** + nom dénombrable pluriel ou nom indénombrable.

*She's **such** a brilliant girl!* C'est une fille si brillante !
*They're **such** nice people!* Ce sont des gens si gentils !
*He showed **such** great courage!* Il a montré un si grand courage !

Phrases exclamatives, voir aussi 87

2. Souhait ou regret

souhait *if only* + prétérit modal	regret *if only* + *past perfect* modal
If only *I knew!* Si seulement je savais !	***If only*** *I had known!* Si seulement j'avais su !

Voir aussi Prétérit modal, *Past perfect* modal **52**, Souhait et regret **244**

À VOUS !

255. Traduisez les phrases ci-dessous, en vous aidant des éléments fournis.
a. Si seulement tu me l'avais dit plus tôt ! *(tell earlier)* – b. Ne soyez pas si grossier ! *(be rude)* – c. Il faisait un temps si froid ! (*weather* : indén.) – d. Je n'ai jamais vu un si beau coucher de soleil ! (*sunset* : dén.) – e. Si seulement je pouvais lui parler ! *(speak to)*

240 « Si » dans la comparaison, la conséquence, la concession

« Si » est souvent utilisé dans un contexte de comparaison, de conséquence ou de concession :

	valeur
Ce n'est pas **si** facile que tu le dis.	comparaison
C'était **si** dur que...	conséquence
Si riche soit-il, ...	concession

1. Comparaison

Pour traduire « **pas si... que** », on emploie ***not as... as*** ou ***not so... as*** :

It isn't ***as*** *easy* ***as*** *you say.* Ce n'est pas si facile que tu le dis.
He isn't ***so*** *stupid* ***as*** *you think.* Il n'est pas si bête que tu le crois.

Notez également l'emploi fréquent de l'adverbe de degré ***that*** :

He isn't ***that*** *stupid!* Il n'est pas si bête que ça !
I didn't know he was ***that*** *ill.* Je ne savais pas qu'il était si malade.

2. Conséquence

Pour traduire « **si... que** », on emploie ***so... that*** :

It was ***so*** *hard* ***that*** *I gave up.* C'était si dur que j'ai abandonné.

3. Concession

La tournure restrictive introduite en français par « si » se traduit souvent par ***however*** :

However *rich he may be, he's made a mess of his life.* Si riche soit-il, il a gâché sa vie.
However *incredible it may seem, he's passed his driving test.*
Si incroyable que ça puisse paraître, il a eu son permis.

Notez également l'emploie de ***even if*** :

She's good at maths, ***even if*** *she dislikes it.* Elle est bonne en maths, même si elle n'aime pas ça.

À VOUS !

256. Traduisez les phrases ci-dessous, en vous aidant des éléments fournis.
a. Je ne me rendais pas compte que c'était si cher que ça. *(realize)* – b. Ce n'est pas si mauvais que je le croyais. – c. Le film était si ennuyeux que je me suis endormi. *(fall asleep)* – d. Si dur que nous travaillions, il n'est jamais satisfait. *(be satisfied)* – e. Il ne fait pas aussi chaud qu'hier. – f. Ce n'est pas si mal. – g. C'était si lourd qu'on n'a pas pu le porter. – h. Nous devons essayer, si impossible que cela puisse paraître.

SMALL et LITTLE

Emploi de *small* et de *little* 241

Les deux adjectifs *small* et *little* se traduisent en français par le même mot : « **petit** ». Il importe toutefois de faire les distinctions suivantes.

1. Différence entre *small* et *little*

- *Small* renseigne simplement sur la **taille** de la personne ou de la chose concernée.
- *Little* exprime généralement en plus une **appréciation personnelle** (affection, dégoût, etc.). Il est souvent placé après un autre adjectif.

small	little
*She's **small** for her age.* Elle est petite pour son âge.	*She's a nice **little** girl.* C'est une mignonne petite fille.
*He's a **small** man.* C'est un homme de petite taille.	*A horrible **little** man.* Un affreux petit bonhomme.
*They live in a **small** house.* Ils habitent une petite maison.	*What a lovely **little** house!* Quelle jolie petite maison !

2. Emplois de *small*

- ***Small* peut être adjectif épithète ou attribut et s'emploie également au comparatif ou au superlatif :**

*His sister is rather **small**.* Sa sœur est assez petite.
*He's the **smallest** in the class.* C'est le plus petit de la classe.

- ***Small* s'emploie aussi avec un adverbe :**

*This flat is too **small** for us.* Cet appartement est trop petit pour nous.

Attention ! Ces emplois sont impossibles avec *little*.

3. Emplois de *little*

- ***Little* ne s'emploie qu'en position épithète (devant le nom) :**

*They've got a **little** garden.* Ils ont un petit jardin. (et non pas : ~~Their garden is little.~~)

➡ *Little* s'emploie aussi pour une distance ou un laps de temps :

*What about a **little** walk?* Si on faisait une petite balade ?
*You'll have to wait a **little** while.* Vous devrez attendre un petit moment.

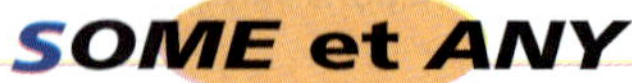

À VOUS !

257. Complétez les phrases ci-dessous à l'aide de *small* ou de *little*, puis traduisez.
a. Have you got this in a ... size? – b. I live in a friendly ... town. – c. These trousers are much too ... for me. – d. That's the ... dog I've ever seen. – e. Did you see their adorable ... boy? – f. Would you like a large or a ... beer? – g. They've got two very ... bedrooms. – h. We've made some ... changes.

258. Traduisez en employant *small* et *little*.
a. Nous sommes allés dans un joli petit restaurant indien. – b. J'ai acheté un petit paquet de cornflakes. – c. Leur maison est plutôt petite pour une si grande famille. – d. Je regardais ses jolies petites mains sur les touches du piano. *(keys)* – e. La petite Julie a eu une poupée. – f. Bien qu'il soit très petit, ce chien peut être dangereux.

SOME et ANY

242 Emploi de *some* et de *any*

Some et *any* sont des déterminants appartenant à la catégorie des quantificateurs. Ils peuvent être adjectifs ou pronoms et s'utilisent avec des noms dénombrables ou indénombrables. *Some* et *any* sont des opérateurs dont les rôles sont parfaitement distincts.

Voir aussi Quantificateurs 25, Noms dénombrables et indénombrables 3 

1. Valeurs quantitative et qualitative de *some* et de *any*

Some et *any* peuvent avoir chacun une valeur quantitative ou qualitative.

➡ Dans leur valeur **quantitative**, on emploie :

• *some* lorsque l'on sait ou suppose que les éléments existent. L'opérateur *some* sert en quelque sorte à « prélever » un nombre ou une quantité non précisés.

• *any* lorsque, par contre, l'on ignore l'existence ou la présence de ces éléments. Avec *any*, on considère tout l'éventail de ces éléments. L'opérateur *any* sert à « balayer », à « parcourir » l'ensemble.

some opérateur de prélèvement	*any* opérateur de parcours
*There are **some** gherkins in the fridge.* Il y a des cornichons dans le frigo.	*Are there **any** gherkins in the fridge?* Est-ce qu'il y a des cornichons dans le frigo ?
*Can I have **some** tea?* Je peux avoir du thé ?	*Can I get **any** tea?* Je peux avoir du thé ?
▼ on sait qu'il y en a	▼ on n'est pas sûr de la réponse

• Notez la nuance dans les questions suivantes selon que l'on utilise *some* ou *any* :

*Did you buy **some** cheese?* Tu as acheté du fromage ? ▼ on attend une réponse positive	*Did you buy **any** cheese?* Tu as acheté du fromage ? ▼ on n'a aucune idée de la réponse

Dans leur valeur **qualitative**, on emploie :

• *some* lorsque l'on veut mentionner, sans les définir, un ou plusieurs éléments, une catégorie, pris dans un ensemble.

• *any* lorsque l'on considère tous les éléments d'un ensemble sans en choisir un en particulier.

some	any
opérateur de prélèvement	opérateur de parcours
***Some** woman came to see you.* Il y a une femme qui est venue te voir. ***Some** students can do that.* Il y a des étudiants qui savent le faire. ▼ individus non définis	***Any** student can do that.* N'importe quel étudiant sait le faire. ▼ tout étudiant

• *Some* peut exprimer un jugement appréciatif de la part de l'énonciateur :

*She's **some** actress!* Ça, c'est une actrice ! *That's **some** whisky!* Ça, c'est du whisky !

2. *Any* et la négation

L'association *not... any* peut avoir une valeur quantitative ou qualitative.

Valeur quantitative :

• L'association *not... any* exprime simplement l'absence de l'élément en question :

*There aren't **any** eggs in the fridge.* Il n'y a pas d'œufs dans le frigo.

• *Not... any* peut être remplacé par ***no*** (ton catégorique) :

*There's **no** food in the cupboard.* Il n'y a pas de nourriture dans le placard.

Notez de même :

No problem.	Pas de problème.	*No vacancies.*	Complet.
No comment.	Sans commentaire.	*No entry.*	Sens interdit.

Valeur qualitative :

• L'association *not... any* permet d'insister sur un choix que l'on ne veut pas préciser.

valeur quantitative	valeur qualitative
*I **don't buy** any wine.* Je n'achète pas de vin. ▼ accent sur *don't buy*	*I don't buy **any** wine.* Je n'achète pas n'importe quel vin. ▼ accent sur *any*

• *Not... any* peut ici aussi être remplacé par ***no*** :

*He's **no** fool.* Il est loin d'être idiot.

*This is **no** film for children.* Ce n'est pas un film pour les enfants.

Attention ! *Some* et *any* en position sujet peuvent s'utiliser l'un comme l'autre avec *not* ; la place et le rôle de la négation étant toutefois différents. Comparez :

***Some** students **can't** do that.* Il y a des étudiants qui ne savent pas le faire.	***Not any** student can do that.* Ce n'est pas à la portée de n'importe quel étudiant. ***No** student can do that.* Aucun étudiant ne sait le faire.

3. *Some, any* et leurs composés

Les composés de *some* et de *any* suivent les mêmes règles. Il s'agit de :

somebody / someone	*something*	*somewhere*
anybody / anyone	*anything*	*anywhere*
quelqu'un	quelque chose	quelque part
nobody / no one	*nothing*	*nowhere*
personne	rien	nulle part

On dira ainsi :

Would you like something to drink? Veux-tu quelque chose à boire ?
Is there anything in the fridge? Y a-t-il quelque chose dans le frigo ?
There isn't anything left for dinner. Il ne reste rien pour le dîner.

À VOUS !

259. Complétez les phrases ci-dessous à l'aide de *some* ou de *any*.
a. ... bus will take you to the town centre. – b. Did you have ... luck? – c. Could we have ... water? – d. She married ... singer. – e. You can call at ... time. – f. ... recipes are easy. (recette) – g. That's ... dancer! – h. ... passer-by will tell you. – i. He doesn't stay in ... hotel, you know. – j. ... woman came in for the secretary's job.

260. Traduisez en employant *some*, *any*, *not any*, *no*, ou un de leurs composés.
a. Il y a des oiseaux dans le jardin. – b. Il y a des gens qui croient qu'il est corrompu. *(corrupt)* – c. Toutes les voitures ne peuvent pas aller aussi vite. – d. Ça, c'était un film ! – e. Chiens interdits. – f. Est-ce qu'il y a quelqu'un dans la maison ? – g. Quelque chose à déclarer ? – h. N'importe qui peut entrer. – i. Il ne boit pas n'importe quelle bière. – j. Il y a quelqu'un qui frappe à la porte. – k. Il n'y a plus de fruit.

SOMEWHAT et SOMEHOW

243 Emplois de *somewhat* et de *somehow*

Ne confondez pas *somewhat* et *somehow*, qui sont tous deux adverbes mais ne signifient pas la même chose.

1. *Somewhat* est un adverbe de degré qui signifie « quelque peu », « plutôt »

*I was **somewhat** surprised.* J'ai été quelque peu surpris.
*Our views are **somewhat** different.* Nos opinions diffèrent quelque peu.

2. *Somehow*, également adverbe, a deux sens distincts

Somehow signifie **« d'une manière ou d'une autre », « on ne sait comment »** :

*I'll manage **somehow (or other)**.* J'y arriverai d'une façon ou d'une autre.
*It has **somehow** disappeared.* Ça a disparu sans qu'on sache comment.

Somehow signifie « **pour une raison ou pour une autre : on ne sait pourquoi** » :

***Somehow** I don't trust her.* Je ne sais pourquoi, mais je ne lui fais pas confiance.

Peu, voir aussi **212**

À VOUS !

261. Complétez à l'aide de *somewhat* ou de *somehow*, puis traduisez.
a. We were suffering ... from the cold. – b. I don't think he's capable ... . – c. ... we must save £500. – d. His house is ... bigger. – e. I'll get there ... . – f. The news puzzled us ... – g. He ... never seems at ease. – h. We were ... disappointed by the results. – i. ... reluctantly he agreed. (à contre cœur) – j. ... we have to cut the costs.

SOUHAIT et REGRET

Expression du souhait et du regret 244

1. Souhait

L'expression du souhait dépend de la structure de la phrase. Comparez :

J'aimerais partir.	le souhait que fait le sujet le concerne seul
J'aimerais qu'il parte.	le souhait que fait le sujet concerne une autre personne

On emploie en anglais, pour un souhait qui concerne :

le sujet lui-même

- ***would like*** } + ***to*** **V** :
- ***wish***

*I'**d like** to go.*
J'aimerais partir.

*They **wish** to see you.*
Ils souhaitent vous voir.

une autre personne

- ***would like*** } + **nom (ou pronom)** + ***to*** **V** :
- ***wish***

*I'**d like** him to go.*
J'aimerais qu'il parte.

*We **wish** her to succeed.*
Nous lui souhaitons de réussir.

- ***wish*** + **nom (ou pronom)** + ***would*** + **V** :

*I **wish** you **would** stop smoking.* (1)
Je voudrais que tu cesses de fumer.

(1) Avec *would*, le locuteur fait appel au bon vouloir de l'autre.

Will et *would*, voir **268**

Autres expressions du souhait :

- Quand on souhaite quelque chose à quelqu'un, on emploie le verbe ***wish*** :

I wish you a merry Christmas. Je te souhaite un joyeux Noël.
We wished her good luck. Nous lui avons souhaité bonne chance.

- Notez également l'exclamation avec le modal ***may*** :

May they be happy! Puissent-ils être heureux !

2. Regret

L'expression du regret dépend également de la structure de la phrase. Comparez :

Je regrette qu'il n'ait pas téléphoné.	le regret porte sur une situation passée
Je regrette qu'il ne téléphone pas plus souvent.	le regret porte sur une situation présente

On emploie en anglais :

dans une situation passée

• ***wish*** **+ *past perfect* modal :**

*I wish he **had phoned** before.*
Je regrette qu'il n'ait pas téléphoné avant.

*I wish I **had been** able to help you.*
Je regrette de ne pas avoir pu t'aider.

*I wish I **had been** there.*
Je regrette de ne pas avoir été là.

• ***if only*** **+ *past perfect* modal :**

***If only** your sister **had told** me!*
Si seulement ta sœur me l'avait dit !

• ***should*** **+ *have*** **V-EN :**

*He **should have phoned** before.*
Il aurait dû téléphoner avant.

dans une situation présente

• ***wish*** **+ prétérit modal :**

*I wish he **phoned** more often.*
Je regrette qu'il ne téléphone pas plus souvent.

*I wish I **could** come.*
Je regrette de ne pas pouvoir venir.

*I wish I **were** there.* (1)
Je regrette de ne pas être là-bas.

• ***if only*** **+ prétérit modal :**

***If only** he **phoned**!*
Si seulement il téléphonait !

(1) *Were* est utilisé à toutes les personnes, mais l'on rencontre aussi *I wish I was*...

Prétérit et *past perfect* modal, voir aussi 52

Attention ! Notez bien les différences entre l'anglais et le français, à la fois dans les termes utilisés et dans l'emploi de la négation. Les blocs représentés ci-dessous se traduisent ainsi d'une langue à l'autre par des formulations de sens contraire :

I wish he had phoned before.
≠
Je regrette qu'il **n'**ait **pas** téléphoné avant.

I wish he hadn't phoned before.
≠
Je regrette qu'il ait téléphoné avant.

Autres expressions du regret avec le verbe ***regret*** :

*I **regret that** I cannot answer every letter personally.*
Je regrette de ne pas pouvoir répondre personnellement à toutes les lettres.
*I **regret to** say that she will not be coming back.* Je regrette de dire qu'elle ne reviendra pas.
*I **regret** telling you the truth.* Je regrette de t'avoir dit la vérité.
*He **regrets not** having spoken earlier.* Il regrette de ne pas avoir parlé plus tôt.

À VOUS !

262. Traduisez les phrases ci-dessous.
a. J'aimerais être riche. – b. Tu voudrais que je t'aide ? – c. Je regrette d'avoir été si impoli. *(impolite)* – d. Elle regrette que vous ne l'aidiez pas davantage. – e. Je regrette de ne pas être plus grande. – f. Nous vous souhaitons bonne chance. – g. Si seulement je l'avais su plus tôt. – h. Il regrette de ne pas être avec nous. – i. Je regrette d'avoir acheté une si grande maison.

SUBJONCTIF FRANÇAIS

Traduction du subjonctif français 245

Le tableau ci-dessous indique les principales tournures françaises nécessitant le subjonctif et les formulations anglaises correspondantes.

français	anglais
• expression de la volonté, du désir Je veux que tu viennes. J'aimerais que tu viennes.	• proposition infinitive *I want you to come.* *I'd like you to come.*
• expression de l'incertitude Il se peut que le train soit en retard. Il se pourrait qu'il pleuve.	• modal + V *The train may be late.* *It might rain.*
• expression de l'obligation Il faut que vous partiez. Il faudrait que vous veniez.	• modal + V *You must go.* *You should come.*
• expression du but Venez de bonne heure pour que nous puissions en discuter longuement. Venez de bonne heure pour qu'on ait le temps de manger d'abord.	• *so that* *Come early so that we can have a long discussion.* *Come early so that we'll have time to eat first.*
• expression du jugement Je suis ravi que tu sois d'accord. Je suis surpris qu'il ait réagi ainsi. Je suis stupéfait qu'ils se marient.	• présent ou prétérit *I'm glad you agree.* *I'm surprised that he reacted like that.* • *should* + V *I'm amazed that they should marry.*
• contraste et condition Bien que ce soit vrai, ... À moins que tu le fasses toi-même.	• présent *Though it's true...* *Unless you do it yourself.*
• expression de l'alternative Que cela te plaise ou non.	• *whether* *Whether you like it or not.*
• expression de la supposition Suppose qu'il pleuve... Suppose que je gagne...	• présent (fortes chances) *Suppose it rains...* • prétérit modal (faible probabilité) *Suppose I won...*
• expression du souhait Il est temps qu'on parte. J'aimerais que tu m'écoutes.	• prétérit modal *It's time we left.* *I'd rather you listened to me.*

• expression du regret	• prétérit modal
Je regrette que tu ne viennes pas.	*I wish you came.*
	• *past perfect* modal
Je regrette que tu ne sois pas venu.	*I wish you had come.*

À VOUS !

263. Traduisez en utilisant les formulations équivalant au subjonctif français.
a. Il faut que tu appelles ta sœur ce soir. – b. Il aimerait qu'elle l'invite. – c. Bois de l'eau maintenant pour que tu n'aies pas soif après. – d. Il se peut qu'elle ne vienne pas seule. – e. Que tu sois là ou non. – f. Je suis mécontent que tu n'aies pas écrit. *(upset)* – g. Il ne réussira pas à moins que vous ne l'aidiez. *(succeed)* – h. Imagine que tu sois riche. – i. Il est grand temps que les enfants aillent au lit.

SUFFIXES

246 Valeurs des suffixes

Les suffixes anglais permettent de créer un mot nouveau à partir d'un élément de base. Celui-ci n'appartient pas toujours à la même catégorie que l'élément de base.

Plusieurs suffixes ressemblent aux suffixes français et sont ainsi facilement compréhensibles :

-ist	*piano* piano	*pianist* pianiste	**-ian**	*music* musique	*musician* musicien
-ant	*assist* aider	*assistant* aide / assistant	**-ion**	*promote* promouvoir	*promotion* promotion
-ence	*depend* dépendre	*dependence* dépendance	**-ity**	*intense* intense	*intensity* intensité
-able / -ible	*respect* respecter	*respectable* respectable	**-ility**	*possible* possible	*possibility* possibilité

Il existe cependant d'autres suffixes dont on pourrait ne pas reconnaître le sens général. La sélection ci-dessous indique certains d'entre eux :

-*FUL* : qualité (pourvu de)		adjectif	
care (nom)	soin	*careful*	prudent

-*ISH* : qualité (qui tend vers)		adjectif	
red (adj.)	rouge	*reddish*	rougeâtre
child (nom)	enfant	*childish*	puéril

-*LESS* : qualité (dépourvu de)		adjectif	
hope (nom)	espoir	*hopeless*	sans espoir

-LIKE : ressemblance		adjectif	
child (nom)	enfant	*childlike*	enfantin

-AL : action		nom	
refuse (V)	refuser	*refusal*	refus
propose (V)	proposer	*proposal*	proposition

-DOM : condition, statut		nom abstrait	
free (adj.)	libre	*freedom*	liberté
wise (adj.)	sage	*wisdom*	sagesse

-HOOD : condition, statut		nom abstrait	
child (nom)	enfant	*childhood*	enfance
neighbour (nom)	voisin	*neighbourhood*	voisinage

-NESS : qualité, état		nom abstrait	
kind (adj.)	gentil	*kindness*	gentillesse

-SHIP : relation, situation sociale		nom abstrait	
friend (nom)	ami	*friendship*	amitié

-Y / **-LY** : qualité / manière		adjectif / adverbe	
noise (nom)	bruit	*noisy*	bruyant
friend (nom)	ami	*friendly*	amical
honest (adj.)	honnête	*honestly*	honnêtement

-EN : action		verbe	
wide (adj.)	large	*widen*	élargir

Cas des suffixes *-ic* et *-ical* :

• Il existe un certain nombre d'adjectifs construits sur un même élément de base, et qui ont deux terminaisons possibles : *-ic* et *-ical*. Dans certains cas, il n'y a pas de différence entre les deux formes :

fanatic, fanatical fanatique — *cynic, cynical* cynique
symbolic, symbolical symbolique — *symmetric, symmetrical* symétrique

• Notez que c'est la forme en *-ic* qui est utilisée lorsque l'adjectif est employé comme substantif :

a fanatic un fanatique — *a cynic* un cynique

• Toutefois il y a une différence entre les deux formes des adjectifs suivants :

electric qui fonctionne à ou produit de l'électricité *an electric guitar* une guitare électrique	#	*electrical* qui se rapporte à l'électricité *an electrical engineer* un ingénieur en électricité
economic qui se rapporte à l'économie *an economic crisis* une crise économique	#	*economical* qui fait des économies *an economical measure* une mesure économique

Pour d'autres exemples, et d'autres suffixes, consultez le dictionnaire.

SUGGESTION

247 Expression de la suggestion

Il y a de nombreuses façons d'exprimer la suggestion, selon l'intention du locuteur. Tout dépend aussi du ton employé. Notez bien les constructions propres à chacune des formulations sélectionnées ci-dessous.

1. Pour suggérer d'une façon aimable ou neutre

Could + V :

*You **could** leave early.* Vous pourriez partir tôt.

How about / _what about_ + _V-ing_ :

*__How about__ **going** out this evening?* Et si on sortait ce soir ?
*__What about__ **calling** a meeting to discuss it?* Et si on convoquait une réunion pour en débattre ?

How about / _what about_ + nom :

__How about__ a drink? Et si on buvait quelque chose ?
__What about__ a Coke? Et si on prenait un Coca ?

Shall we + V :

__Shall we__ meet outside the cinema? On se retrouve devant le cinéma ?

Try + _V-ing_ :

*__Try__ **talking** to him.* Essaie de lui en parler.

Try + nom ou pronom :

__Try__ a different airline next time. Essaie une autre compagnie (aérienne) la prochaine fois.

2. Pour suggérer d'une façon hésitante

Might (as well) + V :

*You **might** rent a car.* Vous pourriez peut-être louer une voiture.
*We **might as well** tell her the truth.* Après tout, pourquoi ne pas lui dire la vérité ?

3. Pour suggérer d'une façon persuasive

Why don't you / _we_ + V :

__Why don't you__ buy both? Pourquoi n'achetez-vous pas les deux ?

4. Pour suggérer d'une façon ferme

Can't you / _couldn't you_ + V :

__Can't you__ do it for me? Tu ne peux pas faire ça pour moi ?
__Couldn't you__ come with me? Tu ne pourrais pas venir avec moi ?

Why not + V :

__Why not__ stay with us? Pourquoi ne pas rester avec nous ?

Let's + V :

__Let's__ go. Allons-y.

Suggest **et** ***recommend*** :

Notez les différentes constructions possibles avec ces verbes :

• lorsque la suggestion concerne quelqu'un d'autre :

*He **suggested** that we should rent a car.* Il a suggéré qu'on loue une voiture.
*He **recommended** that we rent a car.* (1) Il a suggéré qu'on loue une voiture.

(1) *rent* est ici une base verbale.

May I recommend the Chablis? Puis-je vous suggérer le Chablis ?

Notez l'omission du pronom personnel en anglais.

• lorsque la suggestion concerne également la personne qui parle :

*I **suggest** renting a car.* (2) Je suggère qu'on loue une voiture.

(2) *renting* est ici un gérondif.

Conseil, voir aussi 139 

SUPERLATIF

Emploi du superlatif avec ou sans *the* 248

En général, le superlatif d'un adjectif se construit de la manière suivante :

the **+ adjectif court +** ***-est*** ou ***the most*** **+ adjectif long**

Cependant, *the* peut être omis dans certains cas. Comparez les deux emplois :

the	ø
*Ann is **the nicest** of all.* Ann est la plus gentille de toutes. ▼ Ann par rapport aux autres	*Ann is **nicest** when she's in love.* C'est quand elle est amoureuse qu'Ann est la plus gentille. ▼ Ann dans une phase particulière
*It's **the busiest** shopping centre in the town.* C'est le centre commercial le plus animé de la ville. ▼ ce centre par rapport aux autres	*This shopping centre is **busiest** on Friday evenings.* C'est le vendredi soir que ce centre commercial est le plus animé. ▼ ce centre à un moment particulier

Voir Superlatif 36 à 39, *Best* 129 

À VOUS !

264. Traduisez les phrases ci-dessous.

a. C'est en mai que la Grèce est le plus agréable. – b. C'est quand j'étais à l'école que j'étais le plus heureux. – c. Elle a acheté la robe la plus chère du magasin. – d. Ça a été la journée la plus chaude de l'année. – e. C'est en maths que Bob est le meilleur. – f. C'est Bob le meilleur en maths. – g. C'est le matin que je suis le plus efficace. *(efficient)* – h. J'ai choisi la solution la plus facile.

TANT et TELLEMENT

249 Traductions de « tant » et de « tellement »

La traduction de « tant » ou « tellement » dépend de leur fonction dans la phrase.

1. « Tant » ou « tellement » portant sur un nom

On emploie ***so many*** ou ***so much*** selon que le nom qui suit est dénombrable ou indénombrable :

so many + nom dénombrable	*so much* + nom indénombrable
*There are **so many** books to read!* Il y a tant de livres à lire !	*He showed **so much** courage!* Il a montré tant de courage !
*He's been to **so many** countries!* Il est allé dans tant de pays !	*He ate **so much** ice cream!* Il a mangé tellement de glace !

2. « Tant » ou « tellement » portant sur un verbe

Lorsque « tant » ou « tellement » porte sur un verbe, on emploie ***so much*** :
*She works **so much**!* Elle travaille tellement !

À VOUS !

265. Repérez si les éléments manquants portent sur un nom dénombrable (A) ou indénombrable (B). Complétez à l'aide de *so many* ou de *so much*, puis traduisez.
a. Have you ever seen ... fireworks? (feu d'artifice) – b. I've never felt ... emotion. – c. ... noise gives me a headache. (mal de tête) – d. If only I didn't have ... problems! – e. I'd never seen ... people.

266. Traduisez les phrases ci-dessous.
a. Ils ont abattu tellement d'arbres ! *(cut down)* – b. Elle lit tant qu'elle a besoin de lunettes. – c. Vous aimeriez vraiment avoir tant d'argent ? – d. Ne gaspille pas tant de papier ! *(waste)* – e. Il a bu tellement de café qu'il ne peut dormir. – f. Il travaille tellement qu'il ne voit jamais ses enfants.

TO

250 Emplois de *to* particule et de *to* préposition

To peut être préposition ou particule. Quelle que soit sa nature, *to* a toujours la valeur de base de « **déplacement** », de « **mouvement** », qui prend souvent par extension le sens de « **but à atteindre** » ; ce que l'on appelle aussi « visée ».

Comparez ainsi :

<u>*to* préposition</u>	<u>*to* particule</u>
*I went **to** the cinema yesterday.* Je suis allé au cinéma hier. ▼ mouvement : aller au cinéma	*I want **to** buy a car.* Je veux acheter une voiture. ▼ visée : acheter une voiture

Il est important de distinguer la nature de *to*, pour choisir la construction appropriée :

- ***to* préposition** est suivie d'un **nom** ou d'un **gérondif** ;
- ***to* particule** est suivie d'un **infinitif**.

<u>*to* préposition</u>	<u>*to* particule</u>
*They're going **to** the ice rink.* Ils vont à la patinoire.	*They're going **to** play cards.* Ils vont jouer aux cartes.
*I'm prone **to** headaches.* Je suis sujet aux maux de tête.	*I'm likely **to** be late.* Je risque d'être en retard.
*He confessed **to** telling lies.* Il a reconnu avoir menti.	*He decided **to** move house.* Il décida de déménager.
*He was used **to** driving on the left.* Il avait l'habitude de conduire à gauche.	*He used **to** go out a lot.* Il sortait beaucoup autrefois.

On retrouve la valeur de la particule *to* (but à atteindre, visée) dans des tournures comme *be to*, *have to*, *ought to*, etc. :

*The president is **to** visit China.* Le président doit se rendre en Chine.
*He has **to** wear glasses.* Il doit porter des lunettes.
*You ought **to** leave before dark.* Vous devriez partir avant la nuit.

Particules, voir aussi 208 

Traductions de « trop » 251

La traduction de « trop » dépend du mot concerné.

1. « Trop » portant sur un adjectif ou un adverbe

On emploie ***too*** suivi d'un adjectif ou d'un adverbe :

*It's **too** dangerous.* C'est trop dangereux. *You're speaking **too** fast.* Vous parlez trop vite.

Pour traduire « beaucoup trop », on utilise la combinaison ***much too*** ou ***far too*** :

*It's **much too** hot to go cycling.* Il fait beaucoup trop chaud pour faire du vélo.
*This car is **far too** expensive.* Cette voiture est beaucoup trop chère.

2. « Trop » portant sur un verbe

On emploie ***too much*** après le verbe :

*He works **too much**.* Il travaille trop.

3. « Trop de » portant sur un nom

Pour traduire « trop de », on utilise ***too many*** ou ***too much*** selon que le nom qui suit est dénombrable ou indénombrable :

too many + dénombrable	*too much* + indénombrable
*There are **too many** cars on the roads.* Il y a trop de voitures sur les routes.	*He spends **too much** time on his collections.* Il passe trop de temps à ses collections.

Le nom peut être omis, quand il est évident :

*"How many cigarettes does he smoke?" – "**Too many**."*
Combien fume-t-il de cigarettes ? – Trop.

Pour traduire « beaucoup trop de », on utilise la combinaison ***far too many*** ou ***far too much*** selon que le nom qui suit est dénombrable ou indénombrable :

far too many + dénombrable	*far too much* + indénombrable
*You've invited **far too many** people.* Tu as invité beaucoup trop de monde.	*He spends **far too much** money.* Il dépense beaucoup trop.

Pour traduire « trop peu de », on utilise la combinaison ***too few*** ou ***too little*** selon que le nom qui suit est dénombrable ou indénombrable :

too few + dénombrable	*too little* + indénombrable
*There are **too few** jobs.* Il y a trop peu d'emplois.	*We've got **too little** time left.* Il nous reste trop peu de temps.

Voir aussi Noms dénombrables et indénombrables 3,
Many et *much* 190

À VOUS !

267. Traduisez les phrases ci-dessous, en vous aidant des éléments fournis (dén. : dénombrable / indén. : indénombrable).
a. C'est trop loin. *(far)* – b. Trop peu de gens veulent travailler dans l'agriculture. (*people :* dén.) – c. On ne voyait rien. Il y avait trop de brouillard. (*fog :* indén.) – d. Je suis trop occupé pour t'aider. *(busy)* – e. Ne me donnez pas trop de pommes de terre. (*potato :* dén.) – f. Ce manteau est beaucoup trop grand pour moi. – g. Elle boit trop.

TRY

252 Emplois de *try*

Le verbe *try* peut être suivi de deux constructions différentes :

- le **gérondif**, s'il s'agit d'une **expérience** ;
- ***to* + infinitif**, s'il s'agit d'une intention ou d'un **but**, impliquant un effort.

gérondif	*to* + infinitif
I tried ***skating****, but I didn't enjoy it.* J'ai essayé le patinage, mais je n'ai pas aimé. ▼ j'ai fait l'expérience	*I tried* ***to skate****, but I couldn't even stand on the ice!* J'ai essayé de faire du patin à glace, mais je n'ai même pas réussi à rester debout ! ▼ mon but n'a pas été atteint
Try ***adding*** *some pepper, to spice up the sauce.* Essaie de mettre du poivre pour relever la sauce. ▼ l'expérience faite, on verra si c'est meilleur	*Try* ***to open*** *this tin, will you?*(1) Essaie d'ouvrir cette boîte, veux-tu ? ▼ but à atteindre
Have you ever tried ***bungee jumping****?* Vous avez déjà essayé le saut à l'élastique ?	

(1) Autre formulation possible : *Try and open...*

À VOUS !

268. Repérez d'abord dans les phrases ci-dessous s'il s'agit d'une expérience (A) ou d'un effort (B), puis complétez à l'aide des verbes fournis.
a. I tried ... the car, but it was too heavy. *(push)* – b. "The car won't start. " – "Well, try ... it." *(push)* – c. Try ... the aerial (antenne) on the roof: you'll get a better picture. *(put)* – d. I'll try ... better next time. *(do)* – e. Have you tried ... your hair with this new shampoo? *(wash)* – f. I'll try ... the wheel. *(change)* – g. Try ... the cancel (annuler) button. *(push)* – h. Could you try ... this button? I think it's stuck (coincé). *(push)* – i. I tried ... you, but I couldn't find a phone box. *(call)* – j. I tried ... you, but you didn't answer. *(call)*

Emplois de *unless* 253

La conjonction *unless*, dans le sens général de « **à moins que** », peut s'employer dans des contextes différents.

1. Expression d'une situation adverse

Unless s'emploie pour exprimer une condition négative, mais peut signifier deux choses :

	sens
Nous irons marcher **à moins** qu'il ne pleuve.	sauf si
Il sort **à moins** qu'il ne soit de garde.	sauf quand

Comparez les deux sens :

sauf si	sauf quand
We'll go hiking ***unless*** *it rains.* Nous irons marcher à moins qu'il ne pleuve.	*He goes away at weekends* ***unless*** *he's on call.* Il part le week-end à moins qu'il ne soit de garde.
They won't let her out ***unless*** *she's done her homework.* Ils ne la laisseront pas sortir si elle n'a pas fait ses devoirs.	*She used to arrive before dinner* ***unless*** *she missed her train.* Elle arrivait avant le dîner quand elle ne ratait pas son train.

2. Expression d'une alternative

Unless s'emploie également dans des phrases exprimant une alternative :

Let's go to the cinema, ***unless*** *you'd rather watch TV.*
Allons au cinéma, à moins que tu ne préfères regarder la télé.

3. *Unless* et *if... not*

Unless peut avoir comme équivalent *if... not,* mais dans certains cas *if... not* est la seule formulation possible. On ne peut pas par exemple utiliser *unless* lorsque le contexte fait état d'une réalité. Comparez ainsi :

if not ou *unless*	*if not* seulement
I'll see you tonight ***if*** *I'm* ***not*** *busy.* Je te verrai ce soir si je ne suis pas pris.	*I would see you* ***if*** *I* ***weren't*** *busy.* Je te verrais si je n'étais pas pris.
I'll see you tonight ***unless*** *I'm busy.* Je te verrai ce soir à moins que je ne sois pris.	
▼ sauf si (je peux être pris, ou non)	▼ il s'agit d'une réalité (en fait, je suis pris)

À VOUS !

269. Repérez si *unless* signifie ci-dessous « sauf si » (A) ou « sauf quand » (B), puis traduisez.

a. I won't come unless you ask me to. – b. Unless you ask her, you'll never know. – c. We usually go windsurfing unless it's too windy. – d. I went out unless I was too tired. – e. He answered the phone himself, unless he was in a meeting. – f. She won't succeed unless she practises regularly. – g. I'll eat out unless I have too much to do. – h. It takes twenty minutes unless there are tailbacks. *(bouchons)* – i. Could you type this for me, unless you haven't finished yet.

270. Repérez si *if... not* peut être remplacé ci-dessous par *unless* (A) ou non (B), puis reformulez le cas échéant.

a. You'd sleep better if you didn't drink coffee at night. – b. If he didn't work so hard, he'd be less tired. – c. I'll probably go sailing if the sea isn't too rough. – d. One of my daughters must have phoned, if it wasn't my wife. – e. If I hadn't told you, you would never have known. – f. If I had known, I wouldn't have lent him the money. – g. You shouldn't leave now, if you haven't got an umbrella. – h. We'll go to the Odeon, if it isn't full.

USED TO (BE~ / GET~)

Emplois de *be used to* et de *get used to* 254

Les tournures *be used to* et *get used to* expriment l'une et l'autre l'**habitude** ; les exemples français suivants illustrant la différence :

	valeur
Il a l'habitude des étrangers.	état
Il s'habitue au climat.	changement

On emploie selon le cas :
- ***be used to* + nom / V-*ing*** pour exprimer un **état** ;
- ***get used to* + nom / V-*ing*** pour exprimer un **changement**.

Ces deux tournures s'utilisent comme les verbes *be* et *get*.

état	changement
*He's **used to** foreigners.* Il a l'habitude des étrangers.	*He's **getting used to** the weather.* Il s'habitue au climat.
*He's **used to living** abroad.* Il a l'habitude de vivre à l'étranger.	*She **got used to living** in China.* Elle s'est habituée à vivre en Chine.

Ne confondez pas *be used to* avec *used to* :

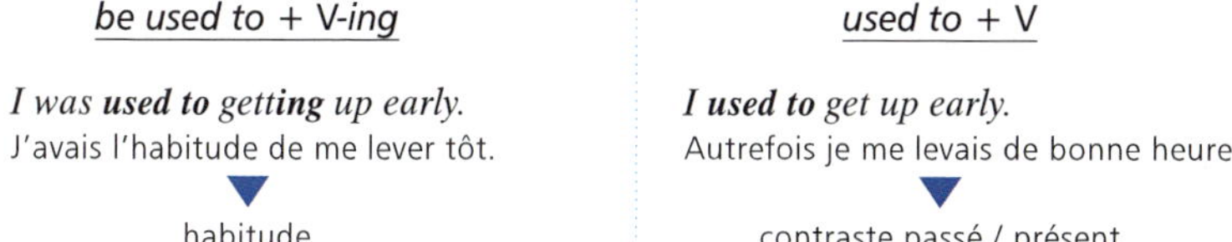

be used to + V-*ing*	*used to* + V
*I was **used to getting** up early.* J'avais l'habitude de me lever tôt.	*I **used to** get up early.* Autrefois je me levais de bonne heure.
habitude	contraste passé / présent

À VOUS !

271. Traduisez les phrases ci-dessous.
a. Il s'habitue à vivre seul. – b. Je n'ai pas l'habitude de ce nouvel ordinateur. – c. Ils avaient l'habitude d'être aussi isolés. *(isolated)* – d. Vous vous êtes habitué au bruit ? – e. Tu t'y habitueras. – f. Autrefois, je faisais du jogging tous les jours. – g. Nous nous habituons à la nouvelle routine. – h. Je n'ai jamais pris l'habitude de conduire à gauche.

USED TO et WOULD

Emplois de *used to* et de *would* 255

La tournure *used to* et le modal *would* (dans sa valeur « caractéristique ») décrivent une **situation passée** ; les exemples français suivants illustrant la différence :

	valeur
Autrefois je lisais beaucoup. J'allais à la bibliothèque le lundi.	contraste passé / présent activité répétée dans le passé

On emploie selon le cas :

• ***used to*** **+ V** pour exprimer un **contraste entre le passé et le présent** ;
• ***would*** **+ V**, souvent associé à un marqueur de fréquence, pour exprimer une activité répétée dans le passé, un comportement caractéristique du sujet.

contraste passé / présent	activité répétée dans le passé
I ***used to*** *read a lot.* Autrefois je lisais beaucoup. *There* ***used to*** *be a mill in this village.* Il y avait un moulin dans ce village.	*I* ***would*** *go to the library on Mondays.* J'allais à la bibliothèque le lundi.
▼ cela n'est plus vrai	▼ la plupart du temps il en était ainsi

Notez les constructions aux formes interrogative et négative :

Did he ***use to*** *smoke much?* Est-ce qu'il fumait beaucoup ?
I ***didn't use to*** *like baroque music.* Autrefois je n'aimais pas la musique baroque.

À VOUS !

272. Repérez s'il s'agit d'un contraste passé-présent (A), ou d'une caractéristique du sujet (B), puis complétez avec *used to* ou *would* à la forme appropriée.
a. He ... the piano in a bar. *(play)* – b. He ... the tunes people liked. *(play)* – c. ... he ... out in those days? *(go)* – d. She ... the smartest pupil in her school. *(be)* – e. He ... silent for hours when he was cross. *(keep)* – f. People ... more bread than nowadays. *(eat)* – g. He ... to anyone before an important match. *(not talk)*

VERBES D'OBSERVATION ET DE PERCEPTION

256 Emplois des verbes d'observation et de perception

Les verbes de perception correspondent aux cinq sens : ils désignent généralement une perception involontaire (voir, entendre). Les verbes d'observation supposent une activité volontaire de la part du sujet (regarder, observer).

1. Emploi des verbes d'observation et de perception avec V ou V-*ing*

Les verbes de perception (comme *see*, *hear*, *feel*) et d'observation (comme *notice*, *watch*) peuvent entraîner :

• l'**infinitif sans *to*** (V) : ils décrivent dans ce cas une **action perçue dans sa globalité** ;
• le **participe présent** (V-*ing*) : ils décrivent alors une **action vue dans son déroulement**.

Comparez :

infinitif sans *to*	participe présent
I saw her ***walk*** *into the shop.* Je l'ai vue entrer dans le magasin.	*I saw her* ***walking*** *down the street.* Je l'ai vue descendre la rue.
We heard someone ***shout****.* Nous avons entendu quelqu'un crier.	*I heard the baby* ***crying****.* J'ai entendu le bébé pleurer.
▼ action perçue dans sa globalité	▼ action perçue dans son déroulement

Voir Subordonnées infinitives sans *to* **97**, Subordonnées gérondives **99**

Ces verbes peuvent s'utiliser à la voix passive. L'infinitif est alors précédé de *to*.

infinitif avec *to*	participe présent
She was seen ***to*** *walk into the shop.* On l'a vue entrer dans le magasin.	*She was seen walk****ing*** *down the street.* On l'a vue descendre la rue.

2. Emploi des verbes de perception suivis d'un adjectif ou de *like*

Les verbes *look, smell, sound, feel* et *taste* peuvent exprimer deux notions :

- ils décrivent un **état** : ils peuvent alors se substituer au verbe ***be*** et sont suivis d'un **adjectif** ;
- ils expriment une **ressemblance** : ils sont suivis de ***like*** **+ nom**.

description	ressemblance
It looks delicious. Ça a l'air délicieux.	*He looks like his father.* Il ressemble à son père.
It smells awful. Ça sent très mauvais.	*It smells like fudge.* Ça ressemble à du caramel.
That sounds interesting. Ça a l'air intéressant.	*It sounds like Mozart.* Ça ressemble à du Mozart.
It feels slimy. C'est gluant.	*It feels like velvet.* Ça ressemble à du velours.
It tastes sweet. C'est sucré.	*It tastes like honey.* On dirait du miel.

Les questions correspondantes sont :

What is it like?
Comment c'est ?

What does it taste like?
À quoi ça ressemble ?

As if, voir **123**

À VOUS !

273. Traduisez les phrases ci-dessous.

a. Nous les avons vus déjeuner ensemble dans un restaurant. *(have lunch)* – b. J'ai entendu chanter les oiseaux quand j'ai ouvert la fenêtre. – c. On a aperçu le suspect parler à la victime. *(the suspect)* – d. On les a souvent entendus se disputer. *(argue)* – e. Il sentit quelqu'un le frôler en passant dans l'obscurité. *(brush past)* – f. J'ai senti la terre trembler sous mes pieds. – g. J'ai senti quelque chose qui rampait dans mon dos. *(crawl down)* – h. Entendez-vous le groupe jouer ?

VERBES À PARTICULES

257 Verbes à particule adverbiale

Une particule adverbiale ajoutée à un verbe modifie le sens de ce verbe. Un même ensemble peut aussi avoir des sens différents.

Vous trouverez ci-dessous un choix de verbes à particule adverbiale, ainsi qu'une sélection de sens, qu'il est utile de connaître.
Pour plus de détails, et pour d'autres verbes, consultez votre dictionnaire.

| Abréviations : qqn : quelqu'un

break	*~ down*	tomber en panne
	~ off	rompre (une relation...)
	~ out	éclater (guerre...)
	~ up	disperser (une foule...)
bring	*~ back*	rappeler (à la mémoire)
	~ up	élever (éduquer)
call	*~ in*	passer (faire une visite...)
	~ off	annuler
	~ out	appeler (un médecin...)
	~ up	appeler au téléphone (US)
carry	*~ off*	remporter (un prix...)
	~ on	continuer
	~ out	réaliser (un projet...)
do	*~ up*	• retaper, restaurer (une maison...) • faire (un paquet...)
get	*~ away*	partir, se sauver
	~ back	revenir
	~ through	• avoir (qqn) au téléphone • s'en sortir
	~ up	se lever
give	*~ away*	révéler
	~ back	rendre
	~ in	céder
	~ up	abandonner
keep	*~ on*	continuer
	~ up	suivre (le rythme...)
make	*~ off*	partir
	~ up	• inventer (de toutes pièces) • se réconcilier
pick	*~ out*	choisir
	~ up	• s'améliorer • ramasser • (passer) prendre qqn
put	*~ off*	• écœurer • remettre à plus tard
	~ out	• déranger • éteindre
	~ up	loger
take	*~ back*	retirer
	~ down	noter
	~ in	comprendre, saisir
	~ off	décoller
	~ on	s'en faire
	~ up	se mettre à (activité...)
turn	*~ off*	éteindre
	~ out	s'avérer
	~ up	arriver

Voir Verbes à particules adverbiales 62, Particules 208

258 Verbes à particule adverbiale + préposition

Certains verbes à particule adverbiale peuvent être suivis d'une préposition. L'addition de la préposition peut, ou non, modifier le sens de l'ensemble [verbe + particule adverbiale] :

put up loger qqn *put up with* supporter qqn

La sélection ci-dessous vous aidera à retenir des exemples particulièrement utiles.

Abréviatons : *sb : somebody* *sth : something* qqn : quelqu'un qqch : quelque chose

back out of	• se retirer de • revenir sur
be up to	• manigancer • être à la hauteur de
break in on	interrompre
carry on with	continuer
cash in on	tirer profit de
catch up with	rattraper
check up on	• faire une enquête sur • vérifier
come down to	• se ramener à • revenir à
come up with	trouver (une idée, ...)
cut down on	réduire
do away with	se débarrasser de
drop in on sb	passer voir qqn
fall behind with	prendre du retard dans
fit in with	• correspondre à • s'adapter à • s'entendre avec
get away with	• échapper à • se tirer de
get on with	s'entendre avec
get (a)round to sth	prendre le temps de faire qqch
go on with	continuer
go through with	mettre à exécution
hit out at	• s'en prendre à • attaquer
join in with	se joindre à
keep away from	ne pas s'approcher de
keep up with	• se maintenir à la hauteur de • garder le contact avec
look forward to	attendre avec impatience
look out for	guetter
look up to	avoir du respect pour
make up for	• compenser • rattraper
miss out on	• manquer • rater
put up with	supporter
run out of	manquer de
speak up for	défendre (qqn, une idée...)
stand up for	défendre (une idée...)
stay away from	ne pas s'approcher de
watch out for	guetter
write off for	écrire pour demander

À VOUS !

274. Complétez à l'aide de la particule adverbiale appropriée, puis traduisez.
a. We've decided to call ... the whole project. – b. The police broke ... the demonstration. (manifestation) – c. Call ... any time, I'll be at home. – d. I don't believe you. You're making it ... ! – e. We've bought an old house which we're going to do ... .

275. Traduisez les phrases en employant la particule adverbiale appropriée.
a. Ma voiture est encore tombée en panne. – b. Nous avons rompu nos fiançailles. *(engagement)* – c. La guerre civile a éclaté. – d. Cette musique me rappelle des souvenirs de vacances. – e. Son histoire s'avéra vraie. – f. À quelle heure est-il finalement arrivé ? – g. Tu pourrais me loger pour la nuit ? – h. Ne marche pas si vite. J'ai du mal à suivre.

276. Complétez les phrases ci-dessous à l'aide de la particule adverbiale et de la préposition appropriées, puis traduisez.
a. You should never back ... a decision. – b. Could you check ... this information? – c. Is that the best you can come ...? – d. She's falling ... her schoolwork. – e. How do you get ... your boss? – f. When will you get ... mending the door? – g. Keep ... the busy road. – h. We didn't finish: we ran ... time. – i. I've written ... more details.

277. Traduisez les phrases ci-dessous en employant chaque fois un verbe à particule adverbiale suivie d'une préposition.
a. Nous attendons les vacances avec impatience. – b. Je n'ai pas pu suivre les autres coureurs. *(runner)* – c. Ça revient à une question d'argent. – d. Je ne sais pas comment tu supportes ton frère. – e. Le gouvernement réduit les dépenses publiques. *(public spending)* – f. J'ai interrompu leur conversation pour leur dire la nouvelle.

VERBES PRÉPOSITIONNELS

259 Verbes prépositionnels en anglais et en français

Certains verbes sont suivis d'une préposition différente en anglais et en français. La sélection d'exemples ci-dessous vous aidera à retenir les principales différences.

*care **about***	• se soucier de • s'intéresser à
*congratulate **on***	féliciter de
*cover **with***	couvrir de
*depend **on***	dépendre de
*divide **into***	diviser en
*escape **from***	s'échapper de
*fill **with***	remplir de
*get **off** (a bus...)*	descendre de
*get **on** (a bus...)*	monter dans
*hide **from***	se cacher de
*laugh **at***	• se moquer de • rire de
*live **on***	vivre de
*look **after***	• s'occuper de • prendre soin de
*rely **on***	compter sur
*succeed **in***	réussir à
*suffer **from***	souffrir de
*take part **in***	prendre part à
*talk **about***	parler de
*think **about***	penser à
*think **of***	penser à
*translate **into***	traduire en

À VOUS !

278. Complétez les phrases ci-dessous à l'aide de la préposition appropriée, puis traduisez.
a. Don't laugh ... me! – b. His desk was covered ... books. – c. Most young people care ... the environment. – d. She suffers ... depression. – e. They escaped ... prison. – f. They live ... very little. – g. You always think ... everything! – h. Her eyes filled ... tears. – i. He's hiding ... the police. – j. Thousands took part ... the demonstration.

279. Traduisez les phrases ci-dessous.
a. Elle s'occupe d'enfants. – b. Tout dépend de toi. – c. Puis-je compter sur toi ? – d. L'examen est divisé en deux parties. *(part)* – e. Ils descendirent du bus. – f. J'ai finalement réussi à passer mon permis. – g. À quoi pensez-vous ? – h. Pourriez-vous traduire cette lettre en anglais ?

260 Verbes prépositionnels en anglais seulement

Certains verbes sont suivis d'une préposition en anglais, et non en français. La sélection d'exemples ci-dessous vous aidera à retenir les principales différences.

Abréviations : *sb* : *somebody* *sth* : *something* qqn : quelqu'un qqch : quelque chose

*account **for***	expliquer
*approve **of***	approuver
*ask **for** (sth)*	demander (qqch)
*beg **for***	mendier
*care **for***	aimer
*charge sb **for***	faire payer à qqn (une somme...)
*comment **on***	commenter
*hope **for***	espérer (qqch)
*listen **to***	écouter
*long **for***	attendre avec impatience

look ***at***	regarder
look ***for***	chercher
look ***through***	parcourir (des yeux)
pay ***for*** (1)	payer (pour obtenir qqch)
provide sth ***for*** *sb*	fournir qqch à qqn
remind ***of***	rappeler
search ***for***	chercher
smell ***of*** *sth*	sentir qqch
stare ***at***	regarder fixement
wait ***for***	attendre

(1) *pay* ***sth*** payer qqch

À VOUS !

280. Complétez les phrases ci-dessous à l'aide de la préposition appropriée, puis traduisez.
a. You remind me ... my brother. – b. How much did you pay ... your car? – c. I hope you approve ... my choice. – d. The police searched ... clues. – e. Look ... me. – f. I provided that book ... my pupils. – g. I don't care ... jelly. – h. He's always commenting ... the news.

281. Traduisez les phrases ci-dessous.
a. Comment expliquez-vous sa conduite étrange ? – b. Il demanda l'addition. – c. Il a payé l'addition. – d. Écoutez-moi. – e. Qui attendez-vous ? – f. Je cherche mes clés. – g. Cette musique me rappelle les vacances. – h. Vous cherchez un appartement ? *(flat)* – i. J'étais en train d'écouter de la musique classique. – j. Regardez les étoiles dans le ciel !

Verbes prépositionnels en français seulement 261

Certains verbes ne sont pas suivis d'une préposition en anglais, contrairement au français. La sélection d'exemples ci-dessous vous aidera à retenir les principales différences.

Abréviation : *sb* : *somebody*

answer	répondre à
ask (sb)	demander à
change	changer de
discuss	discuter, parler de
doubt	douter de
enter	entrer dans
forgive	pardonner à
lack	manquer de
obey	obéir à
play	jouer à ; jouer de
remember	se souvenir de
tackle	s'attaquer à (problème)

À VOUS !

282. Traduisez les phrases ci-dessous.
a. Le plat manque de sel. *(dish)* – b. Je veux discuter du nouveau projet. *(project)* – c. Tu te souviens du nom du restaurant ? – d. Je vais demander à mon patron. *(boss)* – e. Pourrais-tu répondre au téléphone ? – f. Il entra silencieusement dans la pièce. – g. Je ne pardonnerai jamais à mon frère. – h. Je doute de sa capacité à réussir. – i. Réponds à ma question, s'il te plaît. – j. Elle manque vraiment de courage ! – k. Ils jouent souvent aux échecs le week-end. *(chess)* – l. Je ne me souviens pas de lui.

WAIT et *EXPECT*

262 Emplois de *wait* et de *expect*

Wait et *expect* ont tous deux le sens général d'« **attendre** ». La nuance entre les deux est toutefois importante :
- ***wait*** met l'accent sur le temps passé à attendre ;
- ***expect*** met l'accent sur un événement prévu ou attendu.

Notez les différentes constructions possibles.

1. *Wait* et *expect* avec un complément

Wait peut être suivi, ou non, d'un complément. Ce complément éventuel, introduit par la préposition ***for***, peut être un groupe nominal ou une subordonnée infinitive avec *to*.

Expect s'emploie toujours avec un complément. Ce complément peut être une subordonnée en *that* / ø ou une subordonnée infinitive avec *to*.

wait	*expect*
I'm waiting. J'attends.	
*I'm waiting **for** a friend.* J'attends un ami.	*I'm expecting a letter.* J'attends une lettre.
	I expect (that) he'll accept the offer. Je m'attends à qu'il accepte l'offre.
*I waited **for** him **to** answer.* J'ai attendu qu'il réponde.	*I expected him **to** answer promptly.* Je m'attendais à ce qu'il réponde vite.

Dans la phrase *I waited for two hours* (j'ai attendu deux heures), *for* introduit, non pas un complément d'objet, mais un complément circonstanciel de temps.

2. *Expect* à la voix passive

Expect s'emploie également à la voix passive, suivi d'une subordonnée infinitive. Le locuteur fait alors part d'une obligation ou d'une contrainte (ce qui est attendu de quelqu'un), sans en mentionner l'origine :

He's expected to do all the chores. Il est censé faire toutes les corvées.

À VOUS !

283. Traduisez les phrases ci-dessous, en utilisant selon le cas *expect* ou *wait*.
a. À quelle heure les attendez-vous ? – b. Tu attends le bus ? – c. J'attends une réponse la semaine prochaine. – d. Il s'attendait à ce que je fasse tout. – e. Êtes-vous censé travailler le samedi ? – f. Elle attend qu'ils appellent. – g. Nous attendons qu'ils nous contactent bientôt. – h. J'attends depuis vingt minutes. – i. Je ne les attendais pas si tôt. – j. J'attends sa réponse depuis deux jours.

Emploi de *when* dans les messages à sens futur 263

Les constructions avec *when* dans les messages à sens futur dépendent de la nature de la phrase. Ne confondez pas *when* conjonction introduisant une subordonnée et *when* interrogatif introduisant une question.

1. *When* dans les subordonnées de temps

Avec une principale à sens futur, la subordonnée de temps introduite par *when* est selon le cas :

- au **présent** lorsqu'il s'agit d'un **événement futur** ;
- au ***present perfect*** lorsqu'il s'agit d'un **bilan** à un moment donné du futur.

Comparez :

when + présent	*when + present perfect*
*I'll call you **when I get** there.* Je t'appellerai quand j'arriverai.	*I'll lend you the book **when I've finished** it.* (1) Je te prêterai le livre quand je l'aurai fini.
*Call me **when** you **are** in Rome.* Appelle-moi quand tu seras à Rome.	*Can I borrow this video **when you've watched** it?* (1) Je peux emprunter cette vidéo quand tu l'auras regardée ?

(1) On pourrait de même employer ici *once* (une fois que), *after* (après que), *as soon as* (dès que), etc.

Notez dans ces exemples la différence avec le français, où les subordonnées sont au contraire au futur.

La subordonnée introduite par *when* pourrait ici être remplacée par un adverbe de temps :

I'll call you when I get home. → *I'll call you tomorrow.*
Je t'appellerai quand je rentrerai. Je t'appellerai demain.

Attention ! Comparez les deux phrases ci-dessous :

*He'll tell us **when he'll arrive.*** Il nous dira quand il arrivera. ▼ *when he'll arrive* est complément d'objet : il s'agit du discours indirect	*He'll tell us **when he arrives.*** Il nous dira à son arrivée. ▼ *when he arrives* est un complément circonstanciel : il s'agit d'un repère de temps

Les questions correspondantes sont respectivement :

***What** will he tell us?*
Que va-t-il nous dire ?

***When** will he tell us?*
Quand nous le dira-t-il ?

2. *When* dans les questions

Les questions à sens futur avec *when* peuvent être formulées à l'aide du modal ***will***. Cet emploi s'applique aussi bien aux questions directes qu'aux questions indirectes.

Comparez :

question directe	question indirecte
*When **will** they **be** ready?* Quand seront-ils prêts ?	*I don't know when they**'ll be** ready.* Je ne sais pas quand ils seront prêts.
*When **will** she **come** back?* Quand reviendra-t-elle ?	*I wonder when she **will come** back.* Je me demande quand elle reviendra.
*When **will** he **have finished**?* Quand aura-t-il fini ?	*I wonder when he **will have finished**.* Je me demande quand il aura fini.

À VOUS !

284. Complétez les phrases suivantes avec le verbe fourni, à la forme appropriée.
a. I'll phone when I ... your car. *(mend)* – b. Could you contact me when you ... over there. *(be)* – c. I'd like to know when they ... . *(arrive)* – d. He'll go back to work when he ... better. *(feel)* – e. They'll come and help you when they ... the time. *(have)* – f. Do you know when he ... his decision? *(make)* – g. She wants to marry only when she ... a job. *(find)* – h. When ... when they have reached an agreement? *(you - know)*

285. Traduisez les phrases ci-dessous.
a. Je le lui dirai quand je le verrai. – b. Quand le saurez-vous ? – c. Commencez quand vous serez prêt. – d. Quand ils auront payé, nous le livrerons. *(deliver)* – e. Il faut venir me voir quand tu reviendras. – f. Je ne sais pas quand ma voiture sera prête. – g. Qu'est-ce que tu veux être quand tu seras grand ? (être grand : *grow up*) – h. Quand aura-t-elle décidé ?

WHETHER

264 Emplois de *whether*

Whether (« si ») s'emploie avec le discours indirect et dans les questions indirectes, ainsi que pour introduire une hypothèse double.

1. Discours indirect et questions indirectes

Whether s'emploie lorsque le locuteur reprend une interrogation ou fait part de ses doutes. Le deuxième élément de l'alternative (*or not*) n'est pas toujours mentionné. *Whether* peut être remplacé par *if* dans une langue moins soutenue.

Will she come or not? Elle viendra ou non ?	*He asked me **whether** she'd come or not.* Il m'a demandé si elle viendra ou non.
Has he phoned? Il a téléphoné ?	*Do you know **whether** he's phoned?* Tu sais s'il a téléphoné ?
Does he speak German? Il parle l'allemand ?	*I wonder **whether** he speaks German.* Je me demande s'il parle l'allemand.
Shall I stay? Est-ce que je reste ?	*I can't decide **whether** I'll stay or not.* Je ne sais pas si je vais rester ou non.

Lorsque le locuteur fait part de ses propres doutes, *whether* peut être suivi d'un infinitif précédé de *to* :

*He didn't know **whether** to accept the job **or not**.*
Il ne savait pas s'il fallait accepter ce travail ou pas.

If ne s'emploie pas dans ce cas.

2. Hypothèse double

Lorsque l'on introduit une hypothèse double, en montrant que le résultat en question sera de toute façon le même, on emploie la tournure ***whether... or not*** :

***Whether** it rains **or not**, we'll go hiking.* Qu'il pleuve ou pas, nous irons faire une marche.
*We have to leave, **whether** you like it **or not**.* Il faut partir, que ça te plaise ou non.

Whether ne peut pas ici être remplacé par *if*.

À VOUS !

286. Complétez avec *whether* ou *if*. Deux solutions sont parfois possibles.
a. I wonder ... she'll accept. – b. ... they agree or not, they'll have to sign it. – c. He hasn't told us ... he'll accompany us. – d. Do you remember ... we've invited them? – e. ... he succeeds or not, he'll be a hero. – f. I can't make up my mind ... to phone or fax. – g. They still have to decide ... to go or not. – h. You can stay ... you like.

WHICH et WHAT

Emplois de *which* et de *what* 265

Which et *what* interrogatifs peuvent être employés comme déterminants du nom ou comme pronoms. Ils ne sont pas interchangeables.

On emploie :
- ***what*** lorsque la question porte sur une **identification** quelconque ;
- ***which*** lorsque la question implique en outre une **sélection**, un choix.

what	*which*
***What** books have you read lately?* Quels livres as-tu lu dernièrement ?	***Which** books have you read?* Quels livres as-tu lu ? ***Which** of these books have you read?* Lequel de ces livres as-tu lu ?
 comme livres en général	▼ parmi tels ou tels livres mentionnés
***What** have you seen recently?* Qu'as-tu vu récemment ?	***Which** (one) did you like best?* Lequel as-tu préféré ?
***What** music do you like?* Quelle musique aimez-vous ?	***Which** of the two did you prefer?* Lequel des deux as-tu préféré ?

À VOUS !

287. Complétez les questions ci-dessous à l'aide de *which* ou de *what*.
a. ... direction should we take? – b. ... English king had six wives? – c. ... are the objectives? – d. ... film won the Oscar? – e. ... is your name? – f. ... is your favourite colour? – g. ... coat is yours? – h. ... of their children is at university? – i. Do you know ... of his books was awarded the Pulitzer Prize? – j. ... sorts of vegetables do you grow? – k. ... do you prefer, the blue one or the green one?

WHILE et WHEREAS

266 Emplois de *while* et de *whereas*

Les conjonctions *while* et *whereas* peuvent se traduire l'une et l'autre par « **alors que** ». Toutefois elles ne sont pas forcément interchangeables :

- ***while*** exprime selon le cas une simultanéité ou un contraste ;
- ***whereas*** exprime seulement un contraste.

1. Simultanéité

On emploie ***while*** suivi d'une proposition lorsqu'on précise les circonstances au cours desquelles se produit l'événement décrit dans la principale :

He fell off the ladder ***while*** *he was painting the window.*
Il est tombé de l'échelle pendant qu'il peignait la fenêtre.

2. Contraste

On peut employer ***while*** ou ***whereas*** sans changement de sens, *whereas* relevant d'un anglais plus soutenu :

He likes fish, ***while / whereas*** *I prefer meat.* Il aime le poisson, alors que je préfère la viande.

Voir aussi Contraste 141, Pendant 210

À VOUS !

288. Repérez s'il s'agit ci-dessous d'une simultanéité (A) ou d'un contraste (B), puis complétez avec *while* et *whereas*.
a. My brother has black hair, ... all his children are blond. – b. ... Frank is good at science, Robert enjoys languages. – c. ... you were out, Sally phoned. – d. We bought this wine ... we were on holiday. – e. She decided to refuse the invitation, ... I would have accepted. – f. He said nothing ... I would have insisted. – g. ... we were gardening we found an ancient coin. – h. I burnt myself ... I was cooking the dinner. – i. My husband loves fishing ... I find it boring. – j. I saw Judith ... I was in the post office. – k. He was watching TV ... we were packing the suitcases.

WHOSE

Emplois de *whose* 267

Whose peut être adjectif ou pronom interrogatif, ou encore pronom relatif. C'est le génitif de *who*. Il établit un rapport d'**appartenance**.

1. *Whose* adjectif ou pronom interrogatif

Whose adjectif est toujours suivi d'un nom, alors que *whose* pronom est employé seul :

adjectif	pronom
***Whose** umbrella is that?* À qui est ce parapluie ?	***Whose** is that umbrella?* À qui est ce parapluie ?
***Whose** map is it?* À qui est cette carte ?	***Whose** is the map?* À qui est la carte ?
***Whose** school things are those?* À qui sont ces affaires ?	***Whose** are those?* À qui sont-elles?

Mots interrogatifs, voir aussi 27

2. *Whose* pronom relatif

Whose pronom relatif est toujours suivi d'un nom :

*This is Mrs Jones, **whose** husband died recently.*
C'est Mme Jones, dont le mari est décédé récemment.

*He's a professor **whose** lectures are most interesting.*
C'est un professeur dont les cours sont extrêmement intéressants.

*This is the river **whose** banks burst last year.*
C'est la rivière dont les berges ont cédé l'an passé.

Pronoms relatifs, voir aussi 91

Attention ! *Whose* pronom relatif ne peut pas être, contrairement au français, suivi d'un article. Notez la différence de construction :

[dont + article + nom] # [*whose* + nom]

À VOUS !

289. Traduisez les phrases ci-dessous. Plusieurs solutions sont parfois possibles.
a. C'est la ville dont le maire est allé en prison. *(mayor)* – b. Vous avez vu la maison dont la fenêtre a été cassée ? – c. À qui est ce sac à dos ? *(rucksack)* – d. À qui est le stylo ? – e. Vous avez rencontré mon cousin dont la femme vient d'avoir un bébé ? – f. À qui sont les clés sur la table ? – g. C'est un écrivain dont les livres sont souvent controversés. *(controversial)* – h. Ce sont les parents dont la fille a été kidnappée. *(kidnapped)* – i. Tu sais à qui est cette valise ?

WILL et WOULD

268 Valeurs et emplois de *will* et de *would*

Will et *would* (prétérit de *will*) sont des modaux. Ils expriment donc toujours le point de vue de l'énonciateur.

[sujet] ● [prédicat]
[modal]

1. Valeurs et emplois de *will*

Les différentes valeurs de *will* peuvent être classées en deux catégories :
– la **volonté** et la **caractéristique du sujet** ;
– la **prédiction** et la **décision**.

Volonté et caractéristique du sujet

Avec *will* + V, l'énonciateur peut exprimer la **volonté** du sujet, qui peut être (avec l'ajout d'une négation) un **refus**.

*I can help you, if you **will** lend me an ear.* Je peux t'aider si tu veux bien m'écouter.
***Will** you marry me?* Voulez-vous m'épouser ?
*Close the door, **will** you?* Ferme la porte, veux-tu ?

*The car **won't** (= will not) start.* La voiture ne veut pas démarrer.
*They **won't** sign such an agreement.* Il refusent de signer un tel accord.

L'énonciateur peut aussi employer *will* + V pour décrire, d'après ce qu'il sait, **ce qui caractérise** habituellement le sujet (personne ou chose) :

*He'**ll** spend hours working in his garden.* Il passe toujours des heures à travailler dans son jardin. (c'est bien de lui)
*Vegetables **will** keep longer in the fridge.* Les légumes se conservent plus longtemps dans le frigo. (je le sais)

Prédiction et décision

Will + V sert d'autre part à exprimer la **certitude** par rapport à l'avenir : c'est un des outils de l'expression du futur. Avec *will*, l'énonciateur fait fondamentalement une **prédiction**.

Voir, sur l'échelle, le degré de certitude 135

*Someone's knocking at the door : it'**ll** be Jim.* On frappe (à la porte) : ça doit être Jim. (j'en suis sûr)
*He'**ll** be twenty in June.* Il aura vingt ans en juin. (d'après ce que je sais.)
*It'**ll** rain before tonight.* Il pleuvra avant ce soir. (d'après mes estimations)
*It's no use insisting : he'**ll** refuse.* Inutile d'insister : il refusera. (ça me paraît évident)

En utilisant *will* dans sa question, l'énonciateur s'interroge, ou interroge autrui, sur la réalisation d'un événement ou d'un fait.

***Will** we be in time for the nine o'clock train?* On arrivera à temps pour le train de 9 h ?
***Will** I get an answer soon?* Est-ce que j'aurai bientôt une réponse ?

Ne confondez pas ***Will I...?*** avec ***Shall I...?***

Shall I...?	*Will I...?*
***Shall** I help you?* Est-ce que tu veux que je t'aide ? ▼ J'offre mes services.	***Will** I pass my exams?* Est-ce que je réussirai à mes examens. ▼ Je m'interroge.

L'énonciateur peut aussi, dans sa prédiction, se projeter dans l'avenir et décrire « **par anticipation** » une **activité** ou un **bilan**.
Notez dans ce cas les constructions respectives :

Prédiction d'une activité	Prédiction d'un bilan
will + *be -ing*	*will* + *have* V-EN
*A week today, **I'll be camping** in Scotland.* Dans huit jours, je serai en train de camper en Écosse.	***I'll have taken** all my exams by mid-July.* J'aurai passé tous mes examens d'ici la mi-juillet.

• Avec *will* + V, l'énonciateur peut aussi faire part d'une **décision** prise sur-le-champ :

*It's hot in here: **I'll** open the window.* Il fait chaud ici : j'ouvre la fenêtre.
*OK, **I'll** do it for you.* D'accord, je vais le faire pour toi.
*All right, **I'll** take the car to the garage tomorrow.* Entendu, j'apporte la voiture au garage demain.

En fait, *will* conjugue ici les deux valeurs de volonté et de prédiction, qu'il est difficile de dissocier dans ce modal.

2. Valeurs et emplois de *would*

On peut également classer les valeurs de *would* (prét. de *will*) en deux catégories :
– la **volonté** et la **caractéristique du sujet** ;
– la **prédiction** à caractère **hypothétique**.

Volonté et **caractéristique du sujet**

On retrouve avec *would* + V, sous une forme atténuée, la même valeur de volonté :

***Would** you do me a favour?* Voudrais-tu me rendre un service ?
*I wish you **would** listen to me.* Si seulement tu voulais m'écouter.

Notez également, avec *would* + *not*, la valeur de refus dans le cadre d'une situation passée.

*He was fired because he **wouldn't** work overtime.*
Il a été viré parce qu'il refusait de faire des heures sup.

Would + V sert également à l'énonciateur pour décrire – d'après ce qu'il sait – **ce qui caractérisait** habituellement le sujet dans des situations **passées**.

*He **would** spend hours working in the garden.* Il passait des heures à travailler dans son jardin.
*She **would** practise two hours a day.* Elle s'entraînait deux heures par jour.

Notez ici l'emploi correspondant, en français, de « l'imparfait ».

*"I've lost my glasses." – "You **would**!"*
– J'ai perdu mes lunettes. – C'est bien de toi !

Would est ici nettement accentué.

Prédiction à caractère **hypothétique**

Would + V peut avoir comme *will* une valeur de prédiction, mais à caractère **hypothétique** : l'énonciateur évoque un fait qui « pourrait se réaliser ».
Notez l'emploi correspondant, en français, du « conditionnel présent ».

*If he worked hard, he'**d** succeed.* S'il travaillait beaucoup, il réussirait.

Would + *have* V-EN permet par contre d'évoquer un fait passé **non réalisé** : l'énonciateur imagine « ce qui aurait pu être ».
Notez l'emploi correspondant, en français, du « conditionnel passé ».

*If he had worked harder, he **would have** succeeded.* S'il avait travaillé davantage, il aurait réussi.
*He **wouldn't have** accepted.* Il n'aurait pas accepté.
*How **would** you **have** reacted?* Comment auriez-vous réagi ?

À VOUS !

290. Indiquez si la valeur des formulations soulignées correspond à une volonté (A), une caractéristique (B), une prédiction (C), une anticipation (D) ou une décision (E), puis traduisez.
a. She'll read book after book and never get bored. – b. Will you lend me your car? – c. I believe unemployment will fall next year. – d. Since they can't come, we'll cancel the party. – e. That'll be the bill from the plumber. – f. We'll be sunbathing on the beach. – g. All right! I'll do it myself. – h. I wonder if she'll have finished by Saturday.

291. Traduisez les phrases.
a. Ne t'inquiète pas, je vais t'aider. *(worry)* – b. Nous aurons fini de remettre à neuf d'ici la fin de l'été. *(finish the renovations)* – c. Dis à Jim que je viens dans une minute, tu veux ? – d. Dans six mois, nous vivrons comme des rois. *(In six months' time)* – e. Tu voudrais baisser la radio ? *(turn down)* – f. Ils parlaient pendant des heures au téléphone. – g. Elle parle sans réfléchir. – h. Si tu veux bien te calmer, je te dirai ce qui est arrivé. – i. Est-ce que je rentrerai à temps ? (*get home*). – j. Je n'aurais pas abandonné. (*give up*) – k. Je n'aurais jamais deviné. (*guess*) – l. Qu'auriez-vous répondu ?

WORTH

269 Emplois de *worth*

La tournure *it's worth*... peut avoir deux sens :
- « cela vaut... » (expression de la valeur) ;
- « cela vaut la peine de... », « cela mérite de... » (expression de l'intérêt).

1. Expression de la valeur

It's worth peut exprimer la valeur, l'estimation d'un objet. Dans ce cas, la tournure est suivie d'une indication de valeur :

***It's worth** £10.* Ça vaut 10 livres.
*How much **is it worth**?* Combien ça vaut ?
*He paid £100 but it's **not worth** half that.* Il a payé 100 livres, mais ça n'en vaut pas la moitié.

2. Expression de l'intérêt

It's worth peut également exprimer l'intérêt que l'on porte à un objet, un lieu, une activité. Cette tournure est alors suivie d'un nom ou d'un gérondif :

worth + nom / pronom	*worth* + gérondif
*This exhibition is **worth** a visit.* Cette exposition mérite une visite.	*That film is **worth** seeing.* Ce film mérite d'être vu.
*Is it **worth** it?* Est-ce que ça en vaut la peine ?	*Is it **worth** waiting?* Est-ce que ça vaut la peine d'attendre ?

À VOUS !

292. Traduisez les phrases ci-dessous.
a. Ça vaut des millions. – b. Ça vaut le coup de le savoir. – c. Ça vaut la peine d'attendre. – d. Le repas valait la peine d'attendre. *(the wait)* – e. Ça ne vaut pas la peine de le faire. – f. Ce livre mérite d'être lu. – g. Ça ne valait pas le dérangement. *(the trouble)* – h. Ce tableau vaut une fortune.

WOULD RATHER

Valeurs et emplois de *would rather* 270

1. Emploi de *would rather*

La tournure *I'd rather* (*I would rather*) signifie « j'aime (j'aimerais) mieux », « je préfère (je préférerais) ». Notez ici, dans le modal *would*, la valeur atténuée de volonté.

Les constructions varient selon que le désir porte sur le sujet de la phrase ou sur une autre personne :

sujet seul concerné *would rather* + infinitif sans *to*	autre personne concernée *would rather* + 2ᵉ sujet + prétérit modal
***I'd rather stay** here.* J'aimerais mieux rester ici.	***I'd rather** you **stayed** here.* J'aimerais mieux que vous restiez ici.
***I'd rather not go out** tonight.* J'aimerais mieux ne pas sortir ce soir.	***I'd rather** she **didn't know**.* J'aimerais mieux qu'elle ne sache pas.

Prétérit modal, voir 52

2. *Would rather* avec *than*

On peut compléter l'ensemble [*would rather* + infinitif sans *to*] à l'aide de *than* suivi de l'élément de comparaison :
*I'd rather stay at home tonight **than** go to the cinema.*
Je préfère rester à la maison ce soir plutôt qu'aller au cinéma.

3. *I'd rather* et *I'd prefer*

Ne confondez pas les tournures ***I'd rather*** et ***I'd prefer*** qui ont le même sens, mais des constructions différentes. Comparez :

would rather + infinitif sans *to*	*would prefer* + infinitif avec *to*
*I'd rather **go** there by train.*	*I'd prefer **to go** there by train.*

J'aimerais mieux y aller en train.

À VOUS !

293. Traduisez les phrases ci-dessous.
a. Je préfère prendre l'avion que conduire. *(fly)* – b. Nous aimerions que vous ne parliez pas si fort. – c. Vous préférez prendre une boisson sans alcool ? *(a soft drink)* – d. Je préfère ne pas te le dire. – e. J'aimerais mieux qu'elle ne le dise pas à tout le monde. – f. Nous aimerions que vous leur téléphoniez. – g. J'aimerais mieux ne pas partir trop tard. – h. Aimeriez-vous que je cuisine ?

ZÉRO

271 Traductions de « zéro »

Le chiffre 0 (zéro) se dit en anglais de plusieurs manières. On emploie en effet :

- ***nought*** [nɔ:t], ou ***zero*** [ˈzɪərəʊ] en américain, pour détailler un chiffre ou donner une décimale :

*A million is 1 followed by six **noughts**.* Un million, c'est 1 suivi de six **zéros**.
***nought** point two* **zéro** virgule deux (0,2)

- **« o » [əʊ], comme la lettre « o » :**

• pour un numéro de téléphone ou de compte bancaire :
*three seven **double o** four* 37004 ***o** two **o** six three nine two* 0206392
• pour un numéro de chambre :
*room number four **o** two* chambre 402

- ***zero* dans les mesures :**

*three degrees below **zero*** trois degrés au-dessous de **zéro**

- **dans les résultats sportifs :**

• *nil* en football : *two-**nil*** 2 à 0
• *love* en tennis : *thirty-**love*** 30 – 0
• *nothing* aux États-Unis : *five-**nothing*** 5 à 0

ANNEXES

Verbes irréguliers

arise	*arose*	*arisen*	survenir
awake	*awoke*	*awaken*	s'éveiller, éveiller
be	*was*	*been*	être
bear	*bore*	*borne* *(be born)*	porter, supporter naître
beat	*beat*	*beaten*	battre
become	*became*	*become*	devenir
begin	*began*	*begun*	commencer
bend	*bent*	*bent*	courber, plier
bet	*bet*	*bet*	parier
bid	*bid*	*bid*	ordonner
bind	*bound*	*bound*	lier, relier
bite	*bit*	*bitten*	mordre
bleed	*bled*	*bled*	saigner
blow	*blew*	*blown*	souffler
break	*broke*	*broken*	casser
breed	*bred*	*bred*	élever (enfant)
bring	*brought*	*brought*	apporter
broadcast	*broadcast(ed)*	*broadcast(ed)*	diffuser (radio)
build	*built*	*built*	construire
burn	*burnt (burned)*	*burnt (burned)*	brûler
burst	*burst*	*burst*	éclater
buy	*bought*	*bought*	acheter
cast	*cast*	*cast*	jeter
catch	*caught*	*caught*	attraper
choose	*chose*	*chosen*	choisir
cling	*clung*	*clung*	s'accrocher
come	*came*	*come*	venir
cost	*cost*	*cost*	coûter
creep	*crept*	*crept*	ramper
cut	*cut*	*cut*	couper
deal with	*dealt*	*dealt*	s'occuper de
dig	*dug*	*dug*	creuser
do	*did*	*done*	faire
draw	*drew*	*drawn*	tirer, dessiner
dream	*dreamt (dreamed)*	*dreamt (dreamed)*	rêver
drink	*drank*	*drunk*	boire
drive	*drove*	*driven*	conduire (véhicule)
dwell	*dwelt*	*dwelt*	demeurer
eat	*ate*	*eaten*	manger
fall	*fell*	*fallen*	tomber
feed	*fed*	*fed*	nourrir, se nourrir
feel	*felt*	*felt*	sentir, se sentir
fight	*fought*	*fought*	se battre
find	*found*	*found*	trouver
flee	*fled*	*fled*	fuir
fling	*flung*	*flung*	jeter
fly	*flew*	*flown*	voler (dans l'air)
forbid	*forbade*	*forbidden*	interdire
forecast	*forecast(ed)*	*forecast(ed)*	prévoir (temps)

forget	*forgot*	*forgotten*	oublier
forgive	*forgave*	*forgiven*	pardonner
forsake	*forsook*	*forsaken*	abandonner
freeze	*froze*	*frozen*	geler
get	*got*	*got*	obtenir, devenir
give	*gave*	*given*	donner
go	*went*	*gone*	aller
grind	*ground*	*ground*	moudre
grow	*grew*	*grown*	croître, pousser
hang	*hung*	*hung*	pendre
have	*had*	*had*	avoir
hear	*heard*	*heard*	entendre
hide	*hid*	*hidden*	cacher, se cacher
hit	*hit*	*hit*	frapper
hold	*held*	*held*	tenir
hurt	*hurt*	*hurt*	blesser, faire mal à
keep	*kept*	*kept*	garder
kneel	*knelt*	*knelt*	s'agenouiller, être à genoux
knit	*knit(ted)*	*knit(ted)*	tricoter
know	*knew*	*known*	savoir, connaître
lay	*laid*	*laid*	poser
lead	*led*	*led*	conduire, mener
lean [i:]	*leant* [e] *(leaned)*	*leant* [e] *(leaned)*	se pencher
leap [i:]	*leapt* [e] *(leaped)*	*leapt* [e] *(leaped)*	sauter
learn	*learnt (learned)*	*learnt (learned)*	apprendre
leave	*left*	*left*	laisser, partir
lend	*lent*	*lent*	prêter
let	*let*	*let*	laisser, permettre
lie	*lay*	*lain*	être étendu
light	*lit*	*lit*	allumer
lose	*lost*	*lost*	perdre
make	*made*	*made*	fabriquer, faire
mean	*meant*	*meant*	vouloir dire
meet	*met*	*met*	rencontrer
mistake	*mistook*	*mistaken*	se tromper
mow	*mowed*	*mown*	faucher
pay	*paid*	*paid*	payer
put	*put*	*put*	mettre, poser
quit	*quit*	*quit*	cesser, quitter (école, travail)
read [i:]	*read* [e]	*read* [e]	lire
rid	*rid*	*rid*	débarrasser
ride	*rode*	*ridden*	aller à bicyclette, à cheval
ring	*rang*	*rung*	sonner
rise	*rose*	*risen*	s'élever, se lever (soleil)
run	*ran*	*run*	courir
saw	*sawed*	*sawn*	scier
say	*said*	*said*	dire
see	*saw*	*seen*	voir
seek	*sought*	*sought*	chercher
sell	*sold*	*sold*	vendre
send	*sent*	*sent*	envoyer
set	*set*	*set*	placer, fixer
sew	*sewed*	*sewn*	coudre

shake	*shook*	*shaken*	secouer
shed	*shed*	*shed*	verser des larmes
shine	*shone*	*shone*	briller
shoot	*shot*	*shot*	tirer (avec une arme)
show	*showed*	*shown*	montrer
shrink	*shrank*	*shrunk*	se rétrécir
shut	*shut*	*shut*	fermer
sing	*sang*	*sung*	chanter
sink	*sank*	*sunk*	couler
sit	*sat*	*sat*	être assis
sleep	*slept*	*slept*	dormir
slide	*slid*	*slid*	glisser
smell	*smelt (smelled)*	*smelt (smelled)*	sentir (odorat)
sow	*sowed*	*sown*	semer
speak	*spoke*	*spoken*	parler
speed	*sped*	*sped*	aller vite
spell	*spelt (spelled)*	*spelt (spelled)*	épeler
spend	*spent*	*spent*	dépenser, passer (temps)
spill	*spilt (spilled)*	*spilt (spilled)*	renverser (liquide)
spin	*spun*	*spun*	filer, tisser
spit	*spat*	*spat*	cracher
split	*split*	*split*	fendre
spoil	*spoilt (spoiled)*	*spoilt (spoiled)*	gâter
spread [e]	*spread* [e]	*spread* [e]	étaler, étendre
spring	*sprang*	*sprung*	bondir
stand	*stood*	*stood*	être debout
steal	*stole*	*stolen*	voler, dérober
stick	*stuck*	*stuck*	coller
sting	*stung*	*stung*	piquer
stink	*stank*	*stunk*	puer
strike	*struck*	*struck*	frapper
strive	*strove*	*striven*	s'efforcer
swear	*sworn*	*sworn*	jurer
sweep	*swept*	*swept*	balayer
swell	*swelled*	*swollen*	enfler
swim	*swam*	*swum*	nager
swing	*swung*	*swung*	(se) balancer
take	*took*	*taken*	prendre
teach	*taught*	*taught*	enseigner
tear	*tore*	*torn*	déchirer
tell	*told*	*told*	dire, raconter
think	*thought*	*thought*	penser
throw	*threw*	*thrown*	lancer, jeter
tread	*trod*	*trodden*	fouler
understand	*understood*	*understood*	comprendre
upset	*upset*	*upset*	renverser, bouleverser
wake (up)	*woke (up)*	*woken (up)*	(se) réveiller
wear	*wore*	*worn*	porter (vêtement)
weave	*wove*	*woven*	tisser
weep	*wept*	*wept*	pleurer
win	*won*	*won*	gagner (course, pari)
withdraw	*withdrew*	*withdrawn*	retirer
wring	*wrung*	*wrung*	tordre
write	*wrote*	*written*	écrire

Corrigés

LE NOM pp. 19 à 25

1 **a.** Fortunately they had fine weather. – **b.** It's hard work. – **c.** She's changed the colour of her hair. – **d.** The hotel wasn't clean: there were hairs in the bath. – **e.** I prefer furniture made of wood. – **f.** The play was spoiled by bad acting. – **g.** He didn't have much luggage. – **h.** She gave me plenty of information. – **i.** He gave them three pieces of advice.

2 **a.** He was wearing brown trousers. – **b.** She's wearing new tights. – **c.** The police have arrested the suspect. – **d.** Don't forget to take two pairs of pyjamas. – **e.** What are the contents of this chapter? – **f.** Where are the compasses? – **g.** These pyjamas are too long. – **h.** I need a pair of pliers. – **i.** The police want to speak to you. – **j.** These shorts don't suit you. – **k.** The scales were faulty. – **l.** I only have one pair of jeans. – **m.** Our house has two flights of stairs.

3 **a.** Ten pounds is my last offer. – **b.** Are all the family coming? – **c.** The family is often a source of conflict. – **d.** Twenty miles is too far to walk. – **e.** Five years in prison is a long time. – **f.** Each generation has its problems. – **g.** The press loves / love scandals. – **h.** The jury were almost in tears. – **i.** His company is making redundancies. – **j.** Both teams were disqualified from the World Cup. – **k.** The audience were on their feet. – **l.** The crowd was advancing towards the police.

4 **a.** A tea cup. – **b.** Jars of jam. – **c.** A jam jar. – **d.** A piano lid. – **e.** A dress design. – **f.** The design of the dress. – **g.** The end of the film. – **h.** A pinch of salt. – **i.** A salt mine. – **j.** The top of the page.

LE GÉRONDIF p. 27

5 **a.** (B) Je vous en prie, cessez de discuter. – **b.** (A) Il a vraiment horreur de faire les courses ? – **c.** (C) On envisage d'acheter une maison. – **d.** (A) Je préfère prendre le train plutôt que l'avion. – **e.** (B) Cela ne sert à rien de redemander / (C) Cela ne servira à rien de redemander. – **f.** (A) Je regrette de m'être levé si tard. – **g.** (C) J'ai décidé de me mettre au japonais. – **h.** (C) Pourquoi n'essaies-tu pas de lui parler ? – **i.** (A) Tu te souviens d'avoir fermé la porte ? – **j.** (C) Ça ne sert à rien de le réparer.

6 **a.** Driving fast causes accidents. – **b.** I hate queueing. – **c.** Chopping onions makes me cry. – **d.** He enjoys walking. – **e.** Her asking questions annoyed me. – **f.** Lending them money is not the solution. – **g.** My feeling ill ruined the evening. – **h.** The chewing of gum is forbidden. – **i.** Do you mind shutting the window? – **j.** Have you tried adding more flour?

LES DÉTERMINANTS pp. 33 à 46

7 **a.** (B) the weather. – **b.** (A) the singers. – **c.** (D) a widow. – **d.** (B) the money. – **e.** (C) ø Australian wine. – **f.** (A) the school. – **g.** (D) a temp. – **h.** (B) the university. – **i.** (B) the photos. – **j.** (A) the coffee.

8 **a.** (C) Horror films frighten me. – **b.** (A) The dish was too hot. – **c.** (C) Coffee is bad for me. – **d.** (C) Do you like wine? – **e.** (B) The Australian wine we drank was excellent. – **f.** (C) He goes to bed early. – **g.** (A) He went to the bed and sat down. – **h.** (B) We enjoyed the dinner at the Martins'.

9 **a.** *this*. Où allez-vous en vacances cet été ? (cet été-ci) – **b.** *those*. Comment trouves-tu ce pantalon que portait Jeannette ? (ce pantalon-là) – **c.** *this*. J'ai attrapé un poisson long comme ça ! – **d.** *that*. Bon, d'accord, il n'était pas si long que ça. – **e.** *that*. Si seulement je n'avais pas acheté cette saleté de voiture ! – **f.** *that*. À cette époque j'habitais à Londres. (cette époque-là) – **g.** *these*. J'étais en voiture – j'allais au travail – et puis j'ai eu ces terribles douleurs dans la tête. – **h.** *that*. Vous avez lu ce nouveau roman dont tout le monde parle ? (ce roman-là)

10 **a.** yours. – **b.** ours – theirs. – **c.** hers. – **d.** mine. – **e.** his. – **f.** ours.

11 **a.** I'm sure it's yours. – **b.** He's broken his leg. – **c.** She's a friend of mine. – **d.** He's a cousin of theirs. – **e.** This pen must be his. – **f.** Have you brushed your teeth? – **g.** Nobody remembered to do their homework. – **h.** Everybody must close their eyes. – **i.** It's my own life. – **j.** We've washed our hands. – **k.** Somebody has lost their cat. – **l.** Has anyone got their credit card? – **m.** No one has got their diary. – **n.** Make up your mind!

12 **a.** (A) Voici l'école des garçons. Ils y sont depuis deux ans. – **b.** (B) C'est une école de garçons. L'école de filles est dans l'autre rue. – **c.** (B) J'ai acheté une revue d'agriculture. Je cherchais des renseignements. – **d.** (A) J'ai emprunté la revue d'un agriculteur. Je la lui rendrai la semaine prochaine. – **e.** (B) C'est le livre pour débutants. Il est trop facile. – **f.** (A) Cette année, les progrès des débutants ont été considérables.

13 **a.** My brother's wife. – **b.** My cousins' house. – **c.** The Queen of England's dogs. – **d.** The princess's dress. – **e.** A young man's ambitions. – **f.** The Department of Transport's decision. – **g.** A football player's career. – **h.** The Mayor of New York's salary.

14 **a.** (the) Workers' pay went up last week. – **b.** Norman and Margaret's children are my cousins. – **c.** Jim's house is next door to the Smiths'. – **d.** Paul's and Louise's children were present. – **e.** They stole thousands of pounds' worth of goods. – **f.** There was a three hours' delay. There was three hours' delay. There was a three-hour delay. – **g.** We took a fifteen minutes' break. We took fifteen minutes' break. We took a fifteen-minute break. – **h.** A two miles' oil slick / A two-mile oil slick is threatening the coast.

15 **a.** A packet of cigarettes, please. – **b.** I didn't see the man's face. – **c.** Have you met David's new girlfriend? – **d.** I'd like a piece of cake. – **e.** Are you the friend of the student who had the accident? – **f.** The decision of the jury will be announced tomorrow. – **g.** The jury's decision has been criticized. – **h.** Do you like the colour of the sofa in that shop window? – **i.** The government's policy has been a total failure. – **j.** The policy of the government is to be unveiled shortly.

16 **a.** She receives hundreds of letters every week. – **b.** Our house is two hundred years old. – **c.** The first fifteen minutes of the film were good. – **d.** He spent the last ten years of his life in exile. – **e.** Four fifths of the population disapprove. – **f.** Richard the First was the third son of Henry the Second. – **g.** Three quarters of the class were absent. – **h.** There are one thousand six hundred and nine metres in a mile. – **i.** The kidnappers wanted five million pounds. – **j.** He had a majority of six thousand. – **k.** He died in World War Two / the Second World War. – **l.** Today is the two hundred and eighteenth day of the year.

17 **a.** Who lives here? – **b.** Who is David Copperfield? – He's a magician. – **c.** What is this flower? – **d.** Whose coat is this? – **e.** Who makes the decisions? – **f.** Which did you choose? – **g.** What do you think? – **h.** How many pets have they got? – **i.** Who is your favourite singer? – **j.** How much time do you need?

LES PRONOMS pp. 48 à 51

18 **a.** Can you hear them? – **b.** You are wrong. – **c.** You and I will go together. – **d.** Look at the baby! It's trying to walk. – **e.** Who called? – It was his wife. – **f.** You're taller than he is / than him. – **g.** He and I are very good friends. – **h.** I don't like curry. – **i.** Who phoned? – It was my mother. – **j.** When our cat was ill, we took him / her to the vet's. – **k.** They go out more than we do / us.

19 **a.** *myself*. J'ai fait moi-même le gâteau. – **b.** *herself*. Elle s'est versée à boire. – **c.** *yourself / yourselves*. Servez-vous. – **d.** *ourselves*. On peut le faire nous-mêmes. – **e.** *themselves*. Ses parents ont décoré leur maison eux-mêmes. – **f.** *by yourself*. L'avez-vous fait tout seul ? – **g.** *himself*. Il s'est fait mal. – **h.** *yourself*. Faites-vous un café. – **i.** *herself*. Elle a réparé elle-même sa voiture.

20 **a.** I hope she behaved herself! – **b.** They seemed very pleased with themselves. – **c.** Can you manage by yourself? – **d.** He plays by himself for hours. – **e.** I can't make myself understood.

21 **a.** (A) Paul and I telephone each other every day. – **b.** (B) They burnt themselves with the fireworks. – **c.** (B) Did you enjoy yourselves? – **d.** (A) They love each other very much. – **e.** (B) We didn't hurt ourselves. – **f.** (A) You'll have to put up with each other.

L'ADJECTIF QUALIFICATIF pp. 53 à 56

22 **a.** There's nothing new. – **b.** He gave me a gold chain. – **c.** Do you have a paper handkerchief? – **d.** I was very surprised. – **e.** The news was very surprising.

23 **a.** ill / sick. – **b.** sick. – **c.** content / satisfied. – **d.** satisfied. – **e.** sleeping. – **f.** asleep / sleeping. – **g.** angry / cross. – **h.** angry. – **i.** afraid / frightened. – **j.** frightened.

24 **a.** An old Irish song. – **b.** A nice young man. – **c.** A small black cat. – **d.** A dirty plastic shopping bag. – **e.** A new white skirt. – **f.** A large round metal table. – **g.** Brown woollen socks. – **h.** A big red Italian car. – **i.** A lovely little square wooden box.

25 **a.** A big (7) old (6) country manor. – **b.** A lovely (8) new (6) jacket. – **c.** A green (4) Italian (3) leather (2) handbag. – **d.** Some delicious (8) traditional (3) Thai food. – **e.** A miraculous (8) new (6) discovery. – **f.** A tall (7) middle-aged (6) dark-haired (4) man. – **g.** An old (6) American (3) film.

26 **a.** The unemployed have a reduced price. – **b.** We recruited an unemployed man. – **c.** This hospital is for the mentally ill. – **d.** A rich man bought the picture. – **e.** The gap between the rich and the poor is increasing. – **f.** I spoke to a young man. – **g.** A handicapped woman led the demonstration. – **h.** The injured were transported by ambulance.

27 **a.** An olive-green tie. – **b.** A blue-eyed girl. – **c.** A sunburnt face. – **d.** Home-made jam. – **e.** A hard-working boy. – **f.** A good-hearted woman.

LES COMPARATIFS ET LES SUPERLATIFS p. 62

28 **a.** It's been one of the most influential novels of the decade. – **b.** They're more enthusiastic about the idea than we are. – **c.** It's more and more difficult to live with him. – **d.** He's becoming richer and richer. – **e.** She's the youngest of the family. – **f.** The island isn't as remote as it appears. – **g.** The service is becoming less and less efficient. – **h.** He's the least mature of my students. – **i.** It's the largest diamond I've ever seen. – **j.** Your flat is twice as big as mine. – **k.** You have more time than I have / me. – **l.** We go out less than before.

29 **a.** Do you feel better today? – **b.** I've never read a worse book. – **c.** We stayed at the farthest hotel from the beach. – **d.** It's the worst summer we've ever had. – **e.** Is it much further? – **f.** The eldest daughter inherited everything. – **g.** The hotel and the restaurant are excellent, although the latter is very expensive. – **h.** Where's the nearest post office? – **i.** The new president is a former communist. – **j.** He's the oldest man I know.

30 **a.** Eleonor is the more beautiful of the two. – **b.** They live in one of the less desirable districts of the city. – **c.** Which of these two cases is the heavier? – **d.** He's the most interesting person I've ever met. – **e.** The younger generation don't / doesn't appreciate his music. – **f.** The Loire is the longest river in France.

TEMPS ET ASPECTS pp. 67 à 79

31 **a.** (B) He can't come to the phone, because he's having a shower. – **b.** (A) I know you're there. – **c.** (A) My brother sells cars. – **d.** (B) What are you thinking about?

32 **a.** (A) she's very nice. – **b.** (A) Is she ill? – **c.** (B) he's being very quiet. – **d.** (B) Why is he being so rude at the moment?

33 **a.** (E) The train leaves at 4.30. – **b.** (B) He always drives to work. – **c.** (D) She's always complaining. – **d.** (C) What are you doing at the moment? – **e.** (C) Shush! He's sleeping. – **f.** (D) He's always asking the same questions. – **g.** (B) They always go on holiday in July. – **h.** (D) They're always bickering. – **i.** (E) What time does the film start? – **j.** (A) Some secretaries work part-time. – **k.** (C). It isn't raining. – **l.** (A) He comes from Canada.

34 **a.** The meal lasted five hours. – **b.** They moved house a year ago. – **c.** Last year I was studying American literature. – **d.** She left school in 1992. – **e.** While I was driving to work, my car broke down. – **f.** My parents often visited the old woman. – **g.** I was waiting at the bus stop when I heard the explosion. – **h.** I didn't hear what you said. – **i.** When I arrived, they were having a row. – **j.** How long did you spend in America? – **k.** It's time you bought a new car. – **l.** If I had enough money, I'd buy a computer.

35 **a.** (B) It's the first time I've driven a van. – **b.** (B) They haven't paid their bill yet. – **c.** (B) Have you ever won the lottery? – **d.** (A) I've been worrying about it for weeks. – **e.** (A) Something smells good! Have you been cooking? – **f.** (B) She's painted the gate. – **g.** (A) Have you seen her? She's been painting! – **h.** (A) She's been talking for hours. – **i.** (A) I've been waiting since eleven o'clock.

36 **a.** I had already paid for the picture, when I realized it was damaged. – **b.** We had already met. – **c.** Once he had promised, it was too late to change his mind. – **d.** They'd been talking for hours when they suddenly noticed the time. – **e.** When he was rescued, he hadn't eaten for ten days. – **f.** John F. Kennedy had been president since 1961 when he was assassinated. – **g.** It was the first time I'd taken a plane. – **h.** I'd been waiting for an hour when he finally arrived. – **i.** It was too late: they had already left. – **j.** We'd just left the shop when the fire started. – **k.** I saw the factory where I had worked for twelve years. – **l.** We had just finished eating when the electricity went off.

37 **a.** (A) Il est temps qu'on les invite. – **b.** (B) S'il y avait eu plus de choix, j'aurais acheté du vin blanc. – **c.** (B) Si seulement j'avais eu plus de temps ! – **d.** (B) Je regrette d'avoir acheté cette voiture. – **e.** (A) J'aimerais qu'ils ne viennent pas ensemble. – **f.** (B) Imagine que tu aies déjà payé ! – **g.** (A) Si vous étiez à ma place, vous accepteriez ? – **h.** (A) Je regrette de ne pas pouvoir aider plus. – **i.** (A) Si j'avais un ordinateur, je pourais travailler chez moi. – **j.** (B) Imagine que nous soyons déjà partis !

38 **a.** It's time you bought a new coat. – **b.** Imagine he had discovered the truth! – **c.** If only I had known! – **d.** If I were you, I wouldn't do that. – **e.** If I was / were at your house, I could show you. – **f.** I wish you hadn't told me. – **g.** I wish you were here. – **h.** I'd rather you had asked me first. – **i.** Suppose we sold the car? – **j.** If the bed was / were under the window, we could look at the stars.

LES MODAUX pp. 83 à 84

39 **a.** Vous ne devez pas rester trop longtemps. (interdiction) – **b.** On y va ? (suggestion) – **c.** Tu veux que j'ouvre la fenêtre ? (offre de service) – **d.** Ça pourrait être un accident. (éventualité) – **e.** Tu pourrais encore essayer. (suggestion) – **f.** J'ai essayé, mais ça ne veut pas marcher. (refus) – **g.** Il n'y aura pas assez à manger. (prédiction) – **h.** Elle est peut-être jalouse. (certitude relative) – **i.** Il buvait du thé après le dîner. (caractéristique du sujet dans le passé) – **j.** Tu ne peux pas reprendre encore de bonbons! (interdiction)

40 **a.** You needn't do all the exercises. Vous n'avez pas besoin de faire tous les exercices. – **b.** They mustn't discover the truth. Il ne faut pas qu'ils découvrent la vérité. – **c.** She's leaving, and I may not see her again. Elle part, et peut-être que je ne la reverrai plus. – **d.** You may not smoke in the corridors. Vous n'êtes pas autorisés à fumer dans les couloirs. – **e.** They can't be here already. Ce n'est pas possible qu'ils soient déjà là. – **f.** They mustn't arrive too early. Il ne faut pas qu'ils arrivent trop tôt. – **g.** These clothes won't dry. Ces vêtements ne veulent pas sécher. (will not dry : refus) / Ces vêtements ne vont pas sécher. (will not dry : prédiction)

L'EXPRESSION DU FUTUR ET DU CONDITIONNEL pp. 86 à 87

41 **a.** (C) *are going to*. Attention ! Tu vas le laisser tomber ! – **b.** (C) *will probably phone*. Il téléphonera probablement bientôt. – **c.** (F) *is about to boil*. Servez le potage au moment où il va bouillir. – **d.** (B) *am going to have*. Quand je rentrerai, je prendrai un bain chaud. – **e.** (D) *will be travelling*. À cette époque l'année prochaine, je serai en train de voyager à travers l'Amérique.

42 **a.** (E) They are to marry in June. – **b.** (A : officiel) What time does your plane arrive? – **c.** (B) He's going to study medicine next year. – **d.** (D) Don't call tomorrow: I'll be working at home. – **e.** (F) Run! The bus is about to leave. – **f.** (D) It's too late. They will have already left. – **g.** (A : personnel) I'm playing golf on Sunday. – **h.** (C) You'll feel better tomorrow.

43 **a.** Your sister would enjoy this film. – **a.** My parents wouldn't like it. – **c.** It might / could snow. – **d.** When would you be free? – **e.** You should eat more fruit. – **f.** It might / could be a mistake. – **g.** They wouldn't listen to you. – **h.** The shop might / could be closed – **i.** Would you like something to drink? – **j.** They should accept our offer. – **k.** I might / could be interested. – **l.** It would be terrible if they lost.

LES MODES pp. 90 à 91

44 **a.** Don't look! – **b.** Close the door. – **c.** Do sit down. – **d.** Be quiet, will you? – **e.** Let's have lunch. – **f.** Don't let them see you. – **g.** Don't let him fall. – **h.** Let's not be fussy. – **i.** Never talk to strangers. – **j.** Don't unfasten your belt.

45 **Exercice A.** **a.** Je ne crois pas qu'il soit malade. – **b.** J'ai bien peur qu'elle ne rate son train. – **c.** J'aimerais qu'il soit plus attentionné. – **d.** Je ne crois pas qu'ils aient déménagé. – **e.** Il est temps que les enfants aillent se coucher.
Exercice B. **a.** I suggest that he be invited. – **b.** It was essential that he make a decision. – **c.** I suggested that she take a holiday. – **d.** He insisted that I stay. – **e.** He requested that his name not be given.

LES VERBES pp. 93 à 97

46 **a.** (TI) Vous allez à la soirée ? – **b.** (TD) Pourriez-vous m'appeler ce soir ? – **c.** (TD) Vous lui avez demandé pourquoi ? – **d.** (I) Il pleut beaucoup. – **e.** (TD part. adv.) Il a abattu l'arbre. – **f.** (TD part. adv.) Il a ôté son pull. – **g.** (TI) J'ai demandé une explication. – **h.** (I part. adv.) Je me suis levé tôt. – **i.** (I part. adv.) Je vous en prie, asseyez-vous. – **j.** (TI) Elle attend le bus. – **k.** (TI) À quoi penses-tu ? – **l.** (I) L'inflation a baissé le mois dernier.

47 **a.** Elle a appelé son mari. She rang him up. – **b.** Pose cette arme. Put it down. – **c.** Elle jeta ses vieilles chaussures. She threw them away. – **d.** Ils durent remettre le concert à plus tard. They had to put it off. – **e.** Il exhibait sa nouvelle copine. He was showing her off. – **f.** Pouvez-vous trouver la réponse ? Can you work it out? – **g.** L'usine licencie les ouvriers. The factory's laying them off.

48 **a.** Elle sort avec John. Who is she going out with? – **b.** Il écoute de la musique. What's he listening to? – **c.** Ils rient de ma blague. What are they laughing at?

49 **a.** Ils me rappelèrent ma promesse. I was reminded of my promise. – **b.** Ils s'occupèrent bien de lui. He was well looked after. – **c.** Ils rendirent compte de toutes leurs dépenses. All their expenses were accounted for.

50 **a.** *to look after*. Cette plante est facile à entretenir. – **b.** *to give up*. C'est difficile de renoncer à fumer. – **c.** *to listen* to. Cette musique est assez agréable à écouter. – **d.** *to fill in*. Ce formulaire est trop compliqué à remplir. – **e.** *to put down*. Ce n'était pas possible de poser le livre (tellement il était intéressant !) – **f.** *to miss out on*. C'est une occasion trop formidable pour rater ça.

51 **a.** They drove out of the town. – **b.** She swam across the lake. – **c.** He tiptoed through the room. – **d.** He sprinted away. – **e.** They crawled along the edge. – **f.** He staggered out of the pub. – **g.** He sailed round the world. – **h.** He limped into the shop.

52 **a.** The doctor charged his patient £20. – **b.** The Martins taught German to their son / their son German. – **c.** We've saved a place for you / you a place. – **d.** I've reserved a table for us / us a table for 8 o'clock. – **e.** I've sold my car to my cousin / my cousin my car. – **f.** I've sent a letter to them / them a letter. – **g.** The government refused him a visa. – **h.** Can you forgive me my mistake? – **i.** Can I ask you a question? – **j.** I chose my nephew a present / a present for my nephew.

LE PASSIF p. 102

53 **a.** The telephone was invented by Bell. – **b.** My telephone is being connected this morning. – **c.** She was covered with mud. – **d.** The meeting has been put off again. – **e.** It was forbidden to make a noise. – **f.** The photos are being developed today. – **g.** All accidents must be reported. – **h.** She likes being looked at. – **i.** They got lost in the fog. – **j.** They may have been arrested by the police.

54 **a.** Ils s'attendaient à ce que nous connaissions la réponse. We were expected to know the answer. – **b.** Les médecins pensent que le stress est à l'origine de beaucoup de maladies. Stress is thought to be the cause of many illnesses. – **c.** Ils l'ont fait avouer. He was made to confess. – **d.** Ils supposaient que je pouvais les aider. I was supposed to be able to help them. – **e.** Nous pensons qu'il est dangereux. He is believed to be dangerous. – **f.** On dit que les Japonais sont très travailleurs. The Japanese are said to be very hard-working.

55 **a.** I was told to stand up. – **b.** The robbers were seen to escape through a window. – **c.** Old friends shouldn't be forgotten. – **d.** Look! The old cinema is being renovated. – **e.** All rooms must be vacated by noon. – **f.** Her book is being translated into Spanish.

56 **a.** A job was offered to her sister. Her sister was offered a job. – **b.** The money has been lent to my brother by the bank. My brother has been lent the money by the bank. – **c.** Flowers were given to the actresses. The actresses were given flowers. – **d.** A valentine card was sent to each of the girls. Each girl was sent a valentine card. – **e.** A medal was presented to each athlete by the Queen. Each athlete was presented a medal by the Queen.

57 **a.** After lunch a film will be shown to the guests. After lunch the guests will be shown a film. – **b.** Russian is not taught in this school. – **c.** A new job has been offered to my brother. My brother has been offered a new job. – **d.** They were told a lie. – **e.** A story was read to the children. The children were read a story.

LES ADVERBES pp. 105 à 111

58 **a.** The children were playing happily in the playground. – **b.** It rained very heavily in Paris yesterday. – **c.** My sister speaks three languages fluently. – **d.** I met my girlfriend at some friends' at Christmas. – **e.** Jane sang very well at the party last night. – **f.** They definitely don't have a cat.

59 **a.** He's not old enough to drive. Il n'est pas assez âgé pour conduire. – **b.** I entirely agree with you. Je suis tout à fait d'accord avec vous. – **c.** I almost dropped the vase. J'ai failli laisser tomber le vase. – **d.** It's a lot cheaper. C'est beaucoup moins cher.

60 **a.** We quite liked the film. – **b.** We liked the play a lot. – **c.** It's a lot more interesting. – **d.** There's far more sun in the south.

61 **a.** The film was too violent for me. – **b.** He's now a lot / a great deal / much / far richer. – **c.** I hardly / barely / scarcely / know him. – **d.** I like it, but it's rather expensive. – **e.** I've almost / nearly finished my book.

62 **a.** She rarely / seldom eats meat. – **b.** How often do you go to the cinema? / Do you often go to the cinema? – **c.** I've never had a beard. – **d.** How many times have you seen that film? – **e.** He's hardly / scarcely ever on time. – **f.** Is he usually / normally so rude? – **g.** We sometimes / occasionally have lunch on the terrace. / We have lunch on the terrace now and then.

63 **a.** I'm afraid I probably won't be there. – **b.** She has apparently gone home. – **c.** The concert was simply magnificent. – **d.** Your car has presumably been stolen. – **e.** My friend possibly won't be able to come. – **f.** We were naturally surprised. – **g.** Maybe they'll cancel the meeting.

64 **a.** We didn't see him again until the following week. – **b.** I'll try to do better in the future. – **c.** I'll be in touch shortly. – **d.** We must have dinner together sometime. – **e.** What will you do afterwards? – **f.** He was once a well-known singer.

65 **a.** Il travaille en ce moment dans une banque. – **b.** Elle rentre prochainement. – **c.** Vous l'avez vu récemment ? – **d.** Il sera bientôt là.

66 **a.** How often does he go to Paris? – **b.** How old is your car? – **c.** How far are we from the sea? – **d.** How deep can you go? – **e.** Why was he late? – **f.** How long did you stay? – **g.** When will they know? – **h.** How does it work?

LA PHRASE p. 113

67 **a.** *me, I*. Ne me regardez pas comme ça, ce n'est pas moi qui l'ai fait ! – **b.** *dentist, doctor*. Peter est dentiste ? Non, il est médecin. – **c.** *white*. Je ne vous ai pas reconnu. Je pensais que votre voiture était blanche. – **d.** *sister, cousin*. Votre sœur se marie ? Non, c'est mon cousin. – **e.** *house, land*. On a vendu la maison, mais pas la terre. – **f.** *father, I*. Mon père a eu des excuses, mais pas moi. – **g.** *not*. Non, vous ne partez pas ! Je ne vous le permets pas ! – **h.** *You*. Vous, vous ne partez pas. Dites au revoir aux autres. – **i.** *going*. Vous, vous ne partez tout de même pas ! Vous venez juste d'arriver !

LES PHRASES INTERROGATIVES pp. 114 à 115

68 **a.** Do you like westerns? – **b.** Where are you going? – **c.** What time do you open? – **d.** Who wrote *Hamlet*? – **e.** Which direction do I take? – **f.** Did they go to the concert? – **g.** What gave you that idea? – **h.** Why didn't you answer? – **i.** Didn't you post my letter? – **j.** Which of you can't swim? – **k.** Have you got a dog? – **l.** Don't you eat meat? – **m.** Who discovered America? – **n.** Which of you needs help? – **o.** Who made that noise? – **p.** Who told you? – **q.** How are you feeling? – **r.** Why hasn't he phoned? – **s.** Do you always get up early?

69 **a.** Will David be there? – **b.** How does this work? – **c.** Who are you? – **d.** Who organized the party? – **e.** Who(m) did you meet? – **f.** What should I do? – **g.** Would you like to join me? – **h.** What's he doing now? – **i.** Why did you do that? – **j.** Does he have any children?

70 **a.** Where are you going? – **b.** Could you tell me where you're going? – **c.** Tell me why you're angry. – **d.** How do you do it? – **e.** Show me how you do it. – **f.** How old is she? – **g.** I wonder how old she is. – **h.** Who is that girl? – **i.** I've no idea who that girl is. – **j.** Do you know if there's a post office near here?

LES RÉPONSES ET LES REPRISES pp. 116 à 122

71 **a.** No, I don't. – **b.** Yes, he will. – **c.** Yes, I am. – **d.** No, there aren't. – **e.** No, she hasn't. – **f.** Yes, I will. – **g.** No, I'm not. – **h.** Yes, it is. – **i.** No, she won't. – **j.** No, I haven't. – **k.** Yes, I did. – **l.** No, there aren't. – **m.** No, he doesn't. – **n.** No, I'm not / we aren't. – **o.** No, it didn't. – **p.** Yes, you do. – **q.** No, she won't.

72 **a.** Qui vient avec moi ? We are. – **b.** Quelle langue possède l'alphabet le plus long ? Cambodian (has). – **c.** Qui est celui qui voulait de l'aide ? It was me. – **d.** Qui n'a pas eu de copie ? I haven't. – **e.** Qui a vu l'accident ? Nobody (did). – **f.** Quelle est la langue écrite la plus ancienne ? Egyptian (is). – **g.** Qui le sait ? Everyone (does).

73 **a.** Do you have to? – **b.** She'd love to. – **c.** I don't want to. – **d.** They didn't want to. – **e.** No, he's not allowed to. – **f.** I didn't know I was supposed to.

74 **a.** *do they*. Ces couleurs ne vont pas ensemble, n'est-ce pas ? – **b.** *hasn't he*. Je suppose qu'il est parti, n'est-ce pas ? – **c.** *aren't I*. Je parle trop vite, n'est-ce pas ? – **d.** *shall we*. Allons-y, d'accord ? – **e.** *mustn't she*. Elle a dû oublier, n'est-ce pas ? – **f.** *will you*. Fermez la fenêtre, voulez-vous ? – **g.** *isn't it*. C'est votre valise, n'est-ce pas ? – **h.** *aren't they*. Il y a quelqu'un à la porte, n'est-ce pas ? – **i.** *were they*. Personne n'a été blessé, n'est-ce pas ? – **j.** *did they*. Personne n'a compris, n'est-ce pas ?

75 **a.** Is it broken? – I'm afraid so. – **b.** You can't do everything. – I suppose not. – **c.** Is the pasta cooked? – I think so. – **d.** Are you sometimes rude to people? - I hope not. – **e.** Can you come to the party? - I'm afraid not. – **f.** Do you think he knows? – He'd better not. – **g.** Will they bring some wine? – I expect so.

76 **a.** Didn't he? – **b.** Would you? – **c.** Don't you? – **d.** Are they? – **e.** Will he? – **f.** Wouldn't you? – **g.** Has he? (la reprise porte sur l'auxiliaire *have* dans la tournure *have got*) – **h.** Does she? (la reprise porte sur le verbe *have* dans la tournure *have to*)

77 **a.** are you? – **b.** was he? – **c.** did they? – **d.** should you? – **e.** are you?

78 **a.** So they are. – **b.** So she has. – **c.** So they didn't. – **d.** So he did. – **e.** So they did. – **f.** So she hasn't. – **g.** So he did. – **h.** So I am. – **i.** So it is. – **j.** So it is. – **k.** So we do. – **l.** So they have. – **m.** So we are. – **n.** So they did. – **o.** So she has.

LES PHRASES EXCLAMATIVES ET EMPHATIQUES pp. 124 à 125

79 **a.** It was so romantic! – **b.** What a beautiful day! – **c.** I've never seen such beautiful scenery! – **d.** He's such a lazy man! – **e.** How wrong you are! – **f.** What terrible taste!

80 **a.** They should be here now. – **b.** I did tell you! – **c.** I do think you're wrong. – **d.** After all, they are experts! – **e.** Do sit down! – **f.** He did drive too fast.

81 **a.** Hardly had we gone to bed when they arrived. – **b.** Never have I seen so many cars. – **c.** Not only do I know him, but he's also my neighbour. – **d.** Had we known earlier, we could have reacted. – **e.** Should you refuse, your contract will be cancelled. – **f.** Seldom do we receive visitors. – **g.** No sooner had we arrived than it started raining.

LES SUBORDONNÉES RELATIVES pp. 128 à 129

82 **a.** *who / that*. Ce n'est pas l'homme politique qui a été impliqué dans ce scandale l'année dernière ? – **b.** *which / that*. C'est la seule boulangerie qui vende du pain bis. – **c.** *whose*. J'ai acheté un cadeau pour mon père, sans l'aide de qui je n'aurais jamais trouvé un travail. – **d.** *which*. Ses meilleurs tableaux, qui furent peints dans les années 20, sont au Louvre. – **e.** *whom*. L'homme avec qui je parlais est mon avocat.

83 **a.** Could I have the recipe for that cake which / that you made yesterday? – **b.** The cousin ø / whom / who I'm writing to lives in Canada. – **c.** The yacht, whose owner lives in Italy, was damaged by the storm.

84 **a.** *What – why*. Ce que j'apprécie, c'est le grand choix disponible, et c'est la principale raison pour laquelle je vais là. – **b.** *(when) – when – which*. Je me souviens du jour où le magasin a ouvert, où tout était à moitié prix, ce qui avait attiré beaucoup de monde. – **c.** *which*. Les supermarchés offrent des prix bas, ce qui a provoqué la fermeture de beaucoup de petits magasins.

85 **a.** Take whatever you need. – **b.** You can go wherever you like. – **c.** You can come whenever you like. – **d.** Whoever told you that is a liar. – **e.** "Which restaurant?" – "Whichever you prefer." – **f.** He always gets whatever he wants. – **g.** He reads whatever sports magazines he can find.

LES SUBORDONNÉES NOMINALES pp. 131 à 137

86 **a.** It's natural that you should be worried. – **b.** I find it strange that he should be afraid.– **c.** It's not surprising that he didn't buy it. – **d.** It's extraordinary that he should have believed them. – **e.** It's advisable that you should be present. – **f.** It's incredible that she should be late. – **g.** It's essential that you should answer every question. – **h.** It's necessary that everyone should bring some food.

87 **a.** Have you ever heard him tell that story? – **b.** Will you let me do it? – **c.** I saw her go into the bank. – **d.** Let me ask you a question. – **e.** They can't make you leave. – **f.** They had the gardener plant some trees.

88 **a.** I want her to know the truth. – **b.** I told him not to be so impatient. – **c.** I asked Ann to hurry up. – **d.** Do you want me to come with you? – **e.** The sergeant ordered his men to shoot. – **f.** He wants me to lend him some money. – **g.** He doesn't want them to know. – **h.** He didn't want her to go. – **i.** I was expecting her to arrive before dark. – **j.** She asked them not to make so much noise. – **k.** It was interesting for him to see how we work.

89 **a.** I hate getting up early. – **b.** Did you hear the burglars breaking the window? – **c.** I talked to them about my visiting China. – **d.** We watched the car turning into the drive. – **e.** He doesn't object to you(r) staying the night. – **f.** I resented her reading my letters. – **g.** Do you mind me / my smoking? – **h.** I noticed a man carrying a large bag. – **i.** I didn't see you sitting in the corner. – **j.** I don't mind you(r) being with us. – **k.** I don't like ironing. – **l.** They objected to me / my speaking my mind. – **m.** He watched me drinking my coffee.

90 **a.** They had their car stolen. – **b.** Am I making myself understood? – **c.** I'll get the windows cleaned this week. – **d.** You'll find the key hidden under a stone. – **e.** I want it done now. – **f.** Would you prefer the wine chilled? – **g.** I've never seen him defeated by a problem. – **h.** They've had their house repainted. – **i.** She had her hair cut. – **j.** He wants to make himself noticed. – **k.** He saw many friends killed in the battle.

LES SUBORDONNÉES CIRCONSTANCIELLES pp. 139 à 143

91 **a.** (B) *he had left*. Dès qu'il fut parti, on s'est mis à rire. – **b.** (A) *I'll get married / I'm going to get married*. Je me marierai avant d'avoir 30 ans. – **c.** (B) *you've finished*. Dès que tu as fini tes devoirs, tu peux regarder la télé. – **d.** (B) *you see*. Voudriez-vous lui donner un message quand vous le verrez ?

92 **a.** I'll buy a new car as soon as I get a job. – **b.** I promised I would call her as soon as I went out. – **c.** Once you've bought ten tickets, you can have one free. – **d.** Could you buy some stamps while you're at the post office?

93 **a.** I go jogging to / so as to stay slim. – **b.** He lent me his car so that I could try it. – **c.** Dial 19 to / in order to call abroad. (ton officiel) – **d.** I'll send the letter first-class so that it gets / so that it will get there tomorrow. – **e.** I closed the window to / so as to keep out the rain. – **f.** You must be eighteen to see that film. – **g.** I spoke slowly so that he could understand. – **h.** The print is too small for me to read.

94 **a.** Unless you have a very good reason you must come. – **b.** You can stay as long as you like. – **c.** They can watch as long as they stay quiet. – **d.** You can borrow it providing (that) / on condition (that) / as long as you promise to give it back. – **e.** If we knew his number, we could phone him. – **f.** Sharks won't attack unless you provoke them. – **g.** You can go out as long as you promise to be back at midnight.

95 **a.** If I can't come, I'll let you know. – **b.** If you ever need me, I'll be there. – **c.** If we were to lose, I'd resign. – **d.** She has a spray in case she's mugged. – **e.** He gave me some money in case I needed something. – **f.** What would you say if someone were to ask you to explain? – **g.** Bring some salads in case someone doesn't eat meat. – **h.** He always carried aspirin in case someone had a headache. – **i.** If you ever need to talk, don't hesitate to contact me. – **j.** Suppose / Supposing you forgot, what would I do?

LE DISCOURS INDIRECT pp. 146 à 149

96 **a.** (A) is. – **b.** (B) didn't. – **c.** (A) won't. – **d.** (B) had. – **e.** (B) was. – **f.** (B) were.

97 **a.** They said they'd already done it. – **b.** He promised he would help me. – **c.** I told him not to touch it. – **d.** She said she wasn't ready. **e.** We thought you were coming. – **f.** I told them I don't like cats. (*don't* = toujours vrai) – **g.** They asked me not to tell anyone. – **h.** I thought you'd already met. – **i.** She explained that she wasn't feeling well.

98 **a.** I told them I couldn't go on Tuesday. – **b.** I told them it might be possible. – **c.** I thought he must be rich. – **d.** I said we mustn't blame him. – **e.** I told him he shouldn't worry so much. – **f.** He told me I could have some more. – **g.** She warned it might fall down. – **h.** They told him he mustn't work so hard. – **i.** They promised they would phone next week.

99 **a.** (A) had checked. – **b.** (A) would. – **c.** (B) had felt. – **d.** (A) went. – **e.** (A) were going.

100 **a.** He said he had heard the news last week (A) / the week before (B). – **b.** They told me they were taking the exam next week. (A) / They told me they were going to take the exam the following week. (B) – **c.** They announced they were leaving now (A) / then (B). – **d.** He promised he would give it back tomorrow (A) / the next day (B). – **e.** She said she'd seen him last week (A) / the week before (B). – **f.** He said he'd received the letter yesterday (A) / the day before (B). – **g.** They told me they had needed it three days ago (A) / three days before (B).

ACROSS ET THROUGH

101 **a.** through. – **b.** through. – **c.** across. – **d.** through. – **e.** across. – **f.** through. – **g.** across.

102 **a.** He had a scar across his face. – **b.** I saw them through the window. – **c.** He wants to travel through America (traversée en zigzag). – **d.** You need twelve hours to drive across France (traversée d'un bout à l'autre). – **e.** The tunnel goes through Mont Blanc. – **f.** It was difficult to push through the crowd. – **g.** I dreamt I was running through a forest.

AFRAID TO ET AFRAID OF

103 **a.** (B) *afraid of losing*. Ils avaient tous peur de perdre leur travail. – **b.** (A) *afraid to tell*. Il a peur d'en parler à sa femme. – **c.** (A) *afraid to say*. N'ayez pas peur de dire ce que vous pensez. – **d.** (B) *afraid of hurting*. J'avais peur de me faire mal. – **e.** (B) *afraid of making*. Elle avait peur de se rendre malade. – **f.** (A) *afraid to jump*. J'ai peur de sauter de cette hauteur. – **g.** (B) *afraid of losing*. Il a peur de perdre son indépendance.

AGREE

104 **a.** agree that. – **b.** agree with. – **c.** agree about / on. – **d.** agree that. – **e.** agree to. – **f.** agree to. – **g.** agree with. – **h.** agreed to.

ALL ET WHOLE

105 **a.** *Whole*. Des forêts entières sont détruites par le feu chaque année. – **b.** *whole*. Il a plu tout l'automne. – **c.** *all*. Je n'ai pas arrêté toute la journée de taper à la machine.

106 **a.** He studied all night (long). – **b.** I've tried all the possibilities. – **c.** I read the whole book in one evening. – **d.** The plant flowers all (the) year / all (the) year round. – **e.** It snowed the whole winter long / all (the) winter.

ALLER

107 **a.** gone. – **b.** been. – **c.** gone. – **d.** been. – **e.** been. – **f.** gone.

108 **a.** Have you been to Barcelona? – **b.** Is your father here? – No, he's gone to the bank. – **c.** Where have you been? – **d.** They've never been to Scotland. – **e.** We've been to Africa several times. – **f.** We were too late: they'd gone home. – **g.** How many times has she been abroad?

ALMOST ET NEARLY

109 **a.** (A) almost / nearly. – **b.** (B) almost. – **c.** (B) almost. – **d.** (A) almost / nearly. – **e.** (B) almost. – **f.** (B) almost / nearly. – **g.** (B) almost.

110 **a.** In this market you can buy almost anything. – **b.** I almost / nearly broke my leg. – **c.** I almost didn't go. – **d.** I'm almost certain he lied. – **e.** It's almost / nearly finished. – **f.** He spent almost / nearly all his money. – **g.** She hasn't nearly finished.

ALSO ET TOO

111 **a.** too. – **b.** also. – **c.** too. – **d.** too. – **e.** also. – **f.** too. – **g.** too.

AS ET LIKE

112 **a.** She got a job as a nurse. – **b.** He drives like a maniac. – **c.** It was like a dream. – **d.** You can use this fax at home as at work. – **e.** Do as I do. – **f.** As you know, he's written a book. – **g.** He's working as a doctor in Asia. – **h.** Like doctors, lawyers are well-paid.

AS IF ET AS THOUGH

113 **a.** were. – **b.** are having. – **c.** is. – **d.** has woken up. – **e.** had happened. – **f.** were having. – **g.** had been running. – **h.** were.

ASK

114 **a.** Could I ask you a favour? – **b.** He asked me for a light. – **c.** May I ask you a question? – **d.** The fans asked the singer for his autograph. – **e.** I'm going to ask for an explanation. – **f.** Don't ask him why, he has no idea. – **g.** I forgot to ask for a receipt. – **h.** Could you ask for the bill? – **i.** They asked me for my passport. – **j.** He asked me if I knew you. – **k.** Why are you asking me all these questions? – **l.** I asked for a discount. – **m.** I'm asking you to help me.

ASSEZ

115 **a.** We haven't got enough money. – **b.** He's not strong enough. – **c.** It's rather / quite / fairly / pretty expensive. – **d.** I've had enough of this noise. – **e.** This exercise is rather / quite / fairly / pretty difficult. – **f.** I don't have enough free time. – **g.** This coffee isn't hot enough. – **h.** The concert was rather / quite / fairly / pretty awful. – **i.** Have you got enough time to help me? – **j.** I've had enough of the rain.

AUTANT, D'AUTANT

116 **a.** I don't earn as much money as you. – **b.** Carrots don't have as many calories as potatoes. – **c.** Does he always talk so much? – **d.** We might as well ask. – **e.** I'd never read so many books in one week. – **f.** It's never taken me so much time to get here. – **g.** He's fun, but I can't say the same for his wife. – **h.** As far as I can remember, he's tall with black hair.

117 **a.** I'm hungry, especially as I didn't have any lunch. – **b.** He's all the more bad-tempered as he's lost his job. – **c.** I was all the less impressed since he arrived late for the appointment. – **d.** We were all the prouder because we'd done it without help. – **e.** He talked all the more quickly as he was nervous. – **f.** It's all the easier to get there since they've built the new road. – **g.** The traffic was heavy, all the more so since it was the beginning of the holidays.

BETTER ET BEST

118 **a.** He's the best in the class. – **b.** Who's better at maths, you or your sister? – **c.** Do you like white wine ? – Yes, but I like red wine better. – **d.** That's what I like best. – **e.** I think red suits you best. – **f.** I like his twin brother better.

BOTH

119 **a.** Both (of) their children are married. – **b.** She's studying both physics and chemistry. – **c.** Both (of them) work in the same company. – **d.** His two daughters live in different towns. – **e.** Both (of) her legs were broken.

CAN ET COULD

120 **a.** (D) Ce chien peut être dangereux. – **b.** (C) Vous ne pouvez pas le rater. C'est sur la gauche. – **c.** (A) Savez-vous faire la cuisine chinoise ? – **d.** (B) Je pourrais venir avec vous ? – **e.** (C) Ce n'est pas possible qu'il soit déjà quatre heures. – **f.** (E) Elle est peut-être en vacances. – **g.** (C) C'est impossible qu'ils soient déjà partis.

121 **a.** (A) Il ne répond pas à mes lettres : il a peut-être déménagé. – **b.** (C) Il aurait pu au moins proposer de payer. – **c.** (B) Heureusement qu'il l'a su avant : il aurait pu déménager.

122 **a.** He could have phoned while I was out. – **b.** He can't / couldn't have lost the key. – **c.** When I was young, I could ice-skate. – **d.** She could be sleeping. – **e.** I can't play chess. – **f.** Hurry up! You could miss your train. – **g.** Can you change a wheel?

CAPACITÉ

123 **a.** (A) could / were able. – **b.** (C) could / would be able to. – **c.** (B) was able to. – **d.** (A) could / was able to. – **e.** (B) was able to. – **f.** (C) could. – **g.** (A) could / was able to.

124 **a.** She could ski / would be able to ski faster if she tried. – **b.** I was able to mend / managed to mend / succeeded in mending the mower in five minutes. – **c.** My grandfather could / was able to drive. – **d.** They couldn't beat / weren't able to beat the champion. – **e.** They were able to / managed to persuade her. – **f.** I wouldn't have been able to finish without your help. – **g.** I'll manage to persuade him. – **h.** They couldn't have escaped, it was impossible. – **i.** I succeeded in getting / managed to get an answer. – **j.** I could never live with him. – **k.** I was able to meet them the following day.

CAUSE

125 **a.** (B) *due to / owing to / because of / on account of*. Ils n'ont pas pu prendre de vacances en raison de / à cause de leur situation financière. – **b.** (A) *As / Since*. Comme / Puisque vous n'êtes pas disponible, je demanderai à quelqu'un d'autre. – **c.** (A) *As / Since*. Comme je n'avais aucune intention de payer la note, j'ai exigé de voir le directeur. – **d.** (B) *due to / owing to / because of / on account of*. Il a été renvoyé à cause de sa mauvaise conduite. – **e.** (A) *As / Since*. Puisque tu vas faire des courses, tu pourrais m'acheter du pain ? – **f.** (B) *due to / owing to / because of / on account of*. Le magasin ferma à cause de la mauvaise publicité qu'on lui fit. – **g.** (A) *As / Since*. Puisqu'elle lit beaucoup, on a décidé de lui offrir un livre. – **h.** (A) *as / since*. Pourriez-vous poster ces lettres puisque vous passez devant la boîte aux lettres ? – **i.** (B) *for*. Il a eu un procès-verbal pour conduite dangereuse. – **j.** (B) *On account of*. À cause de votre négligence, nous avons perdu le contrat.

CERTITUDE

126 **a.** (B) Peut-être a-t-il été tué pendant la guerre. – **b.** (C) Il se peut qu'il nous rendent visite. – **c.** (A) Ils font sûrement une partie de tennis. – **d.** (A) Peut-être a-t-il oublié notre adresse. – **e.** (C) Il est probable qu'ils téléphonent cet après-midi.

127 **a.** He may / might / could have drowned. – **b.** They must be having breakfast. – **c.** Next weekend, we might be windsurfing. – **d.** I should see him next week. – **e.** He's unlikely to have remembered. – **f.** She should be receiving the results soon.

CHEZ

128 **a.** I met him for the first time at my cousins'. – **b.** He decided to go home. – **c.** Let's go to my place for lunch. – **d.** I'm going to the hairdresser's. – **e.** Unemployment among the young is a major problem. – **f.** Chickenpox is a common illness in children. – **g.** What do you look for in a future employee? – **h.** What I don't like about her is her sarcasm.

COME ET *GO*

129 **a.** go. – **b.** come. – **c.** has gone. – **d.** has gone. – **e.** come. – **f.** go. – **g.** going. – **h.** come. **i.** go. – **j.** going. – **k.** come. – **l.** came.

COMME

130 **a.** I saw him as I was crossing the road. – **b.** He enjoys dangerous sports, like gliding. – **c.** She swims like a fish. – **d.** As I promised, here's the book I borrowed. – **e.** She uses her house as an office. – **f.** How tall you are! – **g.** As it was raining, they couldn't eat outside. – **h.** He was hired as a production manager. – **i.** In mountains like the Alps there are a lot of flowers.

CONSEIL

131 **a.** We'd better tell them the truth. – **b.** I should do / ought to do more exercise. – **c.** If I were him, I'd be more careful. – **d.** He advised us not to go in the jungle alone. – **e.** You must speak more slowly. – **f.** You'd better not forget. – **g.** I think you should take a rest. – **h.** If I were you, I wouldn't take the risk.

CONSÉQUENCE

132 **a.** *brought*. Les négociations débouchèrent sur un accord. – **b.** *resulted*. L'expédition se solda par un échec. – **c.** *led*. Le programme de télévision aboutit à une enquête officielle. – **d.** *caused*. Des accusations de corruption provoquèrent un scandale. – **e.** *so*. Le repas était si mauvais que je n'ai pas pu le manger. – **f.** *too – for*. C'est trop loin pour qu'on y aille à pied. – **g.** *so – as to*. Elle a été assez bête pour l'épouser. – **h.** *too – for*. Le livre était trop long pour que je le finisse.

CONTRASTE

133 **a.** Unlike. – **b.** Although / Though. – **c.** In spite of / despite. – **d.** whereas / while. – **e.** Instead of. – **f.** and yet / but still. – **g.** as.

COULD ET *WAS ABLE TO*

134 **a.** could / was able to. – **b.** was able to. – **c.** were able to. – **d.** could / was able to. – **e.** were able to.

135 **a.** We couldn't / weren't able to catch the 7.30 train. – **b.** I was able to contact him last night. – **c.** When she was young, my aunt could / was able to run for miles. – **d.** We couldn't / weren't able to finish all the meal. – **e.** They were able to persuade her. – **f.** In those days, we couldn't / weren't able to take holidays.

DARE

136 (1) *dare* modal – (2) *dare* verbe ordinaire
a. I daren't ask her for a rise (1). I don't dare (to) ask her for a rise (2). – **b.** They dared not answer (1). They didn't dare (to) answer (2). – **c.** She daren't go out alone (1). She doesn't dare (to) go out alone (2). – **d.** I daren't contradict him (1). I don't dare (to) contradict him (2). – **e.** How dare she speak to me like that? (1) – **f.** I wouldn't dare to refuse (2). – **g.** Nobody dared (to) speak (2). – **h.** We wanted to continue, but we dared not (1) / didn't dare (2).

DATE

137 **a.** I was born on the seventeenth of August, nineteen seventy-five. – **b.** Today, it's November tenth, nineteen ninety-five. – **c.** I've received your letter of the eighth of January, nineteen ninety-six. – **d.** April twelfth. – **e.** Eighteen nine. – **f.** Two thousand and one.

DÉJÀ

138 **a.** Have you ever tried snails? – **b.** Has the film started yet? – **c.** When we arrived, the film had already begun. – **d.** Have you already finished? – **e.** Have you been to Greece before? – **f.** Where do you live, again? – **g.** Are they here already? – **h.** Have you had your shower yet? – **i.** Have you already done your military service? – **j.** I've seen this film before. / I've already seen this film.

DEPUIS

139 **a.** (B) *since*. Il est président depuis juillet dernier. – **b.** (A) *for*. Je ne l'ai pas vu depuis six semaines. – **c.** (B) *since*. Nous n'avons rien mangé depuis le petit déjeuner. – **d.** (B) *since*. C'est son meilleur film depuis "Confessions". – **e.** (A) *for*. Ça faisait seulement un an que je travaillais là-bas lorsque j'ai été licencié.

140 **a.** (A) *since*. Il est malade depuis lundi. – **b.** (B) *from*. J'ai su que c'était une catastrophe depuis le premier jour. – **c.** (B) *from*. Depuis l'âge de 15 ans il pouvait jouer des concertos. – **d.** (A) *since*. Nous habitons ici depuis 1965. – **e.** (B) *from*. Il était aveugle de naissance. – **f.** (A) *since*. Il est aveugle de naissance.

141 **a.** I've known them for six months. – **b.** They've lived there since last winter. – **c.** How long have you been waiting? – **d.** He's been in San Francisco since Thursday. – **e.** He was unhappy from his first day in that family. – **f.** They haven't visited us since their son went to Canada.

DEVOIR

142 **a.** (A) You ought to / should call the police. – **b.** (B) They ought to / should receive our letter tomorrow. – **c.** (A) You must help me. – **d.** (A) You have to wear a uniform. – **e.** (B) He must be having a shower. – **f.** (D) I owe everything to my wife. – **g.** (C) She is to be promoted next year. – **h.** (A) I had to tell him everything. – **i.** (B) I must have made a mistake. – **j.** (A) We ought to / should have thought of that before. – **k.** (D) How much do you owe the bank? – **l.** (C) He's seeing the doctor tomorrow. – **m.** (C) Later he was to regret his decision. – **n.** (C) He was to inherit / to have inherited his father's fortune. (selon le sens) – **o.** (C) The party was bound to be a success.

DONT, CE DONT

143 **a.** (C) whose. – **b.** (B) ø / whom / that. – **c.** (A) ø / which / that. – **d.** (B) ø / which / that. – **e.** (C) whose.

144 **a.** (B) That's the friend ø / whom / that she was talking about. – **b.** (A) That's the boy whose father is a maths teacher. – **c.** (B) That's the dress ø / which / that I want.

EITHER ET *NEITHER*

145 **a.** You can pay with either cash or a credit card. – **b.** She's neither eaten nor slept since Tuesday. – **c.** You need either a passport or an identity card. – **d.** We could either buy or rent a house. – **e.** They eat neither meat nor fish. – **f.** Neither of you is / are wrong. – **g.** You can go to either (of the) counter(s). – **h.** Either you eat up or you go to bed.

ELSE

146 **a.** Does anyone else know? – **b.** Nobody else wanted to play. – **c.** Is there something else you want to tell me? – **d.** There's not much else to say. – **e.** Go now or else you'll be late. – **f.** Give it to me, or else! – **g.** Who else have you invited? – **h.** Who else did you see? – **i.** How else would I know? – **j.** Where else have you been? – **k.** Is there anything else?

EN

147 **a.** (B) I broke my leg as / while I was skiing. – **b.** (C) He earned his fortune by selling ice cream. – **c.** (D) If you paid attention, you would make fewer mistakes. – **d.** (A) When I saw / On seeing the newspaper, I had a shock. – **e.** (C) He solved the problem by asking for advice. – **f.** (B) On my way to school I saw an accident. – **g.** (A) On reaching the station, he turned left. – **h.** (C) You can make progress by training every day.

148 **a.** I've got a packet of sweets. Would you like some (of them)? – **b.** I bought six eggs, but two (of them) were broken. – **c.** Does she like horses? – Yes, she's mad about them. – **d.** Did you use it / them? – **e.** Your team lost because few (of you) made an effort. – **f.** I've looked for the potatoes, but there aren't any (of them). – **g.** I'm going to make jam with it / them. – **h.** How many children are there? There are five (of them). – **i.** I have a new assistant. I'm very satisfied with her. – **j.** There's plenty of cheese. Have some more (of it). – **k.** It was raining, so many (of them) didn't come. – **l.** We'll always remember it.

ENCORE ET TOUJOURS

149 **a.** (4) again / once again / once more. – **b.** (6) another. – **c.** (4) again. – **d.** (1) still. – **e.** (3) yet.

150 **a.** If only I knew how to cook! – **b.** She's even more intelligent than her brother. – **c.** They still haven't given us an answer. – **d.** He hasn't left yet. – **e.** Some more ice cream?

EVEN

151 **a.** He didn't even say goodbye. – **b.** Even he can see that. – **c.** I don't even know his name. – **d.** Even my brother found it too expensive. – **e.** It's even further than I thought. – **f.** He even works on Sundays. – **g.** It's even colder.

EVER ET *NEVER*

152 **a.** never. – **b.** ever. – **c.** ever. – **d.** ever.

153 **a.** It's the best book I've ever read. – **b.** He never goes abroad. – **c.** If you ever have any problems... – **d.** If you ever see him, ring me. – **e.** She's bubblier than ever.

EVER

154 **a.** What ever were you thinking of? – **b.** Where ever can he be? – **c.** Who ever can that be at the door? – **d.** Who ever do you think you are? – **e.** What ever is that? – **f.** How ever do you find the time? – **g.** Why ever didn't you tell me? – **h.** Where ever do you think you're going?

EVERY, ALL ET *EACH*

155 **a.** *all*. J'estime que tous les restaurants devraient interdire de fumer. – **b.** *Every*. Tout citoyen a le droit de voter. – **c.** *All*. Tous les enfants aiment les contes de fées.

156 **a.** There was a present for each child. – **b.** Every / Each car had been vandalized. – **c.** Not all verbs are regular. – **d.** They go to the opera every month. – **e.** Each piece was worth at least £1,000. – **f.** Every / Each house was damaged. / All the houses were damaged. – **g.** Not every concert was sold out.

157 **a.** *all*. Donne-moi tout. – **b.** *Every*. Chaque fois que je parle de ça, il change de sujet. – **c.** *all the*. Pendant les vacances, ils ont été ensemble tout le temps.

158 **a.** The meeting lasted all evening. – **b.** I read every evening before going to sleep. – **c.** Everything was calm. – **d.** All the students passed the exam. – **e.** Every student / All students must pay for their education.

159 **a.** *each*. Il y avait un gros trou dans chaque gant. – **b.** *each / every*. Je passe tous les étés au bord de la mer. – **c.** *Each*. Chacun avait son propre bureau.

160 **a.** *their*. Chaque touriste avait son appareil photo. – **b.** *don't they*. Tous les boulangers travaillent dur, n'est-ce pas ? – **c.** *its*. Chaque famille a ses disputes.

161 **a.** Every / Each page must be signed. – **b.** Everyone is here, aren't they? – **c.** You should change the battery every six months. – **d.** Every student worries about their exams.

FAIRE

162 **a.** I was made to pay again. – **b.** They made the prisoners work. – **c.** We finally got him to tell the truth. – **d.** We're going to have our windows replaced. – **e.** I tried to make myself noticed. – **f.** Show in Mrs Weston, please.

163 **a.** He bullied his brother into doing his homework. Il a fait faire ses devoirs par son frère en le tyrannisant. – **b.** My parents argued me out of accepting the offer. Mes parents m'ont fait refuser l'offre à force d'arguments. – **c.** She coaxed him into signing the cheque. Elle lui a fait signer le chèque à force de cajoleries. – **d.** They talked me into agreeing to go. Ils m'ont fait accepter d'y aller à force de m'en parler. – **e.** She charmed him into buying her a drink. Elle l'a fait payer à boire en lui faisant du charme. – **f.** He was provoked into starting a fight. Il a déclenché la bagarre à force d'être provoqué.

164 **a.** *does*. Elle fait beaucoup d'équitation. – **b.** *are going*. Ils vont faire du camping le week-end prochain. – **c.** *does*. Il fait du karaté. – **d.** *go*. Est-ce que tu vas quelquefois à la pêche ? – **e.** *do*. Je fais beaucoup de natation. – **f.** *do*. Vous faites de la couture ?

165 **a.** Do you play tennis? – **b.** In the afternoon, they went sailing. – **c.** Her husband never does any cooking. – **d.** Could you do the washing-up? – **e.** I've never played squash. – **f.** Did you go skiing last winter? – **g.** I try to do some jogging every weekend. – **h.** I go swimming every Monday. – **i.** Do you do any climbing? – **j.** They went trekking last August.

FALLOIR

166 **a.** (B circonstances) Do I have to pay now? – **b.** (A) She needs some new shoes. – **c.** (B) I must have done my homework by 3 o'clock. – **d.** (C) She must have been jealous to react like that. – **e.** (E) They shouldn't have arrived so late. – **f.** (D) You shouldn't work so much. – **g.** (A) Volunteers are needed urgently. – **h.** (E) He should have told me earlier.

FEW (A ~) ET *LITTLE (A ~)*

167 **a.** *a little*. Quelqu'un voudrait un peu plus de sauce ? – **b.** *a few*. Nous avons besoin de quelques volontaires. – **c.** *Few*. Il y a peu d'Européens qui parlent couramment le chinois. – **d.** *a few*. Je lui ai donné quelques conseils. – **e.** *A little*. Quelques conseils seraient appréciés.

168 **a.** Could I borrow a few paperclips? – **b.** He has little experience in administration. – **c.** She speaks a little English. – **d.** He has few problems / He hasn't got many problems.

169 **a.** C'est une femme peu loquace / qui ne parle pas beaucoup. – **b.** Je ne suis pas quelqu'un qui fait de grands discours.

FOR ET *SINCE*

170 **a.** (D) The theatre showed the same play for 25 years. – **b.** (B) I haven't had a holiday for a year. – **c.** (A) They talk for hours on the phone. – **d.** (B) How long have you lived in Paris? – **e.** (E) I'm on a diet for three weeks. – **f.** (C) I had been trying to call him for hours when I finally got through. – **g.** (B) Have you seen them since the wedding?

GÉRONDIF

171 **a.** He stopped me from leaving. – **b.** He's talking about selling his flat. – **c.** He trains by running 20 kilometres a day. – **d.** She lost weight by giving up desserts. – **e.** A corkscrew is a device for opening bottles. – **f.** A fax machine is good for sending quick messages.

GET

172 **a.** It was getting dark when he arrived. – **b.** It was dark when he arrived. – **c.** He gets tired quickly. – **d.** He's always tired in the afternoon. – **e.** I'm often hungry at 11 o'clock. – **f.** I'm getting a bit hungry. – **g.** I easily get bored. – **h.** Can we do something else as I'm getting bored? – **i.** I got a letter this morning. – **j.** Can I get you a drink? – **k.** Your coffee is getting cold. – **l.** I must be getting fat.

GOÛTS, DÉSIRS ET PRÉFÉRENCES

173 **a.** (A) I prefer reading to watching TV. – **b.** (B) When I'm in a hurry, I prefer to have a sandwich in my office. – **c.** (A) I like staying at home. – **d.** (C) I'd prefer to / I'd rather live in the country. – **e.** (B) When she goes shopping, she likes to go to Marks & Spencer's. – **f.** (B) Occasionally, he likes to drink beer in the evening. – **g.** (A) He likes drinking beer. – **h.** (D) I'd rather you didn't tell / I'd prefer you didn't tell / I'd prefer you not to tell your wife about it.

HAD BETTER

174 **a.** Hadn't you better leave now? – **b.** We'd better not make too much noise. – **c.** Hadn't we better stop now? – **d.** They'd better follow my advice. – **e.** We'd better park in that car park rather than in the street. – **f.** I'd better not drink because I'm driving. – **g.** They'd better not forget. – **h.** Hadn't we better not go after all?

HARDLY ET HARD

175 **a.** hard. – **b.** hard. – **c.** hardly. – **d.** hard. – **e.** hardly.

176 **a.** She hardly / scarcely ever goes to the cinema. – **b.** He works hard. – **c.** We had hardly / scarcely finished our picnic when it began to rain. / Hardly / Scarcely had we finished... – **d.** There's hardly / scarcely any wood left. – **e.** We hardly / scarcely know eath other.

HAVE

177 **a.** (B) On s'était déjà rencontrés. – **b.** (A) On s'est bien amusés hier à la soirée chez Helen. – **c.** (A) Jetons un coup d'œil. – **d.** (B) Ils ont acheté une maison dans les Alpes. – **e.** (A) Nous n'avons pas eu de problèmes.

178 **a.** He's already left. – **b.** Have a try. – **c.** Let me have a think. – **d.** I had seen the film. – **e.** Did you have a good trip? – **f.** Let's have a rest. – **g.** I had a terrible dream last night. – **h.** We had breakfast at the hotel.

HEURE

179 **a.** It's five to five. – **b.** It's a quarter past eight. – **c.** He left at nine in the evening. – **d.** I took the six-fifteen train. – **e.** She won't be there until four.

HOLIDAY

180 **a.** I'm going to decorate the house during the holidays. – **b.** In July, I'll be on holiday. – **c.** This year we're spending our holidays in Scotland. – **d.** I'm going on holiday in a week. – **e.** He's always on holiday! – **f.** We're taking three weeks' holiday in August. – **g.** I'll phone you when I get back from holiday. – **h.** They generally spend their holidays abroad. – **i.** Is next Monday a bank holiday?

IL Y A

181 **a.** It's two hundred metres from our house to the beach. – **b.** How far is it to the school? – **c.** Some people were selling drinks. – **d.** It's a year since I bought my car. – **e.** How long ago did they leave? – **f.** Was there any post? – **g.** I met him a long time ago. – **h.** I've been waiting for an hour. – **i.** I hadn't seen him for years. – **j.** Yesterday it was sunny.

IN CASE

182 **a.** Take a book in case you have to wait. – **b.** Be careful in case he's lying. – **c.** I'll remind her in case she's forgotten. – **d.** We took chains in case it snowed. – **e.** I recorded the programme in case you missed it. – **f.** We were looking for you in case you'd lost your way. – **g.** Take my phone number in case you have a problem.

INFINITIF OU GÉRONDIF

183 **a.** Remember to call them. – **b.** I remember reading that book. – **c.** This knife is for opening oysters. – **d.** I tried to water-ski, but I couldn't keep my balance. – **e.** I want a screwdriver to take apart this table. – **f.** He tried water-skiing, but he didn't like it.

184 **a.** giving. – **b.** to give. – **c.** to pay. – **d.** being. – **e.** to see. – **f.** living. – **g.** eating. – **h.** to visit. – **i.** using. – **j.** to use.

185 **a.** (A) to cry. – **b.** (B) raining. – **c.** (B) arguing. – **d.** (B) working. – **e.** (A) to think.

186 **a.** He stopped drinking. – **b.** I stopped to buy some bread. – **c.** They stopped speaking to each other. – **d.** They can't go on living like this. – **e.** He went on speaking. – **f.** We stopped to speak to them. – **g.** She's going on studying / engineering. – **h.** The taxi driver started to swear at us.

187 **a.** I think this knife needs / wants sharpening. – **b.** Didn't I tell you that this knife needed / wanted to be sharpened? (insistance) – **c.** My brother wants to move house. – **d.** These plants need / want watering. – **e.** I need to go to the dentist's. – **f.** We want to change our car. – **g.** Don't put on these trousers. They need / want to be ironed before. (insistance) – **h.** This report needs / wants to be finished this morning. – **i.** My hair needs / wants cutting.

188 **a.** I felt miserable as I couldn't bear seeing her suffer. – **b.** I can't bear queuing. – **c.** You know I couldn't bear to see her suffer.

LAISSER

189 **a.** I left my umbrella in the train. – **b.** My parents don't let me smoke in the house. – **c.** Don't leave the heating on. – **d.** I wasn't allowed to go / They didn't let me go in the sacred temple. – **e.** Will you let me go now? – **f.** I left my cards in the machine. – **g.** He always leaves the door open.

LAST, THE LAST ET *THE LATEST*

190 **a.** Have you heard the latest news? – **b.** The last few years of his life were happy. – **c.** Last year we went to Spain. – **d.** The author will sign copies of his latest book. – **e.** We'll organize a party for the last evening. – **f.** What did you do last weekend? – **g.** The latest information is that everyone survived. – **h.** His last two exhibitions were very successful.

LOOK ET *WATCH*

191 **a.** watch. – **b.** watching. – **c.** looked. – **d.** looked at. – **e.** watching. – **f.** look at. – **g.** look at. – **h.** watch.

MAKE ET *DO*

192 **a.** makes. – **b.** make. – **c.** doing. – **d.** doing. – **e.** do. – **f.** doing. – **g.** made. – **h.** make. – **i.** made. – **j.** do.

MANY, MUCH ET *A LOT*

193 **a.** They spend a lot of money on food. – **b.** A lot of windows had been broken. – **c.** A lot of advice is free. – **d.** I generally need quite a lot of sleep. – **e.** I listen to classical music a lot.

194 **a.** He doesn't have much computer experience. – **b.** There was so much choice! – **c.** Did you see many animals? – **d.** He's made a lot of errors. – **e.** Do you drive much? – **f.** I've got a lot / plenty of cassettes, but not many CDs. – **g.** I made too many mistakes. – **h.** We don't have many photos of our holidays.

MAY ET *MIGHT*

195 **a.** (A) Peut-être qu'ils nous suivent. – **b.** (C) Il se pourrait qu'on les voie. – **c.** (A) Je ne l'ai pas vue : elle est peut-être sortie. – **d.** (C) Dimanche, il se peut que j'aide un ami à déménager. – **e.** (B) Ce n'était peut-être pas de sa faute.

196 **a.** (C) Vous auriez pu me le dire plus tôt. – **b.** (A) J'ai peut-être laissé mes clés au cinéma. – **c.** (B) Tu te rends compte ? J'aurais pu être dans cet avion qui s'est écrasé ! – **d.** (C) Ce n'est pas gentil de sa part : elle aurait pu répondre à ta lettre.

197 **a.** They may get married. – **b.** They might have been burgled. – **c.** It might be dangerous. – **d.** Not tomorrow evening: I might be working late. – **e.** You might have helped me. – **f.** He might have smashed his car. – **g.** They may / might have had an argument. – **h.** Bob may / might be expecting us to collect him.

198 **a.** She said she might be late. – **b.** She says she may / might leave earlier. – **c.** She said she might be late. – **d.** The workers say they may / might strike. – **e.** My father said he might not come with us. – **f.** The newspapers say he may / might resign.

MIND

199 **a.** Would you mind if I smoked? – **b.** I wouldn't mind a cup of tea. – **c.** I don't mind doing the washing-up. – **d.** Does Jane mind you / your working on Sundays? – **e.** No, she doesn't mind. – **f.** Mind your fingers. – **g.** Mind what you say, he's probably listening. – **h.** Mind you, he didn't have much choice. – **i.** Mind where you're going with that stick! – **j.** Would you mind turning the radio down a little?

MOI AUSSI, MOI NON

200 **a.** We haven't either / Neither have we / Nor have we. – **b.** I didn't either / Neither did I / Me neither / Nor did I / Nor me. – **c.** Jill won't either / Neither will Jill / Nor will Jill. – **d.** So am I / Me too. – **e.** We couldn't either. Neither could we. Nor could we. – **f.** So am I / Me too. – **g.** So would I. – **h.** So do I. – **i.** So can I. – **j.** I don't either / Neither do I / Nor do I / Nor me / Me neither. – **k.** So did we. – **l.** I can't either / Neither can I / Nor can I / Nor me / Me neither. – **m.** Jim won't neither / Neither will Jim / Nor will Jim.

201 **a.** Philip can't. – **b.** She has. – **c.** My parents won't. – **d.** I didn't. – **e.** Mine don't. – **f.** I don't. – **g.** We do. – **h.** I have. – **i.** I didn't. – **j.** I am. – **k.** The Martins have. – **l.** John has. – **m.** Mine doesn't.

MOINS

202 **a.** At least that's what I heard. – **b.** The person with the fewest points is the winner. – **c.** This is the least known of her plays. – **d.** Her latest novel is less exciting than usual. – **e.** The journey will take at least six hours. – **f.** If you have fewer than ten articles, you can use the express checkout.

MOST ET *MOST OF*

203 **a.** most. – **b.** most. – **c.** most of. – **d.** most. – **e.** most. – **f.** most. – **g.** most of. – **h.** most.

204 **a.** Most of my friends like jazz. – **b.** Most governments agree on this. – **c.** In most schools, gym is compulsory. – **d.** I've visited most of these towns. – **e.** It was a most beautiful morning. – **f.** He was most polite to me. – **g.** It's a most interesting theory. – **h.** Most of these students speak German.

MUST

205 **a.** (B) Excusez-moi : j'ai dû faire un faux numéro. – **b.** (A) Il faut qu'on ait stocké assez de bois avant l'hiver. – **c.** (B) J'ai mal à la tête : ça doit être le vin que j'ai bu au déjeuner. – **d.** (B) Il a dû rater ses examens. – **e.** (A) Il faut que vous ayez fait ça d'ici mardi.

206 **a.** (B) Je devais penser à quelque chose d'autre à ce moment-là, c'est pourquoi j'ai oublié d'appeler. – **b.** (A) Il a l'air épuisé : il a dû marcher pendant des kilomètres. – **c.** (B) J'ai pris le bus jusqu'à la plage. Je ne sais pas exactement quel numéro c'était. Ça devait être le 25.

207 **a.** I must have left the key in the restaurant. – **b.** You mustn't tell anyone. – **c.** We must have repaired the car before Saturday. – **d.** They must be having a party. – **e.** They must have broken down. – **f.** They must have been on holiday. Look how brown they are!

MUST ET *HAVE TO*

208 **a.** (A) Vous devez remplir ce formulaire. – **b.** (B) Vous devez sûrement plaisanter ! – **c.** (B) Il y a bien une autre solution. – **d.** (A) Ils n'ont jamais eu de soucis d'argent. – **e.** (A) Vous n'êtez pas obligé de rester jusqu'à la fin.

209 **a.** (A) You mustn't use the office phone for private calls. – **b.** (B) Have you got to work this weekend? – **c.** (B) On Sundays we don't have to get up early. – **d.** (A) I must remember to post this letter. – **e.** (C) He must be wrong. – **f.** (B) There was no queue, I didn't have to wait. – **g.** (B) I've got to go to the bank before they close. – **h.** (B) I had to take my car to the garage. – **i.** (A) Children mustn't play with matches. – **j.** (B) It's got to be done by tomorrow.

MUSTN'T ET *NEEDN'T*

210 **a.** You mustn't go to work. – **b.** He needn't call me. – **c.** You must wear your badge. – **d.** We needn't leave so early. – **e.** I mustn't eat so much chocolate.

NEED

211 **a.** The front door needs painting badly. – **b.** How silly! You needn't have queued. – **c.** He has a pass: he doesn't need to stop at the gate. – **d.** Your hair needs cutting. – **e.** It's getting late: I need to leave now. – **f.** Luckily there was a porter: so we didn't need to carry our luggage. – **g.** The lawn needs mowing. – **h.** The train is late, we needn't have hurried / didn't need to hurry. – **i.** The hotel was close to the beach so we didn't need to take the car.

NEXT, THE NEXT ET *THE NEAREST*

212 **a.** It rained the next day. – **b.** I'm going to buy a new car next year. – **c.** What did you do the next day? – **d.** I watched the first episode, but then I missed the next two. – **e.** I spent the next few hours waiting for the train. – **f.** Take me to the nearest police station. – **g.** You're next on the list. – **h.** See the next page.

OBLIGATION ET NÉCESSITÉ

213 **a.** (A) You must go now. – **b.** (B) Usually, students don't have to pay full fare. – **c.** (B) I have to / need to get up early on Tuesdays. – **d.** (A) She needn't phone. – **e.** (B) He says he had to / needed to take a taxi. – **f.** (B) What do I have to / need to do to get a visa?

214 **a.** (A) Désolé, mais je ne peux pas venir ce soir. Je dois travailler tard. – **b.** (B) Il a eu de la chance : il n'a pas eu à faire la queue. – **c.** (B) Ce n'était pas la peine de téléphoner. – **d.** (A) Elle n'aura pas à attendre. – **e.** (B) C'est idiot de sa part : il n'avait pas à payer tout de suite. – **f.** (B) J'ai dû courir pour attraper le bus.

ON

215 **a.** We arrived in the afternoon. – **b.** They go to bed late in Spain. – **c.** How do you / they say it in English? – **d.** She is said to have had an accident. – **e.** Somebody's asking for you. / You're being asked for. – **f.** She is believed to be very ill. – **g.** The old school has been demolished.

ONE

216 **a.** Which is your car? – The one on the left. – **b.** My husband's on the photo. He's the tall one. – **c.** Do you like oysters? – Only the small ones. – **d.** What did you buy him? – A compact-disc. – **e.** How many did you buy him? – One. – **f.** One does what one can. – **g.** Which file do you need? – The blue one.

OTHER

217 **a.** We go abroad every other year. – **b.** You have another five minutes to finish your exam. – **c.** It will cost you another fifty pounds. – **d.** Paul, Mike and a few others are invited. – **e.** The shop is on the other side of the town. – **f.** Have you met my other two children? – **g.** Don't worry, I'll buy another. – **h.** A few prisoners escaped, but many others were captured. – **i.** We can't do other than invite everyone. – **j.** There are three other courses. – **k.** Have you seen his other two films?.

PASSÉ

218 **a.** (D) I was having breakfast when I heard the terrible news. – **b.** (E) They'd never been abroad before. – **c.** (B) They saved up for six years to buy their house. – **d.** (A) I received my results this morning. – **e.** (D) We'd been sailing for a few hours when we hit a storm. – **f.** (E) I could see that she'd been crying. – **g.** (C) We used to go to the cinema every week.

PENDANT

219 **a.** I stayed there for a month. – **b.** While I was waiting for the bus, it started to snow. – **c.** He drove the same car for fifteen years. – **d.** I'll revise during the holidays. – **e.** How long did you stay? – **f.** I met him while I was working in Spain. – **g.** I heard a noise during the night. – **h.** I could listen to him for hours.

PERMISSION

220 **a.** Could I borrow your car? – **b.** You mustn't work too late. – **c.** No overtaking (UK) / No passing (US). – **d.** Jeans aren't allowed in some discos. – **e.** We were allowed to use a dictionary. – **f.** May / Can / Could I ask you a question?

PEU, UN PEU

221 **a.** Drink a little whisky and you'll feel better. – **b.** I'm not going out this evening, I feel a little / a bit tired. – **c.** She's made little progress in maths this year. – **d.** Few people are as unlucky as my brother. – **e.** This model is a little less expensive. – **f.** Can't you stay a little longer? – **g.** Few visitors appreciated the exhibition. – **h.** Would you like a little more time?

PLUS (NE ~)

222 **a.** He doesn't live in London any more / longer. / He no longer lives in London. – **b.** We have no more money / We haven't got any more money. – **c.** I don't go to the cinema any more / longer. / I no longer go to the cinema. – **d.** I didn't want to see him any more / longer. / I no longer wanted to see him. – **e.** There are no more eggs left / There aren't any more eggs left. – **f.** I went to the baker's, but there was nothing left / there wasn't anything left. – **g.** No more tricks, please. – **h.** No more cakes, thanks. – **i.** I haven't got any more ideas. – **j.** I don't go to evening classes any more / longer. / I no longer go to evening classes.

PLUS... PLUS, MOINS... MOINS

223 **a.** The more it rains, the more serious the problem becomes. – **b.** The less money you spend, the more you can put aside. – **c.** The more you pay, the better the quality. – **d.** The fewer mistakes you make, the higher your score. – **e.** The older the tree, the better the fruit. – **f.** The more I work, the less time I spend with my family. – **g.** The better I know him, the more I like him.

POUR

224 **a.** (B) for slicing. – **b.** (A) to sleep. – **c.** (B) for cutting. – **d.** (A) to post. – **e.** (B) for correcting. – **f.** (A) to welcome. – **g.** (A) to get. – **h.** (B) for lighting.

225 **a.** It was exciting for the children to see the show. – **b.** He learns Italian to keep himself busy. – **c.** I've brought this letter for you to read. – **d.** She's phoned to have your news. – **e.** He's been punished for answering the teacher back. – **f.** I'd like a knife to open that parcel.

POUVOIR

226 **a.** You could / might add some spices. – **b.** Lightning can be dangerous. – **c.** The bus may be late. – **d.** I was able to / managed to call the police. – **e.** I was allowed to see the prototypes. – **f.** I was able to / could dance all night. – **g.** You're not allowed to / can't / may not wear jeans. – **h.** I could / might have been an actor. – **i.** They might bring their children. – **j.** I'll probably be able to go back to work next week. – **k.** We'll be allowed to view the new collection. – **l.** We weren't allowed to / couldn't make photocopies. – **m.** They might not have had enough time.

PRÉSENT OU *PRESENT PERFECT*

227 **a.** (B) Pourquoi vend-il son vélo ? – **b.** (A) Je porte des lunettes depuis mon enfance. – **c.** (A) Jim : Que faites-vous ? – Tim : J'enseigne la géographie. – **d.** (B) Ça fait des mois que j'essaie de trouver ce livre.

228 **a.** (D) She lives in Toulouse. – **b.** (A) She's lived in Toulouse for two years. – **c.** (D) I think they're married. – **d.** (C) They've been married since September. – **e.** (B) My cousin is staying with us for a few months. – **f.** (A) He's been out of work for almost a year. – **g.** (A) They've been going out together for months.

PRÉTÉRIT

229 **a.** (B) Je paierais si j'avais de l'argent. – **b.** (B) On pourrait attendre encore dix minutes. – **c.** (B) Je vous emmènerais si je savais conduire. – **d.** (A) Mes parents m'emmenaient souvent au cinéma.

PRÉTÉRIT OU *PRESENT PERFECT*

230 **a.** (A) I've just ordered. – **b.** (B) I saw her this morning. – **c.** (A) They've just left. – **d.** (A) I've never felt so tired. – **e.** (B) We met in Africa. – **f.** (A) I've spoken to Jim about this plan.

QUE

231 **a.** How kind you are! – **b.** They presumed (that) I knew. – **c.** What have you done? – **d.** What you did really helped me. – **e.** What smells so bad? – **f.** How difficult it looks! – **g.** I thought (that) you were coming with us. – **h.** I would like you to listen to me. – **i.** I don't believe all (that) / everything (that) she says.

QUI

232 **a.** *Whose*. On prend quelle voiture ? – **b.** *Who*. À qui téléphonez-vous ? – **c.** *which*. Ils annoncèrent leur mariage, ce qui ravit leurs amis. – **d.** *What*. Ce qui m'inquiète, c'est qu'il n'appelle pas. – **e.** *Who*. Avec qui sors-tu ?

233 **a.** Who arrived first? – **b.** They took the motorway, which saved a lot of time. – **c.** Whose fault is it? – **d.** Who criticized him? – **e.** Who did he criticize?

QUITE ET *RATHER*

234 **a.** (B) Est-ce tout à fait clair ? – **b.** (A) C'est assez grand, je suppose. – **c.** (B) Je pense que vous avez tout à fait tort. – **d.** (B) Ce n'était pas tout à fait aussi bien qu'avant. – **e.** (A) Dans les années 50 il devint assez riche.

235 **a.** I think it's rather expensive. – **b.** Don't worry, the exam is quite easy. – **c.** Be careful! It's quite / rather heavy. – **d.** It's not quite what I'm looking for. – **e.** What he said was quite interesting.

REMEMBER ET *FORGET*

236 **a.** (A) to call. – **b.** (B) locking. – **c.** (A) to phone. – **d.** (A) to buy. – **e.** (B) rafting.

REMEMBER ET *REMIND*

237 **a.** You remind me of my brother. – **b.** I can't remember being cold. – **c.** Did you remember to buy some wine? – **d.** She reminded me to water the plants. – **e.** I remember talking with him. – **f.** It reminds me of my holidays by the sea. – **g.** Remember to be back by six. – **h.** You could have reminded me to send him a postcard.

REPROCHE

238 **a.** She could have worked harder. – **b.** He should / ought to have been more patient with her. – **c.** You should / ought to have got up earlier. – **d.** He could have written to us more often. – **e.** You should / ought to have worn a helmet. – **f.** How dare you suggest such a thing? – **g.** You have no right to say that. – **h.** What do you mean by calling at this time of night? – **i.** Why on earth didn't you tell us?

RESTER

239 **a.** I can't stay for a long time. – **b.** Is there any milk left? – **c.** He remained unemployed for a year. – **d.** Did you stay until the end? – **e.** However the problem remains the same. – **f.** I still have to convince the bank. – **g.** I've still got two exercises to do. – **h.** There's still two hours to wait. – **i.** There weren't many people left. – **j.** A pile of rubble was all that remained / all that was left. – **k.** Are you staying here for a long time?

RÉSULTAT

240 **a.** I've mended my motorbike. – **b.** I've had my hair cut. – **c.** I took a jumper, so I wasn't cold. – **d.** She had finished her homework when I arrived. – **e.** We had the photos developed yesterday. – **f.** Go to bed, then you won't be tired tomorrow.

241 **a.** Il s'abrutit d'alcool tous les soirs. – **b.** Ils m'ont mis en rage. – **c.** Elle s'est rendue malade à force de se faire du souci pour ses examens. – **d.** Il ferma la porte d'un coup de pied. – **e.** Notre professeur nous fait vivre l'histoire. – **f.** On l'a sauvé à force de soins.

SAVOIR

242 **a.** (A) He can already read. – **b.** (A) Can he type? – **c.** (C) Do you know how to get there? – **d.** (B) Do you know his name? – **e.** (B) I know her poems by heart. – **f.** (E) I'm phoning to find out what time it starts. – **g.** (C) I never know what to wear. – **h.** (D) I haven't heard if they won or not. – **i.** (E) It was impossible to find out the cause. – **j.** (A) Could you find out the author's name? – **k.** (E) They haven't found out why he committed suicide. – **l.** (C) Do you know the time? – **m.** (C) Do you know how to open this door? – **n.** (D) We've heard they had divorced. – **o.** (E) Try and find out if she's still here.

SAY ET *TELL*

243 **a.** say. – **b.** told. – **c.** said.

244 **a.** They said they were in a hurry. – **b.** They told us they were in a hurry. – **c.** I told Jim not to forget to buy some bread. – **d.** We told them to come early. – **e.** I was told to take more exercise. – **f.** The President is said to be ill.

SE

245 **a.** I wonder where he's going. – **b.** We met in 1990. – **c.** English is spoken all over the world. – **d.** He gets angry very easily. – **e.** Do you realize what time it is? – **f.** I've fallen out with my landlord. – **g.** We must hurry (up). – **h.** Fish can be eaten cooked or raw. – **i.** They always get up early. – **j.** We often quarrel over money. – **k.** This sweater washes well. – **l.** They got married last year. – **m.** He managed to escape. – **n.** This item sells well this year. – **o.** He must have hidden somewhere.

SEUL

246 **a.** I can do it alone / by myself / on my own. – **b.** Only a miracle can save him. – **c.** She is the only person that / ø I know in London. – **d.** I haven't felt lonely since I bought my dog. – **e.** He hasn't missed a single class. – **f.** She went on holiday alone / by herself / on her own. – **g.** Haven't you ever felt lonely in the island? – **h.** Only the result counts.

SHALL ET *SHOULD*

247 **a.** (A) Il devrait économiser pour les vacances. – **b.** (B) Tu n'aurais pas dû dépenser autant en juillet. – **c.** (A) Il devrait être un peu plus sympa, non ? – **d.** (B) Ils auraient dû se lever plus tôt. – **e.** (B) Elle aurait dû être à la maison à cette heure-là.

248 **a.** Shall we go? – **b.** I'm surprised that you should say that. – **c.** What shall we do? – **d.** When shall I start? – **e.** I should have bought more bread. – **f.** You shall do as I tell you. – **g.** Shall / Will I see you again? – **h.** Where shall I begin? – **i.** There should be a shortcut.

SHOULD ET *OUGHT TO*

249 **a.** (A) Je devrais manger plus de fruits. – **b.** (B) Les routes ne devraient pas être surchargées dimanche. – **c.** (A) Il n'aurait pas dû être aussi grossier. – **d.** (B) L'inflation devrait baisser.

250 **a.** You should be working. – **b.** We ought not to / shouldn't arrive later than six o'clock. – **c.** You oughtn't to / shouldn't have been so rash. – **d.** They ought to / should be preparing lunch. – **e.** She ought not to / shouldn't find the exam very difficult.

SI

251 **a.** (B) would have. – **b.** (C) wouldn't have met. – **c.** (B) would improve. – **d.** (A) will get.

252 **a.** If he had left a few minutes earlier, he wouldn't have had an accident. – **b.** I wouldn't be in such a mess if she'd come. – **c.** I would have been pleased if they'd come. – **d.** I could have done it myself if I had known what to do. – **e.** If he wasn't so obstinate, we could sort out the problem. – **f.** If there's enough snow, we'll be able to ski.

253 **a.** If. – **b.** Whenever. – **c.** if / whether. – **d.** in case. – **e.** If. – **f.** if / whether.

254 **a.** What if / Suppose he forgets? – **b.** I wonder if they knew. – **c.** What about / How about having lunch tomorrow? – **d.** If / Whenever I have the time, I walk to work. – **e.** In case you need some information, don't hesitate to ask me. – **f.** Whenever he isn't on duty, he goes to the pub. – **g.** If you will follow me, I'll show you the way.

255 **a.** If only you had told me earlier! – **b.** Don't be so rude! – **c.** It was such cold weather! / The weather was so cold! – **d.** I've never seen such a beautiful sunset! – **e.** If only I could speak to him!

256 **a.** I didn't realize it was that expensive. – **b.** It isn't as bad as I thought. – **c.** The film was so boring that I fell asleep. – **d.** However hard we may work, he's never satisfied. – **e.** It isn't as / so hot as yesterday. – **f.** It's not that bad. – **g.** It was so heavy that we couldn't carry it. – **h.** We have to try, however impossible it may seem.

SMALL ET *LITTLE*

257 **a.** *smaller*. Vous avez ça dans une taille plus petite ? – **b.** *little*. J'habite dans une petite ville sympathique. – **c.** *small*. Ce pantalon est beaucoup trop petit pour moi. – **d.** *smallest*. C'est le plus petit chien que j'aie jamais vu. – **e.** *little*. Vous avez vu leur adorable petit garçon ? – **f.** *small*. Vous voulez quoi comme bière, une pinte ou un demi ? – **g.** *small*. Ils ont deux chambres vraiment très petites. – **h.** *small*. Nous avons effectué quelques petits changements.

258 **a.** We went to a lovely little Indian restaurant. – **b.** I've bought a small packet of cornflakes. – **c.** Their house is rather small for such a large family. – **d.** I watched her nice little hands on the keys of the piano. – **e.** Little Julie has had a doll. – **f.** Although it is very small, this dog can be dangerous.

SOME ET *ANY*

259 **a.** any. – **b.** any. – **c.** some. – **d.** some. – **e.** any. – **f.** some. – **g.** some. – **h.** any. – **i.** any. – **j.** some.

260 **a.** There are some birds in the garden. – **b.** Some people believe he's corrupt. – **c.** Not any car can go so fast. – **d.** That was some film! – **e.** No dogs. – **f.** Is anyone / anybody in the house? – **g.** Anything to declare? – **h.** Anybody can get in. – **i.** He doesn't drink any beer. – **j.** Somebody's knocking at the door. – **k.** There isn't any fruit left.

SOMEWHAT ET *SOMEHOW*

261 **a.** *somewhat*. On souffrait quelque peu du froid. – **b.** *somehow*. Je ne crois pas qu'il soit capable, je ne sais pourquoi. – **c.** *Somehow (or other)*. D'une façon ou d'une autre, il nous faut économiser 500 livres. – **d.** *somewhat*. Sa maison est plutôt plus grande. – **e.** *somehow*. J'irai, d'une façon ou d'une autre. – **f.** *somehow*. La nouvelle nous a quelque peu déconcertés. – **g.** *somehow*. On ne sait pas pourquoi, mais il ne semble jamais à l'aise. – **h.** *somewhat*. Nous avons été quelque peu déçus des résultats. – **i.** *Somewhat*. Il a accepté un peu à contrecœur. – **j.** *Somehow*. Nous devons réduire les dépenses d'une façon ou d'une autre.

SOUHAIT ET REGRET

262 **a.** I'd like to be rich. – **b.** Would you like me to help you? – **c.** I wish I hadn't been so impolite. – **d.** She wishes you helped her more. – **e.** I wish I were taller. – **f.** We wish you good luck. – **g.** If only I had known earlier! – **h.** He wishes he could be with us. – **i.** I wish I hadn't bought such a large house.

SUBJONCTIF FRANÇAIS

263 **a.** You must call your sister tonight. – **b.** He would like her to invite him. – **c.** Drink some water now so that you won't be thirsty later. – **d.** She might not come alone. – **e.** Whether you're there or not. – **f.** I'm upset that you didn't write. – **g.** He won't succeed unless you help him. – **h.** Imagine you were rich. – **i.** It's high time the children went to bed.

SUPERLATIF

264 **a.** Greece is most pleasant in May. – **b.** I was happiest when I was at school. – **c.** She bought the most expensive dress in the shop. – **d.** It was the hottest day of the year. – **e.** Bob is best at maths. – **f.** Bob is the best at maths. – **g.** I'm most efficient in the morning. – **h.** I chose the easiest solution.

TANT ET TELLEMENT

265 **a.** (A) *so many*. Avez-vous jamais vu tant de feux d'artifice ? – **b.** (B) *so much*. Je n'ai jamais ressenti tant d'émotion. – **c.** (B) *so much*. Tant de bruit me donne mal à la tête. – **d.** (A) *so many*. Si seulement je n'avais pas tant de problèmes ! – **e.** (A) *so many*. Je n'avais jamais vu tant de monde.

266 **a.** They've cut down so many trees. – **b.** She reads so much that she needs glasses. – **c.** Would you really like to have so much money? – **d.** Don't waste so much paper! – **e.** He's drunk so much coffee that he can't sleep. – **f.** He works so much that he never sees his children.

TROP

267 **a.** It's too far. – **b.** Too few people want to work in agriculture. – **c.** We couldn't see anything. There was too much fog. – **d.** I'm too busy to help you. – **e.** Don't give me too many potatoes. – **f.** This coat is far too big for me. – **g.** She drinks too much.

TRY

268 **a.** (B) to push. – **b.** (A) pushing. – **c.** (A) putting. – **d.** (B) to do. – **e.** (A) washing. – **f.** (B) to change. – **g.** (A) pushing. – **h.** (B) to push. – **i.** (B) to call. – **j.** (A) calling.

UNLESS

269 **a.** (A) Je ne viendrai pas à moins que tu ne me le demandes. – **b.** (A) Sauf si tu le lui demandes, tu ne le sauras jamais. – **c.** (B) On fait généralement de la planche à voile, sauf quand il y a trop de vent. – **d.** (B) Je sortais si je n'étais pas trop fatigué. – **e.** (B) Il répondait lui-même au téléphone quand il n'était pas en réunion. – **f.** (A) Elle ne réussira pas à moins de s'entraîner régulièrement. – **g.** (A) J'irai au restaurant sauf si j'ai trop à faire. – **h.** (B) Ça prend vingt minutes sauf quand il y a des bouchons. – **i.** (A) Tu peux me taper ça, sauf si tu n'as pas fini.

270 **a.** (B : en réalité tu dors mal). – **b.** (B : en réalité il est fatigué). – **c.** (A : sauf si) I'll probably go sailing unless the sea is too rough. – **d.** (A : alternative) One of my daughters must have phoned, unless it was my wife. – **e.** (B : en réalité tu le sais). – **f.** (B : en réalité je lui ai prêté l'argent). – **g.** (A : sauf si) You shouldn't leave now, unless you have an umbrella. – **h.** (A : sauf si) We'll go to the Odeon, unless it's full.

USED TO (BE ~ / GET ~)

271 **a.** He's getting used to living alone. – **b.** I'm not used to this new computer. – **c.** They were used to being so isolated. – **d.** Have you got used to the noise? – **e.** You'll get used to it. – **f.** I used to go jogging every day. – **g.** We're getting used to the new routine. – **h.** I never got used to driving on the left.

USED TO ET WOULD

272 **a.** (A) used to play. – **b.** (B) would play. – **c.** (A) Did... use to go. – **d.** (A) used to be. – **e.** (B) would keep. – **f.** (A) used to eat. – **g.** (B) wouldn't talk.

VERBES D'OBSERVATION ET DE PERCEPTION

273 **a.** We saw them having lunch together in a restaurant. – **b.** I heard the birds singing when I opened the window. – **c.** The suspect was seen talking to the victim. – **d.** They were often heard to argue. – **e.** He felt someone brush past him in the dark. – **f.** I felt the earth shake under my feet. – **g.** I felt something crawling down my back. – **h.** Can you hear the band playing?

VERBES À PARTICULES

274 **a.** *call off*. On a décidé d'annuler tout le projet. – **b.** *break up*. La police dispersa la manifestation. – **c.** *call in*. Passe quand tu veux, je serai là. – **d.** *make up*. Je ne te crois pas. Tu inventes ! – **e.** *do up*. Nous avons acheté une vieille maison que nous allons retaper.

275 **a.** My car has broken down again. – **b.** We've broken off our engagement. – **c.** Civil war has broken out. – **d.** The music brings back memories of my holiday. – **e.** His story turned out to be true. – **f.** What time did he finally turn up? – **g.** Could you put me up for the night? – **h.** Don't walk so fast! I can't keep up.

276 **a.** *back out of*. Vous ne devriez jamais revenir sur une décision. – **b.** *check up on*. Pourriez-vous vérifier ces renseignements ? – **c.** *come up with*. C'est ce que tu as trouvé de mieux ? – **d.** *fall behind with*. Elle prend du retard dans ses devoirs. – **e.** *get on with*. Tu t'entends avec ton patron ? – **f.** *get (a)round to*. Quand prendras-tu le temps de réparer la porte ? – **g.** *keep away from*. Reste à l'écart de la grande route. – **h.** *run out of*. Nous n'avons pas fini : nous avons manqué de temps. – **i.** *write off for*. J'ai écrit pour demander plus de détails.

277 **a.** We're looking forward to going on holiday. – **b.** I couldn't keep up with the other runners. – **c.** It comes down to a question of money. – **d.** I don't know how you put up with your brother. – **e.** The government is cutting down on public spending. – **f.** I broke in on their conversation to tell them the news.

VERBES PRÉPOSITIONNELS

278 **a.** *laugh at*. Ne vous moquez pas de moi ! – **b.** *cover with*. Sa table de travail était couverte de livres. – **c.** *care about*. La plupart des jeunes s'intéressent à l'environnement. – **d.** *suffer from*. Elle est déprimée. – **e.** *escape from*. Ils se sont enfuis de la prison. – **f.** *live on*. Ils vivent de peu. – **g.** *think of*. Vous pensez toujours à tout ! – **h.** *fill with*. Ses yeux se remplirent de larmes. – **i.** *hide from*. Il se cache de la police. – **j.** *take part in*. Des milliers prirent part à la manifestation.

279 **a.** She looks after children. – **b.** Everything depends on you. – **c.** Can I rely on you? – **d.** The exam is divided into two parts. – **e.** They got off the bus. – **f.** I've finally succeeded in passing my driving test. – **g.** What are you thinking about? – **h.** Could you translate this letter into English?

280 **a.** *remind of*. Vous me rappelez mon frère. – **b.** *pay for*. Combien avez-vous payé votre voiture ? – **c.** *approve of*. J'espère que vous approuvez mon choix. – **d.** *search for*. La police chercha des indices. – **e.** *look at*. Regarde-moi. – **f.** *provide for*. J'ai fourni ce livre à mes élèves. – **g.** *care for*. Je n'aime pas la gelée. – **h.** *comment on*. Il commente toujours les nouvelles.

281 **a.** How do you account for his strange behaviour? – **b.** He asked for the bill. – **c.** He paid the bill. – **d.** Listen to me. – **e.** Who are you waiting for? – **f.** I'm looking for my keys. – **g.** This music reminds me of the holidays. – **h.** Are you looking for a flat? – **i.** I was listening to classical music. – **j.** Look at the stars in the sky.

282 **a.** The dish lacks salt. – **b.** I want to discuss the new project. – **c.** Can you remember the name of the restaurant? – **d.** I'm going to ask my boss. – **e.** Could you answer the telephone? – **f.** He entered the room silently. – **g.** I'll never forgive my brother. – **h.** I doubt his ability to succeed. – **i.** Answer my question, please. – **j.** She really lacks courage. – **k.** They often play chess at weekends. – **l.** I don't remember him.

WAIT ET EXPECT

283 **a.** What time are you expecting them? – **b.** Are you waiting for the bus? – **c.** I expect an answer next week. – **d.** He expected me to do everything. – **e.** Are you expected to work on Saturdays? – **f.** She's waiting for them to call. – **g.** We expect they'll contact us soon. – **h.** I've been waiting (for) twenty minutes. – **i.** I didn't expect them so early. – **j.** I've been waiting for his answer for two days.

WHEN

284 **a.** have mended. – **b.** are. – **c.** will arrive. – **d.** feels. – **e.** have. – **f.** will make. – **g.** has found. – **h.** Will you know.

285 **a.** I'll tell him when I see him. – **b.** When will you know? – **c.** Start when you're ready. – **d.** When they've paid, we'll deliver it. – **e.** You must come and see me when you come back. – **f.** I don't know when my car will be ready. – **g.** What do you want to be when you grow up? – **h.** When will she have decided?

WHETHER

286 **a.** whether / if. – **b.** Whether. – **c.** whether / if. – **d.** whether / if. – **e.** Whether. – **f.** whether. – **g.** whether. – **h.** if.

WHICH ET WHAT

287 **a.** which. – **b.** which. – **c.** what. – **d.** which. – **e.** what. – **f.** what. – **g.** which. – **h.** which. – **i.** which. – **j.** what. – **k.** which.

WHILE ET WHEREAS

288 **a.** (B) while / whereas. – **b.** (B) While / Whereas. – **c.** (A) While. – **d.** (A) while. – **e.** (B) while / whereas. – **f.** (B) while / whereas. – **g.** (A) While. – **h.** (A) while. – **i.** (B) while / whereas. – **j.** (A) while. – **k.** (A) while.

WHOSE

289 **a.** This is the town whose mayor went to prison. – **b.** Have you seen the house whose window was broken? – **c.** Whose rucksack is this? / Whose is this rucksack? – **d.** Whose is the pen? / whose pen is it? – **e.** Have you met my cousin whose wife has just had a baby? – **f.** Whose keys are on the table? / Whose are the keys on the table? – **g.** He's a writer whose books are often controversial. – **h.** They are the parents whose daughter has been kidnapped. – **i.** Do you know whose suitcase it is?

WILL ET WOULD

290 **a.** (B) Elle dévore livre après livre, et elle ne s'ennuie jamais. – **b.** (A) Tu veux bien me prêter ta voiture ? – **c.** (C) Je crois que le chômage diminuera l'an prochain. – **d.** (E) Puisqu'ils ne peuvent pas venir, nous annulerons la soirée. – **e.** (C) Ce doit être la facture du plombier. – **f.** (D) On sera en train de bronzer sur la plage. – **g.** (E) D'accord ! Je le fais tout seul. – **h.** (D) Je me demande si elle aura fini d'ici samedi.

291 **a.** Don't worry. I'll help you. – **b.** We'll have finished the renovations by the end of the summer. – **c.** Tell Jim I'll come in a minute, will you? – **d.** In six months' time, we'll be living like kings. – **e.** Would you turn the radio down? – **f.** They would talk for hours on the phone. – **g.** She'll speak without thinking. – **h.** If you will / would calm down, I'll tell you what happened. – **i.** Will I get home in time? – **j.** I wouldn't have given up. – **k.** I would never have guessed. – **l.** What would you have answered?

WORTH

292 **a.** It's worth millions. – **b.** That's worth knowing. – **c.** It's worth waiting. – **d.** The meal was worth the wait. – **e.** It isn't worth doing it. – **f.** This book is worth reading. – **g.** It wasn't worth the trouble. – **h.** This picture is worth a lot of money.

WOULD RATHER

293 **a.** I'd rather fly than drive. – **b.** We'd rather you didn't talk so loudly. – **c.** Would you rather have a soft drink? – **d.** I'd rather not tell you. – **e.** I'd rather she didn't tell everyone. – **f.** We'd rather you phoned them. – **g.** I'd rather not leave too late. – **h.** Would you rather I cooked?

Index

Abréviations :

adj.	adjectif	inf.	infinitif
adv.	adverbe	loc. adv.	locution adverbiale
art.	article	part. adv.	particule adverbiale
conj.	conjonction	pr.	pronom
dén.	dénombrable	prép.	préposition
gér.	gérondif	sub.	subordonnée
indén.	indénombrable	v.	verbe

Nota bene : les numéros indiqués renvoient aux numéros de paragraphes.

A

B

U

V

W

Y

Z

Couverture : **Grégoire Bourdin**
Maquette intérieure : **Béatrice Basteau • Isabelle Josselin**
Édition : **Mông-Thu Valakoon**
Fabrication : **Jacques Lannoy**

N° d'éditeur : 10152178 – CGI – Juillet 2008
Imprimé en Italie par Vincenzo Bona - Torino